Autres publications
de l'Institut Technique de Banque
et du Centre de Formation de la Profession Bancaire

Dans la collection "Institut Technique de Banque"

LES DOCUMENTS DE SYNTHESE DE L'ENTREPRISE
Aide la lecture de la liasse fiscale *(3e édition)*
par G. MOREL
LE COMMISSAIRE AUX COMPTES ET L'INFORMATION DU BANQUIER *(4e édition)*
par Ph. TABOULET
LE FINANCEMENT DE L'ENTREPRISE
Montages et risques
par J.-L. SALVIGNOL et G. ROMEDENNE
LA BANQUE FRANÇAISE DES ANNEES 90
par J. MASSON, D. LEBEGUE, M. RENAULT et J.-P. PATAT
LE FINANCEMENT DU DEVELOPPEMENT DES ENTREPRISES AFRICAINES
Colloque de la Confédération Internationale des Associations de Diplômés de l'INSTITUT TECHNIQUE DE BANQUE – Casablanca 1989

Chez la revue Banque-Editeur et dans la collection "Banque I.T.B."

LES NOUVEAUX INSTRUMENTS FINANCIERS
La pratique bancaire des marchés *(2e édition)*
par B. BEAUFILS, J.-P. GUIMBERT, G. PY, B. RICHARD et Ch.H. TAUFFLIEB
(Mention spéciale "Prix du meilleur livre financier 1989")
LES COLLECTIVITES TERRITORIALES ET LEUR FINANCEMENT
par J. CARLES, F. GENDRON, F. LABIE et S. REGOURD
LE MARCHE FINANCIER
Structures et acteurs *(5e édition)*
par A. CHOINEL et G. ROUYER
(Grand Prix Harvard – L'Expansion)
ECONOMIE ET MARCHES DE CAPITAUX NATIONAUX
par D. DAUTRESME
LA POLITIQUE MONETAIRE ET SON CONTEXTE ECONOMIQUE *(2e édition)*
par X. DEBONNEUIL et R. OPHELE
PRATIQUE DE LA LOI DAILLY *(2e édition)*
Guide du Professionnel
par P. GOETZ et M. ADDED
LE REDRESSEMENT ET LA LIQUIDATION JUDICIAIRE DES ENTREPRISES *(2e édition)*
par D. MARTIN
LES CREDITS BANCAIRES AUX ENTREPRISES
par J. MASSON
INTRODUCTION A L'INGENIERIE FINANCIERE
par A. CHOINEL
STRATEGIE ET ECONOMIE DES ECHANGES INTERNATIONAUX *(5e édition)*
par P. PRISSERT et A. PIQUEMAL
ANALYSE ET DYNAMIQUE DU MARCHE DES CAPITAUX *(3e édition)*
par P. PRISSERT
LES OPERATIONS BANCAIRES AVEC L'ETRANGER *(5e édition)*
par P. PRISSERT
L'EPARGNE ET SA COLLECTE EN AFRIQUE
Colloque de la Confédération Internationale des Associations de Diplômés de l'INSTITUT TECHNIQUE DE BANQUE – Yamoussoukro 1987
LA BANQUE ET L'ENTREPRISE *(2e édition)*
Techniques actuelles de financement
par G. ROUYER et A. CHOINEL

Chez la revue Banque-Editeur et dans la collection "C.F.P.B.-Formation"

EPARGNE ET FISCALITE DES PERSONNES PHYSIQUES *(3e édition)*
par J.-C. MALINE et D. GOURDON

Chez la revue Banque-Editeur et dans la collection "Banque I.T.M."

LA COMPTABILISATION DES NOUVEAUX INSTRUMENTS FINANCIERS
chez les établissements de crédit
par Ph. RICHARD

Aux Editions Economica et dans la collection "Economica-I.T.B."

LES INSTITUTIONS FINANCIERES A STATUT PARTICULIER
par O. d'AMBRIERES
ANALYSE BANCAIRE DE L'ENTREPRISE
Méthodologie *(3e édition)*
par E. MANCHON
ANALYSE BANCAIRE DE L'ENTREPRISE
Applications
par E. MANCHON
PRATIQUES DES MATHEMATIQUES FINANCIERES
par M. GIRARD

Aux Editions SIREY

TECHNIQUE ET PRATIQUE BANCAIRES
par A. BOUDINOT et J.-C. FRABOT
PRATIQUE DU CREDIT DOCUMENTAIRE
par A. BOUDINOT
LE MARCHE DES CHANGES
par P. PRISSERT

Chez la Société d'Edition et de Diffusion AL MADARISS (Casablanca)

LA COMMUNICATION ECRITE
Méthodes de perfectionnement
par P. ATHANASE
DROIT CIVIL ET COMMERCIAL MAROCAIN
par D. MARTIN (avec le concours de M. RAIS)
LA COMPTABILITE DES ENTREPRISES MAROCAINES (Tomes 1 et 2)
par R. TELLER et A. MAAROUFI
APERÇUS SUR LA FISCALITE MAROCAINE ACTUELLE
par A. TAZI

Chez la Société d'Edition et de Composition Euro-Africaine SECEA (Casablanca)

LA REGLEMENTATION DES CHANGES DU MAROC
par A. BERADA et A. SLAMTI

Aux Nouvelles Editions Africaines (Dakar)

MONNAIE ET POLITIQUE MONETAIRE DANS LES PAYS AFRICAINS DE LA ZONE FRANC
par J. BOURDIN
DROIT CIVIL ET COMMERCIAL SENEGALAIS
par D. MARTIN
LA COMPTABILITE DES ENTREPRISES SENEGALAISES
par R. TELLER
LA FISCALITE SENEGALAISE
par R. TELLER

Aux Editions CLE (Yaoundé)

LEGISLATION CAMEROUNAISE DU TRAVAIL
par E. LEUNDE
LA FISCALITE CAMEROUNAISE
par M. MUSSO
LA COMPTABILITE DES ENTREPRISES COMMERCIALES ET INDUSTRIELLES (PLAN OCAM)

Aux Editions de l'HARMATTAN

LA RECHERCHE D'UNE MEILLEURE PRODUCTIVITE POUR LES BANQUES AFRICAINES
Colloque de la Confédération Internationale des Associations de Diplômés de l'INSTITUT TECHNIQUE DE BANQUE – Lomé 1990

Aux Editions de la MEDITERRANEE (Tunis)

L'EUROPE FINANCIERE ET LA BANQUE AFRICAINE
Colloque de la Confédération Internationale des Associations de Diplômés de l'INSTITUT TECHNIQUE DE BANQUE – Ouagadougou 1992

Chez C.F.P.B.-Services

I.T.B. ANNALES CORRIGEES de 1re ANNEE – Edition 1994
I.T.B. ANNALES CORRIGEES de 2e ANNEE – Edition 1994
I.T.B. ANNALES CORRIGEES de 3e ANNEE – Edition 1994
ELEMENTS DE DROIT BANCAIRE *(2e édition)*
par Didier MARTIN
LE BANQUIER ET LA FISCALITE DES ENTREPRISES *(6e édition)*
par Gervais MOREL
LE BANQUIER ET LA FISCALITE DU PARTICULIER *(4e édition)*
par Gervais MOREL
INTRODUCTION A LA GESTION DE PATRIMOINE *(2e édition)*
par P. DUMORET
LA NOTE DE SYNTHESE A L'INSTITUT TECHNIQUE DE BANQUE
par Paul ATHANASE
METHODOLOGIE DE LA COMMUNICATION ECRITE *(2e édition)*
par Paul ATHANASE
PRATIQUE DE LA RELATION BANQUE-ENTREPRISES PAR LE CHARGE D'AFFAIRES
par J.-C. LOINTIER, J.-L. SALVIGNOL, G. ROMEDENNE et G. BUAILLON
PRATIQUE DE L'ANALYSE FINANCIERE DES ETABLISSEMENTS DE CREDIT
par Sami GOTRANE

ECONOMICA - GESTION

ANALYSE BANCAIRE DE L'ENTREPRISE.

METHODOLOGIE

par

Eric MANCHON

Chargé de cours
à l'Institut Technique de Banque

ECONOMICA

49, rue Héricart
75015 PARIS

Je tiens ici à remercier tous ceux qui m'ont prêté main forte pour la réalisation de cet ouvrage. Je m'adresse bien sûr en premier lieu aux Maîtres de Conférence de l'Institut Technique de Banque, dont l'expérience de banquiers et de professeurs se ressent, je l'espère, dans les soucis de professionnalisme et de pédagogie qui ont marqué la conception de ce livre. Je me tourne ensuite vers MM. Guy Buaillon et Jean-Christian LOINTIER, Maîtres de Conférences à l'Institut Technique de Banque qui ont collaboré avec moi de façon particulièrement étroite, et parfois un peu ingrate.

SOMMAIRE

Première partie

A la recherche des informations disponibles

Le simple recensement des informations disponibles sur une affaire permet bien souvent de disposer d'une vision très précise de sa situation, avant même d'avoir abordé l'analyse de ses comptes. Plus l'entreprise est importante, plus elle est de ce point de vue transparente.

Le client (Section I) **constitue la première et la plus intéressante des sources d'information.** Mais **le banquier** (Section II) dispose, souvent sans en être bien conscient, d'informations parfaitement fiables et sur des aspects parfois mal maîtrisés par le client lui-même. Les **sources professionnelles** (Section III) permettent de consolider la culture économique et technique du chargé d'affaires dans des domaines d'activité parfois très nouveaux ou difficiles d'accès.

Plan de la 1re partie

Section 1

Les informations provenant du client

1 - LES DOCUMENTS COMPTABLES ET FINANCIERS

La plupart des activités d'une affaire trouvent leur traduction dans les documents comptables qu'elle établit soit pour elle-même soit à destination des tiers. De ce fait, l'information comptable constitue l'instrument de connaissance de l'entreprise le plus complet à la disposition du banquier, **même s'il n'est pas suffisant en lui-même pour lui permettre de porter un jugement définitif.**

On peut distinguer dans ce domaine un " tronc commun " constitué par les obligations comptables générales des commerçants d'une part, et d'autre part des régimes diversifiés de diffusion et de publication de l'information, en fonction de la taille de l'entreprise.

A - LES OBLIGATIONS COMPTABLES GENERALES

Tous les commerçants personnes physiques ou morales (article 8 du Code de Commerce) doivent :

- tenir une comptabilité enregistrant les mouvements affectant le patrimoine de leur entreprise ;
- contrôler l'existence et la valeur des éléments actifs et passifs du patrimoine au moins tous les douze mois ;
- établir des comptes annuels.

Il est important de noter qu'en pratique ces obligations de base ont été étendues à d'autres entreprises non commerçantes, qui constituent parfois elles aussi des relations intéressantes pour les banquiers, notamment les personnes morales de droit privé exerçant une activité économique, au-delà d'un certain seuil (1) : cliniques, associations de promotion du tourisme et des loisirs ou agissant dans le domaine de la formation ou de l'éducation.

(1) Le décret d'application de la loi du 1er Mars 1984 précise que la personne morale doit répondre à au moins deux des trois critères suivants : plus de 50 salariés, plus de 20 MF de chiffre d'affaires ou de ressources, 10 MF de total de bilan.

Par ailleurs, la plupart des artisans et agriculteurs, bien que n'ayant pas la qualité de commerçants, sont conduits eux aussi à respecter les mêmes obligations, en vue de remplir leurs déclarations fiscales.

Si bien qu'en définitive, les entreprises non soumises à ces dispositions sont l'exception : professions libérales, exploitations agricoles sous le régime du forfait, commerçants soumis au régime simplifié d'imposition et surtout commerçants soumis au régime du forfait (pas de comptes annuels) (1).

B - LE PLAN COMPTABLE GENERAL

Le plan comptable général (PCG) de 1982 constitue le cadre dans lequel l'entreprise assure le respect des obligations de l'article 8 du code de Commerce. Il représente aussi le modèle de base d'où sont dérivés les plans comptables professionnels d'activités à caractère commercial mais aussi **civil** (plan comptable général de l'agriculture).

Le PCG comprend d'une part une **classification des comptes** – qui n'intéresse pas directement le banquier – et d'autre part un regroupement de ces comptes (2) au sein de **documents de synthèse** qui récapitulent les différents aspects de l'activité de l'entreprise. Seuls ces documents de synthèse sont accessibles dans la pratique au banquier.

Ils sont composés d'un bilan, d'un compte de résultat et d'une annexe, **qui forment un tout indissociable.** La Commission des Opérations de Bourse (COB) a d'ailleurs précisé qu'ils doivent être toujours communiqués aux tiers **ensemble,** que ce soit au Greffe du Tribunal de Commerce, au BALO ou de quelque autre façon (3). C'est le rôle de **l'annexe** que de compléter et d'expliciter les données purement comptables figurant dans le **bilan ou le compte de résultat,** et de fournir également des informations que les comptes sociaux ne peuvent refléter : engagements de l'entreprise, effectifs, procédure judiciaire en cours, événements survenus après l'arrêté et susceptibles de modifier durablement la situation de l'entreprise, etc.

L'ensemble de ces documents a pour but de présenter une **image fidèle** de l'entreprise, au moyen notamment de l'annexe qui permet de dépasser le cadre étroit du bilan et du compte de résultat. Par **image fidèle,** il faut entendre en premier lieu le respect des **principes comptables de base,** mais aussi éventuellement leur dépassement.

(1) Les allègements comptables en faveur des petits commerçants (régime simplifié : moins de 1 MF de CA HT dans le cas général) résultent de la loi relative à l'initiative individuelle.
(2) Les documents de synthèse annuels comprennent :
- des postes : lignes chiffrées correspondant soit à un compte, soit à une fraction de compte, soit à plusieurs comptes (exemple : provisions pour risques et charges, clients et comptes rattachés),
- des rubriques : grandes catégories de postes (exemple : actif immobilisé, actif circulant...).

(3) Bulletin de la COB Février 1985.

① Les principes comptables de base

■ Régularité

Les comptes doivent être établis dans le respect des règles et procédures en vigueur.

■ Sincérité

Les règles appliquées doivent l'être de **bonne foi.**

■ Prudence

Le principe de prudence est défini par le PCG comme l'appréciation raisonnable des faits afin d'éviter un risque de transfert, sur l'avenir, d'incertitudes présentes susceptibles de grever le patrimoine et les résultats de l'entreprise. Ainsi, un profit de change latent ne peut-il être enregistré dans les résultats.

■ Continuité de l'exploitation

Les actifs et les dettes de l'entreprise sont évalués comme si cette dernière devait poursuivre son exploitation, et non comme si elle devait être liquidée. Ainsi, les stocks sont évalués à leur coût de fabrication ou d'acquisition, ou à leur valeur vénale si celle-ci est plus faible, mais non pas au prix dérisoire qu'ils atteindraient en cas de vente à la fois massive et soudaine excédant les capacités d'absorption du marché.

■ Spécialisation des exercices

Les exercices durent, sauf dérogation exceptionnelle, un an, et les charges et les produits qui y correspondent doivent leur être rattachés (notamment au moyen des comptes de régularisation).

■ Nominalisme

Les créances monétaires et les dettes doivent être comptabilisées à leur coût historique (ce qui n'est pas le cas des immobilisations, dont certaines sont réévaluables).

■ Permanence des méthodes

La possibilité de comparer plusieurs périodes successives nécessite que les mêmes méthodes soient conservées d'un exercice à l'autre.

② L'image fidèle

Le respect des principes comptables de base emporte **présomption** d'image fidèle.

Mais ce respect n'est pas toujours possible :

- Les règles comptables n'ont pas toujours prévu certaines situations (exemple : comptabilisation des opérations réalisées sur le MATIF lors des premiers mois de sa mise en œuvre).

– Plusieurs principes peuvent, sur un point donné, s'opposer. Pour l'évaluation des stocks, on fait en général prévaloir le principe de continuité d'exploitation (valorisation des stocks à leur coût de production) sur celui de prudence (valorisation minimale des stocks " à la casse "). Dans le cas où un sinistre est survenu après la date de clôture de l'exercice mais avant sa date d'arrêté, on fait cette fois-ci prévaloir le principe de prudence (prise en compte du sinistre dans les comptes de l'exercice clôturé) sur le principe de spécialisation des exercices (prise en compte uniquement au cours de l'exercice de survenance du sinistre).

– Les principes peuvent évoluer. Ainsi, la **négociabilité** croissante des actifs financiers (" futures ", titres de créances négociables) tend progressivement à imposer **l'évaluation à la valeur de marché,** et donc l'enregistrement de profits à la fois provisoires et volatiles. Le principe de prudence est ici largement battu en brèche.

– Il est parfois nécessaire de changer de méthodes comptables notamment pour des raisons fiscales ou pour homogénéiser la présentation des comptes au sein d'un groupe de sociétés.

Dans tous ces cas, il y a lieu d'expliciter dans l'annexe les raisons des choix qui ont été faits, et éventuellement des dérogations aux principes ou aux règles comptables.

C - PRESENTATION DES DOCUMENTS DE SYNTHESE

Afin de proportionner les obligations comptables à la complexité des opérations réalisées par l'entreprise, le Plan Comptable Général (P.C.G.) a prévu trois systèmes différents :

– la présentation abrégée, applicable aux petites affaires ;

– la présentation de base, applicable à l'ensemble des autres entreprises ;

– la présentation développée, à caractère **purement facultatif.**

Mais comme nous le verrons, c'est une quatrième présentation, la **présentation fiscale** qui dans la pratique s'impose le plus souvent.

Par ailleurs, la loi du 1er Mars 1984 sur la prévention des difficultés des entreprises a prévu, dans certains cas, l'établissement de **documents prévisionnels.**

① Les documents de synthèse prévus par le Plan Comptable Général
(cf. modèles présentés ci-après)

Si le bilan, le compte de résultat et l'annexe forment un tout indissociable, le PCG n'a prévu de présentation normalisée que pour les deux premiers documents.

L'annexe se prête mal à la standardisation, les textes comptables en la matière fixant un but à atteindre (l'image fidèle) et non pas un contenu. Le PCG propose toutefois certains tableaux (immobilisations, provisions...) qui doivent figurer dans l'annexe.

SYSTEME ABREGE

MODELE DE BILAN (avant répartition)

ACTIF	Exercice N			Exercice (N — 1)
	Brut	Amortis. et provisions (à déduire)	Net	Net
Actif immobilisé :				
Immobilisations incorporelles :				
— fonds commercial (a)				
— autres				
Immobilisations corporelles				
Immobilisations financières (1)				
Total I	X	X	X	X
Actif circulant :				
Stocks et en-cours (autres que marchandises)				
Marchandises				
Avances et acomptes versés sur commandes				
Créances (2) :				
— créances clients et comptes rattachés				
— autres (3)				
Valeurs mobilières de placement				
Disponibilités (autres que caisse)				
Caisse				
Charges constatées d'avance (2)				
Total II*	X	X	X	X
TOTAL GENERAL (I + II)	X	X	X	X
(1) Dont à moins d'un an (2) Dont à plus d'un an (3) Dont comptes courants d'associés				

PASSIF	Exercice N	Exercice N — 1
Capitaux propres (b) :		
Capital		
Ecart de réévaluation (b)		
Réserves :		
— réserve légale		
— réserves réglementées		
— autres (4)		
Report à nouveau (c)		
Résultat de l'exercice (bénéfice ou perte) (c)		
Provisions réglementées		
Total I	X	X
Provisions pour risques et charges (II)	X	X
Dettes (5) :		
Emprunts et dettes assimilées		
Avances et acomptes reçus sur commandes en cours		
Fournisseurs et comptes rattachés		
Produits constatés d'avance (2)		
Total III	X	X
TOTAL GENERAL (I + II + III)	X	X
(4) Dont réserves statutaires (5) Dont à plus de 5 ans Dont à plus d'un an et moins de 5 ans Dont à moins d'un an		

(a) Y compris droit au bail.
(b) A détailler conformément à la législation en vigueur.
(c) Montant entre parenthèses ou précédé du signe moins (—) lorsqu'il s'agit de pertes.
* Le cas échéant, les entreprises ouvrent un poste "Charges à répartir sur plusieurs exercices" qui forme le total III, le total général étant modifié en conséquence.

SYSTEME ABREGE

MODELE DE COMPTE DE RESULTAT DE L'EXERCICE
(Présentation sous forme de tableau)

Charges (hors taxes)	Exercice N	Exercice N − 1	Produits (hors taxes)	Exercice N	Exercice N − 1
Charges d'exploitation :			Produits d'exploitation :		
Achats de marchandises (a)			Ventes de marchandises		
Variation de stock (marchandises) (b)			Production vendue (biens et services) (c)		
Achats d'approvisionnements (a)			Production stockée (d)		
Variation de stocks (approvisionnements) (b)			Production immobilisée		
* Autres charges externes			Subventions d'exploitation		
Impôts, taxes et versements assimilés			Autres produits (2)		
Rémunérations du personnel					
Charges sociales					
Dotations aux amortissements					
Dotations aux provisions					
Autres charges					
Charges financières			Produits financiers (2)		
Total I	X	X	**Total I**	X	X
Charges exceptionnelles **(II)**	X	X	dont à l'exportation		
Impôts sur les bénéfices **(III)**	X	X	Produits exceptionnels (2) **(II)**	X	X
Total des charges (I + II + III)	X	X	**Total des produits (I + II)**	X	X
Solde créditeur : **bénéfice** (1)	X	X	Solde débiteur : **Perte** (3)	X	X
TOTAL GENERAL	X	X	**TOTAL GENERAL**	X	X
* Y compris : — redevances de crédit-bail mobilier — redevances de crédit-bail immobilier					
(1) Compte tenu d'un résultat exceptionnel avant impôts de			(2) Dont reprises sur provisions (et amortissements) (3) Compte tenu d'un résultat exceptionnel avant impôts de.		

SYSTEME DE BASE

MODELE DE BILAN

	ACTIF *(a)*	Exercice N Brut	Exercice N Amortis. et provisions (à déduire)	Exercice N Net	Exercice N − 1 Net
ACTIF IMMOBILISE	Capital souscrit non appelé				
	Immobilisations incorporelles :				
	Frais d'établissement				
	Frais de recherche et de développement				
	Concessions, brevets, licences, marques, procédés, droits et valeurs similaires				
	Fonds commercial (1)				
	Autres				
	Immobilisations incorporelles en cours				
	Avances et acomptes				
	Immobilisations corporelles :				
	Terrains				
	Constructions				
	Installations techniques, matériel et outillage industriels				
	Autres				
	Immobilisations corporelles en cours				
	Avances et acomptes				
	Immobilisations financières (2) :				
	Participations				
	Créances rattachées à des participations				
	TIAP *(e)*				
	Autres titres immobilisés				
	Prêts				
	Autres				
	Total I	X	X	X	X
ACTIF CIRCULANT	Stocks et en-cours :				
	Matières premières et autres approvisionnements				
	En-cours de production (biens et services) *(a)*				
	Produits intermédiaires et finis				
	Marchandises				
	Avances et acomptes versés sur commandes				
	Créances (3) :				
	Créances Clients et Comptes rattachés *(b)*				
	Autres				
	Capital souscrit — appelé, non versé				
	Valeurs mobilières de placement *(c)*				
	Actions propres				
	Autres titres				
	Instruments de trésorerie *(d)*				
	Disponibilités				
COMPTES de régularisation	Charges constatées d'avance (3)				
	Total II	X	X	X	X
	Charges à répartir sur plusieurs exercices **(III)**	X		X	X
	Primes de remboursement des obligations **(IV)**	X		X	X
	Ecarts de conversion Actif **(V)**	X		X	X
	TOTAL GENERAL (I + II + III + IV + V)	X	X	X	X
	(1) Dont droit au bail				
	(2) Dont à moins d'un an				
	(3) Dont à plus d'un an				

(a) A ventiler, le cas échéant, entre biens d'une part et services d'autre part.
(b) Créances résultant de ventes ou de prestations de services.
(c) Poste à servir directement s'il n'existe pas de rachat par l'entreprise de ses propres actions.
(d) Poste créé par le Conseil National de la Comptabilité.
(e) Titres immobilisés de l'activité de portefeuille.

SYSTEME DE BASE

MODELE DE BILAN (avant répartition)

PASSIF		Exercice N	Exercice N – 1
CAPITAUX PROPRES*	Capital (dont versé...) (a) Primes d'émission, de fusion, d'apport, ... Ecarts de réévaluation (b) Ecart d'équivalence Réserves : Réerve légale Réserves statutaires ou contractuelles Réserves réglementées Autres Report à nouveau (c) **Résultat de l'exercice (bénéfice ou perte)** (c) Subventions d'investissement Provisions réglementées		
	Total I	X	X
AUTRES FONDS PROPRES	Produit des émissions de titres participatifs (f) Avances conditionnées (f) Autres		
	Total I bis	X	X
PROVISIONS pour risques et charges	Provisions pour risques Provisions pour charges		
	Total II	X	X
DETTES (1) (f)	Emprunts obligataires convertibles Autres emprunts obligataires Emprunts et dettes auprès des établissements de crédit (2) Emprunts et dettes financières divers (3) Avances et acomptes reçus sur commandes en cours Dettes Fournisseurs et Comptes rattachés (d) Dettes fiscales et sociales Dettes sur immobilisations et Comptes rattachés Autres dettes		
COMPTES de régularisation (1)	Produits constatés d'avance		
	Total III	X	X
	Ecarts de conversion Passif **(IV)**	X	X
	TOTAL GENERAL (I + II + III + IV)	X	X
(1) Dont à plus d'un an Dont à moins d'un an (2) Dont concours bancaires courants et soldes créditeurs de banques (3) Dont emprunts participatifs			

* Le cas échéant, une rubrique " Autres fonds propres " est intercalée entre la rubrique " Capitaux propres " et la rubrique " Provisions pour risques et charges " avec ouverture des postes constitutifs de cette rubrique sur des lignes séparées (montant des émissions de titres participatifs, avances conditionnées, ...). Un total I bis fait apparaître le montant des autres fonds propres entre le total I et le total II du passif du bilan. Le total général est complété en conséquence.

(a) Y compris capital souscrit non appelé. (b) A détailler conformément à la législation en vigueur. (c) Montant entre parenthèses ou précédé du signe moins (–) lorsqu'il s'agit d'une perte. (d) Dettes sur achats ou prestations de services. (f) Comptes figurant dans la mise à jour de 1986.

SYSTEME DE BASE

MODELE DE COMPTE

	Exercice N	Exercice N − 1
Produits d'exploitation (1) :		
Ventes de marchandises		
Production vendue (biens et services) (a)		
Montant net du chiffre d'affaires (b)	X	X
dont à l'exportation :		
Production stockée (c)		
Production immobilisée		
Subventions d'exploitation		
Reprises sur provisions (et amortissements), transferts de charges		
Autres produits		
Total I	X	X
Charges d'exploitation (2) :		
Achats de marchandises (d)		
Variation de stock (e)		
Achats de matières premières et autres approvisionnements (d)		
Variation de stock (e)		
* Autres achats et charges externes		
Impôts, taxes et versements assimilés		
Salaires et traitements		
Charges sociales		
Dotations aux amortissements et aux provisions :		
Sur immobilisations : dotations aux amortissements (f)		
Sur immobilisations : dotations aux provisions		
Sur actif circulant : dotations aux provisions		
Pour risques et charges : dotations aux provisions		
Autres charges		
Total II	X	X
1. RESULTAT D'EXPLOITATION (I − II) ± X		
Quotes-parts de résultat sur opérations faites en commun :		
Bénéfice attribué ou perte transférée **III**	X	X
Perte supportée ou bénéfice transféré **IV**	X	X
(1) Dont produits afférents à des exercices antérieurs		
(2) Dont charges afférentes à des exercices antérieurs		

(a) A inscrire, le cas échéant, sur des lignes distinctes.
(b) Cf. Terminologie, p. 22 et Dispositions spéciales, p. 211.
(c) Stock final moins stock initial : montant de la variation en moins entre parenthèse ou précédé du signe (—).
(d) Y compris droits de douane.
(e) Stock initial moins stock final : montant de la variation en moins entre parenthèses ou précédé du signe (—).
(f) Y compris éventuellement dotations aux amortissements des charges à répartir.

DE RESULTAT DE L'EXERCICE (en liste)

		Exercice N	Exercice N − 1
Produits financiers :			
De participations (3)			
D'autres valeurs mobilières et créances de l'actif immobilisé (3)			
Autres intérêts et produits assimilés (3)			
Reprises sur provisions et transferts de charges			
Différences positives de change			
Produits nets sur cessions de valeurs mobilières de placement			
Total V		X	X
Charges financières :			
Dotations aux amortissements et aux provisions			
Intérêts et charges assimilées (4)			
Différences négatives de change			
Charges nettes sur cessions de valeurs mobilières de placement			
Total VI		X	X
2. RESULTAT FINANCIER (V − VI)	± X		
3. RESULTAT COURANT avant impôts (I − II + III − IV + V − VI)	± X		
Produits exceptionnels :			
Sur opérations de gestion			
Sur opérations en capital			
Reprises sur provisions et transferts de charges			
Total VII		X	X
Charges exceptionnelles :			
Sur opérations de gestion			
Sur opérations en capital			
Dotations aux amortissements et aux provisions			
Total VIII		X	X
4. RESULTAT EXCEPTIONNEL (VII − VIII)	± X		
Participation des salariés aux fruits de l'expansion IX		X	X
Impôts sur les bénéfices X		X	X
Total des produits (I + III + V + VII)		X	X
Total des charges (II + IV + VI + VIII + IX + X)		X	X
Bénéfice ou perte		X	X
* Y compris :			
— redevances de crédit-bail mobilier			
— redevances de crédit-bail immobilier			
(3) Dont produits concernant les entreprises liées			
(4) Dont intérêts concernant les entreprises liées			

N.B. : Outre le résultat exceptionnel avant impôts que les sociétés de capitaux doivent faire ressortir, les entreprises ont la faculté de faire apparaître distinctement le résultat d'exploitation et le résultat financier. Le bénéfice ou la perte résulte alors de la somme algébrique des résultats courant et exceptionnel (3 + 4) et des charges IX et X.

SYSTEME DEVELOPPE

MODELE DE BILAN

	ACTIF	Exercice N Brut	Exercice N Amortis. et provisions (à déduire)	Exercice N Net	Exercice N − 1 Net
ACTIF IMMOBILISE	Capital souscrit non appelé				
	Immobilisations incorporelles :				
	Frais d'établissement				
	Frais de recherche et de développement				
	Concessions, brevets, licences, marques, procédés, droits et valeurs similaires				
	Fonds commercial (1)				
	Autres				
	Immobilisations incorporelles en cours				
	Avances et acomptes				
	Immobilisations corporelles :				
	Terrains				
	Constructions				
	Installations techniques, matériel et outillage industriels				
	Autres				
	Immobilisations corporelles en cours				
	Avances et acomptes				
	Immobilisations financières (2) :				
	Participations				
	Créances rattachées à des participations				
	TIAP *(d)*				
	Autres titres immobilisés				
	Prêts				
	Autres				
	Total I	**X**	**X**	**X**	**X**
ACTIF CIRCULANT	Stocks et en-cours :				
	Matières premières et autres approvisionnements				
	En-cours de production (biens et services) *(a)*				
	Produits intermédiaires et finis				
	Marchandises				
	Avances et acomptes versés sur commandes				
	Créances d'exploitation (3) :				
	Créances Clients et Comptes rattachés *(b)*				
	Autres				
	Créances diverses (3) :				
	Capital souscrit — appelé, non versé				
	Valeurs mobilières de placement *(c)*				
	Actions propres				
	Autres titres				
	Disponibilités				
COMPTES de régularisation	Charges constatées d'avance (3)				
	Total II	**X**	**X**	**X**	**X**
	Charges à répartir sur plusieurs exercices **(III)**	X		X	X
	Primes de remboursement des obligations **(IV)**	**X**		**X**	**X**
	Ecarts de conversion Actif **(V)**	**X**		**X**	**X**
	TOTAL GENERAL (I + II + III + IV + V)	**X**	**X**	**X**	**X**
	(1) Dont droit au bail				
	(2) Dont à moins d'un an				
	(3) Dont à plus d'un an				

(a) A ventiler, le cas échéant, entre biens d'une part et services d'autre part.
(b) Créances résultant de ventes ou de prestations de services.
(c) Poste à servir directement s'il n'existe pas de rachat par l'entreprise de ses propres actions.
(d) Titres immobilisés de l'activité de portefeuille.

SYSTEME DEVELOPPE

MODELE DE BILAN (avant répartition)

	PASSIF	Exercice N	Exercice N − 1
CAPITAUX PROPRES*	Capital (dont versé...) (a) Primes d'émission, de fusion, d'apport, ... Ecarts de réévaluation (b) Ecart d'équivalence Réserves : Réserve légale Réserves statutaires ou contractuelles Réserves réglementées Autres Report à nouveau (c) **Résultat de l'exercice (bénéfice ou perte)** (c) Subventions d'investissement Provisions réglementées		
	Total I	X	X
AUTRES FONDS PROPRES	Produit des émissions de titres participatifs (f) Avances conditionnées (f) Autres		
	Total I bis	X	X
PROVISIONS pour risques et charges	Provisions pour risques Provisions pour charges		
	Total II	X	X
DETTES (1) (f)	Dettes financières : Emprunts obligataires convertibles Autres emprunts obligataires Emprunts et dettes auprès des établissements de crédit (2) Emprunts et dettes financières divers (3) Avances et acomptes reçus sur commandes en cours Dettes d'exploitation : Dettes fournisseurs et comptes rattachés (d) Dettes fiscales et sociales Autres Dettes diverses : Dettes sur immobilisations et comptes rattachés Dettes fiscales (impôts sur les bénéfices Autres		
COMPTES de régularisation (1)	Produits constatés d'avance		
	Total III	X	X
	Ecarts de conversion Passif **(IV)**	X	X
	TOTAL GENERAL (I + II + III + IV)	X	X
	(1) Dont à plus d'un an Dont à moins d'un an (2) Dont concours bancaires courants et soldes créditeurs de banques (3) Dont emprunts participatifs		

* Le cas échéant, une rubrique " Autres fonds propres " est intercalée entre la rubrique " Capitaux propres " et la rubrique " Provisions pour risques et charges " avec ouverture des postes constitutifs de cette rubrique sur des lignes séparées (montant des émissions de titres participatifs, avances conditionnées, ...). Un total I bis fait apparaître le montant des autres fonds propres entre le total I et le total II du passif du bilan. Le total général est complété en conséquence.

(a) Y compris capital souscrit non appelé. (b) A détailler conformément à la législation en vigueur. (c) Montant entre parenthèses ou précédé du signe moins (—) lorsqu'il s'agit de pertes reportées. (d) Montant entre parenthèses ou précédé du signe moins (—) lorsqu'il s'agit d'une perte. (e) Dettes sur achats ou prestations de services. (f) Comptes figurant dans la mise à jour de 1986.

SYSTEME DEVELOPPE

MODELE DE COMPTE DE RESULTAT DE L'EXERCICE – CHARGES

CHARGES (hors taxes)	Exercice N		Exercice N – 1
		Totaux partiels	Totaux partiels
Charges d'exploitation (1) :			
Coût d'achat des marchandises vendues dans l'exercice		X	X
• Achats de marchandises *(a)*	X		
• Variation des stocks de marchandises *(b)*	X		
Consommations de l'exercice en provenance des tiers		X	X
• Achats stockés d'approvisionnements *(a)*			
– matières premières	X		
– autres approvisionnements	X		
• Variation des stocks d'approvisionnements *(b)*	X		
• Achats de sous-traitances	X		
• Achats non stockés de matières et fournitures	X		
• Services extérieurs :			
– personnel extérieur	X		
– loyers en crédit bail *(c)*	X		
– autres	X		
Impôts, taxes et versements assimilés		X	X
Sur rémunérations	X		
Autres	X		
Charges de personnel		X	X
Salaires et traitements	X		
Charges sociales	X		
Dotations aux amortissements et aux provisions		X	X
Sur immobilisations : dotations aux amortissements *(d)*	X		
Sur immobilisations : dotations aux provisions	X		
Sur actif circulant : dotations aux provisions	X		
Pour risques et charges : dotations aux provisions	X		
Autres charges		X	X
TOTAL		**X**	**X**
(1) Dont charges afférentes à des exercices antérieurs			

(a) Y compris frais accessoires.
(b) Stock initial moins stock final : montant de la variation en moins entre parenthèses ou précédé du signe (–).
(c) A ventiler en " mobilier " et " immobilier ".
(d) Y compris éventuellement dotations aux amortissements des charges.

SYSTEME DEVELOPPE

MODELE DE COMPTE DE RESULTAT DE L'EXERCICE – CHARGES *(suite)*

CHARGES (hors taxes)	Exercice N		Exercice N – 1
		Totaux partiels	Totaux partiels
Report		X	X
Quote-parts de résultat sur opérations faites en commun		X	X
Charges financières		X	X
Dotations aux amortissements et aux provisions	X		
Intérêts et charges assimilées (2)	X		
Différences négatives de change	X		
Charges nettes sur cessions de valeurs mobilières de placement	X		
Charges exceptionnelles		X	X
Sur opérations de gestion	X		
Sur opérations en capital :			
– valeurs comptables des éléments immobilisés et financiers cédés *(e)*	X		
– Autres	X		
Dotations aux amortissements et aux provisions :			
– dotations aux provisions réglementées	X		
– dotations aux amortissements et aux autres provisions	X		
Participation des salariés aux fruits de l'expansion		X	X
Impôts sur les bénéfices		X	X
Solde créditeur = **bénéfice**		X	X
TOTAL GENERAL		**X**	**X**
(2) Dont intérêts concernant les entreprises liées			

(e) A l'exception des valeurs mobilières de placement.

SYSTEME DEVELOPPE

MODELE DE COMPTE DE RESULTAT DE L'EXERCICE – PRODUITS

PRODUITS (hors taxes)	Exercice N		Exercice N – 1
		Totaux partiels	Totaux partiels
Produits d'exploitation (1) :			
Ventes de marchandises	X	X	X
Production vendue		X	X
Ventes	X		
Travaux	X		
Prestations de services	X		
Montant net du chiffre d'affaires	X		
dont à l'exportation :			
Production stockée *(a)*		X	X
En-cours de production de biens *(a)*	X		
En-cours de production de services *(a)*	X		
Produits *(a)*	X		
Production immobilisée		X	X
Subventions d'exploitation		X	X
Reprises sur provisions (et amortissements)		X	X
Transferts de charges		X	X
Autres produits		X	X
TOTAL		**X**	**X**
(1) Dont produits afférents à des exercices antérieurs			

(a) Stock final moins stock initial : montant de la variation en moins entre parenthèses ou précédé du signe (–) dans le cas de déstockage de production.

SYSTEME DEVELOPPE

MODELE DE COMPTE DE RESULTAT DE L'EXERCICE – PRODUITS *(suite)*

PRODUITS (hors taxes)	Exercice N		Exercice N – 1
		Totaux partiels	Totaux partiels
Report		X	X
Quote-parts de résultat sur opérations faites en commun		X	X
Produits financiers		X	X
De participations (2)	X		
D'autres valeurs mobilières et créances de l'actif immobilisé (2)	X		
Autres intérêts et produits assimilés (2)	X		
Reprises sur provisions et transferts de charges financières	X		
Différences positives de change	X		
Produits nets sur cessions de valeurs mobilières de placement	X		
Produits exceptionnels		X	X
Sur opérations de gestion	X		
Sur opérations en capital :			
– produits des cessions d'éléments d'actif *(b)*	X		
– subventions d'investissement virées au résultat de l'exercice	X		
– autres	X		
Reprises sur provisions et transferts de charges exceptionnelles	X		
Solde débiteur = **perte**		**X**	**X**
TOTAL GENERAL		**X**	**X**
(2) Dont produits concernant les entreprises liées			

(b) A l'exception des valeurs mobilières de placement.

■ **Le système abrégé** concerne les affaires qui réunissent au moins deux des trois critères suivants :

– Total de bilan inférieur à 1 500 000 F ;

– Chiffre d'affaires inférieur à 3 000 000 F ;

– Moins de 10 salariés permanents.

Il s'agit donc dans la pratique soit d'entreprises créées récemment, soit de petits commerçants détaillants (à titre d'exemple une boucherie ou un magasin d'alimentation de quartier atteint aisément ces seuils. Cette clientèle reste donc, même sur des places particulièrement peu industrialisées, assez marginale).

■ **Le système de base** est en principe le droit commun des entreprises mais les documents comptables qui lui correspondent ne sont présentés ici qu'à titre documentaire. En effet, cette présentation n'est guère utilisée que dans les plaquettes annuelles des sociétés ou à l'occasion des publications obligatoires, qui ne parviennent en général à la connaissance du public – et donc du banquier – que sous des délais assez longs, et supposent que l'affaire ait atteint une certaine taille.

Pour de multiples raisons, c'est la présentation fiscale qui est préférée à la présentation du système de base (cf. infra).

■ **Le système développé** se distingue du système de base au niveau du bilan mais surtout **du compte de résultat** (1).

– Le bilan du système développé, au-delà de quelques différences terminologiques qui ne sont pas toujours justifiées (et que l'on retrouve également en ce qui concerne le compte de résultat), permet, pour l'essentiel, une **meilleure analyse du besoin en fonds de roulement** que le bilan du système de base. Les éléments de l'actif circulant et des dettes à court terme sont ainsi ventilés, selon leur nature, en " exploitation " ou " hors exploitation ". Cette ventilation que l'on ne retrouve pas dans le système de base, bien qu'intéressante, est heureusement **rarement indispensable** au cours de l'analyse.

– En revanche, le compte de résultat du système développé comporte des **renseignements complémentaires qui manquent cruellement au système de base :**

  • la production vendue est ventilée entre les ventes (de biens), les travaux et les prestations de services ;

  • les charges externes d'exploitation sont analysées avec beaucoup plus de détail, grâce à la triple distinction : Achats de sous-traitance – Frais d'intérimaires (logés dans le poste " Services extérieurs - Personnel extérieur ") – Charges de personnel ;

  • les charges exceptionnelles sont présentées de façon à isoler l'incidence des cessions d'éléments immobilisés et financiers, et les plus ou moins-values qui peuvent en résulter. De même, les reprises de subventions d'investissement figurent en clair.

---

(1) C'est dans le cadre du système développé que sont également proposés divers tableaux d'analyse que nous aurons l'occasion d'examiner en deuxième et troisième parties de cet ouvrage.

– Enfin les dotations aux **provisions** réglementées (qui comprennent notamment les amortissements dérogatoires) sont distinguées des autres dotations exceptionnelles.

Il n'est pas possible de considérer qu'en général le chargé d'affaires disposera pour ses besoins, de documents de synthèse relevant du système développé. En effet, malgré son grand intérêt, rappelons que cette présentation reste, pour l'ensemble des entreprises, **facultative,** et que c'est dans la plupart des cas le **bilan fiscal** qui sera disponible.

② La présentation fiscale

La présentation fiscale s'impose dans la pratique pour plusieurs raisons :

– Toutes les informations requises par le plan comptable dans le système de base se retrouvent sur l'imprimé fiscal. Les différences de présentation et de terminologie – souvent à l'avantage de l'imprimé fiscal – ne portent donc que sur des points de détail.

– Mais en outre, la présentation fiscale intègre, tant au niveau du bilan que du compte de résultat une partie des renseignements qui devraient en principe figurer en **annexe** (exemple : détail des actifs acquis avec réserve de propriété), ainsi que des informations **fiscales** souvent essentielles à une bonne compréhension de l'affaire (intérêts et produits concernant les entreprises liées, détail des charges et produits exceptionnels sur exercices antérieurs, etc.).

– D'ailleurs, l'ensemble des documents fournis par l'entreprise à l'occasion de sa déclaration annuelle de revenu appelée “ liasse fiscale ”, c'est à dire le bilan, le compte de résultat, mais également les tableaux d'immobilisations (2054), d'amortissements (2055), de provisions (2056) et des échéances des créances et dettes (2057), sont conçus de manière à en permettre le dépôt au Greffe du Tribunal de Commerce lorsque l'entreprise est soumise à cette formalité, ce qui montre leur totale compatibilité avec les renseignements exigés dans le système de base.

– Enfin, le document fiscal est disponible assez rapidement. Pour la majorité des sociétés, le délai de remise à l'Administration est fixé au 30 Avril (sauf mesures de faveur, assez fréquentes il est vrai).

Ainsi, non seulement le banquier se trouvera-t-il le plus souvent contraint d'accepter des comptes sociaux “ fiscaux ” mais encore y aura-t-il intérêt. **Dans la pratique c'est d'ailleurs autant que possible à la liasse fiscale qu'il sera fait référence.**

Le **bilan** et le **compte de résultat** (en liste) sont présentés ci-après.

Il y a lieu de noter que le bilan est établi **avant répartition,** ce qui est logique, puisqu'à cette époque de l'année, l'assemblée générale n'a pas encore approuvé les comptes, ni décidé de l'affectation du résultat.

L'annexe fiscale est composée :

– des tableaux 2 054 à 2 058 présentés à la suite du bilan et du compte de résultat, et numérotés de 5 à 12 ;

– des informations détaillées ayant trait aux points suivants :

- liste des filiales et participations ;
- dérogations aux prescriptions comptables ;
- modifications affectant les méthodes d'évaluation et la présentation des comptes annuels ;
- détail des produits à recevoir et charges à payer ;
- commentaire sur les produits et charges figurant au bilan dans les postes "comptes de régularisation" ;

– pour les contribuables ayant la qualité de commerçant, **des éléments de l'annexe comptable prévue dans le système de base autres que les informations énumérées ci-dessus.** Etant donné le champ d'application très vaste de l'annexe, on se contentera de citer certains points essentiels intéressant le banquier, et ne se retrouvant pas par ailleurs sur des documents déjà présentés :

- indications, pour chacun des postes relatifs aux dettes, de celles qui sont garanties par des **sûretés réelles ;**
- montant des **engagements financiers** consentis (notamment des effets escomptés non échus et des créances cédées dans le cadre de la loi Dailly, et des opérations de crédit-bail) ;
- immobilisations, créances et dettes concernant des **entreprises liées** (c'est-à-dire contrôlées à plus de 50 %, directement ou indirectement) ;
- ventilation, par catégorie, de **l'effectif** moyen, rémunéré par l'entreprise d'une part, et mis à la disposition de celle-ci d'autre part (intérimaires).

③ Les documents prévisionnels

La loi du 1er Mars 1984 sur la prévention des difficultés des entreprises a prévu que les sociétés commerciales, les personnes morales de droit privé non commerçantes ayant une activité économique, les établissements publics de l'Etat ayant une activité industrielle ou commerciale et les entreprises nationales établissent dès à présent, dans les trois mois du début de l'exercice au plus tard, des documents prévisionnels. Cette réglementation concerne les affaires précitées répondant à l'un des deux critères suivants :

– au moins 300 salariés,

– au moins 120 MF de chiffre d'affaires.

On voit donc que ce seuil concerne un **nombre assez important d'entreprises.**

cerfa N° 30-3183

Formulaire obligatoire (article 53 A du code général des impôts).

① **BILAN — ACTIF**

D.G.I. N° 2050 [4]
(1994)

Désignation de l'entreprise : ______ Durée de l'exercice exprimée en nombre de mois* ___

Adresse de l'entreprise ______ Durée de l'exercice précédent* ___

Numéro SIRET* ______ Code APE ______ Exercice précédent (N-1) clos le :

(Ne pas reporter le montant des centimes)*			Exercice N, clos le : Brut 1		Amortissements, provisions 2	Net 3	Net 4
	Capital souscrit non appelé (0)	AA					
ACTIF IMMOBILISÉ* – IMMOBILISATIONS INCORPORELLES	Frais d'établissement*	AB		AC			
	Frais de recherche et développement*	AD		AE			
	Concessions, brevets et droits similaires	AF		AG			
	Fonds commercial (1)	AH		AI			
	Autres immobilisations incorporelles	AJ		AK			
	Avances et acomptes sur immobilisations incorporelles	AL		AM			
IMMOBILISATIONS CORPORELLES	Terrains	AN		AO			
	Constructions	AP		AQ			
	Installations techniques, matériel et outillage industriels	AR		AS			
	Autres immobilisations corporelles	AT		AU			
	Immobilisations en cours	AV		AW			
	Avances et acomptes	AX		AY			
IMMOBILISATIONS FINANCIÈRES (2)	Participations évaluées selon la méthode de mise en équivalence	CS		CT			
	Autres participations	CU		CV			
	Créances rattachées à des participations	BB		BC			
	Autres titres immobilisés	BD		BE			
	Prêts	BF		BG			
	Autres immobilisations financières*	BH		BI			
	TOTAL (I)	BJ		BK			
ACTIF CIRCULANT – STOCKS*	Matières premières, approvisionnements	BL		BM			
	En cours de production de biens	BN		BO			
	En cours de production de services	BP		BQ			
	Produits intermédiaires et finis	BR		BS			
	Marchandises	BT		BU			
	Avances et acomptes versés sur commandes	BV		BW			
CRÉANCES	Clients et comptes rattachés (3)*	BX		BY			
	Autres créances (3)	BZ		CA			
	Capital souscrit et appelé, non versé	CB		CC			
DIVERS	Valeurs mobilières de placement (dont actions propres : ......)	CD		CE			
	Disponibilités	CF		CG			
Comptes de régularisation	Charges constatées d'avance (3)*	CH		CI			
	TOTAL (II)	CJ		CK			
	Charges à répartir sur plusieurs exercices* (III)	CL					
	Primes de remboursement des obligations (IV)	CM					
	Ecarts de conversion actif* (V)	CN					
	TOTAL GÉNÉRAL (0 à V)	CO		1A			

Renvois : (1) Dont droit au bail :		(2) part à moins d'un an des immobilisations financières nettes :	CP	(3) Part à plus d'un an :	CR
Clause de réserve de propriété :*	Immobilisations :	Stocks :		Créances :	

* Des explications concernant cette rubrique sont données dans la notice n° 2032

N° 2050 - Série G - IMPRIMERIE NATIONALE 4403150 L 59 [491] - Novembre 1992

cerfa N° 30-3184
Formulaire obligatoire (article 53 A du Code général des impôts)

② **BILAN — PASSIF avant répartition**

D.G.I. N° 2051 [4] (1994)

Désignation de l'entreprise ____________________

	(Ne pas reporter le montant des centimes) *		Exercice N 1	Exercice N – 1 2
CAPITAUX PROPRES	Capital social ou individuel (1)* (Dont versé : ....)	DA		
	Primes d'émission, de fusion, d'apport, ...	DB		
	Ecarts de réévaluation (2)* (dont écart d'équivalence EK)	DC		
	Réserve légale (3)	DD		
	Réserves statutaires ou contractuelles	DE		
	Réserves réglementées (3) (4)	DF		
	Autres réserves	DG		
	Report à nouveau	DH		
	RÉSULTAT DE L'EXERCICE (bénéfice ou perte)	DI		
	Subventions d'investissement	DJ		
	Provisions réglementées *	DK		
	TOTAL (I)	DL		
Autres fonds propres	Produit des émissions de titres participatifs	DM		
	Avances conditionnées	DN		
	TOTAL (II)	DO		
Provisions pour risques et charges	Provisions pour risques	DP		
	Provisions pour charges	DQ		
	TOTAL (III)	DR		
DETTES (5)	Emprunts obligataires convertibles	DS		
	Autres emprunts obligataires	DT		
	Emprunts et dettes auprès des établissements de crédit (6)	DU		
	Emprunts et dettes financières divers (7)	DV		
	Avances et acomptes reçus sur commandes en cours	DW		
	Dettes fournisseurs et comptes rattachés	DX		
	Dettes fiscales et sociales	DY		
	Dettes sur immobilisations et comptes rattachés	DZ		
	Autres dettes	EA		
Compte régul.	Produits constatés d'avance (5)	EB		
	TOTAL (IV)	EC		
	Ecarts de conversion passif* **(V)**	ED		
	TOTAL GÉNÉRAL (I à V)	EE		

Total du bilan de l'exercice N en francs et centimes * [ ]

RENVOIS	(1)	Écart de réévaluation incorporé au capital	IB		
	(2) Dont	Réserve spéciale de réévaluation (1959)	IC		
		Ecart de réévaluation libre	ID		
		Réserve de réévaluation (1976)	IE		
	(3)	Dont réserve réglementée des plus-values à long terme *	EF		
	(4)	Dont réserve relative à l'achat d'œuvres originales d'artistes vivants*	EJ		
	(5)	Dettes et produits constatés d'avance à moins d'un an	EG		
	(6)	Dont concours bancaires courants, et soldes créditeurs de banques et CCP	EH		
	(7)	Dont emprunts participatifs	EI		

* Des explications concernant cette rubrique sont données dans la notice n° 2032.

cerfa N° 30-3185
Formulaire obligatoire (article 53 A du Code général des impôts).

③ COMPTE DE RÉSULTAT DE L'EXERCICE (En liste)

D.G.I. N° 2052 [4]
(1994)

Désignation de l'entreprise :

(Ne pas reporter le montant des centimes)*		Exercice N France 1	Exercice N Exportation 2	Exercice N Total 3	Exercice (N-1) 4
PRODUITS D'EXPLOITATION	Ventes de marchandises*	FA	FB	FC	
	Production vendue biens	FD	FE	FF	
	Production vendue services*	FG	FH	FI	
	Chiffres d'affaires nets*	FJ	FK	FL	
	Production stockée*			FM	
	Production immobilisée*			FN	
	Subventions d'exploitation			FO	
	Reprises sur amortissements et provisions, transfert de charges*			FP	
	Autres produits (1)			FQ	
	Total des produits d'exploitation (2) (I)			FR	
CHARGES D'EXPLOITATION	Achats de marchandises (y compris droits de douane)*			FS	
	Variation de stock (marchandises)*			FT	
	Achats de matières premières et autres approvisionnements (y compris droits de douane)*			FU	
	Variation de stock (matières premières et approvisionnements)*			FV	
	Autres achats et charges externes (3)*			FW	
	Impôts, taxes et versements assimilés*			FX	
	Salaires et traitements*			FY	
	Charges sociales			FZ	
	DOTATIONS D'EXPLOITATION — Sur immobilisations - dotations aux amortissements*			GA	
	DOTATIONS D'EXPLOITATION — Sur immobilisations - dotations aux provisions			GB	
	DOTATIONS D'EXPLOITATION — Sur actif circulant : dotations aux provisions			GC	
	DOTATIONS D'EXPLOITATION — Pour risques et charges : dotations aux provisions			GD	
	Autres charges			GE	
	Total des charges d'exploitation (4) (II)			GF	
1 - RÉSULTAT D'EXPLOITATION (I - II)				GG	
opérations en commun	Bénéfice attribué ou perte transférée* (III)			GH	
	Perte supportée ou bénéfice transféré* (IV)			GI	
PRODUITS FINANCIERS	Produits financiers de participations (5)			GJ	
	Produits des autres valeurs mobilières et créances de l'actif immobilisé (5)			GK	
	Autres intérêts et produits assimilés (5)			GL	
	Reprises sur provisions et transferts de charges			GM	
	Différences positives de change			GN	
	Produits nets sur cessions de valeurs mobilières de placement			GO	
	Total des produits financiers (V)			GP	
CHARGES FINANCIÈRES	Dotations financières aux amortissements et provisions*			GQ	
	Intérêts et charges assimilées (6)			GR	
	Différences négatives de change			GS	
	Charges nettes sur cessions de valeurs mobilières de placement			GT	
	Total des charges financières (VI)			GU	
2 - RÉSULTAT FINANCIER (V – VI)				GV	
3 - RÉSULTAT COURANT AVANT IMPÔTS (I – II + III – IV + V – VI)				GW	

(RENVOIS : voir tableau n° 2053) * Des explications concernant cette rubrique sont données dans la notice n° 2032.

N° 2052 - Série G - IMPRIMERIE NATIONALE 4403152 L 73 [49] - Octobre 1993

cerfa N° 30-3186

Formulaire obligatoire (article 53 A du Code général des impôts)

④ **COMPTE DE RÉSULTAT DE L'EXERCICE (Suite)**

D.G.I. N° 2053 (1994)

4

Désignation de l'entreprise ______

	(Ne pas reporter le montant des centimes) *		Exercice N 1	Exercice N − 1 2
PRODUITS EXCEPTIONNELS	Produits exceptionnels sur opérations de gestion	HA		
	Produits exceptionnels sur opérations en capital *	HB		
	Reprises sur provisions et transferts de charges	HC		
	Total des produits exceptionnels (7) **(VII)**	HD		
CHARGES EXCEPTIONNELLES	Charges exceptionnelles sur opérations de gestion	HE		
	Charges exceptionnelles sur opérations en capital *	HF		
	Dotations exceptionnelles aux amortissements et provisions	HG		
	Total des charges exceptionnelles (7) **(VIII)**	HH		
3 — RÉSULTAT EXCEPTIONNEL (VII — VIII)		HI		
Participation des salariés aux résultats de l'entreprise **(IX)**		HJ		
Impôts sur les bénéfices * **(X)**		HK		
	TOTAL DES PRODUITS (I + III + V + VII)	HL		
	TOTAL DES CHARGES (II + IV + VI + VIII + IX + X)	HM		
4 — BÉNÉFICE OU PERTE (total des produits — total des charges)		HN		

RENVOIS				
(1)	Dont produits nets partiels sur opérations à long terme	HO		
(2) Dont	produits de locations immobilières	HY		
	produits d'exploitation afférents à des exercices antérieurs (à détailler au (8) ci-dessous)	1G		
(3) Dont	— Crédit-bail mobilier	HP		
	— Crédit-bail immobilier	HQ		
(4)	Dont charges d'exploitation afférentes à des exercices antérieurs (à détailler au (8) ci-dessous)	1H		
(5)	Dont produits concernant les entreprises liées	1J		
(6)	Dont intérêts concernant les entreprises liées	1K		
(6bis)	Dont dons faits aux organismes d'intérêt général (art. 238 bis du C.G.I.)	HX		

(7) Détail des produits et charges exceptionnels (Si ce cadre est insuffisant, joindre un état du même modèle) :	Exercice N Charges exceptionnelles	Exercice N Produits exceptionnels

(8) Détail des produits et charges sur exercices antérieurs :	Exercice N Charges antérieures	Exercice N Produits antérieurs

* Des explications concernant cette rubrique sont données dans la notice n° 2032.

N° 2053 - Série G - IMPRIMERIE NATIONALE 4403153 L 80[49] Octobre 1993 cerfa N° 30-3187 ⑤ **IMMOBILISATIONS** D.G.I. N° 2054 (1994) 4

Formulaire obligatoire (article 53 A du Code général des impôts) Désignation de l'entreprise ______

(Ne pas reporter le montant des centimes)*

CADRE A	IMMOBILISATIONS		Valeur brute des immobilisations au début de l'exercice (1)	Augmentations : Consécutives à une réévaluation pratiquée au cours de l'exercice ou résultant d'une mise en équivalence (2)	Augmentations : Acquisitions, créations, apports et virements de poste à poste (3)
INCORP.	Frais d'établissement, de recherche et de développement **TOTAL I**		KA	KB	KC
INCORP.	Autres postes d'immobilisations incorporelles **TOTAL II**		KD	KE	KF
CORPORELLES	Terrains		KG	KH	KI
CORPORELLES	Constructions	Sur sol propre	KJ	KK	KL
CORPORELLES	Constructions	Sur sol d'autrui	KM	KN	KO
CORPORELLES	Constructions	Installations générales, agencements et aménagements des constructions *	KP	KQ	KR
CORPORELLES	Installations techniques, matériel et outillage industriels		KS	KT	KU
CORPORELLES	Autres immobilisations corporelles	Installations générales, agencements, aménagements divers *	KV	KW	KX
CORPORELLES	Autres immobilisations corporelles	Matériel de transport *	KY	KZ	LA
CORPORELLES	Autres immobilisations corporelles	Matériel de bureau et informatique, mobilier	LB	LC	LD
CORPORELLES	Autres immobilisations corporelles	Emballages récupérables et divers *	LE	LF	LG
CORPORELLES	Immobilisations corporelles en cours		LH	LI	LJ
CORPORELLES	Avances et acomptes		LK	LL	LM
CORPORELLES	**TOTAL III**		LN	LO	LP
FINANCIÈRES	Participations évaluées par mise en équivalence		8G	8M	8T
FINANCIÈRES	Autres participations		8U	8V	8W
FINANCIÈRES	Autres titres immobilisés		1P	1R	1S
FINANCIÈRES	Prêts et autres immobilisations financières		1T	1U	1V
FINANCIÈRES	**TOTAL IV**		LQ	LR	LS
	TOTAL GÉNÉRAL (I + II + III + IV)		0G	0H	0J

CADRE B	IMMOBILISATIONS		Diminutions : par virements de poste à poste (1)	Diminutions : par cessions à des tiers ou mises hors service ou résultant d'une mise en équivalence (2)	Valeur brute des immobilisations à la fin de l'exercice (3)	Réévaluation légale * ou évaluation par mise en équivalence : Valeur d'origine des immobilisations en fin d'exercice (4)
INCORP.	Frais d'établissement, de recherche et de développement **TOTAL I**			LT	LU	1W
INCORP.	Autres postes d'immobilisations incorporelles **TOTAL II**			LV	LW	1X
CORPORELLES	Terrains			LX	LY	LZ
CORPORELLES	Constructions	Sur sol propre		MA	MB	MC
CORPORELLES	Constructions	Sur sol d'autrui		MD	ME	MF
CORPORELLES	Constructions	Inst. gales, agencts et am. des constructions		MG	MH	MI
CORPORELLES	Installations techniques, matériel et outillage industriels			MJ	MK	ML
CORPORELLES	Autres immobilisations corporelles	Inst. gales., agencts, aménagements divers		MM	MN	MO
CORPORELLES	Autres immobilisations corporelles	Matériel de transport		MP	MQ	MR
CORPORELLES	Autres immobilisations corporelles	Matériel de bureau et informatique, mobilier		MS	MT	MU
CORPORELLES	Autres immobilisations corporelles	Emballages récupérables et divers*		MV	MW	MX
CORPORELLES	Immobilisations corporelles en cours		MY	MZ	NA	NB
CORPORELLES	Avances et acomptes		NC	ND	NE	NF
CORPORELLES	**TOTAL III**			NG	NH	NI
FINANCIÈRES	Participations évaluées par mise en équivalence			0U	0V	0W
FINANCIÈRES	Autres participations			0X	0Y	0Z
FINANCIÈRES	Autres titres immobilisés			2B	2C	2D
FINANCIÈRES	Prêts et autres immobilisations financières			2E	2F	2G
FINANCIÈRES	**TOTAL IV**			NJ	NK	2H
	TOTAL GÉNÉRAL (I + II + III + IV)			0K	0L	0M

* Des explications concernant cette rubrique sont données dans la notice n° 2032

N° 2054 - Série G - IMPRIMERIE NATIONALE 4403154 L.87 [49] - Novembre 1993

cerfa N° 30-3188
Formulaire obligatoire (article 53 A du Code général des impôts)

⑥

AMORTISSEMENTS

D.G.I. N° 2055 [4]
(1994)

Désignation de l'entreprise ____________

(Ne pas reporter le montant des centimes) *

CADRE A	SITUATIONS ET MOUVEMENTS DE L'EXERCICE*			
IMMOBILISATIONS AMORTISSABLES	Montant des amortissements au début de l'exercice 1	Augmentations : dotations de l'exercice 2	Diminutions : amortissements afférents aux éléments sortis de l'actif et reprises 3	Montant des amortissements à la fin de l'exercice 4
Frais d'établissement, de recherche et de développement TOTAL I	PA	PB	PC	PD
Autres immobilisations incorporelles TOTAL II	PE	PF	PG	PH
Terrains	PI	PJ	PK	PL
Constructions – Sur sol propre	PM	PN	PO	PQ
Constructions – Sur sol d'autrui	PR	PS	PT	PU
Constructions – Inst. générales, agencements et aménagements des constructions	PV	PW	PX	PY
Installations techniques, matériel et outillage industriels	PZ	QA	QB	QC
Autres immobilisations corporelles – Inst. générales, agencements, aménagements divers	QD	QE	QF	QG
Autres immobilisations corporelles – Matériel de transport	QH	QI	QJ	QK
Autres immobilisations corporelles – Matériel de bureau et informatique, mobilier	QL	QM	QN	QO
Autres immobilisations corporelles – Emballages récupérables et divers	QP	QR	QS	QT
TOTAL III	QU	QV	QW	QX
TOTAL GÉNÉRAL (I + II + III)	0N	0P	0Q	0R

CADRE B	VENTILATION DES DOTATIONS AUX AMORTISSEMENTS DE L'EXERCICE*			CADRE C – MOUVEMENTS AFFECTANT LA PROVISION POUR AMORTISSEMENTS DÉROGATOIRES*	
Immobilisations amortissables	Amortissements linéaires 1	Amortissements dégressifs 2	Amortissements exceptionnels 3	Dotations 4	Reprises 5
Frais établissement et recherche TOTAL I	QY	2J	2K	2L	2M
Immob. incorporelles TOTAL II	QZ	2N	2P	2R	2S
Terrains	RA	RB	RC	2T	2U
Constructions – Sur sol propre	RD	RE	RF	2V	2W
Constructions – Sur sol d'autrui	RG	RH	RI	2X	2Y
Constructions – Inst. gales, agenc et am. des const.	RJ	RK	RL	2Z	3A
Inst. techniques mat. et outillage	RM	RN	RO	3B	3C
Autres immobilisations corporelles – Inst. gales, agenc am. divers	RP	RQ	RR	3D	3E
Autres immobilisations corporelles – Matériel de transport	RS	RT	RU	3F	3G
Autres immobilisations corporelles – Mat. bureau et inform. mobilier	RV	RW	RX	3H	3J
Autres immobilisations corporelles – Emballages récup. et divers	RY	RZ	SA	3K	3L
TOTAL III	SB	SC	SD	SE	SF
Total général (I + II + III)	SG	SH	SJ	SK	SL

CADRE D – MOUVEMENTS DE L'EXERCICE AFFECTANT LES CHARGES RÉPARTIES SUR PLUSIEURS EXERCICES*	Montant net au début de l'exercice 1	Augmentations 2	Dotations de l'exercice aux amortissements 3	Montant net à la fin de l'exercice 4
Charges à répartir sur plusieurs exercices			SM	SN
Primes de remboursement des obligations			SP	SR

* Des explications concernant cette rubrique sont données dans la notice N° 2032

N° 2055 · Série G · IMPRIMERIE NATIONALE 4403155 L 94 [17] · Novembre 1993

cerfa N° 30-3189
Formulaire obligatoire (article 53 A du Code général des impôts)

(7) PROVISIONS INSCRITES AU BILAN

D.G.I. N° 2056 (1994) 4

Désignation de l'entreprise

(Ne pas reporter le montant des centimes) *

	Nature des provisions	Montant au début de l'exercice 1	AUGMENTATIONS : Dotations de l'exercice 2	DIMINUTIONS : Reprises de l'exercice 3	Montant à la fin de l'exercice * 4
Provisions réglementées	Provisions pour reconstitution des gisements miniers et pétroliers	3T	TA	TB	TC
	Provisions pour investissement (1)	3U	TD	TE	TF
	Provisions pour hausse des prix (2)	3V	TG	TH	TI
	Provisions pour fluctuation des cours	3W	TJ	TK	TL
	Amortissements dérogatoires	3X	TM	TN	TO
	Provisions fiscales pour implantations à l'étranger constituées avant le 1.1.1992	IA	IB	IC	ID
	Provisions fiscales pour implantations à l'étranger constituées après le 1.1.1992	IE	IF	IG	IH
	Autres provisions réglementées (3)	3Y	TP	TQ	TR
	TOTAL I	3Z	TS	TT	TU
Provisions pour risques et charges	Provisions pour litiges	4A	4B	4C	4D
	Provisions pour garanties données aux clients	4E	4F	4G	4H
	Provisions pour pertes sur marchés à terme	4J	4K	4L	4M
	Provisions pour amendes et pénalités	4N	4P	4R	4S
	Provisions pour pertes de change	4T	4U	4V	4W
	Provisions pour pensions et obligations similaires	4X	4Y	4Z	5A
	Provisions pour impôts (3)	5B	5C	5D	5E
	Provisions pour renouvellement des immobilisations	5F	5H	5J	5K
	Provisions pour grosses réparations	5L	5M	5N	5P
	Provisions pour charges sociales et fiscales sur congés à payer *	5R	5S	5T	5U
	Autres provisions pour risques et charges (3)	5V	5W	5X	5Y
	TOTAL II	5Z	TV	TW	TX
Provisions pour dépréciation	sur immobilisations - incorporelles	6A	6B	6C	6D
	sur immobilisations - corporelles	6E	6F	6G	6H
	sur immobilisations - titres mis en équivalence	02	03	04	05
	sur immobilisations - autres immobilisations financières	06	07	08	09
	Sur stocks et en cours	6N	6P	6R	6S
	Sur comptes clients	6T	6U	6V	6W
	Autres provisions pour dépréciation (3)	6X	6Y	6Z	7A
	TOTAL III	7B	TY	TZ	UA
	TOTAL GÉNÉRAL (I + II + III)	7C	UB	UC	UD
	Dont dotations et reprises — d'exploitation		UE	UF	
	Dont dotations et reprises — financières		UG	UH	
	Dont dotations et reprises — exceptionnelles		UJ	UK	

Titres mis en équivalence : montant de la dépréciation à la clôture de l'exercice calculée selon les règles prévues à l'article 39-1-5e du C.G.I. 10

(1) provisions réservées aux entreprises faisant participer leurs salariés aux résultats de l'entreprise (ordonnance n° 86-1134 du 21 octobre 1986)
(2) à détailler sur feuillet séparé selon l'année de constitution de la provision.
(3) à détailler sur feuillet séparé selon l'objet des provisions.

NOTA : Les charges à payer ne doivent pas être mentionnées sur ce tableau mais être ventilées sur l'état détaillé des charges à payer dont la production est prévue par l'article 38 II de l'annexe III au CGI.

* Des explications concernant cette rubrique sont données dans la notice n° 2032

N° 2056 - Série G - IMPRIMERIE NATIONALE 4403156.L04 [13] - Novembre 1993

cerfa N° 30-3190
Formulaire obligatoire (article 53 A du Code général des impôts).

(8)

ÉTAT DES ÉCHÉANCES DES CRÉANCES ET DES DETTES A LA CLOTURE DE L'EXERCICE*

D.G.I. N° 2057 [4]
(1994)

(ne pas reporter le montant des centimes *)

Désignation de l'entreprise : ____________________

CADRE A	ÉTAT DES CRÉANCES		Montant brut 1		A 1 an au plus 2		A plus d'un an 3
DE L'ACTIF IMMOBILISÉ	Créances rattachées à des participations	UL		UM		UN	
	Prêts (1) (2)	UP		UR		US	
	Autres immobilisations financières	UT		UV		UW	
DE L'ACTIF CIRCULANT	Clients douteux ou litigieux	VA					
	Autres créances clients	UX					
	Créance représentative de titres prêtés * (Provision pour dépréciation antérieurement constituée* UQ)	UU					
	Personnel et comptes rattachés	UY					
	Sécurité sociale et autres organismes sociaux	UZ					
	État et autres collectivités publiques — Impôts sur les bénéfices	VM					
	État et autres collectivités publiques — Taxe sur la valeur ajoutée	VB					
	État et autres collectivités publiques — Autres impôts, taxes et versements assimilés	VN					
	État et autres collectivités publiques — Divers	VP					
	Groupe et associés (2)	VC					
	Débiteurs divers (dont créances relatives à des opérations de pension de titres)	VR					
Charges constatées d'avance		VS					
	TOTAUX	VT		VU		VV	
RENVOIS	(1) Montant des - Prêts accordés en cours d'exercice	VD					
	(1) Montant des - Remboursements obtenus en cours d'exercice	VE					
	(2) Prêts et avances consentis aux associés (personnes physiques)	VF					

CADRE B	ÉTAT DES DETTES		Montant brut 1		A 1 an au plus 2	A plus d'1 an et 5 ans au plus 3	A plus de 5 ans 4
Emprunts obligataires convertibles (1)		7Y					
Autres emprunts obligataires (1)		7Z					
Emprunts et dettes auprès des établissements de crédit (1)	à 2 ans maximum à l'origine	VG					
	à plus de 2 ans à l'origine	VH					
Emprunts et dettes financières divers (1) (2)		8A					
Fournisseurs et comptes rattachés		8B					
Personnel et comptes rattachés		8C					
Sécurité sociale et autres organismes sociaux		8D					
État et autres collectivités publiques	Impôts sur les bénéfices	8E					
	Taxe sur la valeur ajoutée	VW					
	Obligations cautionnées	VX					
	Autres impôts, taxes et assimilés	VQ					
Dettes sur immobilisations et comptes rattachés		8J					
Groupe et associés (2)		VI					
Autres dettes (dont dettes relatives à des opérations de pension de titres)		8K					
Dette représentative de titres empruntés *		SZ					
Produits constatés d'avance		8L					
	TOTAUX	VY		VZ			
RENVOIS	(1) Emprunts souscrits en cours d'exercice	VJ					
	(1) Emprunts remboursés en cours d'exercice	VK					
	(2) Montant des divers emprunts et dettes contractés auprès des associés personnes physiques	VL					

* Des explications concernant cette rubrique sont données dans la notice n° 2032

N° 2057 - Série G - IMPRIMERIE NATIONALE 440515 L 11 [14] - Octobre 1993

cerfa N° 30-3215
Formulaire obligatoire (article 53 A du Code général des impôts)

⑨ **DÉTERMINATION DU RÉSULTAT FISCAL**

D.G.I. N° 2058-A (1994) 4

Exercice N, clos le :

(Ne pas reporter les centimes)* Désignation de l'entreprise :

I. RÉINTÉGRATIONS

BÉNÉFICE COMPTABLE DE L'EXERCICE		WA
Rémunération du travail (1)	de l'exploitant ou des associés de sociétés soumises à l'impôt sur le revenu	WB
	de son conjoint … moins part déductible* … à réintégrer :	WC
Charges non admises en déduction du résultat fiscal	Avantages personnels non déductibles * (sauf amortissements à porter ligne ci-dessous)	WD
	Amortissements excédentaires (art. 39-4 du C.G.I.) et autres amortissements non déductibles	WE
	Autres charges et dépenses somptuaires visées à l'art. 39-4 du C.G.I.*	WF
	Taxe sur les voitures particulières des sociétés (2)	WG
	Provisions et charges à payer non déductibles (cf. tableau 2058-B, cadre III)	WI
	Amendes et pénalités (nature :)	WJ
	Impôt sur les sociétés et imposition forfaitaire annuelle (2)	WK
Quote-part dans les bénéfices réalisés par une société de personnes ou un G.I.E.		WL
Régimes d'imposition particuliers et impositions différées	Moins-values nettes à long terme	WM
	Fraction imposable des plus-values réalisées au cours d'exercices antérieurs* — Plus-values nettes à court terme	WN
	— Plus-values soumises au régime des fusions	WO
	Prélèvements opérés sur la réserve spéciale des profits de construction (art. 209 quater A du C.G.I.)	WP
Écarts de valeurs liquidatives sur OPCVM* (2)		XR
Réintégrations diverses (3)*	(dont : Intérêts excédentaires (art. 39-1-3° et 212 du C.G.I.) SU … Zones d'entreprises* (activité exonérée) SW)	WQ
	TOTAL I	WR

II. DÉDUCTIONS

PERTE COMPTABLE DE L'EXERCICE		WS
Quote-part dans les pertes subies par une société de personnes ou un G.I.E.		WT
Provisions et charges à payer non déductibles, antérieurement taxées, et réintégrées dans les résultats comptables de l'exercice (cf. tableau 2058-B, cadre III)		WU
Régimes d'imposition particuliers et impositions différées	Plus-values nettes à long terme — imposées aux taux de 18 % (16 % pour les entreprises soumises à l'impôt sur le revenu)*	WV
	— imputées sur les moins-values nettes à long terme antérieures	WW
	— imputées sur les déficits antérieurs WX … imputées sur les A.R.D. (à reporter au tableau 2058-B, ligne 8P) WY	XB
	Fraction des plus values nettes à court terme de l'exercice dont l'imposition est différée*	WZ
	Régime des sociétés mères et des filiales * Produit net des actions et parts d'intérêts : … Quote-part des frais à déduire :	XA
Mesures d'incitation	Déduction autorisée au titre des investissements réalisés dans les départements et territoires d'Outre-mer.	ZY
	Majoration d'amortissement*	XD
	Abattement sur le bénéfice et exonérations (dont : entreprises nouvelles * SX … dont : Zones d'entreprises* (activité exonérée) SY … dont : entreprises en difficulté (art. 44 septies du C.G.I.) XC)	XF
Écarts de valeurs liquidatives sur OPCVM* (2)		XS
Déductions diverses (à détailler sur feuillet séparé)* (dont créance dégagée par le report en arrière du déficit* (2) ZI)		XG
	TOTAL II	XH

III. RÉSULTAT FISCAL

Résultat fiscal avant imputation des déficits reportables et des amortissements réputés différés :	bénéfice (I moins II)	XI	
	déficit (II moins I)		XJ
Déficit de l'exercice reporté en arrière (2)		ZL	
Amortissements réputés différés créés au titre de l'exercice (à reporter au tableau 2058-B, ligne 8S)*		XK	
Déficits antérieurs imputés sur les résultats de l'exercice (2) (à détailler au tableau 2058-B, cadre I-A, lignes XU à YF)			XL
Amortissements réputés différés imputés à la clôture de l'exercice (à reporter au tableau 2058-B, ligne 8R)			XM
RÉSULTAT FISCAL	BÉNÉFICE (ligne XN) ou DÉFICIT reportable en avant (ligne XO)	XN	XO

(1) ne concerne que les entreprises soumises à l'impôt sur le revenu
(2) ne concerne que les entreprises soumises à l'impôt sur les sociétés
(3) à détailler sur feuillet séparé

* Des explications concernant cette rubrique sont données dans la notice n° 2032

N° 2058-A - IMPRIMERIE NATIONALE - 4403158 L 18 [15] - Novembre 1993

cerfa N° 30-3191

Formulaire obligatoire (article 53 A du Code général des impôts)

(10)

DÉFICITS INDEMNITÉS POUR CONGÉS A PAYER ET PROVISIONS NON DÉDUCTIBLES

D.G.I. N° 2058-B (1994) [4]

Désignation de l'entreprise ____________________

(Ne pas reporter le montant des centimes) *

I. SUIVI DES DÉFICITS ORDINAIRES ET DES AMORTISSEMENTS RÉPUTÉS DIFFÉRÉS

A — Déficits ordinaires : déficits reportables autres que ceux correspondant à des amortissements réputés différés en période déficitaire.

	Date de clôture des 5 derniers exercices (1)	Déficits imputables (2)	Déficits imputés (ligne XL du 2058-A (1)* (3)	Déficits reportables col. 2 – col. 3 (4)
N-5		XT	XU	
N-4		XV	XW	XX
N-3		XY	XZ	YA
N-2		YB	YC	YD
N-1		YE	YF	YG
TOTAL		YH	YI	
Déficit de l'exercice (tableau 2058-A, ligne XO)				YJ
TOTAL des déficits restant à reporter (lignes XX à YJ)				YK

(1) Et, le cas échéant, ligne WX du 2058 A.

B — Amortissements réputés différés

Dotations de l'exercice susceptibles d'être admises au régime des amortissements réputés différés * SN

Amortissements réputés différés, reportables au titre des exercices antérieurs		YL
Imputations opérées à la clôture de l'exercice : sur la plus-value nette à long terme (tableau 2058-A ligne WY)	SP	
Imputations opérées à la clôture de l'exercice : sur le résultat de l'exercice (tableau 2058-A ligne XM)	SR	
Amortissements réputés différés, créés au titre de l'exercice (tableau 2058-A ligne XK) *		SS
Amortissements réputés différés restant à reporter *	YM	

II. INDEMNITÉS POUR CONGÉS A PAYER, CHARGES SOCIALES ET FISCALES CORRESPONDANTES

	Dotations de l'exercice
Montant déductible correspondant aux droits acquis par les salariés pour les entreprises placées sous le régime de l'article 39-1. 1e bis Al. 1er du CGI	ZT

III. PROVISIONS ET CHARGES A PAYER, NON DÉDUCTIBLES POUR L'ASSIETTE DE L'IMPÔT

(à détailler, en tant que de besoin, sur feuillet séparé)	Dotations de l'exercice	Reprises sur l'exercice
Indemnités pour congés à payer, charges sociales et fiscales correspondantes non déductibles pour les entreprises placées sous le régime de l'article 39-1. 1e bis Al. 2 du CGI	ZV	ZW
Provisions pour risques et charges *		
	8X	8Y
	8Z	9A
	9B	9C
Provisions pour dépréciation *		
	9D	9E
	9F	9G
	9H	9J
Charges à payer		
	9K	9L
	9M	9N
	9P	9R
	9S	9T
TOTAUX à reporter au tableau 2058-A :	YN	YO
	ligne WI (YN = Total des lignes ZV à 9S)	ligne WU (YO = Total des lignes ZW à 9T)

* Des explications concernant cette rubrique sont données dans la notice n° 2032

N° 2058-B - Série G - IMPRIMERIE NATIONALE 4403159 L 25 [39] - Novembre 1993

cerfa N° 30-3192
Formulaire obligatoire (article 53 A du Code général des impôts)

(11)

TABLEAU D'AFFECTATION DU RÉSULTAT ET RENSEIGNEMENTS DIVERS

D.G.I. N° 2058-C [4]
(1994)
(Ne pas reporter le montant des centimes) *

Désignation de l'entreprise

TABLEAU D'AFFECTATION DU RÉSULTAT DE L'EXERCICE PRÉCÉDENT (Entreprises soumises à l'impôt sur les sociétés) (1)

ORIGINES	Report à nouveau figurant au bilan de l'exercice antérieur à celui pour lequel la déclaration est établie		0C	
	Résultat de l'exercice précédant celui pour lequel la déclaration est établie		0D	
	Prélèvements sur les réserves (à détailler)			
	Sous-total (à reporter dans la colonne de droite)		0E	
	TOTAL I		0F	
AFFECTATIONS	Affectations aux réserves - Réserve légale		ZB	
	Affectations aux réserves - Réserve spéciale des plus-values à long terme		ZC	
	Affectations aux réserves - Autres réserves		ZD	
	Dividendes		ZE	
	Autres répartitions		ZF	
	Report à nouveau		ZG	
	(N.B. Le total I doit nécessairement être égal au total II) TOTAL II		ZH	

(1) Ce cadre est destiné à faire apparaître l'origine et le montant des sommes distribuées ou mises en réserve au cours de l'exercice dont les résultats font l'objet de la déclaration. Il ne concerne donc pas, en principe, les résultats de cet exercice mais ceux des exercices antérieurs, qu'ils aient ou non déjà fait l'objet d'une précédente affectation.

RENSEIGNEMENTS DIVERS				Exercice N :	Exercice N - 1 :
ENGAGEMENTS	(A)	— Engagements de crédit-bail mobilier	YQ		
		— Engagements de crédit-bail immobilier	YR		
		— Effets portés à l'escompte et non échus	YS		
DÉTAILS DES POSTES – AUTRES ACHATS ET CHARGES EXTERNES	(B)	— Sous-traitance	YT		
		— Locations, charges locatives et de copropriété	XQ		
		— Personnel extérieur à l'entreprise	YU		
		— Rémunérations d'intermédiaires et honoraires (hors rétrocessions)	SS		
		— Rétrocessions d'honoraires, commissions et courtages	YV		
		— Autres comptes	ST		
		Total du poste correspondant à la ligne FW du tableau n° 2052	ZJ		
IMPÔTS ET TAXES	(C)	— Taxe professionnelle	YW		
		— Autres impôts, taxes et versements assimilés (dont taxe intérieure sur les produits pétroliers ZS)	9Z		
		Total du compte correspondant à la ligne FX du tableau n° 2052	YX		
T.V.A.	(D)	— Montant de la T.V.A. collectée	YY		
		— Montant de la T.V.A. déductible comptabilisée au cours de l'exercice au titre des biens et services ne constituant pas des immobilisations	YZ		
DIVERS	(E)	— Montant de l'avoir fiscal imputé sur l'impôt sur les sociétés et correspondant aux dividendes perçus *	ZA		
		— Montant brut des salaires (cf. dernière déclaration annuelle souscrite au titre des salaires DADS 1, DADS 1 simplifiée ou modèle 2460 de 1993). Voir notice	0B		
		— Montant de la plus-value constatée en franchise d'impôt lors de la première option pour le régime simplifié d'imposition *	0S		

RÉGIME DE GROUPE (F)							
Société : résultat comme si elle n'avait jamais été membre du groupe.	JA		plus-values à 18 %	JB		Imputations	JC
Groupe : résultat d'ensemble.	JD		plus-values à 18 %	JE		Imputations	JF
Si la société est placée sous le régime du bénéfice consolidé, intégré ou de groupe, indiquer 1, 2 ou 3 selon le cas.	JG		Indiquer 1 pour Société mère, 2 pour filiale	JH		N° SIRET de la société mère	JJ

numéro de centre de gestion agréé	XP	
Effectif moyen du personnel * (dont : apprentis : ⎵⎵ handicapés : ⎵⎵)	YP	
— Taux d'intérêt le plus élevé servi aux associés à raison des sommes mises à la disposition de la société *	ZK	% / %
Filiales et participations — La liste prévue par l'article 38 II de l'annexe III au C.G.I. est-elle jointe à la présente déclaration ? Si non, coder 0 Si oui, coder 1	ZR	☐

* Des explications concernant cette rubrique sont données dans la notice n° 2032.

N° 2058 C - Série G - IMPRIMERIE NATIONALE 4403160 L 65 (39) - Novembre 1993

cerfa N° 30-3216
Formulaire obligatoire (article 53A du code général des impôts).

⑫

DÉTERMINATION DES PLUS ET MOINS-VALUES RELEVANT DES TAUX DE 16 ❷ ou 18 % ❶

D.G.I. N° 2059-A 4
(1994)

(ne pas reporter les centimes) * Désignation de l'entreprise : ____________________

A - DÉTERMINATION DE LA VALEUR RÉSIDUELLE

		Nature et date d'acquisition des éléments cédés* ①	Valeur d'origine* ②	Valeur nette réévaluée* ③	Amortissements pratiqués en franchise d'impôt* ④	Autres amortissements* ⑤	Valeur résiduelle ⑥
I - Immobilisations* relevant du taux de 16 ou 18 %	1						
	2						
	3						
	4						
	5						
	6						
	7						
	8						
	9						
	10						
	11						
	12						

B - DÉTERMINATION DES PLUS-VALUES ET MOINS-VALUES RÉALISÉES

		Nature et date d'acquisition des éléments cédés* (report de la colonne ①) ⑦	Valeur résiduelle (report de la colonne ⑥) ⑧	Prix de vente* ⑨	Montant global de la plus-value ou de la moins-value ⑩	Qualification fiscale des plus et moins-values réalisées* — COURT TERME ⑪	LONG TERME ⑫
I - Immobilisations* relevant du taux de 16 ou 18 %	1						
	2						
	3						
	4						
	5						
	6						
	7						
	8						
	9						
	10						
	11						
	12						
II - Autres éléments	13	Fraction résiduelle de la provision spéciale de réévaluation afférente aux éléments cédés				+	
	14	Amortissements irrégulièrement différés se rapportant aux éléments cédés				+	
	15	Amortissements afférents aux éléments cédés mais exclus des charges déductibles par une disposition légale				+	
	16	Amortissements non pratiqués en comptabilité et correspondant à la déduction fiscale pour investissement, définie par les lois de 1966, 1968 et 1975, effectivement utilisée				+	
	17	Produits de concession de licences d'exploitation de brevets faisant partie de l'actif immobilisé et n'ayant pas été acquis à titre onéreux depuis moins de deux ans					+
	18	Provisions pour dépréciation du portefeuille devenues sans objet au cours de l'exercice					+
	19	Dotations de l'exercice aux comptes de provisions pour dépréciation du portefeuille					–
	20	Divers (détail à donner sur une note annexe)*				+	+
		Cadre A : plus ou moins-value nette à court terme (total algébrique des lignes 1 à 20 de la colonne ⑪) Cadre B : plus ou moins-value nette à long terme (total algébrique des lignes 1 à 20 de la colonne ⑫)				A	B

❶ Entreprises soumises à l'impôt sur les sociétés.
❷ Entreprises soumises à l'impôt sur le revenu.

* Des explications concernant cette rubrique sont données dans la notice n° 2032

EXEMPLAIRE A CONSERVER PAR LE DÉCLARANT

cerfa N° 30-3217

Formulaire obligatoire (article 53 A du Code général des impôts)

(13)

AFFECTATION DES PLUS-VALUES A COURT TERME ET DES PLUS-VALUES DE FUSION OU D'APPORT

D.G.I. N° 2059-B [4]
(1994)

(ne pas reporter les centimes) • Désignation de l'entreprise : ____________________

A Éléments assujettis au régime fiscal des plus-values à court terme

(à l'exclusion des plus-values de fusion dont l'imposition est prise en charge par les sociétés absorbantes) (cf. cadre B)

Origine			Montant net des plus-values réalisées* ①	Montant antérieurement réintégré ②	Montant compris dans le résultat de l'exercice ③	Montant restant à réintégrer ④
Plus-values réalisées au cours de l'exercice	Imposition répartie					
	sur 3 ans ❶					
	sur 10 ans					
		TOTAL 1				
Plus-values réalisées au cours des exercices antérieurs	Imposition répartie		Montant net des plus-values réalisées ❷	Montant antérieurement réintégré	Montant rapporté au résultat de l'exercice	Montant restant à réintégrer
	sur 3 ans au titre de	1992				
		1991				
	Sur 10 ans au titre de :	1992				
		1991				
		1990				
		1989				
		1988				
		1987				
		1986				
		1985				
		1984				
		TOTAL 2				

B PLUS-VALUES
RÉINTÉGRÉES DANS LES RÉSULTATS DES SOCIÉTÉS BÉNÉFICIAIRES DES APPORTS ❸

☐ de fusion, d'apport partiel ou de scission (personnes morales soumises à l'impôt sur les sociétés seulement)

☐ d'apport à une société d'une activité professionnelle exercée à titre individuel (toutes sociétés)

Origine des plus-values et date des fusions ou des apports	Montant net des plus-values réalisées ❷ ①	Montant antérieurement réintégré ②	Montant rapporté au résultat de l'exercice ③	Montant restant à réintégrer ④
TOTAL				

❶ « Ces dispositions ne sont pas applicables aux plus-values nettes à court terme réalisées par les entreprises soumises à l'impôt sur les sociétés au cours des exercices ouverts à compter du 1er janvier 1987. »
❷ Il s'agit du montant total de la plus-value réalisée à l'origine et non du solde restant à réintégrer à la clôture de l'exercice précédent.
❸ Cette rubrique ne comprend pas les plus-values afférentes aux biens non amortissables ou taxées lors des opérations de fusion ou d'apport.

* Des explications concernant cette rubrique sont données dans la notice n° 2032

N° 2059-B - IMPRIMERIE NATIONALE 4403162 L 79 [60] - Novembre 1993

cerfa N° 30-3252 ⑭ **SUIVI DES MOINS-VALUES A LONG TERME** D.G.I. N° 2059-C (1994) 4

Formulaire obligatoire (article 53 A du Code général des impôts).

(ne pas reporter les centimes) *

Désignation de l'entreprise : ____________________

Rappel de la plus ou moins-value nette de l'exercice relevant
du taux de 18 % ❶ ou 16 % ❷

❶ Entreprises soumises à l'impôt sur les sociétés
❷ Entreprises soumises à l'impôt sur le revenu

SUIVI DES MOINS-VALUES CONCERNÉES PAR LE TAUX DE 25 % ❶ ou 16 % et 26 % ❷

Origine ①		Moins-values concernées par le taux de 25 % ❶ ou 16 % et 26 % ❷ ②	Imputations sur les plus-values à long terme de l'exercice * imposables au taux de 18 % ❶ ou de 16 % ❷ ③	Solde des moins-values concernées par le taux de 25 % ❶ ou 16 % et 26 ❷ ④
Moins-values nettes	1993			
Moins-values nettes à long terme subies au cours des dix exercices antérieurs (montants restant à déduire à la clôture du dernier exercice)	1992			
	1991			
	1990			
	1989			
	1988			
	1987			
	1986			
	1985			
	1984			
	1983			

SUIVI DES MOINS-VALUES CONCERNÉES PAR LE TAUX DE 19 % ❶ ou 18 % ❶

Origine ①		Moins-values concernées par le taux de 19 % ou 18 % ②	Imputations sur les plus-values à long terme de l'exercice * imposables au taux de 18 % ③	Imputation sur le résultat pour une fraction de ce montant ❸ ④	Solde des moins-values concernées par le taux de 19 % ou 18 % ⑤
Moins-values nettes restant à reporter	1993				
	1992				
	1991				
	1990				
	1989				

SUIVI DES MOINS-VALUES CONCERNÉES PAR LE TAUX DE 15 % ❶

Origine ①		Moins-values concernées par le taux de 15 % ②	Imputations sur les plus-values à long terme de l'exercice * imposables au taux de 18 % ③	Imputation sur le résultat pour une fraction de ce montant ❸ ❹ ④	Solde des moins-values concernées par le taux de 15 % ⑤
Moins-values nettes à long terme subies au cours des exercices antérieurs (montants restant à déduire à la clôture du dernier exercice)	1990				
	1989				
	1988				
	1987				
	1986				
	1985				
	1984				
	1983				

❸ Les moins-values antérieures peuvent s'imputer sur le résultat positif pour 18/33,1/3e dans certaines limites.
❹ A l'exclusion des moins-values à long terme afférentes à la propriété industrielle.

* Des explications concernant cette rubrique sont données dans la notice n° 2032

cerfa N° 30-3253 (15) AFFECTATION DES PLUS VALUES A LONG TERME D.G.I. N° 2059-D [4] (1994)

formulaire obligatoire (article 53A du Code général des Impôts)

(ne pas reporter les centimes) *

Désignation de l'entreprise : ____________

Détermination de la réserve spéciale des plus-values à long terme (personnes morales soumises à l'impôt sur les sociétés seulement)*

I DÉTERMINATION DU MONTANT A VIRER A LA RÉSERVE SPÉCIALE AU COURS DE L'EXERCICE N+1 AU TITRE DES PLUS-VALUES RÉALISÉES AU COURS DE L'EXERCICE N

	Lignes	Plus-values à long terme taxables au taux de 18 % ①
Montant NET des plus-values de l'exercice	1	
A imputer éventuellement - déficit de l'exercice	2	
A imputer éventuellement - moins-values à long terme	3	
A imputer éventuellement - divers	4	
TOTAL des lignes 2 à 4	5	
Reste (ligne 1 – 5)	6	
Impôt correspondant	7	
Différence à porter à la réserve spéciale au cours de l'exercice N + 1 (ligne 6 – ligne 7)	8	

II SITUATION DU COMPTE AFFECTÉ A L'ENREGISTREMENT DE LA RÉSERVE SPÉCIALE POUR L'EXERCICE N

	Lignes	Sous-comptes de la réserve spéciale des plus-values à long terme taxées à 10 % ②	taxées à 15 % ③	taxées à 18 % ④	taxées à 19 % ⑤	taxées à 25 % ⑥
Montant de la réserve spéciale à la clôture de l'exercice précédent (N – 1)	9					
Plus-values des exercices antérieurs affectées à la réserve spéciale au cours de l'exercice	10					
Plus-values figurant au bilan des sociétés absorbées au cours de l'exercice	11					
TOTAL (lignes 9 à 11)	12					
Prélèvements opérés - donnant lieu à complément d'impôt sur les sociétés	13					
Prélèvements opérés - ne donnant pas lieu à complément d'impôt sur les sociétés	14					
TOTAL (lignes 13 et 14)	15					
Montant de la réserve spéciale à la clôture de l'exercice (ligne 12 – ligne 15)	16					

III INSCRIPTION DES PLUS-VALUES A LONG TERME A LA RÉSERVE SPÉCIALE (EXERCICE N)

			taxées à 15 % ⑦	taxées à 18 % ⑧	taxées à 19 % ⑨	taxées à 25 % ⑩
Plus-values réalisées au cours de l'exercice précédent (cadre I, ligne 9 du tableau n° 2059-D correspondant)	N-1	17				
Plus-values des exercices antérieurs restant à affecter à la réserve spéciale et réalisées au cours des exercices (cadre B et I des tableaux 2059-D correspondants)	N-2	18				
	N-3	19				
Sommes affectées à la réserve spéciale au cours de l'exercice (cadre II, ligne 10)		20				
Sommes non affectées à imposer (voir notice) l. 19 – l. 20		21				
Montant restant à affecter (l. 17 + l. 18 + l. 19) – (l. 20 + l. 21)		22				

* Des explications concernant cette rubrique sont données dans la notice n° 2032.

Les documents prévisionnels, pour lesquels aucune forme n'est imposée, sont :

– le compte de résultat prévisionnel, et le rapport de l'organe de direction qui y est joint, faisant mention des méthodes employées et des hypothèses retenues. Ce compte doit faire l'objet d'une révision à l'issue du premier semestre ;
– le plan de financement prévisionnel et le rapport de l'organe de direction qui y est joint.

Le banquier peut chercher à obtenir ces documents qui restent à usage interne, **mais sont communiqués aux commissaires aux comptes** (1).

D - COMMENT ACCEDER AUX INFORMATIONS FINANCIERES ?

On ne mentionnera pas ici les droits spécifiques à l'information dont bénéficient les associés, le comité d'entreprise ou le commissaire aux comptes, qui n'intéressent pas directement le banquier. Celui-ci demeure, malgré l'importance de sa fonction, un **tiers** pour l'entreprise, aussi son **droit** de communication reste-t-il relativement limité.

① Le dépôt au Greffe du Tribunal de Commerce

Les sociétés ayant la forme de sociétés par actions ou de SARL (ou d'EURL (2)) ainsi que l'ensemble des sociétés cotées sont tenues de déposer leurs documents annuels au Greffe du Tribunal de Commerce du lieu de leur siège social dans le mois qui suit l'approbation des comptes par l'assemblée générale des actionnaires ou des associés. Il s'agit – pour l'essentiel – des comptes annuels, du rapport de gestion et du rapport général des commissaires aux comptes, ainsi que des documents correspondant aux comptes consolidés si l'entreprise est tenue d'en établir.

Cette disposition, assortie de sanctions pénales qui sont inopérantes dans la pratique quotidienne, est toutefois précieuse dans le cas d'entreprises réticentes à fournir des documents, ou bien d'affaires avec lesquelles le banquier n'est pas encore entré en relation et qu'il lui est délicat d'interroger directement.

Il est rare cependant que le délai légal soit respecté, et le banquier ne disposera jamais, en règle générale, que de documents un peu anciens. Par ailleurs, le décret du 29 novembre 1983, a retenu – comme le fisc d'ailleurs – le bilan **avant répartition,** ce qui peut poser certains problèmes d'interprétation de documents.

② Les publications légales

Le régime des publications légales est très complexe, et il n'existe pas, à proprement parler, de principes généraux applicables en la matière (3) :

(1) Et, il va de soi, au Conseil d'Administration et au Comité d'Entreprise.
(2) EURL : entreprise unipersonnelle à responsabilité limitée. Ce type d'entreprise est juridiquement considéré comme une modalité particulière de SARL.
(3) Les obligations de publication en matière de compte consolidés sont détaillées en annexe II.

- la plupart des sociétés faisant publiquement appel à l'épargne, certaines filiales des sociétés cotées et les entreprises qui émettent des billets de trésorerie sont tenues de publier leurs **comptes annuels** dans des délais variables ;
- les sociétés dont les actions et les certificats d'investissement sont admis à la cote officielle et les entreprises qui émettent des billets de trésorerie, sont tenues de publier un tableau d'activité et de résultats ainsi qu'un rapport d'activité **semestriels** ;
- les sociétés dont les actions ou certificats d'investissement sont cotés, doivent publier leur **chiffre d'affaires trimestriel.** Les entreprises qui émettent des billets de trésorerie doivent publier leur **situation trimestrielle de trésorerie.**

Limitée auparavant aux très grosses sociétés, l'information financière publiable a pris ces dernières années un essor considérable et ne constitue plus maintenant une source de renseignements à caractère exceptionnel. En effet, les critères de publication retiennent des seuils de plus en plus bas :

- certaines entreprises cotées au Second Marché n'excèdent pas 10 MF de capitalisation boursière ;
- les filiales de sociétés cotées concernées par les publications sont celles qui ont un bilan supérieur à 20 MF ou dont la valeur boursière du portefeuille dépasse 2 MF ;
- peuvent émettre des billets de trésorerie les entreprises qui présentent un capital ou des fonds propres supérieurs à 1,5 MF.

Par ailleurs, le respect des obligations de publication est soumis, dans la quasi totalité des cas de figure, au contrôle de la Commission des Opérations de Bourse (COB). Ce contrôle porte non seulement sur le respect formel des textes, mais aussi sur le **contenu** des comptes publiés, ce qui garantit dans une large mesure leur **fiabilité.**

E - LES DOCUMENTS PREVISIONNELS

Seule l'entreprise est à même de fournir des documents prévisionnels d'activité et de résultats, qui peuvent prendre toute les formes possibles, puisque la normalisation est assez balbutiante dans ce domaine. Quelles questions le chargé d'affaires doit-il se poser à ce sujet ?

- **L'entreprise établit-elle des documents prévisionnels ?**
  Le banquier doit considérer que c'est une obligation de bonne gestion. L'absence de documents prévisionnels laisse craindre une gestion à courte vue. Elle laisse surtout craindre que l'on ne cache au banquier l'inavouable.
- **Comment les établit-elle ?**
  Il faut s'assurer que l'on est en présence de documents qui se recoupent bien avec les documents historiques que l'on a par ailleurs, et reposent sur des hypothèses plausibles. Ces questions seront traitées de façon plus approfondie en troisième partie.

2 - LA REALITE " PHYSIQUE " DE L'ENTREPRISE

Derrière les chiffres il y a les hommes et l'ensemble des moyens de production de l'entreprise, il y a aussi la façon dont en pratique elle combine ces moyens de production pour parvenir à un produit médiocre ou excellent. Pour juger cela, il faut le voir " de visu ". C'est un point de passage obligé, qui concerne surtout et avant tout les hommes.

A - COMMENT SAISIR LA REALITE PHYSIQUE ?

Rendre visite à l'entreprise est le moyen le plus simple de se rendre compte de sa réalité. En général, le chargé d'affaires aura le plus grand mal à juger de la qualité des moyens de production qu'il voit, et encore plus de la compétence des collaborateurs de l'entreprise. L'obsolescence d'une machine ne se mesure pas à sa propreté, ni la compétence des personnes à leur gentillesse et à leur amabilité.

Son regard se portera sur deux aspects :

– **L'existence de ce qui lui a été annoncé :** l'usine est effectivement un bâtiment moderne, le magasin semble bien positionné dans sa zone de chalandise, il y a bien une équipe de concepteur informatique d'une quinzaine de personnes (et non pas trois opérateurs de saisie), etc..Cette vérification élémentaire est plus délicate dans les **affaires de services** (70 % du produit national brut, quand même...). Il faut alors procéder à des recoupements permettant de raccrocher l'activité au réel. Par exemple, dans une affaire de location de voiture, seuls les véhicules inutilisés restent en garage. Il suffit de demander la proportion du parc inutilisé pour reconstituer l'importance approximative de la société. Autre exemple, dans une société informatique, on pourra demander la production par informaticien, et on fera la règle de trois en fonction des informaticiens présents dans les bureaux d'études que l'on a visité.
Bien sûr, tout cela est très approximatif et peut parfaitement appeler des réponses sur lesquelles aucune vérification n'est possible. Mais on évitera les erreurs les plus grossières, et disons-le, les fraudes les plus évidentes.

– **L'ambiance qui règne dans l'entreprise :** c'est un point fondamental, et assez facile à apprécier dans les entreprises de petite taille. L'absence de motivation, le laisser aller, une certaine douceur de vivre alliée à une productivité médiocre, la sous-activité des ouvriers en usine, tout cela se sent très bien. Ce ne peut être de nature à provoquer la décision du chargé d'affaires, mais certainement à l'infléchir si son jugement est entre deux eaux, si le dossier financier n'est pas convainquant, ou basé sur des prévisions d'un optimisme excessif.

B - COMMENT MENER UN ENTRETIEN ?

L'entretien c'est la clef de voûte de la connaissance de l'entreprise. Le chargé d'affaires rencontre les dirigeants, ceux qui " font " l'entreprise. Il va s'efforcer non seulement d'obtenir les informations qui lui sont essentielles, mais aussi de porter une appréciation sur les dirigeants eux-mêmes.

Devant l'infinie variété des cas on posera simplement quelques principes :

① **Aller voir** l'entreprise, plutôt que la recevoir, surtout si c'est un premier contact.

② Y aller si possible **à deux**, de façon à ce que chacun ait le temps d'avoir un peu de recul par rapport aux débats, ou la faculté d'effectuer des vérifications rapides dans les documents ou des calculs mentaux élémentaires.

③ Se fixer des **points de passage obligés** qui vous semblent nécessaires d'après ce que vous savez de l'entreprise. Ces points sont peu nombreux (trois ou quatre, pas plus, sinon le chargé d'affaires en oubliera), mais vous sentez qu'ils peuvent déclencher des réponses fondamentales (ex : avez vous finalement reçu tel accord ?, pourquoi une telle aisance de trésorerie le mois dernier ? etc.)

④ Ne pas commencer nécessairement par l'examen des documents sociaux, mais **parler plutôt de façon générale de l'entreprise.** Le dirigeant vous aiguillera naturellement sur ce que sont ses principales réussites ou ses principaux problèmes. Attention, donc : **l'examen des comptes est réducteur.**

⑤ En sortant de l'entretien, **le chargé d'affaires doit pouvoir répondre à ces questions :**

- le dirigeant connaît-il son entreprise et sait-il la valoriser auprès des tiers ?
- les “points de passage obligés” sont-ils tous explicités ?
- les prévisions financières de l'entreprise (capacité d'autofinancement, résultats, investissements, évolution du fonds de roulement, évolution du BFR, évolution de la trésorerie) sont-elles connues et plausibles ?
- les comptes possèdent-ils une particularité qui n'aurait pas été évoquée ?

Sur la trame des questions précises à poser : voir “ détection des particularités de l'entreprise “ (en deuxième partie).

Section 2

Les informations disponibles chez le banquier

1 - LES OPERATIONS TRAITEES PAR LE CLIENT AVEC SA BANQUE

Le client se révèle doublement quand il travaille avec sa banque : les opérations sont le reflet de son activité quotidienne, et le résultat de ces opérations constitue le risque du client suivi chez la banque dans des tableaux de bord spécifiques.

A - LES OPERATIONS, REFLET DE L'ACTIVITE QUOTIDIENNE

Le responsable du compte de trésorerie peut tirer de nombreux renseignements du fonctionnement quotidien du compte même si la banque ne reçoit qu'une partie des mouvements de l'entreprise :

— La **variation des remises** reflète l'évolution du chiffre d'affaires. En effet la part du chiffre d'affaires réglé par effets ou par chèques n'évolue que lentement et l'entreprise s'arrange pour confier une fraction stable de ses mouvements à chacun de ses banquiers si bien que les remises représentent une proportion constante du chiffre d'affaires réalisé.

— Le total des **mouvements** créditeurs et débiteurs d'un compte constitue un bon indicateur de l'activité globale de l'entreprise et peut être utilement rapproché de son chiffre d'affaires si elle n'a qu'un seul banquier.

— L'**examen des remises,** mais également des chèques et effets (LCR notamment) tirés par l'entreprise sur son compte, permet de se faire une idée de la clientèle ou de ses fournisseurs, de leurs habitudes de règlement. Ceci peut constituer un indice intéressant pour l'appréciation du besoin en fonds de roulement (la clientèle en question est-elle en position d'imposer ses délais aux fournisseurs ? Présente-t-elle de par sa médiocre qualité un risque particulier ?).

B - LES TABLEAUX DE BORD

Il s'agit des états conçus par le banquier pour suivre l'évolution du risque et de la rentabilité de son client.

① Compte du client

Le compte du client n'est pas édité tous les jours. Les chargés d'affaires y ont donc accès à la demande, sur le réseau informatique, et selon plusieurs critères différents (en dehors, bien sûr, du numéro de compte) :

- **nom du client :** la base de données ressort l'ensemble des numéros de compte d'un même client : outre son (ou ses) comptes-courants, s'afficheront aussi tous ses comptes de prêts et tous les **comptes internes** d'encaissement, de charges à payer, de virements émis, etc ;
- **historique :** pour des raisons de capacité l'historique dépasse rarement l'année. Il est en général possible d'extraire de la base un **historique des soldes ;**
- **groupe :** le critère "groupe" n'est pas encore d'application générale dans les banques. Il permet de retrouver à partir du libellé de compte, l'ensemble des clients de la banque faisant partie du même "groupe". Pour un client donné, feront partie du même groupe, les filiales et sociétés sœurs, et le dirigeant personne physique.

② Etat de dépassements

Cet état est édité tous les jours sur l'ensemble des clients. Ne ressortent que les clients qui sont en dépassement, c'est-à-dire en principe la minorité des clients. Il peut se présenter de la façon suivante :

ETAT DES DEPASSEMENTS EN DATE DU 15 JUIN

Nom	Solde	Autorisation		Dépass.	Mouvements à décider			Irréversible	Indisponible
		Echéance	Montant		domicil.	chèques	divers		
DUPUIS	– 6 789	12-95	– 6 000	789		455		47	50

Le solde est celui de la date la plus proche du jour de la décision : en principe la veille.

L'échéance de l'autorisation est une donnée essentielle. Dans les cas un peu difficiles (prorogation, augmentations temporaires d'autorisations avant nouveau passage en Comité, etc..), elle figure pour la dernière valeur entrée : le crédit se trouve donc en dépassement tant qu'il n'a pas été formellement régularisé.

Le dépassement est calculé en comparant solde et autorisation. **En fait, ce solde est d'ores et déjà affecté des opérations en attente ou en suspens :** virements émis par le client par le biais de services extérieurs à l'agence elle-même (salle des marchés de la banque), virements automatiques, rejets éventuels de valeurs déjà créditées en compte, imputation de commissions, d'échéances ou d'intérêts courus et non échus sur le compte lui-même ou sur d'autres comptes (crédits à moyen terme). Certaines banques calculent un solde théorique permettant de prendre en compte une partie de ces opérations, et qui se rapproche plus du risque réel pris par la banque.

2 - LES FICHIERS DE LA BANQUE DE FRANCE

L'ensemble de ces fichiers est accessible par voie télématique. Le Fichier Central des Chèques est indépendant, tandis que les trois suivants sont couplés dans une même banque de données.

A - LE FICHIER CENTRAL DES CHEQUES

Institué dans le cadre de la législation sur la sécurité des chèques (1), le Fichier Central des Chèques recense les personnes physiques et morales frappées d'une interdiction, bancaire ou judiciaire, d'émettre des chèques. Les établissements teneurs de comptes ont l'obligation d'alimenter ce fichier dans les 48 heures qui suivent le refus de paiement d'un chèque entraînant une interdiction bancaire. Dès régularisation de sa situation, la personne est radiée du fichier.

Le Fichier Central des Chèques est consulté par les établissements de crédit avant toute délivrance d'un premier chéquier afin de ne pas engager leur responsabilité : un établissement de crédit délivrant un chéquier à un " interdit " prend le risque de payer, quelqu'en soit le montant, tous les chèques qui seraient émis.

Dans la pratique, ce fichier est surtout intéressant en ce qui concerne les personnes physiques (2). En effet :

- c'est le titulaire (ou chacun des titulaires pour un compte-joint) qui est enregistré même si le chèque a été émis par un mandataire. Un dirigeant de société n'apparaîtra donc pas dans le fichier s'il prend la précaution de limiter ses tirages aux paiements effectués pour le compte de la société (à moins que, du fait de ces impayés, il ne soit tombé par ailleurs sous le coup d'une interdiction judiciaire) ;
- les sociétés en difficultés n'émettent des chèques sans provision qu'en dernière extrémité. Elles préfèrent en cas de problèmes de trésorerie être tirées d'effets dont les retards de paiement peuvent être aisément justifiés, par exemple, par une contestation sur la marchandise livrée, ou couverts par prorogation accordée par le tireur.

A fin mars 1994, le Fichier Central des Chèques comptait 1 356 000 interdits dont 51 000 personnes morales.

Il y a lieu de signaler que les décisions de retraits (et non les incidents) de Carte Bleue, bien que non répréhensibles pénalement, sont également enregistrées dans ce fichier sur une base purement conventionnelle, et y sont conservées 2 ans. Dans un proche avenir, un système plus élaboré sera sans doute mis en place.

---

(1) Décret-loi du 30 octobre 1935 modifié récemment par la loi n° 91-1382 du 30.12.1991 relative à la sécurité des chèques et des cartes de paiement.

(2) La clef d'accès nécessite dans ce cas la connaissance de la date de naissance de la personne,

B - LA CENTRALE DES INCIDENTS DE PAIEMENT

La centralisation des incidents de paiement (1) est effectuée par tout établissement de crédit au-desssus des seuils suivants :

– effets acceptés : 10 000 F (par effet) ;

– effets non acceptés ou déclaration globale : 20 000 F.

Chaque déclaration indique les caractéristiques précises des effets et notamment le nom du tiré, ainsi que les **motifs** du non paiement : réclamation, prorogation, absence de provision, décision juridiciaire frappant le débiteur, etc.

Le fichier permet non seulement d'être informé des incidents de paiement d'une entreprise domiciliée chez d'autres banquiers, mais aussi de juger de la **qualité de la clientèle,** et éventuellement de reconstituer des circuits occultes de cavalerie (2).

C - LE FICHIER DES INCIDENTS CARACTERISES DE REMBOURSEMENT DES CREDITS AUX PARTICULIERS

Destiné à prévenir le surendettement des particuliers, ce fichier, mis en place en 1991, recense les arriérés supérieurs à trois mensualités d'emprunt ou les retards supérieurs à 90 jours et de plus de 1 000 F.

Ces renseignements sont intéressants pour le banquier, dans la mesure où ils concernent également les entrepreneurs personnels, dont la situation n'était jusqu'ici appréhendée que par le biais du Fichier Central des Chèques ou de la Centrale des Incidents de Paiements.

D - LE SERVICE CENTRAL DES RISQUES

On appelle “ risque ” dans un établissement de crédit tout engagement de l'établissement sur le client, qu'il s'agisse de participation au capital, crédit ou cautions.

Les risques centralisés chaque mois par l'ensemble des établissements de crédit concernent en fait les crédits par trésorerie et par signature (garanties) des organismes de crédit, mais aussi des renseignements complémentaires (arriérés de sécurité sociale, billets de trésorerie), qui permettent d'avoir une vision presque complète de l'endettement de la société concernée.

---

(1) Règlement n° 86-08 du Comité de la Réglementation Bancaire du 27 Février 1986.
(2) “ Cavalerie ” : procédé qui consiste, pour deux sociétés, à se tirer réciproquement des effets sans provision, à les remettre à l'escompte (ou à l'encaissement), et à tirer profit de la trésorerie résultant de l'opération de crédit (ou des délais d'encaissement). Le circuit peut également être mis sur pied avec des chèques, et concerner, pour brouiller les pistes, jusqu'à cinq ou six sociétés.

Chaque établissement ne déclare qu'au dessus d'un seuil d'utilisation, actuellement fixé à 700 000 F par bénéficiaire. Seuls les risques encourus sur les entreprises (entrepreneurs individuels ou sociétés, associations, organismes ou établissements publics) sont recensés, à l'exclusion des particuliers.

Depuis la réforme intervenue en 1992, les rubriques sont moins détaillées qu'auparavant, mais elles prennent mieux en compte les nouveaux types d'endettement (crédits titrisés, crédits documentaires, rubriques qui ne sont pas encore servies).

Le contenu des rubriques de concours à court terme est la suivante :

CO : Comptes ordinaires débiteurs.

CA : Autres crédits : escompte, Dailly, mobilisations de créances sur l'étranger, paiement à titre d'avance sur marchés publics.

CC : Dont crédits liés à des créances : mobilisations de créances commerciales françaises ou nées sur l'étranger.

CD : Dont crédits en devises.

Les autres rubriques sont clairement compréhensibles.

La banque dispose uniquement des données tous établissements confondus, et peut les comparer avec ses propres données. Elle produit à l'usage du chargé d'affaires un état qui permet de visualiser l'évolution du risque global des douze derniers mois, et de comparer le risque moyen avec les encours moyens de la banque (cf tableau ci-contre).

E - LE FICHIER BANCAIRE DES ENTREPRISES - « FIBEN »

Le Fichier bancaire des entreprises – FIBEN – est constitué à partir de renseignements économiques et financiers recueillis par le réseau de la Banque de France, et synthétisé par une « cotation » de chaque entreprise ou **dirigeant** concerné. Il est accessible par voie télématique, et connecté aux fichiers annexes des incidents de paiement et de déclarations de risques.

Un accès par Minitel est ouvert aux utilisateurs bancaires.

Le FIBEN recense actuellement 1 300 000 entreprises, et notamment 96 % des SA et 65 % des SARL existant en France.

① La cotation de la Banque de France

■ La cotation « entreprises »

Cette cotation se compose de trois éléments :

– une cote (alphabétique) d'activité qui indique la tranche de chiffre d'affaires dans laquelle se situe l'entreprise, avec une mention spéciale pour les cas où cette grandeur n'est pas significative (commissionnaires, holdings etc) ;

ETAT DES RISQUES

RISQUES ENREGISTRES EN MILLIONS DE FRANCS AVEC DEUX DECIMALES														
SIREN :	.888345000	DENOMINATION : *ENTREPRENONS*												
ACTIVITE : 28 230		ADRESSE : *92999 BANLIEUE*												
COTE G 57 DE 12 92 BILAN 92														
	RUBRIQUES	Sep-95	Oct-95	Nov-95	Déc-95	Jan-96	Fév-96	Mar-96	Avr-96	Mai-96	Jun-96	Jul-96	Août-96	MOY
CO	Ct ordin. débiteurs					0,63	0,83	0,60	1,25	1,14	0,74	0,67	1,95	0,65
CA	Autres court terme	5,00	4,50	4,50	3,20	3,60	7,00	8,00	6,50	0,30	0,05	0,10	0,03	3,56
CC	dont court terme/créances	3,00	2,50	2,50	3,00	1,11	7,00	8,00	6,50	0,30	0,05	0,10	0,03	2,84
CD	dont court terme en devises													0,00
TCT	TOTAL COURT TERME	5,00	4,50	4,50	3,20	4,23	7,83	8,60	7,75	1,44	0,79	0,77	1,98	4,22
TE	Terme export													0,00
TA	Autres terme													0,00
TO	Terme en devises													0,00
TML	TOTAL CREDITS A TERME	0,00	0,00	0,00	0,00	0,00	0,00	0,00	0,00	0,00	0,00	0,00	0,00	0,00
AC	Avals et cautions													0,00
OD	Crédits documentaires													0,00
OC	Disponible/Confirmé													0,00
THB	TOTAL HORS BILAN	0,00	0,00	0,00	0,00	0,00	0,00	0,00	0,00	0,00	0,00	0,00	0,00	0,00
XE	Billets de trésorerie													0,00
XT	Créances titrisées													0,00
BM	Crédit-bail mobilier													0,00
BI	Crédit-bail immobilier													0,00
TCB	TOTAL CREDITS XE/BI	0,00	0,00	0,00	0,00	0,00	0,00	0,00	0,00	0,00	0,00	0,00	0,00	0,00
TGN	TOTAL GENERAL	5,00	4,50	4,50	3,20	4,23	7,83	8,60	7,75	1,44	0,79	0,77	1,98	4,22
SR	Sécurité sociale (arriérés)													

BANQUE DU CENTRE	COMPARAISON AVEC LES DONNEES COURT TERME DE LA CENTRALE DES RISQUES - SEPTEMBRE 1995 - AOUT 1996			
RUBRIQUES	CO Comptes ordinaires débiteurs	CA Autres court terme	CC dont court terme sur créances	CD dont court terme en devises
I. BANQUE DU CENTRE				
Autorisations	1,00	2,00	2,20	0,00
Utilisations moyennes	0,30	1,70	1,50	0,00
Taux d'utilisation	30,00 %	85,00 %	68,18 %	0
II. TOTALITE DES BANQUES				
Utilisations BANQUE DU CENTRE / Utilisations toutes banques	46,09 %	47,69 %	52,80 %	0

– une cote (numérique) de crédit, délivrée à l'issue d'une analyse individualisée des comptes sociaux, qui distingue (à l'exception de cas particuliers : administrations ou services publics, affaires sur lesquelles aucun renseignement n'est disponible, affaires non résidentes) quatre catégories de situations, de la plus saine à celle qui motive les réserves les plus graves ;
– une cote (numérique) de paiement, fonction des incidents de trésorerie dont la Banque a connaissance par le biais des fichiers d'incidents chèques et effets et des déclarations d'arriérés de sécurité sociale.

■ **La cotation " dirigeants "**

Ceux-ci reçoivent une cotation alphabétique fonction de leur honorabilité et des réserves plus ou moins sérieuses qu'appelle leur gestion.

② Les services du FIBEN

Tous les niveaux d'interrogation sont possibles. Ils permettent d'obtenir les renseignements suivants (en sus de ceux qui figurent déjà dans les fichiers d'incident de paiement et de risques) :
– état-civil de l'entreprise ;
– chiffre d'affaires et ordre de grandeur des concours à court terme ;
– cotation – décisions judiciaires et cessation d'activité ;
– relations bancaires de l'entreprise (telles qu'elles ressortent des utilisations de risques) ;
– documents comptables et principaux éléments d'analyse financière.

Un service spécifique permet à l'établissement de crédit d'être **automatiquement** informé de la dégradation de la cotation attribuée aux entreprises avec lesquelles il est en relation.

Dans un avenir proche, les liaisons financières inter-entreprises (répartition du capital, participations) pourraient être également disponibles.

3 - LES RENSEIGNEMENTS COMMERCIAUX

Le développement des moyens informatiques et les exigences accrues en matière de publication légale ont permis la constitution d'un grand nombre de base de données, dont un tableau assez complet figure ci-après.

Dans la pratique, ces bases de données fournissent des indications :
– sur les comptes des entreprises, qui sont en général assortis d'une analyse comptable (batterie de ratios), et même d'une cotation ;
– sur la solvabilité des entreprises sont exploités ici les résultats collectés par les sociétés de recouvrement (cas de Diane par exemple) ou d'une enquête systématique sur le risque client tel qu'il est apprécié par les entreprises elles-mêmes (cas de Dun and Bradstreet).

BANQUES DE DONNEES

NOMS	PRODUITS	CRITERES DE RECHERCHE	RENSEIGNEMENTS FOURNIS	ECHANTILLONS	OPTIONS	SPECIALISATIONS	MODES DE CONSULTATION	FREQUENCE MISE A JOUR
B D F	– FIBEN	nom ou n° siren	capital, dirigeants risque, activité tous	1,6 million de stés	recherche de stés ou doc. sur stés ad libitum	risque bancaire	télex après demande écrite	
	– Centrale des bilans	ou à la demande secteur macro-éco sous-secteur	ratio financiers	" " " "vaste"	unité tout	" " " financière	brochure	annuelle
B M B	– POR	porteurs d'une valeur	composition du capital, sociétés cotées	porteurs = 3 700	actions obligations les 2	capital stés cotées et en amont	minitel avec code d'accès	sur tout événement dans la presse
	– VAL	portefeuille d'un porteur	portefeuille sociétés cotées	valeurs inventoriées 5 000	actions obligations les 2	portefeuille participation et placement	" " "	" " "
B O T T I N	– MINITEL	nom des sociétés	adresse, effectif, CA, activité, produit	260 000	presse financière + diverses nouvelles, presse financière, graphique	information sur stés	minitel direct	
	– DUPLEX	nom des sociétés	nouvelles AFP graphiques boursiers			info. financières	minitel avec code	
	– BOTTINS	nom des stés/secteurs	adresse, n° tel	90 000		fichier stés prospection	3 annuaires	annuelle
	– QUIDECIDE	stés/décisionnaires	coordonnées	90 000 sociétés 300 000 décisionnaires			4 annuaires	
D A F S A	– ADELIEN	nom sociétés	coord. capital CA particip. admini.	80 000 entreprises	rens. généraux cap., administrateur, participation	G.M.P.E.-I en France et étranger	MINITEL avec code d'accès disquette PC ou support papier	
	– RESO	sociétés (seceur)	fiche identité, cap. dirigeant, etc	la plupart des P.M.E. françaises				
	– ORGANIGROUP	à partir d'ADELIEN	filiales avec % d'un groupe	grands groupes	à la demande	grands groupes	vendu à la pièce support papier	
DUN & BRAD	– DUNSCOPE	le nom de la société	très complet + comptes résumés	150 000 sociétés	consultation minitel ou rapports écrits	solvabilité des entreprises	minitel avec code/ rapports écrits	
	– DUNS MARKETING	critères très divers	activité, adresse taille, dirigeant	150 000 sociétés		optique marketing recherche de masse	support papier ou disquette pc	
	– DUNS ANNUAIRES	nom société	coordonnées activité succincte	30 000 sociétés			3 annuaires	annuelle

KOMPASS	– ANNUAIRES	secteur d'activité géo. produits dirigeants	activité dirigeants, capital, effectif, CA	France = 80 000 Europe = 300 000 200 000 décideurs	régionaux, nationaux travaux sur mesure	offre industrielle produits, services	annuaires spécialisés	annuels et continuellement
	– MINITEL	14 critères croisables		France = 80 000 stés Europe = 300 000 stés	consultation par minitel des stés France et Europe	marketing direct	minitel avec code/ édition papier disquettes	continuelle
O E P (INSEE)	– SIRENE	nature de l'établissement catégorie juridique activité principale loc-géo région etc tranche d'effectif	noms de sociétés et ses caractéristiques	le plus vaste, celui de l'INSEE soit 3,2 millions d'adresses	sur mesure	optique commerciale marketing non financière	listings papier disquettes PC	
SEDES	– CENTRALE DES PORTE- FEUILLES	nom de la société	uniquement sur stés cotées donne porteur de ces valeurs (comprendre à BMB)	1 200 entreprises	plusieurs modules : actions obligations sicav	surtout utiles pour invest. instit. banques sicav	fichier papier ou disquette PC	4 fois/an
O R Télé- matique	– ORT	nom société ou sélection par critères les plus variés dont code activité	info financières profil de crédit géo. du capital et participation liens financiers administrateurs comptes	+ gros serveur d'Europe, couvre 1,5 M de stés et 500 000 comptes existent depuis 17 ans serveur de l'INPI	plusieurs modules financiers/ info. commerciales géo. du capital administrateurs	polyvalence fichier INPI travail sur mesure aussi possible	minitel avec code d'accès disquette PC pour travail sur mesure	quotidienne avec presse BALO et autres équipe d'enquêteurs
QUESTEL	– ESSOR	nom société	effectifs, CA dirigeants, activité	75 000 sociétés	non	entreprises	minitel + code d'accès	
	– BODAC		toutes les annonces légales des entreprises		non	juridiques et légales	minitel + code d'accès	
Bureau VAN DJK	– DIANE	nom société n° Siren n° téléphone code APE croisement de critères variés etc	coordonnées principales code APE comptes sur 3 ans ratios financiers etc	130 000 sociétés	non	comptes pour sociétés identifiées sinon recherches à partir de plusieurs critères incidents de paiement par SCRL (36 29)	CD ROM	10 fois par an

4 - LES INFORMATIONS JURIDIQUES

A - LES PUBLICATIONS LEGALES

En dehors des documents comptables, de nombreuses informations concernant la vie des entreprises doivent être publiés dans les **journaux d'annonces légales** (augmentations de capital, fusions, perte de la moitié des capitaux propres, cessions de fonds de commerce, création d'établissements secondaires).

Sauf si la clientèle est située sur une " place bancaire " bien circonscrite (cas de certaines villes de province) qui pourra être suivie aisément, le banquier aura le plus grand mal à tirer profit de ces journaux, dont la lecture est particulièrement fastidieuse. Seul un service doté d'importants moyens humains et matériels peut assurer une exploitation rationnelle de ces documents : un recours aux bases de données est sans doute la meilleure des solutions . Il existe des abonnements qui permettent d'avoir une vision très complète de ces informations, et même d'être prévenu en cas de modifications.

Toutes les sociétés, qu'elles soient civiles ou commerciales, doivent être inscrites au **Registre du Commerce et des Sociétés (RCS),** inscription qui leur donne la personnalité morale. L'" état civil " de la société est décrit dans l'**extrait " Kbis ",** bien connu des praticiens, qui recense les principaux paramètres de la société : forme, capital social, objet social, direction, s'il y a lieu, membre du conseil d'administration (pour les sociétés anonymes) et commissaires aux comptes. Le Kbis peut être obtenu par Minitel, en visualisation directe (Infogreffe). Presque tous les greffes sont maintenant informatisés.

Par ailleurs, toutes les sociétés commerciales ainsi que les GIE doivent déposer au **Greffe du Tribunal de Commerce** leurs **statuts,** qui sont librement accessibles sur demande. Celle-ci peut être faite à distance par Minitel " Infogreffe ", avec des délais de réponse très courts.

Cette démarche peut-être intéressante par le banquier dans le cas où l'activité de la société, très spécifique, dépend en grande partie des dispositions prises à l'origine par les associés (exemple : rapport d'une centrale d'achat avec ses adhérents) ou bien lorsque les actionnaires ne sont pas sur un pied d'égalité sur le plan des droits comme des obligations. Les statuts constituent parfois à eux seuls un descriptif très précis de l'activité de la société (société civile immobilière, société consortiale, etc.). La recherche des statuts est indispensable dans le cas des sociétés en nom collectif et des sociétés anonymes simplifiées, pour lesquelles la liberté statutaire est très grande, et les limitations d'objet social ou de pouvoirs (dans le cas de la SNC) opposables aux tiers.

B - LA PUBLICITE FONCIERE

Les fichiers immobiliers sont d'un grand intérêt pour apprécier **au coup par coup** la surface financière d'un dirigeant d'une société en nom personnel, d'un exploitant individuel ou d'un associé qui aura donné sa caution :

- le **cadastre** est le fichier purement fiscal qui porte la référence des parcelles et le nom de son propriétaire. Il est d'un intérêt mineur ;
- le **fichier immobilier** tenu à la Conservation des Hypothèques (ressort en principe municipal) concorde avec celui du cadastre. Le fichier comprend des **fiches personnelles,** qui recensent les titulaires de droits réels, et des **fiches réelles,** se rapportant aux biens eux-mêmes. Sont indiqués sur ces fiches pour chaque bien concerné, tous les droits grevant ces biens (privilèges, hypothèques conventionnelles ou judiciaires, servitudes, saisies, baux de plus de douze ans, etc.) et tous les actes de mutation (ventes, échanges, adjudications, ...) avec indication des prix de négociation s'il y a lieu.

Ces informations peuvent être requises par tout demandeur sans condition, et peuvent concerner aussi bien les fiches que les actes eux-mêmes. Etant donné les délais de réponse assez longs de l'Administration, cette source d'information est surtout utilisée de façon ponctuelle et à titre de confirmation.

Section 3

Les sources professionnelles

1 - L'INFORMATION DE PLACE

On appelle une " place " bancaire un lieu géographique où des professionnels de la banque ont une certaine communauté de clientèle, sont soumis à une conjoncture économique commune et ont souvent des intérêts convergents. Cette définition s'applique avant tout aux places de Province. Mais elle concerne aussi dans une moindre mesure Paris : certaines activités industrielles forment un petit monde où les informations circulent rapidement dans le petit cercle des initiés.

Le banquier a tout intérêt à se rapprocher de ses confrères pour évoquer les dossiers qu'ils ont en commun : si la concurrence joue à plein en ce qui concerne les conditions pratiquées et parfois les montants prêtés, tous les banquiers ont le même intérêt à suivre au plus prêt la situation financière de l'entreprise.

Or ils possèdent souvent des visions très complémentaires :

- les crédits à moyen ou long terme sont en grande partie délivrés par des organismes spécialisé (Crédit National, CEPME(1), Sociétés de Développement Régionales) ou les départements centraux de la banque. Avec le soutien de leurs équipes d'ingénieurs, ils procèdent à des études très poussées sur les aspects techniques et industriels des projets financés ;
- les crédits à court terme sont consentis par les banquiers qui tiennent les comptes de trésorerie, et sont donc en prise directe avec la réalité quotidienne. Ils sont souvent regroupé en " pool " autour d'un chef de file. Celui-ci est le principal interlocuteur de l'entreprise et organise la circulation de l'information à l'intérieur du pool.

Les relations entre banquiers à court terme et à moyen terme sont rares et se font souvent à l'occasion de manifestations sans rapport avec l'entreprise elle-même (cocktail, conférences, etc.). Le pool de trésorerie institutionnalise la relation entre les banquiers à court terme, mais dans la pratique, le chef de file a souvent tendance à se réserver l'exclusivité de l'information qu'il reçoit, et le banquier ou chef de file se trouve donc dans une situation de dépendance et d'ignorance très délicate.

On notera à cette occasion que les négociations engagées par un confrère pour se retirer du pool constituent souvent à elles seules des indices révélateurs de la fragilité de l'entreprise.

(1) Crédit d'Equipement aux Petites et Moyennes Entreprises.

2 - LES ORGANISMES PROFESSIONNELS

Le secteur d'activité de l'entreprise est en général couvert par un syndicat professionnel plus ou moins bien organisé. Ces syndicats publient souvent des informations agrégées sur le domaine d'activité de l'entreprise. Parfois, comme dans le cas des ventes d'automobiles, les publications sont presque faites " en temps réel ", et même détaillées par constructeur. D'autres professions sont très bien structurées : l'hôtellerie de chaîne, l'industrie textile (une vingtaine de syndicats professionnels), la production sucrière, etc.

La presse est également une source d'information précieuse, notamment en raison de sa réactivité. N'étant pas tenue à une exactitude ponctuelle, elle peut intervenir en amont des informations : projets, perspectives, estimations, bruits. Il n'est pas possible au chargé d'affaires de lire en outre la presse spécialisée, mais au besoin, il pourra faire appel au service de documentation du siège.

3 - LES ETUDES EXTERNES

A - LES ETUDES INDIVIDUELLES

Les études sont actuellement nombreuses et bien documentées. Il faut noter :

- les groupes DAFSA et KOMPASS, déjà présents dans le domaine des base de données, publient des fiches d'études normalisées sur l'ensemble des sociétés cotées, qui comprennent un examen statistique détaillé des performances boursières ;
- la SAFE, le groupe DETROYAT, EUROSTAF, etc. publient des études plus littéraires, appuyées sur des appréciations plus qualitatives. Les analyses sont diffusées par voie d'abonnement, avec de fréquentes mises à jour. Les sociétés de bourse chargées de suivre la valeur publient de façon régulière, et en tout état de cause à l'occasion d'une opération financière importante. Les études sont très fouillées et détaillées ;
- les agences de notation (SP-ADEF, Moody's, IBCA) attribuent une note aux dettes et aux titres émis par l'entreprise, en fonction du type de passif considéré (billets de trésorerie, obligations, actions, etc.).

B - LES ETUDES SECTORIELLES

Certains organismes publient des études concernant des **échantillons** représentatifs de **secteurs** économiques. Celles-ci constituent des instruments de référence utiles pour l'appréciation de la structure financière ou de la rentabilité d'un client situé dans le même domaine d'activité. Les indications sont cependant de caractère très général, et sont délivrées dans des délais assez longs (plus de 18 mois) à compter de la période étudiée. Leur utilisation est dans la pratique problématique.

On peut citer comme exemple la Centrale des Bilans de la Banque de France, la DAFSA, les Centres de Gestion Agréés, les Chambre de Métiers et enfin, pour leur secteurs de prédilection et uniquement pour les sociétés cotées, les sociétés de Bourse.

4 - LES COMMISSAIRES AUX COMPTES

Les commissaires aux comptes sont des personnalités nommées pour 6 exercices par l'assemblée générale pour exercer un contrôle externe sur l'entreprise (1).

Dans la pratique ce contrôle a été étendu par la loi :

- à toutes les sociétés par actions, ainsi qu'aux SARL et sociétés de personnes (sociétés en nom collectif et sociétés en commandite simple) les plus importantes (2) ;
- à de très nombreuses autres sociétés commerciales ou même civiles (coopératives agricoles, de construction de logement, personnes morales de droit privé non commerçantes au-dessus d'un certain seuil, etc).

Le commissaire aux comptes (3) certifie les comptes après avoir opéré tout contrôle qu'il juge utile. Dans ce domaine, sa marge de manœuvre est d'autant plus large que sa **responsabilité est lourdement engagée** tant au plan civil (vis-à-vis des actionnaires) qu'au plan pénal (pour communication d'informations mensongères sur la société, en particulier) et disciplinaire.

Les commissaire aux comptes établit à l'issue de ses opérations de certification trois rapports. Le premier – dit **de l'article 230** – qui est établi à l'intention des dirigeants, reste confidentiel. Les deux autres sont présentés à l'assemblée générale délibérante :

- **le rapport général** a pour objet d'exposer les diligences accomplies par le commissaire aux comptes, de souligner les éventuelles spécificités des comptes présentés, et enfin de certifier ceux-ci. Le refus de certification est rare, mais il est en revanche assez fréquent que le commissaire aux comptes émette des **réserves,** qui constituent autant d'indications précieuses pour l'analyste. Par exemple, une réserve sur la passation de certaines charges en frais d'établissement peut conduire le banquier à demander des éclaircissements aux dirigeants ;

(1) Contrairement aux commissaires aux comptes, **l'expert-comptable** est lié à l'entreprise par un lien simplement contractuel. Il exerce en général à la fois des missions **d'audit** – à objectif limité – et des missions de **conseil** dans des domaines variés. Il peut être une source de renseignements précieuse pour le banquier.

(2) Il s'agit des SARL et sociétés de personnes qui dépassent à la fin de l'exercice, deux des trois critères suivants :
- total du bilan : 10 millions de francs ;
- chiffre d'affaires H.T. : 20 millions de francs ;
- nombre moyen des salariés : 50.

(3) Eventuellement **les** commissaires aux comptes, la loi imposant aux sociétés anonymes tenues de **publier des comptes consolidés** la nomination de **deux** commissaires aux comptes.

– **le rapport spécial** comporte un examen des conventions conclues entre les sociétés et leurs dirigeants. Ce rapport, qui permet parfois de mieux cerner les relations commerciales ou financières d'une affaire avec les sociétés de son groupe ou simplement apparentées, ne peut être obtenu auprès du Greffe du Tribunal de Commerce.

A côté de cette mission traditionnelle, les commissaires aux comptes se sont vus confier une mission très **générale d'information** des actionnaires et des dirigeants et de **surveillance** de l'entreprise (révélation des faits **délictueux** au Procureur de la République). Dans cette optique, la loi du 1er Mars 1984 sur la prévention des difficultés des entreprises prévoit que, lorsque le commissaire aux comptes (1) a relevé des faits de nature à compromettre la continuité de l'exploitation, il doit mettre en œuvre une **procédure d'alerte** destinée à appeler l'attention des dirigeants et à les inviter à rechercher une réponse aux problèmes de la société. A défaut de solution jugée satisfaisante par le commaissaire aux comptes, un rapport spécial est établi à ce sujet et présenté à l'assemblée générale des associés.

Pour éviter cette extrémité, il est probable que le commissaire aux comptes, **qui n'est pas tenu dans cette hypothèse au secret professionnel** recherchera la collaboration des principaux partenaires de l'entreprise et notamment de son banquier. Ce dernier se trouve ainsi fondé, beaucoup plus qu'auparavant, à voir dans le commissaire aux comptes de l'entreprise un partenaire naturel.

(1) La procédure peut aussi être déclenchée par le comité d'entreprise, les associés minoritaires ou le président du Tribunal de Commerce.

Section 4

Conclusion : la collecte d'information, un atout décisif pour le banquier

Justifiée à l'origine par le souci de suivre la qualité des risques, la collecte d'informations fournit maintenant pour le banquier une **matière première indispensable à nombre de ses activités :**

■ Maîtrise des risques

Dès l'après-guerre les autorités de contrôle de la profession bancaire ont exigé des établissements de crédit qu'ils disposent de certains renseignements (comptes sociaux et situation provisoire, caractéristiques et **justification** des crédits sollicités) sur leurs débiteurs dont les concours faisaient l'objet d'une déclaration au Service Central des Risques. Les textes visés (1), toujours en vigueur, reflétaient avant tout une règle de prudence élémentaire qu'il semblait sage d'imposer, pour leur bien, aux banquiers. La jurisprudence a confirmé dans maintes affaires le devoir que le banquier dispensateur de crédits a de se tenir informé de la situation financière de son client. Un arrêt de la Cour d'Appel de Paris du 2 Décembre 1981 a ainsi retenu la responsabilité d'un banquier qui avait maintenu ses concours à une entreprise dont la situation était irrémédiablement compromise au motif qu'il avait omis de prendre connaissance du rapport du commissaire aux comptes. On peut selon toute vraisemblance extrapoler cette décision à des omissions de même nature, comme celle d'une collecte tardive de documents comptables (2).

■ Communication de renseignements à des tiers

Le désir de développer son fonds de commerce et de rentabiliser l'effort considérable de collecte d'informations qu'il fournit à l'occasion de ses activités purement bancaires amènent le banquier à répondre – éventuellement contre rémunération – aux demandes de renseignements qui lui parviennent de ses propres clients ou même de tiers (agences privées notamment).

---

(1) Décision à caractère général du Conseil National du Crédit du 29 Septembre 1948. Instructions n° 2 et n° 86 de la Banque de France.

(2) Un arrêt de la Cour de Cassation du 4 Mars 1986 n'a cependant pas reconnu le banquier fautif de n'avoir pas demandé de situation intermédiaire, dans la mesure où rien ne pouvait laisser prévoir à cette date la défaillance de l'affaire.

Si ces opérations dégagent des commissions encore bien modestes, elles sont appelées à se développer dans une économie de marchés, où les risques sur les débiteurs non bancaires ne sont plus exclusivement assumés par les établissements de crédit. La **cotation** – et l'information qu'elle sous-entend – est alors un paramètre essentiel de décision, et devient le support d'un service bancaire complètement autonome des opérations traditionnelles d'octroi de crédits.

Là encore, il n'y a point d'activité sans responsabilité, et le banquier se doit d'étayer solidement son argumentation quand il émet un avis. Un arrêt de la Chambre de Cassation (Com. - 24 Novembre 1983) a ainsi reproché à la banque de n'avoir pas recherché si des sociétés appartenant au même groupe que l'affaire sur laquelle des renseignements étaient demandés (mais qui n'était pas elle-même cliente de la banque) n'étaient pas en déconfiture, avant de rassurer le demandeur.

■ Avis et conseils dispensés à l'entreprise

Dans le climat de concurrence exacerbée que connaît le monde bancaire, la diversification de la palette des services rendus à l'entreprise constitue un atout commercial certain. Cette évolution amène le banquier à sortir de son rôle de prêteur pour faire bénéficier son client de sa compétence financière : avis sur la rentabilité d'un projet, étude de marché, information sur un partenaire de l'entreprise, etc. Ces services peuvent être d'ailleurs rémunérés.

Si le banquier n'a en principe aucun **devoir** d'information ni de conseil à l'égard de son client, une jurisprudence de plus en plus affirmée tend à mettre à sa charge une certaine responsabilité (1). Dans le cas particulier des entreprises en difficulté, il est même établi que le banquier se trouve en **position de conseiller obligé :** c'est en prouvant qu'il a proportionné les crédits consentis à l'activité de l'entreprise, et proposé en temps utile un plan de redressement sérieux qu'il se verra dégagé de toute responsabilité vis-à-vis des tiers ou même de l'entreprise (2). Le cas est encore plus patent lorsque le banquier est également dirigeant de droit ou administrateur de la société, cas de figure qui tend à se répandre avec le développement des interventions en fonds propres.

*

* *

Parce qu'elle est vitale pour le banquier, l'information **ne peut être utilisée " brute de collecte ".** Pour être exploitée, elle doit subir deux tests successifs, où **l'esprit critique** de l'analyste joue un rôle de premier plan :

■ L'information est-elle fiable ?

Par fiabilité, il faut entendre à la fois **exactitude** (pour les données quantifiables) et **vraisemblance** (pour les données non quantifiables ou prévisionnelles). Il y a là

(1) Cass. Com. 9 Avril 1973.
(2) Tribunal de Commerce de Saint Brieuc - 11 Février 1980.

tout **un travail de recoupement** à effectuer, d'autant plus riche que les informations disponibles sont elles-mêmes foisonnantes.

Le banquier peut en premier lieu se baser sur les relations qu'il entretient avec l'entreprise. Les mouvements du compte permettent de recouper en partie les documents comptables avec l'activité réelle de l'affaire.

Mais la fréquentation des dirigeants, autorise également quelques déductions. Si l'entreprise a l'habitude de présenter plusieurs bilans, l'un pour le fisc, l'autre pour ses actionnaires et le troisième pour son banquier, pourquoi ce dernier bilan serait-il plus fiable que les deux précédents ? De la même façon, si les dirigeants avouent frauder massivement le fisc, ne sont-ils pas prêts également, quand les affaires tournent mal, à donner "un coup de pouce" au compte de résultat (1) ? Enfin les visites dans l'entreprise permettent d'évaluer très grossièrement la valeur de certains actifs, ou même tout simplement de s'assurer de la réalité de l'entreprise.

Il peut en second lieu comme nous le verrons, essayer de **recouper** ses divers renseignements : cette enquête un peu "policière" s'avère presque indispensable dans le cas d'affaires individuelles dont le bilan n'est soumis à aucun contrôle, sinon fiscal, et n'a, qui plus est, qu'une signification assez relative puisque l'exploitant est responsable sur la totalité de son patrimoine, mais peut aussi à l'inverse, avoir contracté des engagements qui ne figurent pas dans son bilan.

■ L'information est-elle significative ?

Les renseignements que l'on a obtenu fournissent-ils un éclairage pertinent sur la question que l'analyste se pose ? Par exemple, une croissance de la capacité d'autofinancement prouve-t-elle par elle-même un redressement de l'affaire ?

On voit donc que la collecte de l'information est essentielle, mais demande pour être exploitée efficacement un **excellent esprit critique.** C'est l'objet des deuxième et troisième parties de cet ouvrage que de fournir les outils qui permettent de le forger.

(1) En tout état de cause, la remise de bilans (certifiés conformes) inexacts constitue un comportement gravement répréhensible et fonde le banquier à rompre sans préavis ses relations avec l'auteur de tels agissements (Chambéry — 18 Décembre 1984).

Deuxième partie

Comment traiter et présenter les informations

Devant la masse des renseignements dont dispose le chargé d'affaires, un tri est nécessaire pour hiérarchiser ces données et les synthétiser. Parmi celles-ci, les informations comptables constituent une expression quantifiée des réalités de l'entreprise, parfois complétées d'ailleurs, dans l'annexe, par des appréciations plus qualitatives (méthodes comptables employées, notamment). Bien qu'elles ne retracent pas l'ensemble des aspects de l'entreprise (aspects matériels, humains, environnement économique, organisation, etc., elles restent indispensables, car elles sont le seul critère objectif de jugement. Construits à partir d'une analyse comptable visant à répondre aux questions de base du chargé d'affaires (Chapitre II), les documents de synthèse (Chapitre III) ne doivent être considérés que comme l'**un des éléments** du raisonnement du chargé d'affaires.

Le chapitre IV est consacré à l'analyse des documents consolidés, qui est maintenant presque systématique, mais recèle quelques pièges.

Plan de la 2e partie

Chapitre I

Généralités

1 - BUTS DU RETRAITEMENT

Le retraitement des documents comptables recouvre deux aspects fondamentalement différents :

– Il s'agit en premier lieu de **corriger les insuffisances d'une vision trop exclusivement comptable de l'entreprise.**

Le plan comptable général a en effet, par le choix qu'il a opéré, souvent privilégié l'aspect juridique et fiscal des opérations par rapport à leur aspect économique (exemple : traitement de l'escompte ou du crédit-bail). Par ailleurs, certaines informations intéressant surtout l'analyse financière ont pu être négligées (exemple : comptes courants d'associés).

Enfin, certains grands principes comptables généraux peuvent parfois se contredire sur un point donné.

- Le principe de « continuité d'exploitation » et, dans une certaine mesure, celui de « spécialisation des exercices » peuvent être remis en cause par la situation même de l'entreprise, dans le cas où celle-ci est proche du dépôt de bilan.
- Le principe de prudence et le principe des coûts historiques peuvent conduire à une version outrancièrement noircie de l'entreprise, au détriment de son « image fidèle ».

– Il s'agit en second lieu de **souligner les principaux aspects financiers de l'affaire** par une présentation adéquate des documents comptables, qui permette de visualiser aussi aisément que possible les grandes **fonctions** que l'on cherche à cerner.

Celles-ci correspondent aux **quatre questions de base** que se posent tout banquier, investisseur et actionnaire.

Ces interrogations seront présentées dans l'ordre rentabilité – solvabilité – financement, parce que c'est celui qui permet de passer en revue le plus aisément, et sans trop de redites, les principaux aspects financiers de l'entreprise.

① Comment évolue la rentabilité de l'entreprise et selon quels critères mesurer cette rentabilité ?

En première analyse, la rentabilité d'une affaire se mesure à l'excédent des recettes sur les dépenses. En fait, l'étalement nécessaire de certaines charges (sur immobilisations notamment) et de certains produits, et l'application des principes comptables de base (spécialisation des exercices, prudence, etc.) compliquent singulièrement la notion de rentabilité. Si bien qu'en pratique deux approches sont possibles :

– utiliser la notion classique de “résultat de l'exercice”, et considérer celui-ci comme la somme des résultats des différentes “fonctions” de l'entreprise (exploitation, financière, exceptionnelle). Cela s'appellera **l'analyse fonctionnelle** du compte de résultat ;

– essayer de cerner de plus près le comportement du chef d'entreprise, et de faire ressortir plus clairement l'incidence de la rentabilité sur le financement de l'affaire. C'est aux notions de valeur ajoutée, de capacité d'autofinancement et d'excédent de trésorerie d'exploitation qu'il faut alors faire appel. Cela s'appellera l'analyse **économique** du compte de résultat.

② L'entreprise est-elle solvable ?

On distingue au sein de l'entreprise deux catégories d'apporteurs de fonds : les associés et les tiers. Contrairement aux tiers, qui sont de simples prêteurs, les associés courent un risque particulier : le risque de l'entrepreneur. Il consiste à supporter, **pour l'ensemble des fonds prêtés,** les aléas de l'entreprise (pertes d'exploitation, sinistres, etc.). La solvabilité de l'entreprise correspond à cette capacité à “encaisser” ce risque, et dépend des conceptions retenues.

– en matière d'associés : jusqu'où pourra-t-on considérer un prêteur comme “associé”, au sens large, aux risques de l'entreprise ?

– en matière de risque : le risque couru par une entreprise dans le cadre de son activité n'a pas a priori de limites, alors que l'analyste doit s'efforcer d'en donner une appréciation chiffrée.

③ Son financement est-il adapté ?

Le problème porte surtout sur :

– la nature et l'importance du financement : par les associés et assimilés, les établissements de crédit, les autres tiers ;

– la durée des financements par rapport à celle des emplois ;

– le coût des financements par rapport à la rentabilité de l'affaire.

On peut, par un schéma simple, essayer de situer les documents comptables par rapport aux questions qui se posent à l'analyste financier.

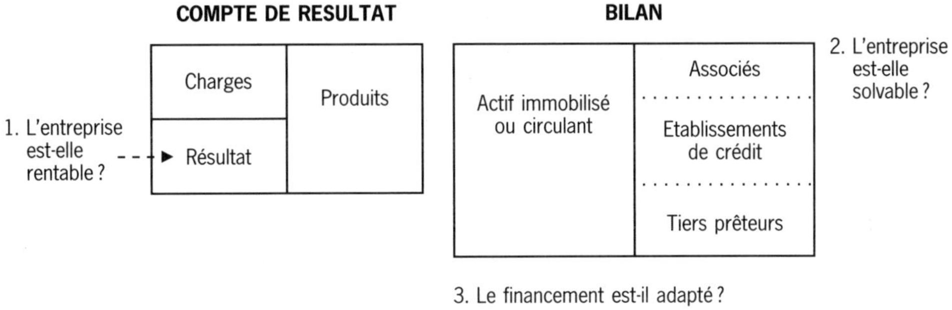

2 - METHODE DE RETRAITEMENT

Le retraitement, qui concerne surtout le bilan, commence par une première phase de **reclassements** qui tiennent compte des renseignements fournis dans l'annexe ou que le banquier a pu collecter à l'extérieur. Après cette opération, les postes sont regroupés en **grandes masses,** ce qui permet de faire ressortir plus clairement certaines notions et de calculer plus aisément certains soldes significatifs.

A ce sujet, on n'insistera jamais assez sur la nécessité d'écarter d'office, au cours de l'analyse, les postes dont le montant **n'est pas significatif.** Point n'est besoin de retraitements byzantins pour un compte qui représente moins de 1 % du bilan ou du compte de résultat.

On verra plus avant dans le détail que **certaines concessions sont nécessaires,** un même document nécessitant souvent plusieurs clefs d'analyse basées sur des retraitements différents. Par ailleurs, il ne faut pas non plus enfermer l'analyse dans un raffinement excessif, qui aboutirait à des retraitements risquant de manquer d'homogénéité d'une année sur l'autre et, à plus forte raison, avec d'autres entreprises ayant la même activité. Ce que l'on gagnerait en finesse, on le perdrait en possibilités de comparaisons.

Chapitre II

Schéma d'analyse comptable

Le plan comptable général s'est efforcé de répondre à toutes les questions de base posées à l'analyste financier. Mais en raison de ses contraintes propres (présentation plus juridique et fiscale qu'économique, caractère parfois limité des informations disponibles), il a été amené à opérer certains choix que l'analyste ne peut pas toujours reprendre à son compte.

A ce stade, les retraitements que nous avons adoptés ont été guidés par les principes suivants :

– s'écarter aussi peu que possible du plan comptable général, qui constitue dans l'ensemble un outil de travail adapté ;

– n'opérer que des modifications nécessaires, au prix éventuellement de quelques approximations ;

– tenir compte de la pratique bancaire.

Cette dernière préoccupation nous a fait adopter une approche des problèmes de financement qui combine le traditionnel tableau de financement avec le tableau pluriannuel des flux financiers.

Plan du chapitre

Section 1

Comment évolue la rentabilité de l'entreprise et selon quels critères apprécier cette rentabilité ?

1 - LE COMPTE DE RESULTAT FONCTIONNEL

Le compte de résultat "en liste" retenu dans la liasse fiscale de préférence au compte de résultat "en compte", se présente schématiquement comme la sommation de trois "sous-comptes de résultat" indépendants, desquels sont déduits l'impôt sur les bénéfices et la participation des salariés pour le calcul du résultat final (bénéfice ou perte).

COMPTE DE RESULTAT SCHEMATIQUE (1)

Produits d'exploitation	— Charges d'exploitation	= Résultat d'exploitation
		+
Produits financiers	— Charges financières	= Résultat financier
		+
Produits exceptionnels	— Charges exceptionnelles	= Résultat exceptionnel
		— Participation des salariés
		— Impôt sur bénéfices
		= Résultat de l'exercice (Bénéfice ou perte)

Cette présentation suscite quelques remarques :

– la rentabilité finale est appréciée au niveau du résultat net. Nous verrons que cette affirmation n'est pas fausse, mais cependant assez contestable dans une optique de croissance. Beaucoup d'entreprises sont considérées comme très rentables bien que leurs résultats nets soient en fait assez médiocres ;

– l'explication des facteurs de cette rentabilité privilégie **l'aspect fonctionnel** (résultats d'exploitation, financier, exceptionnel) par rapport à **l'aspect économique** (comportement de l'entreprise face à son environnement, relation rentabilité/financement) ;

(1) Les résultats sur opérations en commun ne sont pas mentionnés.

SYSTEME DEVELOPPE **TABLEAU DES SOLDES INTERMEDIAIRES DE GESTION**

Produits (Colonne 1)		**Charges** (Colonne 2)		**Soldes intermédiaires des exercices** (Colonne 1 — Colonne 2)	N	N−1
Ventes de marchandises		Coût d'achat des marchandises vendues		● Marge commerciale		
Production vendue						
Production stockée		ou Déstockage de production (1)				
Production immobilisée						
Total		Total		● Production de l'exercice		
● Production de l'exercice						
● Marge commerciale		Consommation de l'exercice en				
Total		provenance de tiers		● Valeur ajoutée		
● Valeur ajoutée		Impôts, taxes et versements assimilés (2)				
Subventions d'exploitation		Charges de personnel		● Excédent brut (ou Insuffisance brute)		
Total		Total		d'exploitation		
● Excédent brut d'exploitation		● ou Insuffisance brute d'exploitation				
Reprises sur charges et transferts de		Dotations aux amortissements et aux				
charges		provisions				
Autres produits		Autres charges				
Total		Total		● Résultat d'exploitation (bénéfice ou perte)		
● Résultat d'exploitation		● ou Résultat d'exploitation				
Quotes-parts de résultat sur opérations		Quotes-parts de résultat sur opérations				
faites en commun		faites en commun				
Produits financiers		Charges financières		● Résultat courant avant impôts (bénéfice		
Total		Total		ou perte)		
Produits exceptionnels		Charges exceptionnelles		● Résultat exceptionnel (bénéfice ou perte)		
● Résultat courant avant impôts		● ou Résultat courant avant impôts				
● Résultat exceptionnel		● ou Résultat exceptionnel				
		Participation des salariés				
		Impôt sur les bénéfices				
Total		Total		● Résultat de l'ex. (bénéfice ou perte (3) .		
Produits des cessions d'éléments d'actif		Valeur comptable des éléments cédés ..		Plus-values et moins-values sur cessions d'éléments d'actif		

(1) En déduction des produits dans le compte de résultat. (2) Pour le calcul de la valeur ajoutée, sont assimilés à des consommations externes, les impôts indirects à caractère spécifique inscrits au compte 635 " Impôts, taxes et versements assimilés " et acquités lors de la mise à la consommation des biens taxables. (3) Soit total général des produits - total général des charges.

– le détail des soldes intermédiaires de gestion retenus ici ne permet qu'une analyse assez grossière. D'ailleurs, le plan comptable général a prévu lui même, dans le cadre du système développé, un schéma beaucoup plus détaillé qui figure page précédente.

A - LES SOLDES INTERMEDIAIRES DE GESTION

① Le chiffre d'affaires

C'est le " montant des affaires réalisées avec les tiers dans l'exercice de l'activité professionnelle normale et courante de l'entreprise ".

Ventes de marchandises (activité de négoce)
+ **Production vendue** (activité industrielle ou de service)
= **Chiffre d'affaires**

Dans le compte de résultat fiscal le chiffre d'affaires, qui est indiqué sous déduction des rabais, remises et ristournes obtenus, figure **hors TVA collectée.**

La définition retenue peut paraître à la fois un peu trop large et incomplète :

– le chiffre d'affaires comprend outre les ventes résultant des activités principales, celles qui résultent des activités annexes, et qui ont sans doute chez certaines entreprises un caractère exceptionnel (mise à disposition de personnel facturée à un tiers) ;

– le chiffre d'affaires ne retient pas en revanche :

- les subventions d'exploitation, qui constituent pour certaines entreprises (coopératives agricoles et entreprises agro-alimentaires, entreprises privées de transport en commun) le complément naturel et proportionnel des ventes réalisées avec les clients ;

- les redevances pour concessions, brevets et licences, malgré le flux régulier qu'elles procurent aux franchiseurs, aux holdings propriétaires de marques, etc.

Parmi les grandeurs significatives du compte de résultat, **le chiffre d'affaires occupe une place tout à fait à part :**

– il reflète les performances commerciales de l'entreprise et sa capacité à dégager des **résultats** (cf. encadré). C'est donc un bon étalon de référence pour mesurer l'évolution des autres soldes intermédiaires de gestion, mais aussi les incidences du développement de l'activité commerciale (poste clients) sur les besoins de financement ;

— mais il ne correspond pas à l'ensemble de l'activité des **facteurs de production** de l'entreprise, que cerne beaucoup mieux pour les affaires qui ne sont pas de pur négoce le concept de **production** (vendue, stockée, immobilisée).

SEUL LE CHIFFRE D'AFFAIRES REFLETE LA CAPACITE DE L'ENTREPRISE A DEGAGER DES RESULTATS

Sous réserve des méthodes de comptabilisation des stocks, qui permettent éventuellement **d'anticiper** les résultats, et des transferts de charges qui au contraire les **décalent,** seule une **vente** peut conduire à dégager un résultat d'exploitation. En effet, l'ensemble des stocks est comptabilisé soit au coût d'achat soit au coût de production. De même, la production immobilisée figure elle-aussi pour son coût de production. Par conséquent, les stocks existants en fin d'exercice (ou la production immobilisée) sont exactement compensés par les charges qui leur correspondent dans les comptes de l'exercice (ou d'un exercice antérieur).

EXEMPLE : ENTREPRISE DELTA

Durant l'exercice n, l'entreprise Delta, nouvellement créée, achète 1 000 rames de papier à 1 000 F l'unité :

Compte de résultat de l'exercice n :

Production vendue :	0
+ Production stockée :	0
— Achats d'approvisionnement :	1 000 000
+ Variation des stocks d'approvisionnement :	1 000 000
= Résultat de l'exercice n	0

La variation des stocks d'approvisionnement est exactement compensée par celle des achats de l'exercice.

Durant l'exercice n + 1, elle embauche deux salariés (masse salariale : 100 000 F par salarié) et achète une machine à relier (750 000 F amortissable linéairement sur 5 ans).

La fabrication est de 7 000 cahiers (utilisant chacun 10 % d'une rame), dont aucun n'est mis en vente.

Par ailleurs, l'entreprise achète 500 nouvelles rames de papier.

Son compte de résultat se présente alors ainsi :

Production vendue	0
+ Production stockée (1)	1 050 000
— Achats d'approvisionnement	— 500 000
+ Variation des stocks d'approvisionnement (2)	— 200 000
— Charges de personnel	— 200 000
— Dotation aux amortissements	— 150 000
= Résultat de l'exercice n + 1	0

(1) Production stockée =
7 000 × 10 % × 1 000 + 200 000 + 20 % × 750 000 = 1 050 000

(2) Variation des stocks d'approvisionnement

Stock initial	1 000 000
Utilisation pour la production	– 700 000
Achats de l'exercice	500 000
Stock final	800 000

Variation 800 000 – 1 000 000 = 200 000

On constate donc que, **globalement,** la variation des stocks de produits finis et d'approvisionnement est compensée par l'ensemble des charges de l'entreprise qui ont été nécessaires à leur constitution.

Durant l'exercice n + 2, elle dispose toujours de deux salariés. L'un a vendu 6 000 cahiers à 2,00 F, l'autre a produit 3 500 cahiers. L'entreprise a acheté 500 nouvelles rames de papier.

Son compte de résultat se présente donc ainsi :

Production vendue	1 200 000
+ Production stockée (1)	– 375 000
– Achats d'approvisionnement	– 500 000
+ Variation des stocks d'approvisionnement (2)	150 000
– Charges de personnel	– 200 000
– Dotation aux amortissements	– 150 000
Résultat de l'exercice n + 2	= 125 000

(1) Production stockée*

Production stockée au début de l'exercice (7 000 articles)	1 050 000
Utilisation pour la vente (6 000 articles : $\frac{6\,000}{7\,000} \times 1\,050\,000$)	– 900 000
Production stockée au cours de l'exercice : $3\,500 \times 10\,\% \times 1\,000 + 100\,000 + 20\,\% \times \frac{750\,000}{2}$	+ 525 000
Production stockée en fin d'exercice	= 675 000
Variation de la production stockée : 675 000 – 1 050 000	= – 375 000

(2) Variation des stocks d'approvisionnement : 1 150 000 – 1 000 000 = 150 000

On remarque que le résultat dégagé par la vente est plus faible que la différence entre le prix de vente (1 200 000), le coût de revient des stocks vendus (900 000) et le coût de la distribution (un salaire à 100 000). Ceci provient de ce que la machine n'a travaillé que pour la moitié de sa capacité **normale,** et que les amortissements n'ont donc pu être imputé aux stocks que pour 75 000 au lieu de 150 000 : c'est le coût de la **sous-activité.**

* Les différentes méthodes de calcul de variation des stocks sont en fait beaucoup plus complexes. Leur incidence sur le calcul du résultat sera examiné plus en détail en troisième partie.

② La marge commerciale et la production

Nous avons vu qu'aucun résultat n'était en principe dégagé sur les variations de stocks et la production immobilisée.

Afin de simplifier l'analyse, on pourrait donc concevoir de ne raisonner que sur les charges après déduction de la production immobilisée et des variations de stocks. On va voir que l'on a pu aller plus loin que cela en matière de négoce (notion de **marge commerciale**) mais qu'une solution plus nuancée a été adoptée en matière de production de biens et services (notion de **production).**

■ La marge commerciale

Les stocks de marchandises (1) sont comptabilisés au coût d'achat (poste achats de marchandises au compte de résultat) majoré éventuellement de certaines charges internes évaluées en comptabilité analytique (frais de transport et de manutention). Cette dernière catégorie de charges étant en général assez limitée, a pu être **négligée.** On pouvait dès lors considérer que la différence entre les achats de marchandises et la variation des stocks représentait le **coût d'achat des marchandises vendues.**

La différence entre les ventes de marchandises et leur coût d'achat constitue **la marge commerciale.**

Elle représente la marge de manœuvre de l'entreprise pour payer ses frais de commercialisation et dégager un bénéfice.

Ventes de marchandises	
− Achats de marchandises	Coût d'achat des marchandises vendues
+ Variation des stocks de marchandises	
= Marge commerciale	

Comme le chiffre d'affaires, la marge commerciale ne comprend pas les subventions d'exploitation.

■ La production

Un tel traitement ne pouvait être retenu pour la production.

Les stocks de **biens fabriqués** par l'entreprise ou de services rendus par elles sont en effet évalués non plus au coût d'achat, mais au coût de **production** qui résulte de la prise en compte, très complexe, de **toutes les charges engagées** (autres achats et

(1) Comme ceux de matières premières et approvisionnements, qui sont, eux, destinés à être incorporés à la production.

charges externes, charges de personnel, amortissements notamment). Il n'était donc plus possible, sans risque d'erreur ou d'arbitraire, d'imputer les stocks sur les différents comptes de charges concernés (1). Cette imputation n'était même pas souhaitable, puisqu'elle aurait abouti à masquer une bonne partie du processus de formation du résultat, autrement plus complexe que dans le cas du négoce (2).

De ce fait, **l'agrégat de départ de l'analyse des activités de production est le suivant :**

Production vendue
+ Production stockée (ou destockée)
+ Production immobilisée

= Production de l'exercice

La production qui figure hors taxe dans le bilan fiscal se définit comme la valeur des produits et des services fabriqués par l'entreprise, qu'ils aient été vendus, stockés ou immobilisés.

Elle est composée d'éléments non homogènes :

– la production vendue : évaluée HT, et aux prix de vente (donc **résultat compris**) ;

– la production stockée : évaluée HT au coût de production, elle ne comprend **que la variation de stocks de produits en cours ou de produits finis,** à l'exclusion des stocks de matières premières et d'approvisionnement ;

– la production immobilisée : évaluée HT au coût de production. Le poste de produit est crédité par le débit du compte d'immobilisations (corporelles ou incorporelles) créées.

Comme le chiffre d'affaires, la production ne comprend ni les subventions d'exploitation ni les redevances pour brevets, licences marques, etc.

③ La valeur ajoutée

La valeur ajoutée est à l'origine un concept macro-économique (3) qui retrace la **création ou l'accroissement de la valeur apportée par l'entreprise, dans l'exercice de ses activités professionnelles courantes, aux biens et services en provenance des tiers.**

---

(1) En revanche, il demeurait toujours possible de déduire les variations de stocks **de matières premières et autres approvisionnements** (qui sont valorisés au coût d'achat), des achats correspondants. Ceci permet d'isoler, au sein des consommations intermédiaires, le coût d'achat des matières premières et autres approvisionnements incorporés dans la production.

(2) La formation de stocks, si elle n'a en principe aucune influence sur les **résultats,** majore bien en revanche **la valeur ajoutée.** Au plan macro-économique, on peut mesurer la contribution de la formation des stocks à la croissance, comme on le fait du reste de la production (immobilisée ou vendue). De 1974 à 1983, cette contribution a été globalement négative, confirmant ainsi la tendance générale à la réduction des stocks.

(3) La somme des valeurs ajoutées de tous les agents économiques forme " le produit intérieur brut " (PIB).

Production de l'exercice
+ Marge commerciale
– Consommation en provenance des tiers
= Valeur ajoutée

Les **tiers** sont ici, dans la conception de la comptabilité nationale, les entrepreneurs individuels et les sociétés.

Par **consommation** (1) il faut entendre :

– Le coût d'achat des matières premières et approvisionnements incorporés dans la production, soit :

  Achat de matières premières et d'approvisionnements
– Variation des stocks de matières premières et d'approvisionnements

– Les autres achats et charges externes.

Par rapport au but poursuivi, la notion de valeur ajoutée prête à critique :

– Elle ne comprend pas :

- les subventions d'exploitation, ce qui est parfois regrettable (2) ;
- les " autres produits " et " autres charges " d'exploitation.

– En revanche, elle retient :

- l'intégralité de la production immobilisée et des variations de stocks. Or celles-ci sont valorisées au coût de production, qui comprend notamment des charges de personnel et des amortissements. Ces charges de personnel et ces amortissements viennent donc majorer la valeur ajoutée, puisque leur contrepartie ne figure pas dans les consommations en provenance des tiers ;
- les commissions d'endos perçues par les banques à l'occasion d'opérations d'escompte : elles devraient plutôt figurer parmi les charges financières, qui ne sont pas considérées comme des consommations en provenance de tiers.

– Enfin elle est minorée du montant des annuités de crédit-bail (amortissements + intérêts), ce qui est dans une certaine mesure contestable. Nous verrons à propos de la capacité d'autofinancement comment traiter ce problème.

---

(1) Les consommations en provenance des tiers sont aussi dénommées " consommations intermédiaires ".
(2) Les subventions d'exploitation sont considérées, en comptabilité nationale, comme des transferts et non pas comme des revenus de la production, ce qui explique qu'elles ne soient retenues qu'au niveau de l'excédent brut d'exploitation.

Malgré ces imperfections, la valeur ajoutée est une " zone de fracture " essentielle du compte de résultat :

– **les facteurs de la valeur ajoutée** sont des produits (vente de marchandises, production) et des charges (consommations intermédiaires) dont les prix et dans une certaine mesure les quantités sont déterminés par les forces du marché. Le chef d'entreprise n'a donc sur elle qu'une influence limitée. La valeur ajoutée représente alors **l'enveloppe maximale,** résultant des contraintes extérieures, qui lui est allouée pour aménager au mieux ses facteurs de production internes (personnel, investissements) ;

– **l'affectation de la valeur ajoutée** indique quelle est la combinaison des facteurs de production retenue par l'entreprise, en dépassant les distinctions fonctionnelles traditionnelles.

REPARTITION DE LA VALEUR AJOUTEE	
Partenaires concernés	Charges correspondantes (ou revenu)
Personnel	Charges de personnel
Administrations	Impôts, taxes et versements assimilés + i.s.
Prêteurs	Charges financières
Entreprise et associés	Capacité d'autofinancement (1)

④ L'excédent brut d'exploitation

C'est la ressource que l'entreprise tire régulièrement de son exploitation, calculée avant dotations aux comptes de prévoyance et avant toute influence de la structure de financement de l'affaire sur les résultats.

Valeur ajoutée
+ Subventions d'exploitation
– Impôts, taxes et versements assimilés
– Salaires et traitements
– Charges sociales

= Excédent brut d'exploitation
(ou insuffisance brute d'exploitation)

(1) La capacité d'autofinancement, qui est un **revenu,** sera examinée plus loin.

Comme pour la valeur ajoutée, on peut regretter que l'excédent brut ne prenne pas en compte les "autres produits" et "autres charges" d'exploitation.

On peut par ailleurs noter qu'il est, comme la valeur ajoutée, majoré du montant des amortissements comptabilisés dans la production immobilisée et dans les variations de stocks (1).

⑤ Les autres soldes intermédiaires de gestion

Les autres soldes intermédiaires de gestion ne posent pas de problèmes comptables particuliers (2).

Ils permettent de passer en revue, **dans une optique fonctionnelle,** les résultats de l'entreprise.

La structure du compte de résultat fonctionnel se présente en définitive de la façon suivante :

(1) Dans certains cas, l'entreprise ne parvient pas à estimer de façon suffisamment précise la charge sur congés payés et l'enregistre en provision et non pas en charges à payer. Le procédé majore donc l'excédent brut d'exploitation.

(2) On signalera cependant que le résultat d'exploitation recense, sur la ligne du bilan fiscal "autres produits", les produits nets partiels sur opérations à long terme. Il s'agit des bénéfices réalisés – notamment dans le secteur des travaux publics – sur ce type d'opérations, mais non encore facturés. Leur prise en compte dans les résultats de l'exercice n'est autorisée que sous des conditions très contraignantes.

SOLDES INTERMEDIAIRES DE GESTION

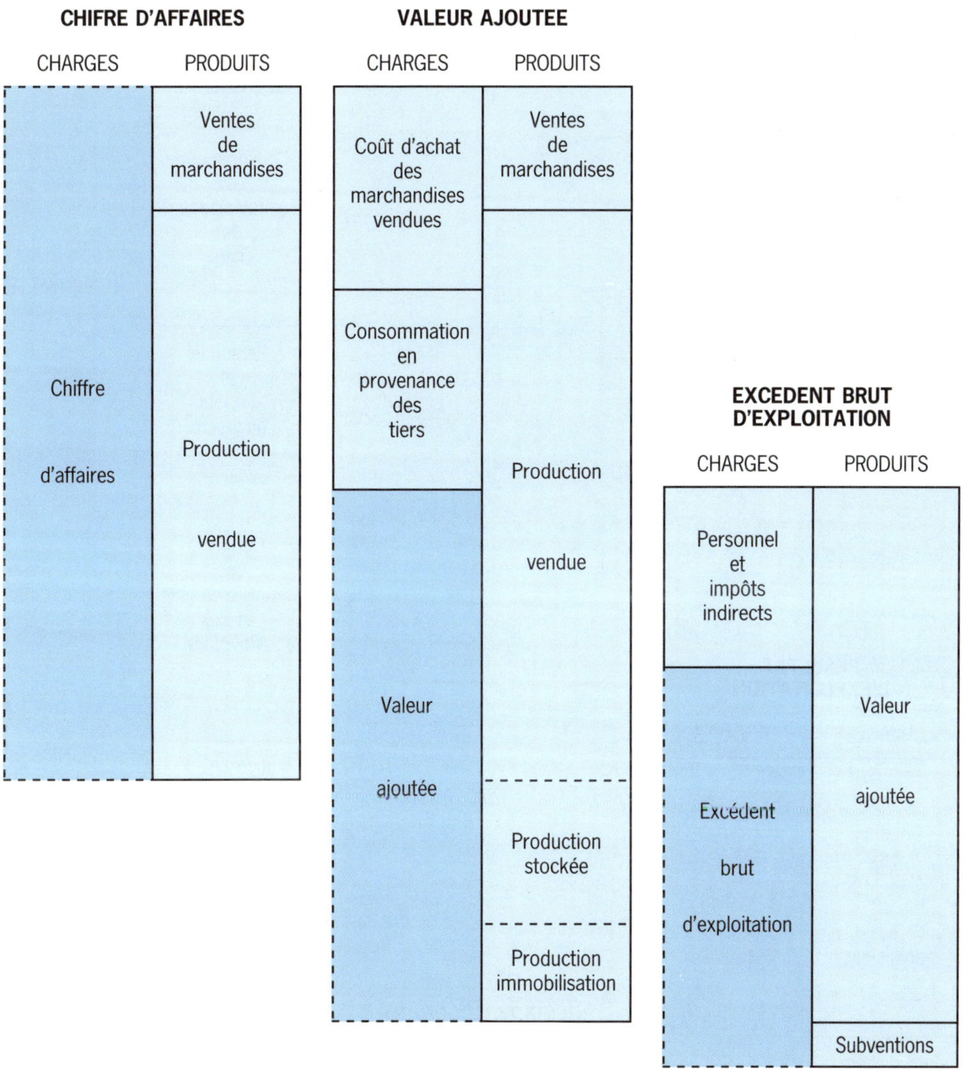

COMPTE DE RESULTAT FONCTIONNEL

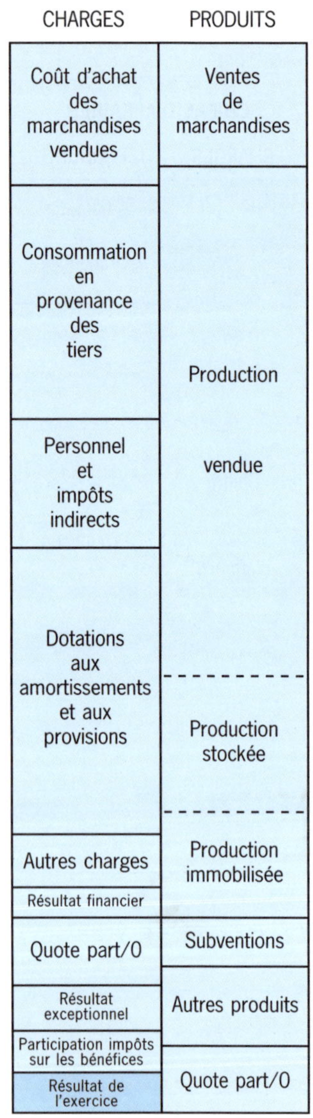

RESULTAT D'EXPLOITATION

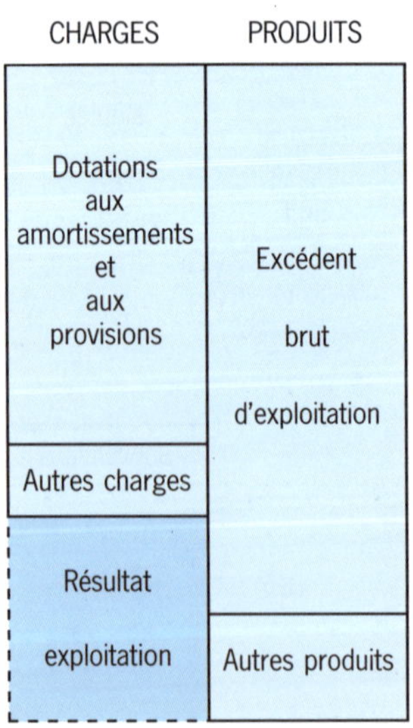

RESULTAT COURANT

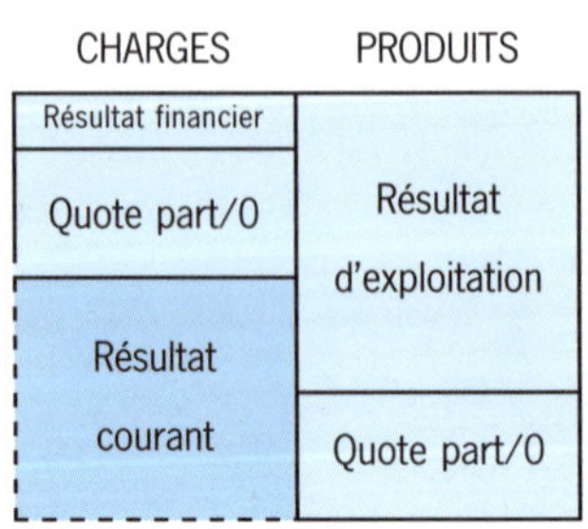

RESULTAT DE L'EXERICE

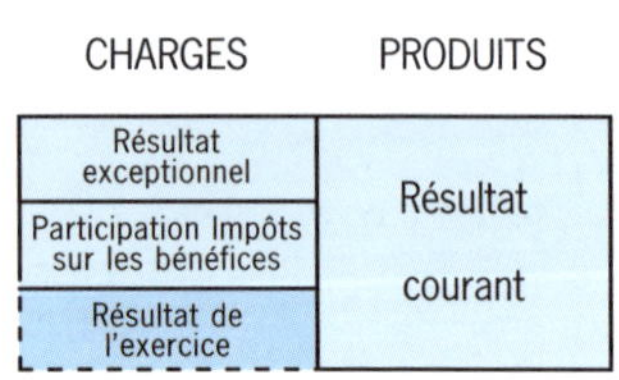

B - LES LIMITES DU COMPTE DE RESULTAT FONCTIONNEL

① Le classement des produits et charges par fonction est contestable

– Le résultat d'exploitation ne reprend pas la quote part sur opérations réalisées en commun, qui constitue, pour certaines entreprises, l'essentiel de leur activité;

– Le caractère " exceptionnel " des charges et produits recouvre en fait deux catégories bien distinctes d'opérations :

- des éléments exceptionnels provenant des activités **ordinaires** de l'entreprise, comme les pénalités versées sur contrat ou les créances irrécouvrables (et symétriquement les pénalités reçues et les rentrées sur créances amorties), ou enfin les **coûts de restructuration.** Mais dans ce cas, lorsque l'entreprise atteint une certaine taille, ces éléments, bien qu'exceptionnels, revêtent une certaine **régularité,** et peuvent être considérés par l'analyste financier comme une charge **exceptionnelle mais récurrente,** qu'on ne peut dissocier des charges d'exploitation ordinaires, même si le plan comptable général opère lui-même expressément cette distinction ;
- des éléments exceptionnels et **extraordinaires,** comme par exemple les sinistres, les profits ou pertes sur cessions d'éléments d'actif immobilisé ou enfin les provisions constituées pour constater la dépréciation permanente de certains actifs immobilisés. Seul ces éléments sont en général non récurrents et doivent être bien distingués des autres opérations, s'ils sont importants, dans la formation du résultat final (1).

– **Le sens du résultat financier** n'est pas nécessairement révélateur d'une structure de financement particulièrement saine ou au contraire fragile.

Certaines affaires de biens d'équipement bénéficient ainsi de concours bancaires à taux bonifié (export notamment) auxquels elles recourent systématiquement quelle que soit la solidité de leur situation financière, pour nourrir des stocks ou des créances clients parfois très lourds (jusqu'à un an de chiffre d'affaires). Dans ce cas, leur compte de résultat financier enregistre des charges qui ne sont pas révélatrices de besoins de financement anormaux, mais constituent en fait **un coût d'exploitation comme un autre** (2), seul le résultat **après** charges financières étant réellement significatif de la rentabilité **d'exploitation.** A l'inverse, les affaires de commerce de détail présentent un excédent structurel de trésorerie, auquel correspond un résultat financier par hypothèse positif, mais peu révélateur de la structure de financement réelle.

Enfin les escomptes de règlement accordés à la clientèle sont considérés comme des intérêts et charges assimilées. Ils majorent donc les charges financières, alors qu'ils sont en général l'indice d'une structure de financement assez solide.

---

(1) La recommandation de l'OECCA de début 1989 préconise d'ailleurs de ne plus retenir que les éléments exceptionnels et extraordinaires. Si elle était appliquée, on verrait pratiquement disparaître les éléments "exceptionnels" des comptes sociaux.

(2) Au plan comptable, le principe général est d'ailleurs que les charges financières sont incorporables aux stocks, en tant que coût de production, lorsque le cycle de production dépasse douze mois.

② La notion de résultat net ne rend pas compte de la trésorerie générée par l'entreprise

Nous avons vu que le compte de résultat ne permet d'apprécier qu'un solde synthétique de rentabilité – à côté des soldes de rentabilité par fonction d'exploitation, financière et exceptionnelle –, qui est appelé selon son sens **bénéfice** ou **perte.**

Il apparait, à l'examen, que ce solde est assez peu significatif pour plusieurs raisons :

– d'une part, les charges déduites ne sont pas toujours synonymes de charges **définitives** ou ne couvrent pas des dépréciations réelles d'actifs. Il en est ainsi des dotations aux comptes de provisions d'exploitation ou exceptionnelles. Or il est aisé de faire varier fortement ces charges, sans justification économique (exemple : amortissements dérogatoires) ;

– symétriquement, certains produits n'ont pas un caractère définitif (exemple : les transferts de charges, crédités par le débit du compte de bilan " charges à répartir sur plusieurs exercices ").

C'est pourquoi le plan comptable général a élaboré un indicateur synthétique de résultat, indépendant de ces contingences : c'est la **capacité d'autofinancement.**

2 - COMPTE DE RESULTAT ET TRESORERIE : CAF ET ETE

Le compte de résultat fonctionnel permet de répondre à la question " **Comment** l'entreprise génère-t-elle son résultat (augmentation de ses ventes, structure de production mieux adaptée etc.) ? "

L'insuffisance du compte de résultat fonctionnel appelait une analyse complémentaire permettant de répondre à la question : " **Quelle trésorerie** dégage l'entreprise de cette rentabilité ? ".

Pour répondre à la question, on va procéder en deux temps :

– A : Quel est le revenu définitivement acquis à l'entreprise ? Nous verrons que c'est une notion plus large que celle du résultat net, **car il y a des charges ou des produits qui n'influent pas sur le revenu** de l'entreprise.

– B : De ce montant, quel est celui qui se traduit par de la trésorerie ?

A - QUEL EST LE REVENU DEFINITIVEMENT ACQUIS A L'ENTREPRISE (LA CAF) ?

① La définition de la capacité d'autofinancement

Ce que l'on recherche ici, c'est à cerner les seuls éléments du compte de résultat qui sont des **charges et des produits définitivement acquis ou dus vis-à-vis des tiers.** La différence entre ces charges et ces produits constituera un solde, appelé **capacité d'autofinancement,** qui est le **revenu** de l'entreprise. On le corrigera des plus ou moins values de cession, qui ont un caractère exceptionnel.

En d'autres termes, **la capacité d'autofinancement représente le revenu qui est acquis à l'entreprise à l'occasion de ses opérations de gestion, après rémunération de l'ensemble de ses partenaires (autres entreprises, personnel, établissements de crédit, administrations).**

Cette notion appelle les observations suivantes :

– le revenu dont il s'agit ne se traduit pas nécessairement par un **flux de trésorerie encaissée,** mais au moins par un **flux potentiel.** Par exemple, les ventes sont considérées comme un élément constitutif de la capacité d'autofinancement parce qu'elles sont bien un produit définitif. Mais elles ont comme contrepartie dans le patrimoine de l'entreprise une créance client, qui ne sera encaissée qu'à son échéance ;

– sont reprises les opérations de **gestion**. Cette notion de gestion dépasse celle d'**exploitation.** Elle englobe les opérations d'exploitation, en y ajoutant toutes les autres opérations ordinaires réalisées par l'entreprise : sur opérations faites en commun, sur opérations financières, mais aussi sur opérations **exceptionnelles de gestion.** (Débits et pénalités, libéralités, créances irrécouvrables et rentrées sur créances amorties, subventions d'équilibre, rappels et dégrèvements d'impôts, etc.).

A l'inverse, toutes les opérations en capital (et **notamment les plus et moins-values de cession**) ne sont pas reprises. Cette exclusion se justifie essentiellement par l'importance de ces opérations exceptionnelles qui risquent de masquer les évolutions fondamentales.

■ Prise en compte des revenus :

On retiendra tous les revenus, même s'ils se traduisent par un flux de trésorerie très indirect (1). Les cas suivants nécessitent quelques explications :

1) Production immobilisée

Ce poste, qui est crédité par le débit d'un compte d'immobilisations, vise à compenser dans le compte de résultat les charges représentatives du coût de production de l'immobilisation. Ce procédé permet de traiter de la même façon dans les comptes les immobilisations acquises à l'extérieur et les immobilisations produites par l'entreprise (inscription au bilan, amortissement sur la durée de vie).

Dans le tableau de financement ces immobilisations apparaîtront en emplois exactement de la même façon que les investissements acquis à l'extérieur, mais sur une rubrique distincte.

---

(1) Lorsqu'une entreprise effectue des travaux pour elle-même (par exemple fabrication d'une machine), qu'elle enregistre en production immobilisée, c'est qu'elle espère en retirer un profit. A l'amortissement progressif de la production immobilisée au cours des exercices suivants correspondra un flux de trésorerie positif sous forme de diminution de ses coûts ou d'augmentation de son chiffre d'affaires réalisées grâce à cette machine.

2) Transferts de charges (1)

Les transferts de charges sont utilisés dans trois cas :

- pour lisser certaines charges qui concernent en fait plusieurs exercices (ex : frais de publicité) par le débit du compte " Charges à répartir sur plusieurs exercices ". Ce compte de charges à répartir est ensuite amorti sur la durée prévue ;
- pour imputer aux tiers qui doivent effectivement les supporter les charges initialement enregistrées dans la comptabilité de l'entreprise. Cette rétrocession (ex : frais de contentieux) s'effectue par le débit des comptes de tiers concernés ;
- pour transférer aux comptes de résultat exceptionnel certaines charges -déterminées en comptabilité analytique- qui sont à l'origine comptabilisées comme charges d'exploitation (ex : frais de restructuration) (2).

Dans les deux premiers cas, les transferts correspondent à des revenus, et dans le troisième, leur prise en compte est compensée par la prise en compte d'une charge de même montant à un autre niveau du compte de résultat. Ces transferts font donc partie intégrante de la capacité d'autofinancement. **En revanche, leur incidence en trésorerie dépend profondément de leur nature.**

3) Subventions d'investissement

Ces subventions traduisent l'incorporation progressive dans le compte de résultat des subventions déjà encaissées, mais qui n'ont pas été lors de leur versement considérées comme un profit pour l'entreprise. **Il s'agit bien d'un revenu, mais à caractère exceptionnel.** Dans le tableau de financement comme dans le tableau pluriannuel des flux financiers, il est donc considéré comme un apport en fonds propres appréhendé au moment de son versement.

4) Report en arrière de déficits (carry back)

Le report en arrière de déficit (carry back) se traduit dans les comptes par l'enregistrement d'un impôt négatif, produit dont la contrepartie est l'inscription d'une créance sur l'Etat à l'actif du bilan. Il s'agit bien d'un revenu qui se traduira ultérieurement par un encaissement. Il a certainement un caractère exceptionnel, mais fait partie intégrante de la CAF car il n'a pas un caractère extraordinaire à l'inverse des plus-values de cession.

---

(1) Dans le compte de résultat fiscal, les transferts de charges sont confondus dans le même poste avec les reprises d'amortissements et de provisions d'exploitation, financières et exceptionnelles. On en trouvera le détail sur l'imprimé des amortissements (n° 2055 cadre D augmentation de charges réparties sur plusieurs exercices). Un recoupement peut également être effectué avec le détail des reprises de provisions d'exploitation, financières et exceptionnelles figurant sur l'imprimé n° 2056.

(2) Il peut également s'agir de tout transfert d'une catégorie de résultat (d'exploitation, financier, exceptionnel) à une autre catégorie de résultat.

■ Prise en compte des charges

On retiendra toutes les charges, même si elles se traduisent par des versements très indirects. On remarque que de ce point de vue le compte de résultat n'est pas "symétrique": toutes les charges comptabilisées donnent lieu à des décaissements bien cernés; il n'existe pas de comptes de transferts de produits.

Mais **on ne retiendra pas les dotations aux comptes de prévoyance** (provisions et amortissements) qui ne traduisent pas une diminution de revenus, mais une **affectation** de ces revenus pour parer à leur remplacement (amortissements) ou à leur perte éventuelle (provisions). Il en est de même des reprises de dotations ou de subventions d'investissement.

1) Provisions

Si les provisions ne constituent pas une charge, il faut avoir conscience des flux de trésorerie effectifs auxquels elles correspondent:

– provisions pour **dépréciation d'actifs**. La trésorerie a été décaissée lors de l'acquisition de l'actif. La provision est seulement une épargne permettant de couvrir la dépréciation éventuelle de cet actif. Si cette dépréciation survient, l'actif passe en perte exceptionnelle, et vient diminuer la capacité d'autofinancement d'autant, **sans qu'il y ait mouvement de trésorerie**;

– provision pour **risques et charges**. La trésorerie n'est décaissée qu'au moment où le risque est réalisé (ex: litige) ou la charge certaine (ex: indemnité de licenciement). Ces risques ou charges sont alors enregistrés en pertes, viennent en diminution de la capacité d'autofinancement et **donnent lieu à un versement en trésorerie.**

2) Amortissements

Les amortissements ne viennent pas en diminution de la capacité d'autofinancement, et ne donnent jamais lieu à mouvement de trésorerie. Il n'y a d'ailleurs de ce point de vue aucune différence entre amortissements pour dépréciation et amortissements dérogatoires (cf encadré).

AMORTISSEMENTS POUR DEPRECIATION
ET AMORTISSEMENTS DEROGATOIRES

DEFINITION

1. Amortissements pour dépréciation

Les amortissements **pour dépréciation** dits aussi amortissements **économiques** correspondent à la diminution de la valeur d'un actif **immobilisé,** due à l'usage (fatigue du matériel), à l'obsolescence (veillissement technique du matériel ou du droit d'exploitation) ou à tout autre cause (exemple: amortissement d'un brevet en fonction de sa date d'échéance).

En général, ces amortissements suivent un profil **linéaire,** fonction de la **durée probable** de l'immobilisation.

Un camion d'une valeur de 2 000 KF, utilisé pendant 6 ans, sera amorti chaque année de $\frac{2\,000}{6} = 333$ KF

Mais dans certains cas, les plans d'amortissement peuvent suivre des profils beaucoup plus proches des contraintes d'exploitation auxquelles est soumise l'immobilisation. Une **machine** utilisée jour et nuit pourra être amortie en fonction du nombre d'heures durant lesquelles elle a effectivement fonctionné. Les dépenses de **production de films** (classées dans les immobilisations incorporelles) seront amorties à 70 % dans les 3 mois de la sortie du film, et beaucoup plus progressivement dans les 18 à 24 mois suivants.

2. Amortissements dérogatoires

Les amortissements **dérogatoires** correspondent aux amortissements **anticipés** que les règles fiscales autorisent à constituer en sus de l'amortissement pour dépréciation. Les amortissements sont justifiés par le désir des Pouvoirs publics de favoriser une activité donnée, comme la Recherche, mais également de comprendre l'incidence de l'inflation sur le résultat comptable.

Il existe une grande diversité de régime d'amortissements, mais on peut retenir deux points essentiels :

— le total des amortissements dérogatoires ne doit jamais être inférieur à une annuité d'amortissement calculée selon le mode linéaire sur la valeur résiduelle ;

— le régime d'amortissements dérogatoires le plus courant est celui de **l'amortissement dégressif** qui concerne essentiellement le poste " installations techniques, matériels et outillages industriels " du bilan fiscal.

A chaque durée de vie est associé un coefficient, qui permet d'amortir un multiple du taux linéaire qui correspond à cette durée de vie.

3. Comparaison des deux régimes

Coefficients normaux en vigueur

Durée d'utilisation	**Coefficient**
De 3 ans à moins de 5 ans	1,5
De 5 ans à moins de 6 ans 2/3	2
De 6 ans 2/3 à 20 ans	2,5

Mode de calcul

Immobilisation d'une valeur de 10 MF d'une durée de vie probable de 6 ans. L'amortissement économique est réalisé linéairement selon un taux de 1/6 = 16,66 %.

Le taux du plan d'amortissement dégressif est donc de :
2 × 16,66 % = 33,33 % (soit 1/3)

Annuité	Plans d'amortissement (en MF) Economique	Fiscal	Dotations aux amortissements Pour dépréciation	dérogatoires	Reprise des amortissements dérogatoires
1	1,67	$\frac{10}{3} = 3{,}33$	1,67	1,66	–
2	1,67	$\frac{6{,}66}{3} = 2{,}22$	1,67	0,55	–
3	1,67	$\frac{4{,}45}{3} = 1{,}48$	1,67	–	0,19
4	1,67	$\frac{2{,}97}{3} = 0{,}99$	1,67	–	0,68
5	1,67	$\frac{2{,}97}{3} = 0{,}99$	1,66	–	0,67
6	1,67	$\frac{2{,}97}{3} = 0{,}99$	1,66	–	0,67
TOTAL	10	10	10	2,21	2,21

COMPTABILISATION

La dotation aux amortissements pour dépréciation constitue une charge **d'exploitation** (1), et seul l'amortissement correspondant vient en déduction des immobilisations concernées.

En revanche, la dotation aux amortissements dérogatoires constitue une **charge exceptionnelle.** L'amortissement correspondant est logé dans les **provisions règlementées.** A la fin de la durée de vie du bien, les dotations aux amortissements pour dépréciation sont supérieurs, en général, aux dotations qui résultent du plan d'amortissement fiscal. Les amortissements dérogatoires sont alors réintégrés à due concurrence dans les **produits exceptionnels** (cf. exemple ci-dessus)(2).

Grâce à ce mode de comptabilisation, le résultat d'exploitation de l'entreprise n'enregistre que le poids des amortissements économiques, les perturbations dues à l'aspect fiscal du problème étant totalement reportées dans le compte de résultat exceptionnel ;

(1) Ou éventuellement une charge financière.
(2) Il faut noter que les reprises d'amortissements économiques, qui supposent une modification du plan d'amortissement sont très rares. Le plan comptable général fait d'ailleurs obligation d'en préciser les motifs dans l'annexe.

② Les modalités de calcul de la capacité d'autofinancement

■ Par les opérations qui ont engendré la CAF (Bilan fiscal)

Exploitation	**Produits d'exploitation** **– Charges d'exploitation** **= Excédent brut d'exploitation (ou insuffisance brute d'exploitation)** **+ Transfert de charges d'exploitation (1)** **– Autres charges d'exploitation** **+ Autres produits d'exploitation**
Opérations en commun	**+ Bénéfice attribué ou perte transférée** **– Perte supportée ou bénéfice transféré**
Financier	**+ Produits produits financiers de participations** **+ Produits des autres valeurs mobilières et créances de l'actif immobilisé** **+ Autres intérêts et produits assimilés** **+ Transfert de charges financières (2)** **+ Différences positives de change** **+ Produits nets sur cessions de valeurs mobilières de placement** **– Intérêts et charges assimilées** **– Différences négatives de change** **– Charges nettes sur cessions de valeurs mobilières de placement**
Exceptionnel	**+ Produits exceptionnels sur opération de gestion** **+ Transfert de charges exceptionnelles (2)** **– Charges exceptionnelles sur opération de gestion**
Charges liées au bénéfice	**+ Participation des salariés aux fruits de l'expansion** **– Impôt sur les bénéfices**
	= Capacité d'autofinancement

Chacun des éléments de ce calcul constitue l'un des **facteurs** de la capacité d'autofinancement.

(1) Ce détail ne figure pas dans le bilan fiscal.
(2) Ces comptes ne sont pas cités par le plan comptable général, mais leur inclusion dans la CAF est une conséquence logique de l'inclusion des seuls transferts de charges **d'exploitation** supra. Leur détail ne figure pas dans le bilan fiscal.

■ Par l'affectation de la CAF

Dotations d'exploitation aux amortissements et aux provisions concernant les charges :
- d'exploitation,
- financières,
- exceptionnelles.

– Reprises sur amortissements et provisions (1) concernant les charges :
- d'exploitation,
- financières,
- exceptionnelles,

\+ Valeur comptable des éléments immobilisés et financiers cédés (2)

– Produits des cessions d'éléments d'actifs (2)

– Reprises de subventions d'investissement

\+ Résultat de l'exercice

= Capacité d'autofinancement

Les éléments de charges et de produits, et le résultat (corrigé des plus ou moins values de cession et des subventions d'investissement) représentent une simple ventilation du revenu de l'entreprise entre différentes affectations. **Ils ne peuvent en aucun cas déterminer le niveau de ce revenu.**

Les différents éléments auxquels est affectée la capacité d'autofinancement peuvent être regroupés par grandes catégories de flux :

(1) Ces postes du bilan fiscal reprennent également les transferts de charges.

(2) Le renseignement figure sur l'état modèle 2059 – A " détermination des plus et moins-values ". A défaut, les postes " produits (et charges) sur opérations en capital " recouvrent à très peu de chose près les trois derniers éléments du calcul (y compris les reprises de subventions d'investissements).

Couverture des charges de gestion	Dotations nettes aux provisions pour dépréciation d'actif circulant + Dotations nettes aux provisions pour risques et charges
Maintien des capacités de production	+ Dotations nettes aux amortissements économiquement justifiés + Dotations nettes aux provisions de l'actif immobilisé
Croissance de l'entreprise	+ Dotations nettes aux provisions pour risques et charges non certains (dites " à caractère de réserve ") + Dotations nettes aux provisions réglementées (y compris amortissements dérogatoires) + Valeur comptable des éléments immobilisés et financiers cédés – Produits des cessions d'éléments d'actifs – Reprises de subventions d'investissement + Résultat de l'exercice
	= **Capacité d'autofinancement**

Outre qu'elle a le mérite de permettre une vérification du calcul de la CAF par les opérations qui l'ont engendrée, cette présentation met en valeur plusieurs aspects très importants :

– la CAF n'est **pas acquise sans condition à l'entreprise.** Elle doit être affectée **prioritairement** à la couverture des charges de gestion et au maintien de la production. Un chef d'entreprise ne peut décider unilatéralement de distribuer, par exemple, la totalité de la CAF aux associés ;

– la partie de la CAF qui est **affectée à la croissance** de l'entreprise n'est **pas nécessairement positive :** dans ce cas, ceci signifie que l'entreprise ne dégage pas une rentabilité suffisante pour couvrir les charges de gestion et de maintien des capacités de production qu'elle a comptabilitées par ailleurs. En outre, cette partie de la CAF affectée à la croissance de l'entreprise n'est pas toujours du même ordre de grandeur ni du même sens que le résultat de l'exercice :

  • elle peut lui être bien supérieure, parce que des **dotations sans objet réel** ont été constituées, ou qu'une moins value de cession est venue **temporairement et exceptionnellement** minorer le résultat de l'exercice ;

  • elle peut lui être bien inférieure parce que des reprises de provisions sont venues majorer le résultat, ou qu'une plus value a effectivement eu pour conséquence de majorer le flux disponible pour la croissance, mais d'une façon temporaire et exceptionnelle qui ne peut être prise en compte dans une réflexion à long terme.

③ Les imperfections de la capacité d'autofinancement

Les imperfections de la capacité d'autofinancement restent limitées, et celle-ci répond bien au but que s'est assigné le plan comptable général. Posent problème les points suivants :

– lorsque la charge fiscale et sociale sur congés payés ne peut être déterminée avec précision l'entreprise peut enregistrer cette charge en provision et non pas en charges à payer d'où une majoration de la CAF. Il est vrai que l'incidence de ce mode de comptabilisation -d'ailleurs assez fréquent- est atténué par la reprise chaque année de la dotation de l'exercice précédent ;

– la déduction des opérations de cession d'éléments d'actifs immobilisés devrait s'accompagner de la déduction de l'impôt sur les bénéfices (ou éventuellement de l'incidence du déficit imputé sur cet impôt) qui s'y rattache. Les cessions figurant dans le tableau de financement ou le TPFF devraient alors figurer nettes d'impôts sur les plus-values (ou majorées des économies d'impôts provenant de l'imputation des moins values). Ceci entraînerait des retraitements assez compliqués supposant la communication d'éléments détaillés de la part de l'entreprise (1).

④ La capacité d'autofinancement financière

Lorsque l'entreprise recourt de façon massive au crédit-bail, la notion traditionnelle de capacité d'autofinancement mérite d'être comparée avec une notion élargie appelée “capacité d'autofinancement financière”.

Cette notion est développée en annexe III à la présente partie. On en rappellera seulement ici la définition générale :

	Capacité d'autofinancement
+	Amortissement compris dans l'annuité de crédit-bail
=	**Capacité d'autofinancement financière**

⑤ L'autofinancement

L'autofinancement représente la capacité d'autofinancement sous déduction du dividende versé (rémunération des associés) :

	Capacité d'autofinancement
–	Dividendes de l'exercice
=	**Autofinancement**

(1) On notera que l'annexe doit fournir une ventilation de l'impôt entre la partie imputable aux éléments exceptionnels du résultat et la partie imputable aux autres éléments avec l'indication de la méthode utilisée, dans la mesure où cette information est significative.

Il correspond à la partie du revenu dégagé dont l'entreprise a la disposition après paiement des dividendes qui sont la rémunération des associés. Dans la mesure où il s'agit de dividendes au titre de l'exercice au cours duquel la capacité d'autofinancement a été dégagée, l'autofinancement n'apparaît en tant que tel dans aucun document d'analyse financière proposé par le plan comptable général. En effet, le tableau de financement préconisé par le plan comptable général reprend la capacité d'autofinancement au regard duquel figure la distribution **au titre de l'exercice précédent.**

B - QUELLE EST LA TRESORERIE DEGAGEE PAR LE REVENU (L'ETE) ?

① Comment passer du revenu à la trésorerie ?

L'ensemble de la capacité d'autofinancement n'est pas encaissé par l'entreprise, or c'est ce revenu **encaissé** qui motive les **décisions** du chef d'entreprise

En partant des composantes de la capacité d'autofinancement, on peut dire que :

- certains produits ne sont **jamais encaissés** : production immobilisée, transfert de charges (sauf dans le cas où il s'agit de récupération de charges sur les tiers) ;
- certains produits ne sont **encaissés qu'avec retard** : aux ventes et aux autres produits d'exploitation correspondent des créances clients de durée variable ;
- certaines charges ne sont **décaissées**, par symétrie, **qu'à l'échéance** des crédits fournisseurs (achats, intérêts à payer) ;
- enfin, la **variation positive ou négative de stocks** (1) correspond à un enrichissement ou une perte qui ne sera encaissé qu'à la fin du cycle de production et de commercialisation.

On peut classer l'ensemble de ces décalages de charges et de produits dans trois catégories :

- d'une part la **production immobilisée**, qui n'est jamais un produit encaissé en trésorerie ;
- d'autre part les **transferts de charges**, qui posent un problème complexe :
  - lorsqu'ils représentent des lissages de charges sur plusieurs exercices, ils ne sont jamais un revenu encaissé
  - lorsqu'ils représentent une **refacturation de charges à des tiers**, ils représentent des revenus qui ne sont encaissés que lorsque les créances sur les tiers sont effectivement payées,

(1) Dans la troisième partie, on verra que les méthodes de valorisation de stocks peuvent aboutir à anticiper le résultat de l'entreprise ou même à le surestimer durablement, sans que ces écritures comptables se traduisent jamais en trésorerie par des encaissement.

- lorsqu'ils représentent des transferts internes au compte de résultat, ils ne sont pas des revenus encaissés. Mais par simplification, on peut considérer qu'il s'agit de revenus encaissés, dans la mesure où leur contrepartie se trouve dans les charges fictives comptabilisées à un autre niveau du compte de résultat.

– Enfin les autres décalages de paiement, qui se traduisent au bilan de l'entreprise par des dettes et des créances : ils constituent le **besoin en fonds de roulement.** Au cours d'un exercice social, seule la **variation** de ce besoin en fonds de roulement va se traduire par une ponction (ou éventuellement un allègement) de trésorerie. **Attention, il s'agit là de la variation du besoin en fonds de roulement avant provisions.** On cherche à cerner les décalages de paiement : les provisions sont une simple écriture comptable sans incidence sur la trésorerie de l'entreprise (à l'imposition sur les sociétés près).

Prenons l'exemple d'une entreprise dont le bilan de début d'exercice est le suivant. Par simplification, on considèrera qu'elle n'a provisionné aucun de ses actifs d'exploitation.

BILAN N :

ACTIF		PASSIF	
Immobilisations	25	Ressources propres	50
Stocks	40	Dettes structurelles	10
Créances clients	40	Dettes fournisseurs	20
		Trésorerie passive	25
Total actif	**105**	**Total passif**	**105**

Besoin en fonds de roulement (brut) N : 80 – 20 = 60

Son délai de recouvrement de créances clients est de 30 jours.

Son activité est décrite dans le compte de résultat suivant :

Ventes	160
Variation de stocks	– 5
Achats externes	– 150
Amortissements	– 15
Impôts	– 5
Résultat	**– 15**

On supposera qu'elle n'a pas investi.

Afin de gagner des parts de marchés, elle a consenti des délais clients plus élevé qu'auparavant : 70 jours de chiffre d'affaires au lieu de 30 jours. Elle a continué à payer ses fournisseurs de la même façon.

Son bilan en fin d'exercice se présente comme suit :

BILAN N+1 :

ACTIF		PASSIF	
Immobilisations	20	Ressources propres	45
Stocks	35	Dettes structurelles	10
Créances clients	90	Dettes fournisseurs	20
		Trésorerie passive	70
Total actif	**145**	**Total passif**	**145**

Besoin en fonds de roulement (brut) N+1 : 125 – 20 = 105

On constate que la **capacité d'autofinancement est nulle.**

La trésorerie dégagée est égale à la capacité d'autofinancement :	0
– diminuée :	
• des créances clients non encaissées :	– 90
• des charges des fournisseurs de l'exercice N, payées au cours de l'exercice N + 1	– 20
– augmentée :	
• des stocks vendus	+ 5
• des créances clients de N encaissées en N+1	+ 40
• des charges non réglées aux fournisseurs	+ 20
Soit un solde de	**– 45**

Le décalage de trésorerie doit correspondre à la variation du besoin en fonds de roulement. = 105 – 60 = 45. C'est bien le cas.

De façon générale, on peut donc écrire :

Capacité d'autofinancement
– Transferts de charges (sur plusieurs exercices)
– Variation du besoin en fonds de roulement (brut)

= Trésorerie dégagée par l'entreprise hors opérations en capital

② La définition de l'excédent de trésorerie d'exploitation ETE

La " Trésorerie dégagée par l'entreprise hors opérations en capital " n'est pas une notion pertinente si l'on veut faire intervenir de façon plus marquée le **facteur décisionnel** : devant la trésorerie dégagée par l'entreprise, quelle a été la réaction du dirigeant, quels flux a-t-il privilégiés ?

On va donc **démembrer** ce concept distinguant :

- la trésorerie qui provient de **l'exploitation**, en dehors de toute considération sur la structure financière : elle sera appelée **Excédent de Trésorerie d'Exploitation ;**
- la trésorerie qui provient des autres éléments (c'est-à-dire de la structure financière, des opérations faites en commun et des charges exceptionnelles de gestion) : elle sera prise en compte à chaque stade du raisonnement sur le tableau pluriannuel de flux financiers.

Excédent brut d'exploitation
– Production immobilisée
+ Transfert de charges (à des tiers)
– Variation du besoin en fonds de roulement (brut)

= Excédent de Trésorerie d'Exploitation
\+ Produits financiers
– Charges financières
\+ Autres produits
– Autres charges

= Trésorerie dégagée par l'entreprise hors opérations en capital

On verra plus bas que l'excédent de trésorerie d'exploitation est parfois un **indicateur avancé** de l'évolution de la capacité d'autofinancement ; il est surtout une des pièces maîtresses d'un ensemble totalement cohérent de la présentation des flux financiers de l'entreprise : le tableau pluriannuel des flux financiers (TPFF).

3 - RESUME : CAF ET ETE COMPLEMENTS A L'ANALYSE FONCTIONNELLE

L'examen de la rentabilité est basé sur le **compte de résultat fonctionnel** présenté en liste.

Il est complété par deux indicateurs de revenu et de trésorerie dégagée :

- la **capacité d'autofinancement** (= revenu) ;
- l'**excédent de trésorerie d'exploitation** (= trésorerie d'exploitation dégagée).

Section 2

L'entreprise est-elle solvable ?

Le plan comptable retient une série de notions assez complexes (1) qui constituent, dans l'appréciation de la solvabilité, un système à **trois niveaux.** Chacun correspondant à une acception de moins en moins restrictive du concept "d'associés" comme le montre le tableau suivant :

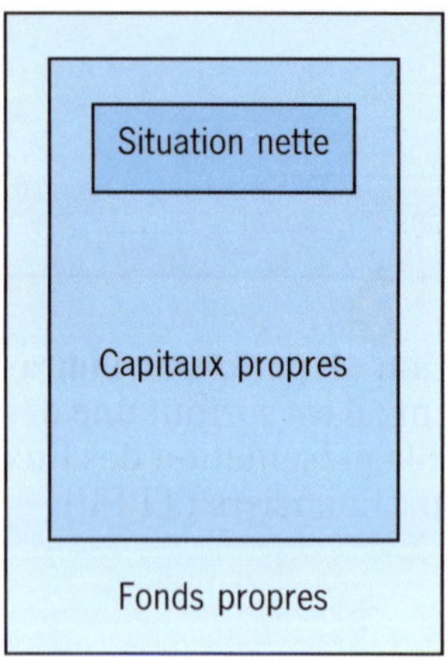

Fonds apportés ou conservés par des actionnaires ou associés stricto sensu.

Fonds conservés par l'entreprise, mais éventuellement grevés d'une dette fiscale latente.

Fonds remboursables en cas de difficulté après désintéressement de tous les autres créanciers.

Les nécessités de l'analyse nous obligent cependant à retenir un indicateur de solvabilité encore plus large que les fonds propres, auquel nous donnerons le nom de **" ressources propres ".**

(1) En raison de la nature particulière du compte " capital " dans le cas d'une **entreprise individuelle,** ces trois notions n'ont pratiquement **aucun sens** pour ce type d'affaires.

1 - LA SITUATION NETTE

La situation nette est, en fin d'exercice et après répartition des résultats, la somme des fonds définitivement acquis aux associés (actionnaires ou porteurs de parts).

Capital (versé ou non)
+ Prime d'émission, de fusion et d'apport
+ Ecarts de réévaluation
+ Réserves
Réserve légale
Réserves statutaires
Réserves réglementées
Autres réserves
+ Report à nouveau créditeur
— Report à nouveau débiteur

= Situation nette

On peut constater que cette définition reste strictement juridique : aucune appréciation n'est portée sur la qualité des actifs du bilan, et notamment des charges à répartir sur plusieurs exercices, qui constituent, par **construction,** des postes sans valeur.

De la même façon, le capital non appelé est repris au même titre que le capital appelé, alors que son versement dépend des capacités financières des associés eux-mêmes.

2 - LES CAPITAUX PROPRES

Capital
+ Ensemble des primes, écarts et réserves (avant ou après répartition)
+ ou — Report à nouveau
+ Résultat de l'exercice (si avant répartition)
+ Subventions d'investissement
+ Provisions règlementées

= Capitaux propres (avant ou après répartition)

■ La notion de **capitaux propres** reflète une acception plus large que la situation nette à deux titres :

— elle prend en compte les décisions d'affectation du résultat. Elle est en effet calculée :

- soit **avant répartition** des résultats de l'exercice, et ce sera le droit commun, puisque le bilan fiscal est lui-même établi avant répartition. Dans ce cas, les capitaux propres correspondent à une notion extensive, puisqu'une fraction non négligeable pourra faire l'objet d'une distribution ;

- soit **après répartition** des résultats. Les documents fiscaux n'indiquent pas cette répartition (1), et il est donc nécessaire qu'elle soit communiquée par l'entreprise. **Dans la pratique on s'efforcera de présenter les capitaux propres après répartition.** En effet, la prise en compte de l'intégration d'un résultat bénéficiaire alors que celui-ci est destiné à être distribué en grande partie, risque de fausser gravement l'appréciation de la solvabilité de l'affaire. Quelle attitude tenir si l'on n'a pas la répartition du résultat? On peut procéder comme si la décision avait été la même que celle de l'exercice précédent : la distribution de dividendes suit une politique souvent assez stable (2) ;

– elle recense, outre les postes qui composent la situation nette (3), ceux qui peuvent être considérés comme acquis aux associés bien qu'ils soient grevés d'une éventuelle dette fiscale latente (c'est-à-dire d'un impôt qui devra être réglé si les subventions d'investissement et les provisions règlementées sont réintégrées dans les comptes de résultat à un moment où l'entreprise est bénéficiaire). Cette extension constitue une prise de position particulièrement favorable à l'entreprise à l'heure actuelle : la désinflation jointe à la dépression que connaissent les marchés de matières premières entraîne chez certaines d'entre elles des réintégrations massives de provisions pour hausse de prix ou pour fluctuations de cours dotées en période de forte inflation et d'euphorie des marchés de produits de base. Or en définitive, si l'entreprise est bénéficiaire, seule la provision règlementée **hors impôt** lui restera définitivement acquise.

■ La notion reste cependant soumise aux mêmes approximations que celle de la situation nette en matière de non-valeurs et de capital non appelé. Par ailleurs, elle ne reprend pas les fonds versés par des tiers associés plus étroitement que les autres à la vie de l'entreprise en raison des conditions particulièrement contraignantes auxquelles ils ont accepté de se soumettre (prêts participatifs etc.).

■ Malgré les imperfections qui entachent leur définition, les capitaux propres, pris **avant répartition,** constituent une grandeur significative, en raison de leur **valeur juridique.** Ils sont en effet retenus dans un certain nombre de textes comme **un critère déterminant** pour le déclenchement de procédures à caractère préventif :

– lorsque les capitaux propres deviennent inférieurs à la moitié du capital social, les associés de SARL ou les assemblées générales, dans les SA, doivent décider dans les quatre mois qui suivent l'approbation des comptes annuels s'il y a lieu à dissolution anticipée de la société ;

– lorsque la perte nette comptable est supérieure à un tiers des capitaux propres, dans les sociétés commerciales et les G.I.E. tenus d'établir des comptes prévisionnels, le président du Tribunal de Commerce peut inviter les dirigeants à lui faire un rapport sur les mesures qu'ils envisagent de prendre pour redresser la situation, dans le cadre de la "procédure d'alerte" visée par la loi du 1er Mars 1984.

---

(1) L'état des renseignements divers modèle 2058 – C n'indique que la répartition des résultats de l'exercice **précédent;**

(2) Lorsque le résultat est négatif, il doit nécessairement être imputé par les associés :
   – au report à nouveau débiteur : auquel cas les distributions de bénéfices ne peuvent reprendre les exercices suivants, que si ce report à nouveau est apuré ;
   – aux réserves (y compris la réserve légale), s'il en existe.

(3) A la répartition du résultat près.

3 - LES FONDS PROPRES

D'après le bilan proposé par le plan comptable général, les fonds propres se composent en sus des capitaux propres, des titres participatifs et des avances conditionnées (1).

Capitaux propres
+ Titres participatifs
+ Avances conditionnées
= Fonds propres

L'un et l'autre de ces éléments constituent des dettes vis-à-vis de **tiers,** dont le remboursement, en cas de liquidation de l'entreprise, est **subordonné** au désintéressement préalable de tous les autres créanciers :

- **les titres participatifs sont des valeurs mobilières dont la rémunération comporte une partie variable en fonction de l'activité ou des résultats de l'entreprise, et qui par ailleurs ne sont remboursables qu'à l'initiative de l'émetteur.** Cette similitude de régime juridique par rapport aux actions a d'ailleurs conduit le législateur à donner aux créanciers en titre participatifs certaines prérogatives d'information financière, jusqu'ici réservées aux actionnaires ;
- les avances conditionnées ne sont pas définies par le plan comptable général. Elles comprennent toutes les dettes ayant la caractéristique mentionnée plus haut, **sauf les emprunts participatifs** (qui figurent dans les " emprunts et dettes financières diverses ") et les comptes courants d'associés (2).

Les fonds propres constituent un progrès dans l'analyse de la solvabilité mais comportent les mêmes lacunes que les capitaux propres, et ne retiennent ni l'ensemble des fonds acquis à l'entreprise, ni l'ensemble des dettes vis-à-vis des tiers ayant, de fait, un caractère subordonné (emprunts participatifs, comptes courants d'associés, sous certaines conditions).

Nous sommes donc amenés à construire un indicateur plus large de la solvabilité de l'entreprise vis-à-vis des tiers, appelé **" Ressources propres ".**

(1) Le plan comptable général donne une définition précise des fonds propres ; mais les documents de synthèse ne font pas état que par raccroc de cette rubrique.

(2) En revanche, elles comprendraient les comptes bloqués d'associés destinés – pour bénéficier de mesures fiscales de faveur – à être incorporés au capital dans les 5 ans.

4 - LES RESSOURCES PROPRES

A - MODE DE CALCUL

Fonds propres après répartition
+ Provisions à caractère de réserves
– Non-valeurs
- **Capital souscrit non appelé**
- **Frais d'établissement**
- **Charges à répartir sur plusieurs exercices**
- **Primes de remboursement des obligations**

– Ecart de conversion actif (sous déduction de la provision qui lui est affectée)
+ Ecart de conversion passif
+ Quasi fonds propres
- **Comptes courants d'associés stables**
- **Obligations convertibles (assorties d'un engagement de conversion)**
- **Emprunts participatifs ou subordonnés**

= Ressources propres

Les ressources propres se définissent ainsi comme l'ensemble des fonds sur lesquels peuvent s'imputer les pertes de l'entreprise, d'où qu'elles proviennent (moins values d'actif ou pertes d'exploitation), sans remettre en cause le remboursement des créances détenues par les prêteurs ordinaires (1).

B - EXAMEN DES POSTES REPRIS EN SUS DES FONDS PROPRES

① Provisions à caractère de réserves

Seules figurent dans les fonds propres les provisions règlementées (y compris les amortissements dérogatoires). Elles sont dotées, en vertu de mesures fiscales de faveur, même en l'absence de risque ou de charge prévisible, et représentent donc un mode d'affectation du résultat **avant** imposition.

Il est fréquent que, dans le but de lisser leur résultat, les entreprises constituent, en sus des provisions règlementées, **des provisions ne couvrant aucun risque ou aucune charge prévisible,** et soumises, en tant que telles, à l'impôt. Il s'agit alors de

(1) Cet indicateur n'est bien sûr pas opérant pour les prêteurs qui ont consenti des prêts à caractère subordonné, puisqu'ils ne peuvent se fier qu'à la surface responsable formée par les fonds acquis à l'entreprise et les dettes auprès de tiers ayant un rang **inférieur** au leur.

véritables réserves, dont la prise en compte est d'ailleurs souvent encore plus justifiée que celle des provisions règlementées, puisqu'elles ne supportent aucune dette fiscale latente.

Etant donné leur caractère en général occulte, aucune ligne spécifique n'est prévue pour elles au bilan comptable ou fiscal, et elles sont confondues de ce fait avec les provisions pour risques et charges dont il faudra, sur indication de l'entreprise, les **extraire.**

② Non-valeurs

Si l'on met à part le cas du capital souscrit non appelé, qui correspond à une simple écriture " pour ordre ", les non-valeurs sont des actifs dont la valeur patrimoniale ou la rentabilité immédiate sont nulles, et qui doivent donc être impérativement financés par des ressources propres ; c'est pourquoi ils en sont d'office déduits.

D'après les informations dont il dispose, l'analyste peut être amené à considérer comme non-valeur aussi bien une immobilisation (exemple : participation non provisionnée dans une filiale en cessation de paiement) qu'un élément de l'actif circulant (exemple : stocks invendables). Mais dans tous les cas, il examinera en détail les quatre éléments suivants :

■ Capital souscrit non appelé

Le capital souscrit **non appelé,** à l'actif du bilan correspond aux engagements de versement des associés non encore concrétisés. Dans les sociétés d'envergure nationale faisant appel public à l'épargne, il est fréquent que les établissements de crédit donnent leur garantie de bonne fin aux augmentations de capital en numéraire, ce qui permet de considérer le capital souscrit comme une véritable créance, même s'il n'est pas appelé.

En revanche, ce n'est pas le cas des P.M.E., où l'on adoptera une position plus prudente : un engagement de payer n'est pas un paiement, et il y a donc lieu de déduire du capital la fraction non appelée.

On notera par contre que le capital souscrit **appelé et non versé,** qui figure dans l'actif **circulant,** ne sera pas soustrait du capital, et ceci pour une raison très pratique : au moment où le banquier dispose des comptes, il peut vérifier si le versement – qui ne souffre aucun délai à partir du moment où l'appel du capital a été effectué – s'est réalisé dans de bonnes conditions. On dit alors que le capital est " libéré ".

■ Frais d'établissement

En principe, les dépenses afférentes à l'exercice sont comptabilisées en charges. Cependant le plan comptable général a prévu la **faculté** de comptabiliser certaines d'entre elles en frais d'établissement (soit indirectement, soit par le crédit du compte " production immobilisée ").

Ce poste comprend des frais qui conditionnent **l'existence, l'activité** ou le **développement** de l'entreprise et dont le montant ne peut être rapporté à des productions de biens ou de services déterminés. Afin de limiter le gonflement de ces postes, dont la valeur marchande reste assez faible, voire nulle, le plan comptable a strictement contingenté la nature des dépenses qui peuvent y être enregistrées. Il s'agit des :

- frais de constitution de la société (droits d'enregistrement, frais d'actes etc) ;
- frais de premier établissement (frais de prospection et de publicité engagés dans le cadre de l'ouverture d'un établissement secondaire par exemple) ;
- frais d'augmentation du capital et d'opérations diverses (fusions, scissions, transformations).

Ces frais doivent être amortis dans un **délai maximum de 5 ans.** Tant que les frais d'établissement ne sont pas amortis, la distribution des dividendes est soit interdite soit contingentée (1).

S'il est exact que ces dépenses conditionnent la vie de l'entreprise, elles n'en ont pas moins le caractère de charges définitives, et leur rentabilité reste très indirecte. Notamment, on peut craindre que les frais de publicité ne viennent gonfler ce poste indûment, ce qui ne le distinguerait guère alors en pratique des " charges à répartir sur plusieurs exercices ". Il est donc justifié de les déduire des ressources propres.

■ Charges à répartir sur plusieurs exercices

Elles correspondent à des charges effectivement supportées par l'entreprise durant l'exercice, mais qui se rapportent en fait à **plusieurs exercices.** Afin de répartir la charge subie, le compte de résultat est crédité au compte " transfert de charges " (exploitation, financier ou exceptionnel, selon les cas) par le débit du compte " charges à répartir sur plusieurs exercices ". Au cours des exercices ultérieurs, la charge est peu à peu réintégrée dans le compte de résultat, par voie d'amortissement. Comme cet amortissement ne constate pas une dépréciation d'actif (puisque cet actif est, d'office, sans valeur), il est crédité directement au compte " charges à répartir sur plusieurs exercices " et **n'apparaît donc pas** au bilan, dans la colonne " amortissements et provisions " (2).

Les charges susceptibles de figurer dans le poste " charges à répartir " sur plusieurs exercices sont détaillées **limitativement** par le plan comptable général :

---

(1) Aucune distribution de dividendes ne peut avoir lieu si le montant des frais d'établissement et des frais de recherche et de développement non amortis excède le montant des " réserves libres " (dont l'entreprise a la disposition, ce qui exclut par exemple la réserve légale, les réserves de réévaluation, les réserves statutaires ou contractuelles). De plus, aucune distribution de dividendes n'est autorisée tant que les **frais de constitution** ne sont pas intégralement amortis.

(2) **Fiscalement,** l'étalement des charges à répartir n'est admis que pour les frais d'émission d'emprunt et les frais d'acquisition des immobilisations. Les autres charges à répartir, même si elles sont étalées **comptablement** sur plusieurs exercices, doivent être déduites en totalité du compte de résultat fiscal dès la première année.

– charges différées. Elles doivent alors concerner une opération spécifique se rapportant à des productions déteminées à venir, et dont la rentabilité globale est démontrée ;
– frais d'acquisition des immobilisations non inclus dans les frais d'établissement ;
– frais d'émission des emprunts (obligataires) ;
– charges à étaler. Il s'agit de charges qu'il est préférable de ne pas enregistrer dans les résultats de l'exercice en raison de leur importance exceptionnelle, mais qui ne répondent pas à la définition des charges différées.

■ Primes de remboursement des obligations

Lorsqu'un emprunt est émis en-dessous du pair (exemple : valeur nominal de 1 000, prix d'émission : 950), l'entreprise s'engage à rembourser plus qu'elle n'a effectivement reçu des souscripteurs, cette différence portant le nom de "prime d'émission" (dans notre exemple 1 000 – 950 = 50).

L'entreprise peut également émettre au pair, mais s'engager à rembourser plus que le pair (exemple : valeur nominale 1 000 – valeur de remboursement 1 075). Il y a alors **prime de remboursement** (dans notre exemple 1 075 – 1 000 = 75).

Les primes constituent pour l'investisseur un **complément d'intérêt** consenti par l'entreprise. Leur amortissement, qui est effectué sur toute la durée de l'emprunt soit linéairement, soit au prorata des **intérêts** versés, est donc imputé **directement** au compte "prime de remboursement" comme dans le cas des "charges à répartir".

Il serait concevable d'imputer les primes de remboursement non sur les ressources propres, mais sur l'emprunt émis. Cette solution, qui ne manque pas de logique, aboutit cependant à sous-estimer la dette obligataire et doit donc être écartée.

③ Ecarts de conversion

Les dettes et créances libellées en monnaie étrangère sont inscrites en comptabilité à leur cours historique. Au bilan, elles sont évaluées au cours de la date d'arrêté. La différence entre les deux estimations est soit débitrice (s'il s'agit de la dévaluation d'une créance ou de la réévaluation d'une dette), soit créditrice. Elle n'est pas virée dans le compte de résultat, mais isolée dans un poste "écart de conversion" actif ou passif (1).

Le poste "écart de conversion actif" ne représente pas une perte définitive pour l'entreprise, l'évolution ultérieure du cours de la devise pouvant très bien l'annuler. Par mesure de prudence, on le déduira des ressources propres, mais on procèdera toujours à un **examen critique de son évolution probable** entre la date d'arrêté et celle où l'on effectue l'analyse financière.

---

(1) Fiscalement, les écarts de conversion sont retenus dans le résultat imposable.

Si cet écart a fait l'objet d'une provision pour risques et charges, celle-ci viendra, par symétrie, en augmentation des ressources propres.

L'écart de conversion passif sera par analogie compris dans les ressources propres, mais **sous les mêmes réserves** que l'écart de conversion actif : il ne s'agit pas à proprement parler d'une ressource stable, ni même effectivement acquise à l'entreprise, mais simplement d'une **différence purement comptable** correspondant à un profit de change potentiel.

④ Quasi fonds propres

Les quasi fonds propres sont des **prêts** accordés par des créanciers qui ont consenti que, de droit **ou de fait,** leurs droits sur les fonds propres soient **primés** par ceux des autres créanciers.

■ Les comptes courants d'associés stables

Il est fréquent que les associés, au lieu de procéder à des augmentations de capital, préfèrent consentir des avances à leur société. Il y a à cela deux raisons, l'une financière, l'autre fiscale :

– les comptes courants d'associés sont **rémunérés.** Or cette rémunération est, sous certaines conditions (1), déductible des résultats de l'entreprise, ce qui n'est pas, par hypothèse, le cas des dividendes, assortis du seul avoir fiscal de 50 % ;

– la règlementation fiscale a fait bénéficier pendant longtemps les incorporations de comptes d'associés au capital de la société, de droits d'enregistrement particulièrement favorables (2).

En principe créanciers le plus souvent chirographaires (c'est-à-dire sans sûreté réelle), les associés se sont vu reconnaître une place particulière par la jurisprudence, qui a tenu compte de leur qualité d'actionnaires ou de porteurs de parts, étroitement impliqués dans la gestion de l'affaire. C'est pourquoi, elle a estimé que malgré son caractère de simple créancier, un associé ne peut exiger le remboursement de son compte courant sachant que la société n'est pas en mesure de faire face à cette exigence (3).

En se fondant sur cette position, la pratique bancaire assimile à des fonds propres les avances d'associés, pourvu qu'elles présentent une certaine **stabilité.**

---

(1) La rémunération des comptes courants d'associés est actuellement déductible dans la limite de 100 % de la moyenne annuelle des taux de rendement brut à l'émission des obligations du secteur privé, et de 1,5 fois le capital social de l'entreprise (qui doit être entièrement libéré).
(2) Les comptes devaient avoir été **bloqués** pendant un certain temps dans un délai qui a varié de 1 à 5 ans.
(3) Cour d'Appel Aix en Provence – 6 Octobre 1981 et 16 Avril 1985.

Certains organismes, pour plus de sûreté, exigent des lettres de blocage ou, lorsqu'il s'agit de maison-mère au standing incontesté, de simples lettres d'intention (1).

Sur le bilan fiscal – ainsi que dans les documents du système développé –, les concours des associés ne sont pas isolés. Cependant l'état n° 2057 des échéances et des dettes à la clôture de l'exercice permet de cerner les "divers emprunts et dettes" contractés auprès des associés **personnes physiques** d'une part, et auprès des associés personnes morales et du groupe d'autre part (2).

■ Les obligations convertibles en actions

Ces emprunts ne sont pas par eux-mêmes assimilables à des ressources propres. Cependant **peuvent être retenues les émissions** pour lesquelles le souscripteur s'est **engagé à procéder à la conversion** quelle que soit l'évolution de la situation financière de l'émetteur. Les autres émissions, qui sont dépourvues de cette clause, n'offrent guère de garantie aux tiers, puisque les porteurs, en cas d'évolution défavorable de l'entreprise, risquent de s'abstenir au contraire de toute conversion.

■ Les emprunts participatifs ou subordonnés

La particularité de ces emprunts est double :

– leur rémunération **peut** être assise (comme celle des titres participatifs) sur un indicateur de l'activité ou des résultats de l'entreprise ;

– leur remboursement, qui suit en général un échéancier bien déterminé comme un prêt classique, est soumis en cas de défaillance de l'entreprise, à la condition que les créanciers ordinaires aient pu être entièrement désintéressés, avant le prêteur en prêt participatif (clause de subordination).

En raison de cette dernière clause, et malgré leur caractère remboursable, la loi de 1978 qui les a institué **fait obligation** de considérer ces prêts comme des fonds propres. En cas de défaillance de l'entreprise, les créanciers en prêts participatifs sont remboursés **avant les porteurs de titres participatifs.**

Les emprunts participatifs figurent, en note, au pied du bilan fiscal.

Aux emprunts participatifs il faut ajouter tous les emprunts qui sont assortis d'une clause de subordination.

(1) Un enregistrement dans le poste "avances conditionnées" peut être envisagé si les associés se sont engagés à incorporer leur compte courant au capital dans le délai fiscal de 5 ans.
(2) Comme on le verra plus loin, les comptes courants d'associés qui ne sont pas stables sont inclus dans la trésorerie passive.

5 - RESUME : LES RESSOURCES PROPRES, CRITERE UNIQUE DE SOLVABILITE

Il faut souligner, en conclusion, la grande **diversité** des composantes des **ressources propres** qui peut être schématisée par le tableau suivant :

Mise des associés conservée dans l'affaire	**Capital** **– Capital non appelé** **+ Primes, écarts de réévaluation et réserves** **+ Report à nouveau** **+ Résultat de l'exercice** **– Distribution**
Revenu conservé dans l'affaire, grevé éventuellement d'une dette fiscale latente	**+ Subventions d'investissement** **+ Provisions règlementées** **+ Provisions à caractère de réserves**
Charges ou produits potentiels ou définitifs échus ou à échoir	**– Frais d'établissement** **– Charges à répartir sur plusieurs exercices** **– Primes de remboursement des obligations** **+ Ecarts de conversion passif** **– Ecarts de conversion actif (éventuellement provisionnés)**
Dettes subordonnées, de droit ou de fait, auprès de tiers	**+ Produits des émissions de titres participatifs** **+ Avances conditionnées** **+ Comptes courants d'associés stables** **+ Obligations convertibles** **+ Emprunts participatifs ou subordonnés**
	= Ressources propres

Bien qu'il existe plusieurs acceptions possibles de la solvabilité d'une affaire, c'est dans la pratique la notion de ressources propres qui sera toujours retenue.

La seule exception à ce principe correspond au cas où l'on se place du point de vue des **prêteurs en ressources propres** (titres participatifs, avances conditionnées, comptes courants d'associés stables, obligations convertibles, prêts participatifs ou subordonnés). Dans cette hypothèse, il faudra déduire des ressources propres les concours qui ont un rang meilleur que celui du prêt considéré.

Section 3

Le financement de l'entreprise est-il adapté ?

Le bilan de l'entreprise est le document qui reflète l'état du financement de l'entreprise à une date donnée : on dit que c'est la photo de la situation de l'entreprise. Il faut donc d'abord s'assurer que cette **photo est fidèle** et n'est pas trop “flou” (1 - Le bilan donne-t-il une image fidèle du financement ?). Ensuite, on s'efforcera de saisir **ce qui est essentiel** dans cette photo (2 - Quelles sont les grandeurs significatives de la structure de financement ?). Enfin on passera de l'image statique au **film de ce qui s'est passé** en matière de financement (3 - Comment et pourquoi le financement de l'entreprise a-t-il évolué : le **tableau de financement** et le **tableau pluriannuel des flux financiers**).

1 - LE BILAN DONNE-T-IL UNE IMAGE FIDELE DU FINANCEMENT ?

Il est nécessaire de dépasser le cadre étroit du bilan, car certains financements ne figurent pas au bilan **(A)**, tandis que d'autres sont cachés **(B)**. Enfin, les engagements hors bilan modifient complètement les notions traditionnelles **(C)**.

A - LES FINANCEMENTS QUI NE SONT PAS ENREGISTRES AU BILAN

Le plan comptable adopte une conception **strictement juridique** du financement accordé : seuls les **prêts** de trésorerie consentis à l'entreprise figurent au bilan. Il est donc nécessaire de réintégrer les autres financements accordés.

① Les créances cédées

Il existe actuellement dans la pratique bancaire trois grandes formes de cession de créances :

– l'escompte par voie d'endossement, qui s'applique aux créances commerciales à court terme sous forme d'effets de commerce mais aussi aux créances à moyen ou long terme à l'exportation (crédits fournisseurs) ;

– la cession de créances réalisée dans le cadre de la Loi Dailly, qui concerne toutes les créances professionnelles (1) ;
– l'affacturage. Contrairement aux deux modes précédents de cession, il y a lieu d'opérer une distinction entre la phase de remise des créances au factor et le paiement par le factor (ou un autre établissement) de ces créances. Pendant la première phase, les créances ne sont pas sorties du bilan, mais figurent dans les " autres créances d'exploitation ". Ce n'est que lors de la deuxième phase, s'il y a effectivement paiement, qu'elles sont sorties du bilan.

Dans chacun des trois cas examinés ci-dessus, l'annexe doit comporter une indication sur le montant des créances cédées et non échues.

Afin de mieux apprécier l'ampleur du compte clients réel mais aussi le montant du financement bancaire, il convient de **réintégrer** ces créances dans le poste clients, et, en contrepartie, de majorer d'autant les " emprunts et dettes auprès des établissements de crédit (concours bancaires courants) ".

② Les immobilisations acquises en crédit-bail

Le crédit-bail est une technique de **location financière** qui combine la **location** d'un bien pendant une durée en général assez longue (souvent une vingtaine d'années pour un immeuble), et la promesse, par l'établissement de crédit-bail, de **vente** du bien, pour une somme en général symbolique, à son locataire. L'entreprise qui acquiert – **et utilise** – un bien en crédit-bail n'en est par conséquent propriétaire qu'à l'échéance du contrat. Cette opération ne figure donc pas au bilan. Mais les annuités sont individualisées dans les comptes de résultats, et le montant des engagements de loyers à verser (amortissements + intérêts) doivent figurer dans l'annexe.

Nous avons déjà exposé à propos de la notion de capacité d'autofinancement financière, les raisons pour lesquelles il ne nous semblait pas opportun de réintégrer sans nuances ces opérations dans les comptes sociaux (2).

B - LES FINANCEMENTS QUI SONT MASQUES DANS LE BILAN

Les dotations aux amortissements et aux provisions pratiquées par l'entreprise correspondent, comme on l'a vu, à une affectation de sa capacité d'autofinancement. La contrepartie comptable de ces dotations, qui figure au crédit des comptes d'amortissements et de provisions logés au bilan, constitue donc un **financement** au même titre que, par exemple, les réserves et les autres éléments du passif.

(1) Lorsque la créance n'est cédée qu'à titre de **garantie,** elle reste inscrite à l'actif du bilan de l'entreprise cédante, dans un compte spécial, ce qui n'a aucune incidence sur le montant apparent de l'encours clients.
(2) Cf. annexe " Analyse comptable du crédit-bail ".

Dans la présentation fiscale, les amortissements économiques et provisions pour dépréciation n'apparaissent pas en clair au passif du bilan. Ils sont déduits des éléments d'actifs auxquels il se rapportent, si bien qu'ils sont masqués à l'analyste qui ne bénéficie plus ainsi d'une vision globale des financements donc dispose l'entreprise.

Il semblerait donc logique de regrouper l'ensemble des amortissements et provisions au passif. Mais en privilégiant l'aspect **financier,** on risquerait **d'escamoter complètement la signification économique** de l'imputation des amortissements et provisions sur les éléments d'actifs, qui recouvre dans la pratique deux aspects :

① Aspect patrimonial

Les amortissements et provisions figurant en déduction de certains actifs représentent la **dépréciation** provisoire (provisions) ou définitive (amortissements) de leur valeur d'inventaire par rapport à leur coût d'acquisition ou de production. L'évaluation " en net " de ces actifs reflète beaucoup plus fidèlement que leur évaluation " en brut ", leur valeur probable de réalisation. L'appréciation des éléments d'actif en valeur nette est donc indispensable pour juger de la **solvabilité** de l'affaire.

Les dépréciations d'actif que recouvrent les provisions sont certaines à la date d'arrêté. En cas de cession de l'actif concerné à sa valeur **nette** comptable, la provision viendra compenser la perte subie. Elle est donc affectée à cet actif et ne peut être prise en compte comme le sont les ressources propres, pour couvrir un risque **général** de perte.

② Aspect " rentabilité économique du capital investi "

Ce deuxième aspect, qui ne concerne que l'outil de production est étroitement lié au premier : à la dégradation physique ou simplement technologique de l'actif immobilisé, correspond également, dans les entreprises qui connaissent un courant régulier d'investissement, **la dégradation de leur rentabilité économique, c'est-à-dire de la capacité de l'outil de production à dégager un résultat.**

Prenons l'exemple d'une entreprise de transport renouvelant chaque année au 1er Janvier 1/5e de sa flotte de véhicules. Supposons que l'entreprise arrête tout investissement en année n + 1, sachant que chaque véhicule d'une valeur de 50 dégage 0,5 de résultat quand il fonctionne, et que tout véhicule entièrement amorti est mis au rebut.

En début d'année

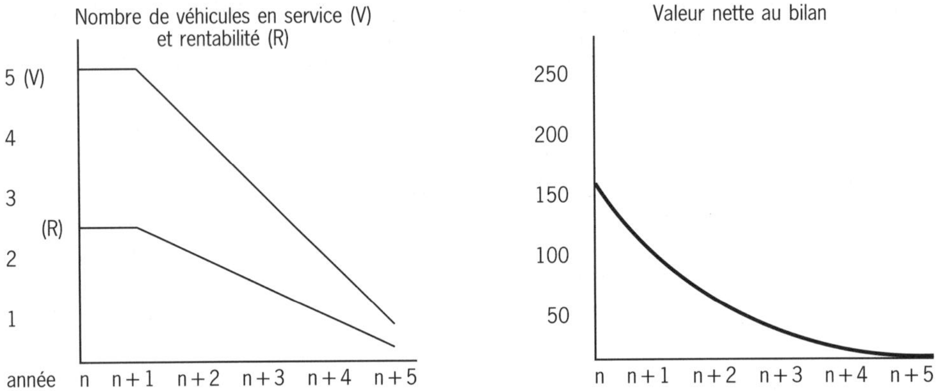

On constate que les courbes de rentabilité économique et de valeur nette comptable évoluent de façon comparable.

Ces éléments de réflexion militent plutôt pour une évaluation des actifs en valeur nette. C'est donc en définitive cette solution qui sera retenue : aucun retraitement ne sera donc effectué sur les amortissements et les provisions.

C - ENGAGEMENTS HORS BILAN ET FINANCEMENT

L'importance croissante des engagements hors-bilan modifie la façon dont on peut appréhender l'endettement de l'entreprise, ses marges de manœuvre vis-à-vis de ses banquiers, etc. Ces engagements peuvent à la fois s'ajouter potentiellement aux besoins existants, comme s'additionner aux **sources de financement** bilantielles.

① Les engagements de financement donnés par l'entreprise accroissent ses besoins potentiels

Ce sont les opérations par lesquelles l'entreprise a promis de **faire les fonds** :

■ Les achats fermes

– **commandes** d'investissements ou de travaux : l'entreprise a une dette virtuelle vis-à-vis de son fournisseur. Généralement, elle a versé des acomptes sur commandes (au moins 10 % du prix), qui figurent à l'actif du bilan. Mais le reste de la commande, qui n'est conditionné que par la livraison n'apparaît pas ;

– **portages.** Les portages sont des conventions par lesquelles une entreprise vend (en général à une société dépendant d'un groupe bancaire) une participation dans une filiale, en prenant l'engagement de la racheter à terme. Quel est l'intérêt de l'opération ? Il s'agit :

  - soit d'**obtenir un financement**, qui sera particulièrement bien gagé par le prêteur, puisqu'il bénéficie de la propriété directe de la participation objet du portage, sans avoir à faire jouer de nantissement. En outre, le prix de cession se situe en principe à une valeur inférieure à la valeur réelle de la participation ;

- soit d'**échapper à des contraintes réglementaires** : déclaration de franchissement de seuils de participation en bourse, maintien de la participation en deçà du seuil de 20 % pour éviter la consolidation, achat à terme conclu avec le vendeur pour ne pas être taxé d'abus de droit fiscal lorsque la participation résulte elle-même d'un apport d'actifs, souhait de demeurer un actionnaire occulte pour des raisons de politique commerciale, de relations avec les banquiers etc. L'essence de ces portages est de demeurer **inconnue** de l'autorité de tutelle ou de contrôle concernée : de ce fait, le banquier ne peut en avoir connaissance que s'il n'est pas lui-même concerné. L'inverse de ce qui serait souhaitable...

Le retraitement comptable des opérations fermes suit la règle suivante :

- **commandes :** il faut s'assurer que celles-ci sont bien prises en compte dans les prévisions de financement ;
- **portages :** inscrire la participation à l'actif, et le refinancement concerné au passif. Le prix de revente de la participation à l'entreprise est en général majoré des intérêts dus.

■ Les promesses conditionnelles

- **promesse de financement** pure et simple au bénéfice d'une filiale pour laquelle la société-mère se porte garante. L'entreprise-mère a signé soit une caution, ce qui n'est pas très fréquent, soit une lettre de couverture. Dans ce dernier cas, elle ne cautionne pas la filiale, elle s'engage simplement à en assurer la trésorerie au jour le jour par tous moyens, et notamment par la mise en place de financements qui peuvent être ceux d'autres banques que celle qui a bénéficié de la lettre de couverture. C'est la situation financière de la filiale qui indiquera le caractère plus ou moins contraignant de cet engagement ;
- **engagement d'investissement** dans le cadre d'un projet commun à l'entreprise et à d'autres investisseurs. Cet engagement correspond bien à un engagement de financement, puisque l'investissement en question devra bien être financé. On est parfois dans des situations plus floues dans lesquelles l'entreprise a signé un protocole d'accord pour le développement d'une activité nouvelle, sans chiffrage du financement : dans ce cas, c'est aussi bien l'investissement qu'il faudra financer que les besoins d'exploitation du projet.

Les promesses conditionnelles ne peuvent être ramenées à un chiffre précis puisqu'elles sont souvent mal connues, aléatoires et non chiffrées. C'est au cours de l'analyse que l'on en tiendra compte, en fonction de la situation, pour accentuer par exemple un jugement négatif sur l'autonomie financière de l'entreprise.

② Les nouveaux instruments financiers bouleversent les notions de durée et de liquidité

Les nouveaux instruments financiers apparus durant la décennie 1980 ont permis de dissocier complètement les problèmes de **liquidité** de l'entreprise de ses problèmes de **risque de taux. De ce fait, la frontière entre dettes structurelles et trésorerie passive s'est, chez les grandes entreprises, nettement estompée.**

■ Les garanties de refinancement bancaires à moyen terme

Les garanties de refinancement à moyen terme étaient jusqu'ici peu fréquentes en raison de l'indexation des utilisations sur des indices peu fiables voire aléatoires (taux de base bancaire dans de nombreux cas).

Elles sont devenues maintenant courantes chez les grandes entreprises, sous la forme de MOF (Multiple Option Facilities). La MOF permet à l'entreprise de tirer dans un certaine limite (ex : 1 milliard), sous diverses devises (ex : franc français et dollar), et sous diverses formes (billets de trésorerie, découvert). Les taux sont en général indicés sur un taux interbancaire (NYBOR, PIBOR, etc.). La MOF peut être consentie sur plusieurs années (5 à 7 ans).

Dans la pratique, et dans notre exemple, si l'entreprise utilise la MOF à hauteur de 350 MF, le hors bilan comportera 650 MF d'engagements **reçus**. En fait, il est rare que ces engagements reçus figurent dans l'annexe. Par ailleurs, les utilisations sont souvent comptabilisées en fonction de leur support comme des concours bancaires courants ou des billets de trésorerie, alors qu'ils sont en fait des concours à moyen terme.

■ Du swap de taux à la garantie de liquidité

En contractant un swap de taux (contrat d'échange de taux d'intérêt), l'entreprise s'engage à verser des intérêts en fonction d'un indice donné (ex : taux fixe 7 %), et à recevoir en contrepartie des intérêts calculés en fonction d'un autre indice (ex : TMP+ 2 %).

Supposons qu'une entreprise – qui préfère éviter de s'endetter sur 3 ans – souhaite financer sur 3 ans un investissement au taux du marché à 3 ans, qui est supposé être à 7 %. Elle va contracter – sans difficulté – un swap taux fixe emprunteur à 7 % et taux variable prêteur à TMP, sur 3 ans. Il lui suffira alors de trouver des financements indexés sur le TMP, c'est-à-dire à court terme, ce qui lui posera moins de problème que de trouver des financements à moyen terme.

En d'autres termes, elle aura en quelque sorte fabriqué un **“ emprunt à terme synthétique ”** en combinant swap et refinancement à court terme.

Les swaps doivent figurer en annexe pour le montant du capital théorique sur lequel l'échange d'intérêt est calculé.

Le retraitement comptable des nouveaux instruments financiers doit être le suivant :

- les **garanties de financement à moyen terme** doivent être prises en compte dans l'appréciation du montant du besoin en fonds de roulement puisqu'elles le majorent ;
- en revanche l'existence de **swaps à moyen terme** ne doit pas donner lieu à une telle analyse, car les prêteurs à court terme en taux monétaire conservent la faculté de suspendre leurs concours à tout moment.

2 - QUELLES SONT LES GRANDEURS SIGNIFICATIVES DE LA STRUCTURE DE FINANCEMENT ?

A - LE CLASSEMENT DES ACTIFS ET DES PASSIFS

Les éléments du bilan tant actifs que passifs sont classés en fonction de critère qui ne se recoupent pas nécessairement :

① Classement des actifs

Dans le plan comptable général, les actifs sont classés en fonction de leur **destination**. Les actifs immobilisés sont ceux dont la possession durable est nécessaire à l'exploitation de l'entreprise. Les actifs circulants (stocks, créances clients, autres débiteurs) ont au contraire une durée de vie courte, mais sont indéfiniment renouvelés au cours du cycle de production de l'entreprise.

② Classement des passifs

On peut concevoir deux types de classement, car les passifs sont à la fois un **élément de coût**, dans la mesure où le financement est rémunéré et **une ressource** qui permet à l'entreprise d'assurer ses fonctions vitales.

■ Classement en fonction du coût

Une partie importante du financement de l'entreprise est en fait gratuite : dettes envers le personnel, envers les fournisseurs, capital social, etc. Ce principe a bien sûr des limites, qui sont les délais de paiement admis dans la profession ou tolérés par l'Etat, les organismes de sécurité sociale, ou par le droit du travail.

Le reste du financement est rémunéré : c'est l'**endettement global rémunéré** qui est l'indicateur sensible en matière de résultats. Il se définit comme suit :

Obligations convertibles
\+ Emprunts participatifs ou subordonnés
\+ Comptes courants d'associés
\+ Dettes structurelles
\+ Trésorerie passif

= Endettement global rémunéré (hors crédit-bail)

On remarque que :

- certains éléments de l'Endettement global rémunéré font partie des ressources propres : **toutes les ressources propres ne sont pas gratuites ;**
- de nombreux éléments de l'endettement global rémunéré ne sont **pas de nature bancaire ;**
- les annuités de crédit-bail peuvent toujours y être rajoutées pour une appréhension plus juste des problèmes de financement.

■ Classement en fonction de l'origine

On peut distinguer trois origines au financement :

– les **associés** (au sens large) fournissent les **fonds propres** (et décident éventuellement d'y maintenir une partie des résultats dégagés par l'entreprise) ;
– l'**entreprise** conserve les **provisions** pour risques et charges ;
– les **tiers** financent l'ensemble du passif résiduel qui constitue les **dettes** et notamment les dettes bancaires.

C'est cette typologie que reprend le plan comptable général.

③ Proposition de bilan fonctionnel

On voit donc que le plan comptable général opère une répartition des éléments du bilan **selon leur fonction à l'actif**, et **selon leur origine au passif**. Ce classement n'est donc **pas symétrique**, et ne permet pas de comparer les grandes masses du bilan :

Bilan
Présentation du plan comptable général

CRITERE FONCTIONNEL	ACTIF	PASSIF	CRITERE D'ORIGINE
Besoin structurels d'investissements	Actif immobilisé	Fonds propres	Associés
Besoins courants et placements	Actif circulant	Provisions pour pertes et charges	Entreprises
		Dettes (dont concours bancaires)	Tiers
Non valeurs (pour l'essentiel)	Comptes de régularisation		

Le classement du bilan par fonction **aussi bien à l'actif qu'au passif** permet seul d'établir des liens significatifs entre les ressources et les emplois et de mener une analyse complète de la structure.

On distingue alors trois grandes fonctions dans le bilan :
– la fonction “structure”,
– la fonction “exploitation”,
– la fonction “trésorerie”.

Par ailleurs, on isole au sein des ressources structurelles un indicateur de solvabilité, les “ressources propres”. On notera que les amortissements et les provisions pour dépréciation sont conservés en déduction de l'actif. On a fait prévaloir ici le point de vue de la solvabilité. Mais cette vision ne doit pas masquer deux éléments importants :

– les amortissements et les provisions, avant de mesurer la dépréciation des actifs sont également des sources de financement à la disposition de l'entreprise ;

– ce sont les actifs **bruts** (avant amortissements et provisions) qui reflètent les flux de trésorerie mis en œuvre dans l'entreprise. Pour cette raison dans la construction du tableau pluriannuel de flux financiers (cf infra), c'est la variation du besoin en fonds de roulement **brut** qui est prise en considération.

Bilan
Présentation fonctionnelle

CRITERE FONCTIONNEL	ACTIF	PASSIF	CRITERE FONCTIONNEL
Besoin **structurels** d'investissements	**Actif immobilisé**	**Ressources propres** **Provisions pour risques** **Dettes structurelles**	Ressources **structurelles**
Besoins **d'exploitation**	**Actif circulant**	**Dettes courantes**	Ressources **d'exploitation**
Placements de **trésorerie**	**(dont trésorerie active)**	**(dont trésorerie passive)**	Crédits de **trésorerie**

Cette présentation ne bouleverse guère le bilan établi suivant le plan comptable général. Elle se traduit par une affectation directe des non-valeurs de l'actif en déduction des ressources propres, et requiert une distinction – d'ailleurs mentionnée au pied du bilan fiscal – au sein des emprunts et dettes auprès des établissements de crédit" (1) entre :

– les emprunts à moyen et long terme, qui seront logés sous la rubrique "dettes structurelles" (y compris leur part venant à échéance à moins d'un an) ;

– les concours bancaires courants, soldes créditeurs de banque et comptes courants postaux, qui figureront avec la contrepartie des "effets escomptés, cédés, affacturés non échus", les billets de trésorerie émis et les avances à court terme faites par le groupe ou les associés, dans la trésorerie passive.

---

(1) Le plan comptable général prévoit, suivant le principe du rattachement de l'accessoire au principal, que les intérêts courus sur les emprunts et dettes auprès des établissements de crédit sont également logés dans ce poste. Les recoupements avec d'autres informations -comme celles du Service Central des Risques- peuvent s'en trouver légèrement faussés. (En revanche, les services bancaires dûs en fin d'exercice figurent dans le poste "fournisseurs et comptes rattachés").

④ Les grandeurs significatives de la structure de financement

La présentation fonctionnelle permet de visualiser en lecture directe les grandes masses du bilan regroupées par fonction (structure, exploitation, trésorerie), et l'indicateur de solvabilité (ressources propres).

Chaque fonction peut être appréhendée à la fois par :

– ses composantes actives et passives ;

– son solde.

Chacun de ces soldes revêt dans la pratique une grande importance et a reçu une appelation spécifique :

Fonction	Mode de calcul habituel du solde	Appellation du solde
Structure	Ressources structurelles – Besoins structurels	Fonds de roulement (FR)
Exploitation	Actif circulant non bancaire – Dettes courantes non bancaires	Besoin en fonds de roulement (BFR)
Trésorerie	Trésorerie active – Trésorerie passive	Trésorerie nette (TN)

C'est le mode de calcul habituel du solde qui est retenu ici. En général, on a donc, pour une entreprise classique :

– un fond de roulement positif (s'il est créditeur) ;

– un besoin en fonds de roulement positif (s'il est débiteur) ;

– une trésorerie nette **négative** (si elle est créditrice).

Comme les trois soldes sont issus de grandeurs qui ensemble constituent la totalité du bilan de l'entreprise, ils sont liées par une relation arithmétique, **qui n'est pas une relation de causalité.**

Fonds de roulement – Besoins en Fonds de roulement = Trésorerie nette
FR – BFR = TN

En définitive, le schéma d'analyse du bilan fonctionnel en **masses** et en **soldes** se présente de la façon suivante :

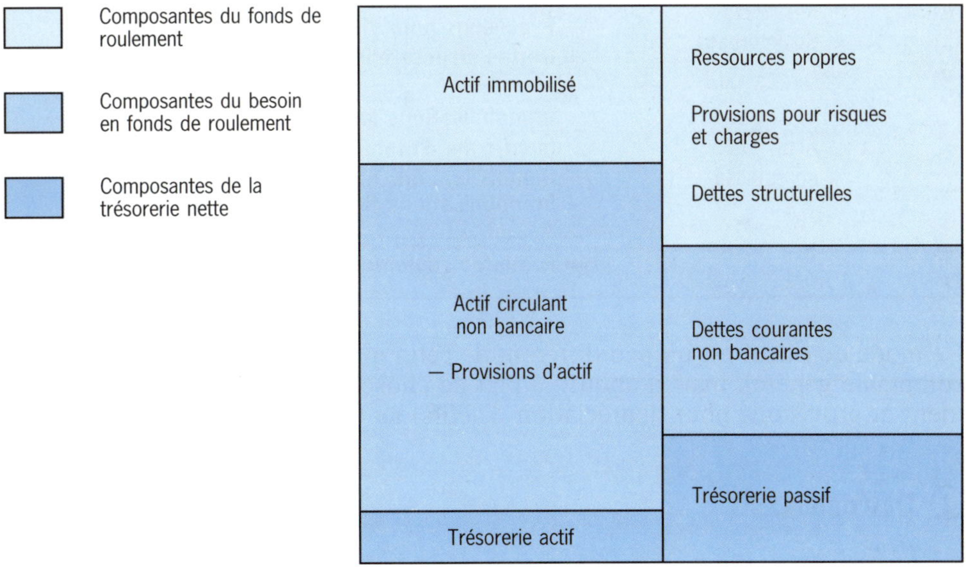

B - LE FONDS DE ROULEMENT

Le fonds de roulement est la différence entre les actifs immobilisés, et les ressources destinées à les financer : ressources conservées dans l'entreprise (capitaux propres et comptes de prévoyance) et ressources stables en provenance des tiers.

Le fonds de roulement comporte donc deux aspects qui seront développés au cours de la troisième partie de cet ouvrage.

— Il est une différence entre **deux catégories d'éléments** (actif immobilisé et passif stable) de composition variée, qui devraient être soumis à une analyse critique portant sur leur durée et leur fonction dans le bilan.

— Il est en lui-même **un solde,** dont l'importance permet d'apprécier dans quelle mesure les besoins nés du cycle d'exploitation (appelés besoins en fonds de roulement) sont financés correctement.

① Mode de calcul

Ressources Structurelles	**Ressources propres** **+ Provisions pour risques et charges** **+ Dettes structurelles**
Actif Immobilisé	**– Immobilisations incorporelles** **(sauf frais d'établissement)** **– Immobilisations corporelles** **– Immobilisations financières**
	= Fonds de roulement

Ce mode de calcul est un peu différent de celui qui est recommandé par le plan comptable général, mais il aboutit à peu de choses près (primes de remboursement et provisions pour dépréciation d'actifs) **au même résultat.**

② Description

■ Ressources

1) Ressources propres

Elles sont reprises **après répartition.** Cette divergence avec le plan comptable général se justifie d'autant plus que la pratique des **acomptes sur dividendes** a tendance à se répandre. Dans cette hypothèse, le résultat de l'exercice, pour la fraction qui a fait l'objet d'acomptes, ne constitue plus guère un financement stable de l'actif immobilisé.

Les dividendes de l'exercice seront logés parmi les " autres dettes " hors exploitation.

2) Provisions pour risques et charges

Elles sont constituées pour faire face à des risques ou charges nés mais seulement **probables**.

On notera que les provisions qui ont un caractère de réserves sont reclassées au sein des ressources propres, et que par ailleurs, celles qui correspondent à des charges à payer (et dont les dotations sont d'ailleurs exclues de la capacité d'autofinancement) sont reclassées au sein des dettes d'exploitation.

LES PROVISIONS POUR DEPRECIATION DE L'ACTIF IMMOBILISE OU CIRCULANT CONSTITUENT UNE RESSOURCE DEFINITIVE ACQUISE A L'ENTREPRISE

Le risque couvert par les provisions qui figurent en déduction d'actif est celui de la **dépréciation** par vétusté ou obsolescence (immobilisations incorporelles ou corporelles), accumulation de pertes dans la société contrôlée (participations), inadaptation du produit au marché (stocks), insolvabilité du débiteur (prêts, créances d'exploitation). Dans tous ces cas, la constatation du sinistre définitif se traduit par l'enregistrement d'une moins-value ou d'une perte au compte du résultat, et l'annulation de l'actif correspondant. Il n'y a donc **aucun mouvement de trésorerie** à l'occasion de la constatation de la perte : en effet, il faut considérer que le décaissement **a déjà eu lieu** au moment de l'acquisition de l'actif immobilisé ou du paiement des charges qui ont permis la constitution du stock et par voie de conséquence des créances clients.

RECONSTITUTION DES MOUVEMENTS DE TRESORERIE

Ecritures liées à la constatation de la perte sur une créance client de 1 000 (10 paires de chaussures), dont le coût de revient s'établit à 600.

Fabrication de 10 paires de chaussures.

Achats	510		**Décaissement** de 600 pour constituer un stock de 10 paires de chaussures comptabilisé 510
Personnel			
......			
TVA déductible	90		
Banque		600	

Vente de 10 paires de chaussures

Clients	1 000		**Aucun encaissement**
Ventes		850	**Décaissement** avec un certain décalage de 150 − 90 = 60
TVA collectée		150	

Constitution d'une provision à la suite de la cessation de paiement du client.			Sont provisionnées — les charges effectivement supportées 510 — la marge comptabilisée dans les ventes HT 340
Dotation aux provisions d'exploitation	850		La provision correspond à une partie de la capacité d'autofinancement de l'entreprise mise de côté. Par hypothèse, elle est déductible fiscalement.
Provisions pour dépréciation des comptes clients		850	Cette écriture n'entraîne aucun mouvement de trésorerie par elle-même. Elle constitue une simple affectation de la CAF.

Constatation de la perte définitive, en raison des possibilités de récupération qui s'avèrent, après examen, inexistantes.

Créances devenues irrécouvrables dans l'exercice (charges exceptionnelles)	850		Aucun mouvement de trésorerie
TVA collectée	150		**Remboursement** de 150 par l'Etat (en fait, diminution de la TVA dûe).
Clients		1 000	
Provision pour dépréciation des comptes clients	850		La reprise de provision vient majorer le compte de résultat, mais est compensée par la perte constatée. En définitive, le compte de résultat est inchangé.
Reprise sur provision des actifs circulant		850	

Il en est de même au niveau de la trésorerie : une charge n'ayant pas donné lieu à décaissement (perte sur créances clients) vient compenser un produit n'ayant pas donné lieu à encaissement (reprise de provision).

*

* *

En résumé, on peut faire trois constatations;

- Un seul mouvement de trésorerie a eu lieu, c'est le **décaissement** initial (1).
- La dotation et la reprise de provision sont des écritures pour ordre, qui n'ont aucune incidence sur la trésorerie de l'entreprise.
- La provision, tant qu'elle est restée au bilan, a simplement concrétisé une **affectation temporaire** des ressources dégagées par l'entreprise.

On notera si la provision était devenue **sans objet** (cas où le client finit par tout régler), elle aurait été réintégrée dans les résultats et aurait subi l'impôt à $33^{1/3}$ %. Seuls $66^{2/3}$ % de cette provision auraient donc été définitivement acquis à l'entreprise.

(1) La TVA sur achats (90) est en effet déductible dans tous les cas.

Afin de ne pas trop compliquer les reclassements, on considèrera que les provisions pour charges sur congés payés lorsqu'elles existent constituent des ressources structurelles. Dans la mesure où elles ont un caractère récurrent leur prise en compte ne fausse guère l'évolution du FR d'une année sur l'autre.

3) Dettes structurelles

Il s'agit de l'ensemble des dettes (y compris la part venant à échéance à moins d'un an) qui sont destinées à financer l'actif immobilisé ou à renforcer le FR.

Elles comprennent donc :

- les dettes obligataires (à l'exception des obligations faisant l'objet d'un engagement ferme de conversion, qui sont incluses dans les ressources propres) ;

– les emprunts et dettes auprès des établissements de crédit à l'exclusion des concours bancaires courants (qui figurent dans la trésorerie passive) ;
– les emprunts et dettes financières divers (à l'exclusion des emprunts participatifs, qui sont logés dans les ressources propres et des billets de trésorerie, logés dans la trésorerie passive). Ce poste du bilan fiscal comprend notamment les dépôts et cautionnements reçus, la participation des salariés aux fruits de l'expansion, les autres emprunts et dettes assimilées et les dettes rattachées à des participations. Ces opérations sont en principe destinées à marquer durablement la structure financière de l'affaire et en l'absence d'informations, on retiendra le classement parmi les dettes structurelles. Mais il peut se faire que, dans les deux derniers cas cités, ces comptes logent des prêts à court terme utilisés dans la pratique comme des concours bancaires courants.

■ **Emplois**

Actif immobilisé

Il s'agit ici de l'ensemble de l'actif immobilisé (immobilisations corporelles, incorporelles et financières), en dehors des frais d'établissement et du capital non appelé qui ont été directement soustraits des ressources propres. Les **amortissements** sont déduits des valeurs brutes, comme les provisions.

C - LE BESOIN EN FONDS DE ROULEMENT

Le besoin en fonds de roulement se définit comme le solde des emplois circulants hors trésorerie active (stocks, clients, autres créanciers...) sur les dettes courantes hors trésorerie passive. Le plus souvent, ce solde est débiteur, et doit être donc, au moins en partie, financé par le fonds de roulement, c'est pourquoi il porte ce nom de « **besoin** » en fonds de roulement. Mais il peut également se faire que le BFR soit créditeur (affaires de commerce de détail notamment) : il constitue alors une ressource courante pour l'entreprise et ne mérite plus guère son appellation de « **besoin** en fonds de roulement ».

Le BFR peut lui-même faire l'objet d'une distinction entre le BFR d'exploitation et le BFR hors exploitation. **Attention : cette distinction ne permet en aucune façon de considérer** que le BFR d'exploitation est « normal », tandis que le BFR hors exploitation aurait un caractère « anormal ».

① Le BFR d'exploitation

■ **Emplois d'exploitation**

1) Stocks et en cours de l'entreprise

– Lorsque celle-ci produit des biens (ou des services), on distingue chaque phase du cycle de production :
  • matières premières, approvisionnements : produits non transformés par l'entreprise elle-même. Par exemple : sacs de café, pour une affaire de torréfaction, ou pneus pour un constructeur automobile ;

- en cours de production de biens : produits inachevés. Par exemple : automobiles situées sur la chaîne de montage ; chantiers de travaux publics non terminés ;
- en cours de production de services. Par exemple : coût d'un programme informatique en cours de conception, destiné à être vendu à un client ;
- produits intermédiaires et finis : les produits intermédiaires sont ceux qui ont atteint un stade d'achèvement, mais sont destinés à entrer dans une nouvelle phase du cycle de production. Par exemple : carrosserie de voiture entièrement soudée et peinte, entreposée dans l'attente du montage des organes manquants. Les produits finis sont ceux qui ont atteint un stade d'achèvement définitif dans le cycle de production.

– Lorsque l'entreprise a une activité de **négoce,** tout ce qu'elle achète pour le revendre en **l'état** (sans l'avoir transformé) est logé dans le poste " marchandises ".

2) Avances et acomptes versés sur commandes

Dans certaines industries, notamment de biens d'équipement, où le cycle d'exploitation est particulièrement long, les fournisseurs demandent des versements d'acomptes qui leur garantissent le sérieux de la commande et leur permettent également un financement à bon compte de leurs besoins.

3) Clients et comptes rattachés

Cette rubrique comprend également les créances cédées en toute propriété ou escomptées, en sus de celles qui figurent dans le poste " clients et comptes rattachés " proprement dit.

Dans la quasi totalité des secteurs de l'économie, sauf le commerce de détail, les entreprises admettent que leurs clients les paient avec un certain délai, cette pratique se traduisant ainsi par un encours qui peut atteindre plus de 6 mois de chiffre d'affaires. Si la présence d'un encours minimal est pratiquement inévitable en raison du délai qui s'écoule entre la livraison ou la facturation et le paiement par le client, l'utilisation massive du crédit inter-entreprises semble constituer une originalité des usages français par rapport aux coutumes anglo-saxonnes.

A ces emplois, il faut rattacher les **" autres créances d'exploitation "** que constituent :

– certaines créances sur les fournisseurs (créances pour emballages et matériel à rendre ; rabais, remises, ristournes à obtenir et autres avoirs non encore reçus) ;
– les créances fiscales (à l'exclusion des acomptes d'impôt sur les bénéfices) et sociales, et notamment **les crédits de TVA.**

Dans la pratique, les " autres créances d'exploitation " ne figurent pas en tant que telles au bilan fiscal, mais les créances fiscales et sociales sont détaillées dans le document modèle 2057-N de la liasse fiscale " état des échéances et des dettes à la clôture de l'exercice ".

■ Ressources d'exploitation

*1) **Avances et acomptes reçus sur commandes en cours***
(cf. Avances et acomptes versés sur commandes)

*2) **Dettes fournisseurs et comptes rattachés***
(cf. Clients et comptes rattachés)

La symétrie entre les postes " clients " et " fournisseurs " n'est pas totale. En effet, le poste " clients " est relativement homogène puisqu'il concerne essentiellement les ventes facturées TTC, qui correspondent aux délais de paiement accordés usuellement par l'entreprise. En revanche, le poste " fournisseurs " retrace les crédits consentis par un ensemble très **hétérogène** de partenaires. Certains d'entre eux demandent à être payés **d'avance** (crédit-bail, location), d'autres n'accordent que des délais courts (EDF, France Télécom, certains sous-traitants), la plus grande partie, enfin, ont des habitudes de règlement aussi diverses que les secteurs de l'économie auxquels ils se rattachent.

*3) **Dettes fiscales et sociales***

Cette dettes, **contrairement aux créances de même nature,** sont isolées au bilan. Leur montant (TVA à payer, charges sociales à payer) est en effet bien supérieur, et elles constituent de ce fait un élément important et modulable (utilisation d'obligations cautionnées) (1) du financement de l'exploitation. **Elles ne comprennent pas les dettes au titre de l'impôt sur les bénéfices.**

Il y a lieu de noter qu'elles rassemblent tous les créanciers privilégiés.

A ces ressources, il faut rattacher les **" autres dettes d'exploitation "** qui comprennent :
- certaines dettes sur les **clients** (dettes pour emballages et matériels consignés ; rabais, remise, ristournes à accorder et autres avoirs à établir) ;
- éventuellement, les avances sur subventions à recevoir.

Ces renseignements ne figurent que sur le bilan du système développé. Sauf exception, ils ne sont vraiment indispensables que dans les secteurs – heureusement bien connus – où les ristournes sont une pratique commerciale courante : approvisionnements agricoles, industries de biens de grande consommation.

② Le BFR hors exploitation

Il est par définition constitué d'éléments beaucoup plus volatils que ceux du BFR d'exploitation. Nous n'en citerons que les postes les plus caractéristiques.

---

(1) Les comptables publics sont autorisés à accorder, pour le paiement de certains impôts indirects, et notamment de la TVA et des droits de douane, des délais n'excédant pas quatre mois, consentis à des taux comparables au découvert bancaire. L'entreprise souscrit alors envers le comptable public une " obligation " (= reconnaissance de dette), qui doit être " cautionnée " par un établissement de crédit. Les obligations cautionnées sont considérées comme des dettes d'exploitation et non pas comme des concours bancaires courants.
Ce système tombé en désuétude pourrait être supprimé dans un proche avenir.

■ **Emplois hors exploitation**

- **Relations avec le groupe ou les associés** (notamment prêts aux sociétés en participation, fréquents dans le secteur des travaux publics). Ce renseignement figure sur l'imprimé modèle 2057. Il faut bien distinguer ces concours avec les simples placements effectués par les sociétés appartenant à un groupe dont la trésorerie est centralisée, et qui figurent dans la trésorerie active.

- Le capital souscrit non appelé figure, dans le bilan fonctionnel en **déduction** des ressources propres nettes. **L'appel** du capital a donc pour effet de faire apparaître une nouvelle créance **" capital souscrit et appelé, non versé ",** qui sera financée **comptablement** par une augmentation des ressources propres.

- Les comptes d'impôt sur les sociétés n'apparaissent pas, en principe en emploi. En fin d'année, ils sont en effet soldés par le montant de l'impôt effectivement dû, sauf bien sûr si la société a réalisé un résultat imposable inférieur à celui de l'exercice précédent (auquel cas on constatera une **créance** sur le Trésor). En revanche, la créance sur l'Etat résultant de la mise en œuvre du **carry-back** (report arrière des déficits fiscaux) figure dans les emplois hors exploitation, tant qu'elle n'est pas apurée ou remboursée.

■ **Ressources hors exploitation**

- **Dettes sur immobilisations et comptes rattachés.** Il s'agit le plus souvent des crédit-clients consentis par les fournisseurs de biens d'équipement.

- **Dettes fiscales** (impôt sur les bénéfices cf. supra). Il s'agit de l'impôt sur les bénéfices restant à payer en fin d'année, sous déduction des acomptes déjà versés.

- **Relations avec le groupe ou les associés** (cf. supra). Ce renseignement figure sur l'imprimé modèle 2057. On y ajoutera éventuellement les dividendes distribués sur le résultat de l'exercice. Il s'agit presque uniquement des relations avec les sociétés en participation, à l'exclusion des concours de trésorerie consentis par le groupe ou les associés.

D - LA TRESORERIE NETTE

La trésorerie nette se définit à la fois par sa fonction et son contenu.

① Fonction

La trésorerie nette est le solde résiduel des ressources et emplois structurels (fonds de roulement et du besoin en fonds de roulement). Elle ne fait que refléter l'ampleur et la variation de ces facteurs exogènes. Le **solde** de trésorerie est en effet **entièrement déterminé de l'extérieur.**

Il n'a **aucune influence** sur le besoin en fonds de roulement, et encore moins sur le fond de roulement.

② Contenu (1)

■ Trésorerie passive

Cette rubrique comprend les concours bancaires courants et la contrepartie des créances escomptées, affacturées ou cédées dans le cadre de la loi Dailly.

Trois classements posent en pratique problème :

- **Les ouvertures de crédit à moyen terme** utilisables sous forme de découverts ou de billets à court terme (3 mois en général).

Tout dépend alors de **l'intention** du chef d'entreprise :
- soit il considère qu'il dispose d'un financement stable et l'utilise jusqu'au plafond et en permanence. Il faudrait alors classer ce concours parmi les " dettes structurelles " ;
- soit il considère que l'ouverture à moyen terme ne constitue avant tout qu'une **garantie de financement** (fort utile en cas de difficultés futures, ou tout simplement pour s'assurer la collaboration d'un banquier qui pourrait se trouver gêné par les contraintes monétaires) sur laquelle il ne " tire " que pour satisfaire des besoins ponctuels. Il faudrait alors classer ce concours dans la trésorerie passive.

Dans la pratique on classera toujours les ouvertures de crédits à moyen terme parmi les dettes structurelles, quitte à signaler cette particularité au cours de l'analyse.

- **Les billets de trésorerie**

Mis en place au début de l'année 1986, ces financements correspondent à des billets **négociables** (2) d'une durée de 10 jours à 7 ans et d'un montant minimal de 1 million de francs. Dans la pratique, les souscripteurs sont soit d'autres entreprises (exemple : grandes surfaces), soit des investisseurs institutionnels, soit enfin des établissements de crédit. En souscrivant des billets de trésorerie, ces intervenants s'assurent une rémunération presque aussi élevée que celle des comptes à terme de même durée, mais bénéficient en outre, sans **pénalités,** de la faculté de mobiliser cette créance en cas de besoin auprès d'un confrère, au risque, bien sûr de subir une perte due à la hausse des taux réels par rapport au taux nominal des billets. (Un profit, dû au mouvement inverse, est tout aussi concevable). Cependant, ces détenteurs ne subiront ni plus value ni moins value s'ils conservent les billets depuis leur émission jusqu'à leur échéance.

Bien que leur durée maximale soit de 7 ans, ce qui est relativement long, il faut considérer ces financements comme de la trésorerie, la plupart d'entre eux étant émis dans cette optique.

---

(1) Le plan comptable général prévoit, en suivant le principe du rattachement de l'accessoire au principal que les intérêts à payer ou à recevoir sur les différents éléments composant la trésorerie, figurent également dans ces postes, ce qui fausse donc un peu leur évaluation.

(2) Du fait de leur caractère négociable, leur valeur de transaction variera en fonction de l'évolution des taux, comme c'est le cas pour les obligations à taux fixe.
Le nombre d'émetteurs de billets de trésorerie dépasse actuellement la centaine.

Les billets de trésorerie sont classés chez l'émetteur dans les " emprunts et dettes financières divers ", dont aucun document de la liasse fiscale ne donne le détail (1). Ce renseignement devra donc être demandé à l'entreprise, à moins que celle-ci ne l'ait fait figurer, comme le préconise la doctrine comptable, à l'annexe.

• **Les concours de trésorerie du groupe ou des associés**

On a vu que les concours **stables** doivent figurer dans les ressources propres. Dans de nombreux groupes, la trésorerie est centralisée, d'où l'existence de rétrocession de concours bancaires par le holding de trésorerie par le biais de comptes courants qui ont exactement la même fonction que les soldes débiteurs de banque classiques.

■ Trésorerie active

La trésorerie active comprend, au plan économique :

- les avoirs en banque et disponibilités incompressibles, nécessaires à la bonne marche de l'entreprise ;
- les dépôts à court terme obligatoires, rémunérés ou non ;
- les placements, y compris auprès d'autres sociétés du groupe sous forme de comptes courants.

Ils sont regroupés sous deux rubriques comptables :

• **Valeurs mobilières de placement**

Définies comme des " titres acquis en vue de réaliser un gain à brève échéance " que ce soit sous forme de plus-value en capital ou de revenus (coupons, intérêts), ces valeurs comprennent non seulement des titres courts (comme les bons de caisse ou les bons du Trésor), mais aussi tous les titres **négociables** quelles que soit leur durée (obligations, actions, certificats de dépôts, billets de trésorerie, bons des institutions financières spécialisées et des sociétés financières, etc). Toutefois, une disposition comptable permet de loger non plus au sein des valeurs mobilières de placement, mais au sein des immobilisations financières les titres de placement destinés à demeurer durablement à l'actif du bilan : ils sont alors enregistrés dans un compte " Titres immobilisés de l'activité de portefeuille " (TIAP).

Dans le poste " Valeurs mobilières de placement " sont également logées des valeurs non négociables (parts) ou difficilement négociables (actions non cotées), qui ne donnent pas d'influence à l'entreprise dans la gestion dès affaires émettrices de ces valeurs, et ne peuvent donc être considérées comme des " immobilisations financières ". Il faut **rester prudent** dans la prise en compte de ces titres en tant que " trésorerie " de l'entreprise. Il s'agit en effet bien souvent de participations qui figurent au bilan pour des raisons historiques, et dont l'entreprise n'a jamais trouvé l'occasion de se défaire (ou n'a jamais pu se défaire).

---

(1) Seuls sont signalés, à propos de ce poste :
- les emprunts participatifs (au pied du bilan fiscal) ;
- les emprunts souscrits et les emprunts remboursés en cours d'exercice, (formulaire 2057).

On ajoutera enfin aux “Valeurs mobilières de placement”, par pure commodité, les concours **de trésorerie** consentis à d’autres sociétés du groupe. On sait que la loi bancaire a expréssement autorisé ces prêts intergroupes, qui permettent à des filiales de moindre envergure de bénéficier de crédits contractés par leur puissante société-mère à des conditions avantageuses.

• **Disponibilités**

– Valeurs à l’encaissement

Il s’agit notamment des effets à l’encaissement ou à l’escompte, qui n’ont pas encore été crédités au compte bancaire, des chèques à encaisser, et enfin des coupons échus à l’encaissement (en voie de disparition en raison de la dématérialisation des valeurs mobilières).

– Compes bancaires et CCP

Cette rubrique comprend aussi bien les comptes à vue que les comptes à terme, pourvu que leur remboursement par anticipation, fût-il assorti de pénalités, soit possible. Les dépôts à terme **non remboursables par anticipation** doivent figurer dans les immobilisations financières.

3 - COMMENT ET POURQUOI LE FINANCEMENT DE L’ENTREPRISE A-T-IL EVOLUE ?

Le **tableau de financement (A),** dont nous reprenons à peu de choses près la présentation prévue dans le plan comptable général, permet de visualiser l’évolution des grandes masses du bilan. Le **tableau pluriannuel des flux financiers (B)** n’a pas pour ambition de décrire le résultat de l’évolution, mais se place du point de vue du chef d’entreprise, c’est-à-dire de l’acteur du changement, pour essayer de cerner les **raisons de l’évolution**.

A - COMMENT : LE TABLEAU DE FINANCEMENT

(1) Présentation du tableau de financement

Le plan comptable général propose, pour analyser le financement de l’affaire un **tableau de financement,** qui cumule deux préoccupations :

– mettre en relation les flux de ressources (dégagées par l’entreprise ou apportées par ses associés ou les tiers) dont a disposé l’affaire durant l’exercice avec l’ensemble des emplois nouveaux qui ont pesé sur sa trésorerie. Cette première préoccupation nécessite de disposer d’un outil de mesure du flux de ressources dégagé par l’affaire : c’est, nous l’avons vu, **la capacité d’autofinancement ;**

– mettre en lumière l’évolution respective du financement de l’actif immobilisé par des ressources stables, et de l’actif circulant, partie par les ressources stables, partie par les ressources à court terme. Ce sont les notions de **fonds de roulement, de besoin en fonds de roulement et de trésorerie nette** qui constituent dans ce domaine la trame du schéma d’analyse.

Le plan comptable général propose le tableau de financement ci-après :

SYSTEME DEVELOPPE

MODELE DE TABLEAU DES EMPLOIS

Calcul de la variation du fonds de roulement	Exercice N − 1	Exercice N
Ressources durables :		
Capacité d'autofinancement de l'exercice		
Cessions ou réductions d'éléments de l'actif immobilisé :		
Cessions d'immobilisations :		
— incorporelles		
— corporelles		
Cessions ou réductions d'immobilisations financières		
Augmentation des capitaux propres :		
Augmentation de capital ou apports		
Augmentation des autres capitaux propres		
Augmentation des dettes financières *(a) (b)*		
Total des ressources (I)	×	×
Emploi stables :		
Distributions mises en paiement au cours de l'exercice		
Acquisitions d'éléments de l'actif immobilisé :		
Immobilisations incorporelles		
Immobilisations corporelles		
Immobilisations financières		
Charges à répartir sur plusieurs exercices *(c)*		
Réductions des capitaux propres (réduction de capital, retraits)		
Remboursements de dettes financières *(a)*		
Total des emplois (II)	×	×
Variation du fonds de roulement :		
Ressource nette **(I–II)**	+	+
ou		
Emploi net **(II – I)**	−	−

(a) Sauf concours bancaires courants et soldes créditeurs de banques.
(b) Hors primes de remboursement des obligations.
(c) Montant brut transféré dans l'exercice.

ET DES RESSOURCES DE L'EXERCICE (en liste)

Utilisation de la variation du fonds de roulement	Exercice N − 1	Exercice N
Variation " Exploitation " :		
Variations des actifs d'exploitation *(a)* :		
Stocks et encours		
Avances et acomptes versés sur commandes		
Créances clients, comptes rattachés et autres créances d'exploitation *(b)* . .		
Variation des dettes d'exploitation *(c)* :		
Avances et acomptes reçus sur commandes en cours		
Dettes fournisseurs, comptes rattachés et autres dettes d'exploitation *(d)* . .		
A. Besoin de l'exercice en fonds de roulement pour l'exploitation	−	−
ou		
Dégagement de fonds de roulement par l'exploitation au cours de l'exercice	+	+
Variation " Hors exploitation " :		
Variations des autres débiteurs *(a)(b)(e)*.		
Variations des autres créditeurs *(c)(d)*.		
B. Besoin de l'exercice en fonds de roulement " Hors exploitation "	−	−
ou		
Dégagement de fonds de roulement " Hors exploitation " au cours de l'exercice	+	+
Variation " Trésorerie " :		
Variations des disponibilités *(a)*		
Variations des concours bancaires courants et des soldes créditeurs de banques *(c)*		
C. Variation nette de trésorerie	+ *ou* −	+ *ou* −
Utilisation de la variation du fonds de roulement (A + B + C) :		
Emploi net *(f)*	−	−
ou		
Ressource nette *(g)*	+	+

(a) Les augmentations des éléments d'actif concernés engendrent des besoins en fonds de roulement qui seront affectés du signe (−). Inversement, les diminutions de ces éléments dégagent des ressources en fonds de roulement qui seront affectés du signe (+).
(b) Y compris charges constatées d'avance selon leur affectation à l'exploitation ou non.
(c) Les augmentations des éléments de passif concernés dégagent des ressources en fonds de roulement qui seront affectés du signe (+). Inversement, les diminutions de ces éléments engendrent des besoins en fonds de roulement qui seront affectés du signe (−).
(d) Y compris produits constatés d'avance selon leur affectation à l'exploitation ou non.
(e) Y compris valeurs mobilières de placement.
(f) Emploi net égal à la ressource nette dégagée par le calcul I − II précédent.
(g) Ressource nette égale à l'emploi net dégagé par le calcul II − I précédent;

Le schéma du tableau de financement est donc le suivant :

Variation des ressources durables (dont CAF)
− Variation des emplois durables
= Variation du FR
Variation des actifs et dettes d'exploitation
+ Variation des actifs et des dettes hors exploitation
= Variation du BFR
Variation de la trésorerie active
− Variation de la trésorerie passive
= Variation de la trésorerie nette

Ce tableau est tout à fait satisfaisant, sous réserve de quelques modifications qui visent à l'adapter à la conception du fonds de roulement qui a été en définitive retenue.

■ Primes de remboursement

Le plan comptable général prévoit que les variations de dettes financières soient inscrites pour leur valeur **nette** de primes de remboursement. Cette position est logique lors de l'émission de l'emprunt : seul le net est à la disposition de l'entreprise. Elle l'est moins au cours de la vie de l'emprunt : l'amortissement comptable des primes ne suit pas l'amortissement financier du capital emprunté (c'est-à-dire son remboursement), mais celui des **intérêts** (1) versés, qui peut être très différent. Les deux flux (amortissement du capital, versement des primes et intérêts) sont donc nettement dissociés.

Par ailleurs, l'inscription des emprunts nets des primes exige que l'on :

- enregistre également sur le tableau de financement les **remboursements** nets de la dotation financière aux amortissements sur prime ;
- considère que la dotation financière aux amortissements sur prime de remboursement constitue non pas une ressource comprise dans la capacité d'autofinancement, mais le paiement effectif d'un surplus d'intérêt sur le capital emprunté. Il faudrait par conséquent **diminuer la capacité d'autofinancement du montant de cette dotation.**

(1) On sait également qu'il peut être linéaire.

En définitive, **ce système apparaît à la fois contestable et complexe.** Nous proposons donc :

– de ne faire apparaître, lors de l'émission d'un emprunt à prime que son montant **net de prime,** comme le préconise le plan comptable général ;

– mais de n'effectuer aucun retraitement, lors du remboursement de l'emprunt, et d'inscrire :
  - le remboursement pour son montant **brut ;**
  - la capacité d'autofinancement pour son montant brut.

■ Ecarts de conversion actif et passif

Comme ces écarts sont imputés aux ressources propres, il faut faire apparaître leur variation en emploi ou ressources durables, tout en restant conscient **qu'il ne s'agit pas d'une ressource de trésorerie.** L'augmentation d'un écart de conversion passif peut, par exemple, améliorer le fonds de roulement, mais n'a aucune incidence sur la trésorerie car cette amélioration est **compensée** par une augmentation **nominale** de la créance en devises ou une diminution **nominale de la dette en devises.**

■ Trésorerie actif

La trésorerie actif dont il est question **comprend les valeurs mobilières de placement,** à moins que celle-ci correspondent à des valeurs, en fait, immobilisées (parts ou actions de sociétés dans lesquelles l'entreprise n'exerce aucune influence, mais dont la liquidité est, en fait, douteuse).

■ Distributions mises en paiement

Comme le bilan et le fonds de roulement sont calculés **après répartition,** il y a lieu d'inscrire en face de la C.A.F. dégagée, la partie qui sera distribuée au cours de l'exercice prochain **au titre de l'exercice examiné.** Cette information doit être demandée à l'entreprise directement, car elle ne figure pas sur les documents fiscaux.

② Comment construire le tableau de financement ?

Le tableau de financement retrace les flux de trésorerie de l'entreprise. Il est en général présenté pour les deux exercices écoulés (colonne N et N–1), donnant ainsi le sens de l'évolution de l'entreprise, mais ne constituant pour le banquier qu'un constat insuffisant pour déterminer sa position future. C'est pourquoi la construction d'un tableau de financement **prévisionnel** est aussi indispensable que la construction du tableau de financement de l'exercice.

Par conséquent, le tableau de financement préconisé est destiné à être servi sur trois colonnes : années N–1, N, N + 1 (1).

(1) En tant que de besoin, il est bien sûr concevable de servir des colonnes N + 2, N + 3...

Sa construction ne nécessite pas d'éléments extérieurs aux documents comptables eux-mêmes. La variation de **chacun** des éléments d'actif ou passif du bilan, que l'on peut calculer par simple différence d'une année sur l'autre ou de façon un peu plus complexe (cas de la capacité d'autofinancement, des éléments d'actif et des dettes structurelles) doit se retrouver dans le tableau de financement. Les rubriques retenues sur la feuille de dépouillement ne recensent que les opérations les plus courantes afin d'alléger la présentation. Des lignes vierges permettent d'enregistrer les cas de figure inhabituels.

■ **Capacité d'autofinancement** *(cf. supra)*

Il convient de noter que, dans le tableau de financement celle-ci est reprise hors provisions d'exploitation (dotations et reprises) dans la mesure où ces dernières sont déduites des postes concernés à l'actif.

■ **Cession ou réduction d'éléments de l'actif immobilisé**

Il faut faire apparaître le montant encaissé par l'entreprise (quelle que soit la date effective du règlement) à l'occasion de cette cession.

Qu'il s'agisse d'immobilisations incorporelles, corporelles ou financières, l'ensemble de ces cessions apparaît pour leur montant brut du poste du compte de résultat “produits exceptionnels sur opérations en capital”, compte “produit des cessions d'éléments d'actif”. Le compte 775 forme l'essentiel de ce poste. Pour connaître, en cas de doute, son montant exact, on se référera à la colonne “prix de vente” du tableau “détermination des plus et moins-values” 2059–A.

Les virements de stocks en immobilisations ou d'immobilisations en stocks qui modifient le fonds de roulement ont un caractère tellement exceptionnel, qu'ils doivent être signalés séparément sur le tableau.

■ **Augmentation (ou remboursement) des ressources propres**

Ces rubriques ne concernent pas l'augmentation des ressources propres qui est due à la rentabilité globale dégagée par l'affaire, puisqu'elle est prise en compte dans la capacité d'autofinancement.

Mais elles recensent toutes les autres opérations qui ont pu affecter les ressources propres :

1) Augmentation des capitaux propres (1)

En principe, **ne doivent figurer que** les opérations en nature ou en numéraire affectant les capitaux propres, c'est-à-dire :

– les augmentations en numéraire pour le montant effectivement versé (capital **libéré**), qui vont se refléter non seulement sur le poste en “capital”, mais également sur le poste “prime d'émission” au passif s'il y en a une. On considère

(1) Les remboursements de capital, bien qu'autorisés, sont en pratique rarissimes en raison de leur régime fiscal très défavorable.

comme réalisées en numéraire les augmentations de capital par incorporation de comptes courants d'associés et de toutes autres créances pourvu qu'elles soient liquides et exigibles. Les bons de souscription d'actions (BSA) figurent dans la « prime d'émission » dès qu'ils sont émis ;

- les fusions, qui vont aboutir à une augmentation du capital et de la prime de fusion (1) (et éventuellement, de la réserve de plus value à long terme et des réserves réglementées) compensée par une augmentation des éléments d'actif et de passif apportés. Il faudra dans ce cas bien isoler, dans le tableau de financement, les mouvements qui proviennent de la fusion, afin de pouvoir distinguer en quoi cet événement exceptionnel a pu renforcer ou au contraire détériorer la situation financière de l'entreprise ;
- l'octroi de subventions d'investissements. On notera en revanche qu'il n'existe, dans les emplois durables du tableau de financement, aucun poste de reprises de subventions d'investissements. Celles-ci sont en effet déjà déduites du résultat retenu dans la CAF.

En revanche, **ne sont pas retenues :**

- les incorporations, dans le capital, de réserves, primes d'émission, écarts de réévaluation ou du report à nouveau créditeur ;
- l'imputation sur les réserves ou le capital, du report à nouveau débiteur ;
- l'affectation du résultat de l'exercice. En effet, la capacité d'autofinancement, comprend déjà les montants dotés aux provisions règlementées ou affectés aux réserves et au report à nouveau.

Les **réévaluations,** bien qu'elles ne correspondent qu'à une augmentation **nominale** des actifs, doivent être signalées **à part,** sur le tableau de financement, étant donné leur importance pour l'appréciation de la **solvabilité** de l'affaire. Il en est notamment ainsi des écarts d'équivalence (cf. encadré).

Comment traiter les écarts d'équivalence ?

Les entreprises qui sont soumises à la publication de comptes consolidés et qui les établissent effectivement peuvent valoriser dans leurs comptes individuels les titres des filiales qu'elles contrôlent à plus de 50 % par mise en équivalence. L'application de cette méthode conduit la plupart du temps à une réévaluation des titres, dont la contrepartie figure dans le compte « Ecarts d'équivalence », lui-même intégré dans le compte « Ecarts de reévaluation » : les Ressources Propres sont donc gonflées d'autant. Dans l'exemple qui suit, les titres A ont été valorisés à 150 par la méthode de mise en équivalence;

BILAN INITIAL				BILAN APRES REVALORISATION			
ACTIF		PASSIF		ACTIF		PASSIF	
Titre A	100	Ressources propres	500	Titre A mis en équivalence	150	Ressources propres	550
		dont Ecart de Reévaluation	0			dont Ecart de Reévaluation	50

(1) Dans le cas où la société absorbante détenait une partie du capital de la société absorbée, la prime de fusion est la somme des primes de fusion sur les actions distribuées aux actionnaires hors groupe de la société absorbée, et du bonus de fusion enregistré par la société absorbante sur sa propre participation.

Attention, lorsque cette méthode est appliquée pour la **première fois,** les provisions constituées sur les comptes courants de la filiale, ainsi que les provisions pour risques sont toutes réintégrées, (d'où un **profit,** qui fiscalement est imposable). A l'inverse, si la valeur d'équivalence est inférieure à la valeur comptable initiale après provisions, la société doit constater une provision supplémentaire sur le titre (d'où une **perte). Si la valeur d'équivalence est négative, la société doit en sus constituer une provision pour risque.**

On supposera que la valeur d'équivalence de la société A est de – 50.

BILAN INITIAL				BILAN APRES REVALORISATION			
ACTIF		PASSIF		ACTIF		PASSIF	
Titre A	100	Ressources propres	500	Titre A	100	Ressources propres	350
		dont Ecart de Réévaluation	0	Provision	100	Réévaluation	0
					——		
					0	dont résultat net	– 150
						Provision pour risque	50

La variation de l'évaluation d'un exercice sur l'autre ne transite pas par les comptes de résultat, mais vient directement modifier le poste " Ecart d'équivalence ".

2) Augmentation (ou remboursement) des avances conditionnées, des titres participatifs et des quasi fonds propres

Lorsqu'un compte courant d'associés est bloqué en cours d'exercice, il faut faire apparaître l'incidence de cette opération sur le fonds de roulement, même si l'entreprise n'a pas bénéficié de ce fait d'un apport en trésorerie supplémentaire.

La conversion d'obligations ou l'incorporation de comptes courants d'associés stables se traduira au tableau de financement par deux inscriptions de signe contraire et de même montant : diminution des autres ressources propres, augmentation des capitaux propres. Ce type d'opération modifie la composition des ressources structurelles, mais n'a aucune incidence sur le niveau du FR.

3) Variation des écarts de conversion actif et passif

Ils sont repris distinctement en variations des ressources propres. Le plan comptable général préconise de les imputer directement aux éléments d'actif ou de passif qu'ils concernent, mais dans la pratique ce renseignement n'est que rarement disponible.

4) Variation des non valeurs

Pour les raisons exposées plus haut, on n'effectuera aucun retraitement sur les primes de remboursement. Quant au capital souscrit non appelé, sa variation est prise en compte à l'occasion des augmentations de capital en numéraire, pour lesquelles on n'inscrit que la part effectivement libérée. Restent donc à examiner les frais d'établissement et les charges à répartir sur plusieurs exercices.

• **Frais d'établissement**

Seule doit figurer ici l'augmentation des frais d'établissement, appréciée d'après la variation de leur valeur **brute** au bilan. **La diminution** de ces frais par amortissement est prise en compte dans la capacité d'autofinancement et ne doit pas être retenue une deuxième fois.

• **Charges à répartir sur plusieurs exercices**

Les charges activées pendant l'exercice doivent être enregistrées pour leur montant brut inscrit au crédit du compte "transfert de charges". Ce renseignement figure sur le tableau fiscal des amortissements 2055 dans le cadre D "mouvements de l'exercice affectant les charges réparties sur plusieurs exercices".

Si l'on se contentait de ne reprendre que la variation de la valeur **nette** au bilan, on comptabiliserait **deux fois** en ressources du tableau de financement les dotations de l'exercice aux charges à répartir, puisqu'elles sont déjà comprises dans la capacité d'autofinancement.

■ **Augmentation (ou remboursement) des dettes structurelles**

L'état fiscal modèle 2057 donne le détail des renseignements nécessaires. Il est cependant rappelé que :

– les dettes financières mentionnées dans cet état :
  • comprennent les billets de trésorerie (que nous considérons comme de la "trésorerie") ;
  • ne comprennent pas nécessairement les comptes courants d'associés, qu'il est d'ailleurs préférable de mentionner sur une ligne distincte ;
– les émissions obligataires doivent figurer pour leur valeur **nette** des primes de remboursement ;
– le bilan recouvre également sous ces postes les créances rattachées (intérêts courus et non échus) (1).

Dans la pratique on inscrira :

– en augmentation des dettes structurelles, les nouveaux emprunts mis en place dans l'exercice. On pourra également retenir les intérêts à payer à la fin de l'exercice ;
– en diminution des dettes structurelles, les remboursements d'emprunts intervenus au cours de l'exercice, ainsi que le montant des intérêts à payer au début de l'exercice (ces intérêts sont en effet payés entre le début et la fin de l'exercice).

---

(1) Leur montant est en général limité, et leur variation reste donc très faible. Il faut cependant en tenir compte si l'on veut retrouver, au centime près, la variation des dettes structurelles d'une année sur l'autre.

■ **Recouvrement de prêts ou octroi de nouveaux prêts**

Ces rubriques décrivent la variation des créances et des intérêts à recevoir figurant dans les immobilisations financières. Ces renseignements figurent sur l'état modèle 2057.

■ **Distributions mises en paiement** (cf. supra)

■ **Acquisition d'éléments de l'actif immobilisé**

Doivent figurer :

- les acquisitions proprement dites ;
- les créations (par le crédit du poste " production immobilisée ") ;
- les réévaluations (en contrepartie de l'augmentation des capitaux propres) ;
- les incidences éventuelles de fusions, qu'il y a lieu de distinguer clairement des autres mouvements ;
- éventuellement le virement de produits stockés aux postes d'immobilisations (exemple : terrains invendus, chez un marchand de biens).

Ces renseignements figurent dans le tableau fiscal des immobilisations, modèle 2054. **Attention :** lorsque les immobilisations, précédemment considérées comme " en cours ", sont virées au cours de l'exercice dans un compte d'immobilisations définitives, ce virement est considéré à nouveau comme un **investissement. Il faut donc déduire ce virement de poste à poste du total des investissements de l'exercice pour la construction du tableau de financement.**

■ **Eléments de variation du besoin en fonds de roulement (BFR)**

L'ensemble de ces éléments figure pour leur valeur nette : les provisions sur les actifs d'exploitation sont déduites des postes concernés. Par ailleurs, l'actif circulant n'est pas amortissable.

Dès lors, le calcul des variations se résume à de simples différences algébriques du début à la fin de la période considérée.

■ **Eléments de variation de la trésorerie nette**

Les observations précédentes valent aussi bien pour le besoin en fonds de roulement que pour la trésorerie. La distinction entre " variation de la trésorerie actif " et " variation de la trésorerie passif " n'est, la plupart du temps, pas utile. Mais **lorsque cette trésorerie actif est importante, cette distinction devient indispensable.**

③ Comment vérifier la construction du tableau de financement ?

La première des vérifications que l'on peut faire est bien sûr de s'assurer que les variations du FR, du BFR et de la trésorerie nette telles qu'elles ressortent du tableau de financement sont bien égales aux variations que l'on peut observer au bilan d'un exercice à l'autre.

Si ce n'est pas le cas, il faut alors recouper les variations de **chaque élément** du bilan avec celles du tableau de financement et, en gardant bien présent à l'esprit la distinction suivante :

– certains flux de bilan trouvent leur contrepartie **au bilan** : arbitrage d'actifs (vente d'une immobilisation par débit d'un compte de trésorerie) ou diminution simultanée d'un poste d'actif et de passif (remboursement d'une dette financière par prélèvement sur la trésorerie disponible), etc ;

– certains flux de bilan trouvent leur contrepartie dans **le compte de résultat :** dotation aux provisions par exemple.

Le tableau ci-après recense les principales opérations qui peuvent jouer sur les postes de bilan, en fonction de cette distinction.

④ Quelques exemples chiffrés

■ *Cas n° 1 – Acquisition d'une immobilisation non amortissable*

L'entreprise LAMBDA présente **au début** de l'exercice n un bilan dont les caractéristiques essentielles sont les suivantes :

– FR	10 MF
– BFR	25 MF
– Trésorerie nette	– 15 MF

Durant l'exercice,

– elle acquiert un terrain pour 3 MF ;

– elle réalise une CAF de 2 MF.

Les éléments du BFR restent inchangés.

Comment se présente le tableau de financement ?

Le tableau de financement de l'exercice n se présente ainsi :

– Ressources stables (CAF)	*: 2 MF*
– Emplois durables (acquisition)	*: – 3 MF*
Variation du FR	*: – 1 MF*
Variation du BFR	*: –*
Variation de la trésorerie nette	*: – 1 MF*

BILAN

Opérations se reflétant : DANS LE COMPTE DE RESULTAT	Opérations se reflétant : DANS LE BILAN UNIQUEMENT	ACTIF
Travaux faits par l'entreprise pour elle-même (— Dotation aux amortissements)	Acquisition ou cession d'immobilisations (1)	Immobilisations (— Amortissements)
Constitution des stocks	Allongement ou diminution de la durée de stockage	Stocks
Augmentation du chiffre d'affaires	Allongement ou diminution de la durée des créances	Créances d'exploitation

PASSIF	Opérations se reflétant : DANS LE BILAN UNIQUEMENT	Opérations se reflétant : DANS LE COMPTE DE RESULTAT
Fonds propres et quasi fonds propres	Augmentation de capital. Apports (ou retraits) de comptes courants d'associés	Affectation du résultat de l'exercice
Amortissements dérogatoires Provisions		Dotation ou réintégration d'amortissements dérogatoires ou de provisions
Dettes à terme	Augmentation ou remboursement d'emprunts	Imputation de charges financières
Dettes d'exploitation	Allongement ou diminution de la durée des crédits fournisseurs	Augmentation des charges d'exploitation
Trésorerie nette	Variation des crédits	Imputation des charges financières

(1) Si l'on ne tient pas compte des plus ou moins-values. Y compris travaux faits par l'entreprise pour elle-même.

La rentabilité globale (CAF) a été insuffisante pour financer l'acquisition du terrain, et il a fallu recourir au découvert bancaire.

■ *Cas n° 2 – Incidence de l'amortissement*

Au cours de l'exercice n + 1, les affaires ont été très mauvaises. Les charges décaissées (achats et charges de personnel pour l'essentiel) ont été aussi élevées que les ventes. Mais l'entreprise a dû amortir ses immobilisations à hauteur de 1 MF.

Le compte de résultat de l'exercice se présente donc comme suit :

– Ventes	: X
– Charges	: – X
– Dotation aux amortissements	: – 1 MF
Résultat de l'exercice (perte)	: – 1 MF

La capacité d'autofinancement est **nulle.**

Le bilan de début d'exercice n + 1 était le suivant :

Actif immobilisé 50 MF	Capitaux propres 26 MF Autres ressources propres 34 MF
Actif circulant 70 MF	Dettes d'exploitation et diverses 44 MF
	Trésorerie nette 16 MF

L'entreprise n'a réalisé aucune autre opération durant l'exercice n + 1.

Comment se présentait le tableau de financement de l'exercice n + 1 ?

Le tableau de financement de n + 1 est d'une simplicité biblique.

– Variation du FR	*: 0*
– Variation du BFR	*: 0*
– Variation de la trésorerie nette	*: 0*

Mais pourtant le bilan de fin d'exercice n'est pas le même.

Amortissements – 1 MF	Actif immobilisé 49 MF	Capitaux propres 25 MF Autres ressources propres 34 MF	Perte comptable – 1 MF
	Actif circulant 70 MF	Dettes d'exploitation et diverses 44 MF	
		Trésorerie nette 16 MF	

■ *Cas n° 3 – Augmentation du BFR et diminution du FR*

Pour tenter de s'en sortir, l'entreprise LAMBDA décide de maintenir la même production en N + 2 que l'an passé, mais d'allonger les délais de crédit à la clientèle (incidence 5 MF) et d'investir dans une machine plus performance (10 MF). Malgré cette politique, les résultats restent décevants (perte de 1 MF) et la CAF est à peine positive (1 MF après 2 MF d'amortissements).

Comment se présente le tableau de financement de N + 2 ?

Le tableau de financement se présente comme suit (les autres éléments du BFR restant inchangés) :

– Ressources stables (C.A.F.)	:	*1 MF*
– Emplois durables (acquisition)	:	*– 10 MF*
Variation du FR	:	*– 9 MF*
Variation du BFR	:	*+ 5 MF*
Variation de la trésorerie nette	:	*– 14 MF*

On voit donc ici que les variations du FR et du BFR sont complètement indépendantes. Il y a même ici dégradation simultanée de la situation :

– l'entreprise n'a pas cherché à financer par des emprunts stables ses investissements et elle a dû puiser sur la trésorerie (pour 9 MF) car la CAF (1 MF) était bien insuffisante à elle seule pour assurer ce financement ;

– de même, elle a dû puiser sur sa trésorerie (5 MF) pour financer l'augmentation de ses BFR (5 MF), puisque l'évolution de son FR (– 9 MF) ne lui apportait aucune aide en ce domaine.

Au terme de l'exercice N + 2, le bilan se présente comme suit :

Amortissements – 2 MF Investissements + 10 MF	Actif immobilisé 57 MF	Capitaux propres 24 MF Autres ressources propres 34 MF	Perte comptable – 1 MF
Créances clients + 5 MF	Actif circulant 75 MF	Dettes d'exploitation et diverses 44 MF	
		Trésorerie nette 30 MF	Recours aux banques pour le solde (9 MF + 5 MF)

L'EXCEDENT DES RESSOURCES A PLUS D'UN AN SUR LES EMPLOIS A PLUS D'UN AN

Il peut arriver que l'analyste ne dispose d'aucun élément prévisionnel, et n'ait pour toute information que les documents fiscaux fournis par l'entreprise. C'est le cas lorsqu'il s'apprête à recevoir les dirigeants à l'occasion de leur visite annuelle, et n'a donc pu bénéficier de leurs commentaires sur les comptes de l'exercice, ou lorsqu'il démarche une affaire nouvelle dont il a reçu les comptes annuels par le greffe ou un quelconque organisme extérieur.

L'analyste va chercher à déterminer, à partir de la structure à la fin de l'exercice écoulé, comment celle-ci est susceptible d'évoluer. En pratique il va calculer le fonds de roulement **tel qu'il apparaîtrait au bout d'un an, si les créances et les dettes financières venaient normalement à échéance,** sans renouvellement.

Deux modes de calcul de l'excédent des ressources à plus d'un an sur les emplois à plus d'un an sont concevables :

Solution 1.

Fonds de roulement net global (+ s'il est positif, – s'il est négatif)

\+ Echéances à moins d'un an des créances figurant dans les immobilisations financières

– Provisions ayant le caractère de charges à payer et échéances à moins d'un an des dettes figurant dans les ressources structurelles

---

= Excédent (ou insuffisance) des ressources à plus d'un an sur les emplois à plus d'un an

Solution 2.

Actif circulant + échéances à moins d'un an des créances dans les immobilisations financières

— Provisions ayant le caractère de charges à payer et échéances à moins d'un an des dette figurant dans les ressources structurelles
— dettes courantes

= Excédent (ou insuffisance) des ressources à plus d'un an sur les emplois à plus d'un an

CAS D'INSUFFISANCE DES RESSOURCES A PLUS D'UN AN SUR LES DETTES A PLUS D'UN AN EN PRESENCE D'UN FR POSITIF

ACTIF **PASSIF**

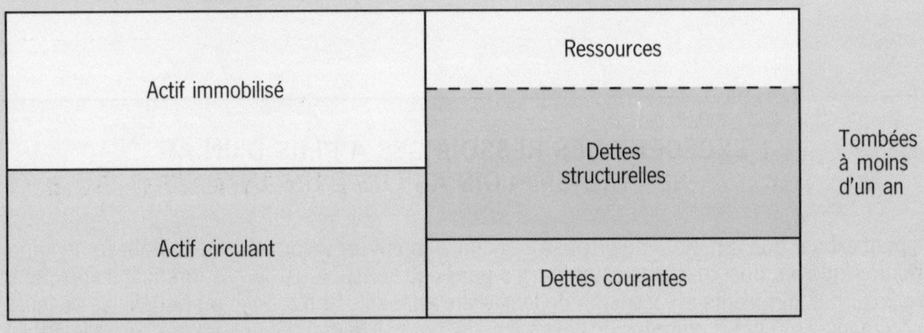

Bien qu'aboutissant au même résultat, chacun des deux modes de calcul révèle une optique un peu différente.

■ Solution 1

L'analyste s'attache à calculer la partie du FR la plus stable. On a déjà vu que certains éléments du FR, et notamment les provisions, constituent des ressources " en sursis ", destinées à compenser dans un proche avenir (provisions pour risques notamment) des pertes presque inéluctables.

Il en est évidemment de même pour les échéances à moins d'un an sur les dettes financières. Dans la mesure où l'une des fonctions des ressources structurelles consiste justement à financer l'actif immobilisé (1), il peut paraître peu prudent d'y retenir certaines ressources exigibles, même si elles ont, pour la plupart, un caractère récurrent.

L'excédent des ressources à plus d'un an sur les emplois à plus d'un an se présente dans cette optique moins comme un outil prévisionnel, que comme un **critère renforcé de l'adaptation des financements stables aux besoins durables.**

C'est pourquoi il est utilisé dans l'appréciation de la situation financière des entreprises qui sollicitent des concours à moyen terme, et dont le banquier veut s'assurer que la solidité de la structure n'est pas **qu'apparente et temporaire.**

(1) On verra que dans la pratique, des atténuations peuvent être apportées à cette règle de prudence.

■ Solution 2

Le calcul " par le bas de bilan " est ici réalisé dans une optique d'appréciation de la **liquidité,** c'est pourquoi on appelle également parfois l'excédent des ressources à plus d'un an ou sur les emplois à plus d'un an le " fonds de roulement en terme de liquidité ".

Un tel solde, s'il est négatif, c'est-à-dire si le passif exigible à moins d'un an est supérieur à l'actif réalisable dans l'année, indique, que l'entreprise devra nécessairement, à cette échéance, solliciter ses banquiers pour de nouveaux concours afin d'en assurer le financement.

On comprend de ce point de vue **l'importance de cet indicateur dans le cas où il est négatif :** un banquier qui s'engage pour un montant donné au vu du seul bilan de fin d'année risque de devoir " faire les échéances " contre son gré, pour des montants bien supérieurs, afin de financer en trésorerie des ponctions sur le fonds de roulement provenant, par exemple, de l'échéance de concours à moyen ou long terme consentis par ses confrères.

Le critère de liquidité est, dans ce calcul, arbitrairement fixé à un an. Il a été retenu par la réglementation qui oblige les entreprises qui émettent des billets de trésorerie, à publier au BALO une situation trimestrielle de trésorerie, détaillant l'actif réalisable et le passif exigible à 1 an au plus.

UN CAS PARTICULIER : LES PERTES RESULTANT DE L'ANNULATION D'ELEMENTS D'ACTIF INCIDENCES SUR LE FR

Lorsqu'un élément de l'actif est mis au rebut à la suite d'un sinistre (incendie, vol, destruction, perte de valeur des immobilisations corporelles ou des stocks) ou bien annulé car il est devenu sans valeur (liquidation définitive d'une filiale, abandon ou perte définitive sur une créance), une perte est enregistrée dans le compte de résultat. Or cette perte ne traduit **aucun décaissement effectif :** dans quelle mesure cette écriture vient-elle fausser le calcul de la capacité d'autofinancement et la construction du tableau de financement ?

■ Mise au rebut d'immobilisations corporelles ou incorporelles ou de titres de participation

Les actifs **amortissables** font l'objet d'une dotation exceptionnelle aux amortissements qui ramène leur valeur nette comptable à zéro. Comme ni la mise au rebut ni la perte correspondante ne sont pris en compte dans le tableau de financement, celui-ci reste exact du point de vue algébrique. Pour les titres de participation, la valeur nette comptable apparaît dans le compte " Valeur comptable des éléments d'actifs cédés ". Elle constitue une **moins value** qui n'est donc pas, en tant que telle, déduite de la capacité d'autofinancement de l'exercice. Ceci n'est pas gênant, car, au tableau de financement, l'annulation de titres de participation n'est pas non plus prise en compte. Mais il faut prendre garde à ce que la moins-value ne soit pas elle aussi déduite par erreur des valeurs de cession d'actifs. Sous cette réserve, le tableau de financement reste exact sans retraitement.

■ Annulation de créances

Les annulations sont enregistrées selon les cas, en charges financières (abandons de créances à caractère financier) ou en charges exceptionnelles (créances devenues irrécouvrables dans l'exercice). Elles viennent de toute façon en déduction de la capacité d'autofinancement bien qu'elles ne se soient pas traduites, en fait, par un décaissement pour l'entreprise. **Il est donc nécessaire, pour les créances et prêts classés dans les immobilisations financières, de faire apparaître en " ressources " l'annulation de ces actifs sur le tableau de financement.** (Un raisonnement symétrique peut être tenu pour les abandons de créances structurelles dont a **bénéficié** l'entreprise).

■ **Mise au rebut de stocks**

La mise au rebut de stocks se reflète directement dans la diminution de la valeur d'inventaire du stock en fin d'exercice, qui vient donc minorer le résultat de l'entreprise. Pour faire apparaître clairement le caractère exceptionnel de l'opération, l'entreprise a la faculté de débiter à due concurrence un compte de charges exceptionnelles par le crédit d'un compte de " transfert de charges d'exploitation " ce qui ne change rien au montant de la C.A.F. Sur le tableau de financement, il peut être intéressant de distinguer la variation des stocks due à la progression normale de l'activité, et la diminution résultant de la mise au rebut.

B - POURQUOI : LE TABLEAU PLURIANNUEL DES FLUX FINANCIERS (TPFF)

① Le raisonnement de base

Le tableau de financement fournit une description de l'évolution de la structure de financement. Il est un simple constat a posteriori permettant de déterminer comment cette évolution a eu lieu, sans rechercher pourquoi cette évolution a prévalu plutôt qu'une autre.

Prenons le cas d'une entreprise qui présente la variation de fonds de roulement suivante :

TABLEAU DE FINANCEMENT (simplifié)

EMPLOIS		RESSOURCES	
Investissements	125	Capacité d'autofinancement	50
Remboursements	4	Emprunts	10
Total emplois	**129**	**Total ressources**	**60**

Variation du fonds de roulement : — 69

On visualise clairement la dégradation du fonds de roulement, qui est due à un autofinancement insuffisant. Mais on ne peut déduire les raisons pour lesquelles l'entreprise a résolu de faire une telle ponction sur le fonds de roulement :

— Est-ce parce qu'elle réalise de mauvaises performances et ne trouve pas à s'endetter à terme auprès de ses banquiers ?

— Est-ce parce qu'elle dispose d'une trésorerie d'exploitation bien supérieure à ses revenus (= CAF) lui permettant ce déséquilibre ?

— Est-ce que la structure de ses revenus fait une part importante aux pertes exceptionnelles, ce qui justifie qu'elle prenne ce risque temporaire ?

Le **Tableau Pluriannuel des Flux Financiers** permet de discerner le "pourquoi du comment", en prenant comme base ce qui est le plus facile à appréhender, et en même temps le plus contraignant pour le dirigeant d'entreprise : **la trésorerie.**

Le raisonnement sous-jacent au tableau des flux financiers est alors le suivant :

1 - Quelle est la **trésorerie** que mon entreprise dégage "au jour le jour" ? **(Solde de trésorerie opérationnelle).**

2 - Quelle stratégie **industrielle** ai-je adopté ? **(Solde des opérations discrétionnaires).**

3 - Quelle stratégie **financière** en face de cette stratégie industrielle ? **(Soldes des opérations financières).**

4 - Quelles **bonnes (ou mauvaises) fortunes** sont venues modifier mon plan initial ? **(Solde des opérations exceptionnelles).**

Cela donne le tableau suivant :

	Solde de trésorerie opérationnelle
+	**Solde des opérations discrétionnaires**
+	**Solde des opérations financières**
+/–	**Solde des opérations exceptionnelles**
=	**Variation de la Trésorerie Nette**

Ce type de raisonnement appelle plusieurs remarques importantes :

– Le raisonnement est branché sur le réel : la **réaction entre le chef d'entreprise et sa trésorerie au jour le jour.** Dans les PME, le chef d'entreprise est d'autant moins préparé à planifier sa croissance, que la fragilité de son carnet de commandes rend tout avenir au-delà d'une douzaine de mois assez incertain. De ce fait, l'interaction trésorerie/décision d'investissement est étroite et donne lieu à de fréquentes itérations.

– Le raisonnement conduit à une interprétation de la politique de gestion de l'entreprise. Il permet d'imaginer un **scénario décisionnel probable.** Attention : il faut prendre garde à ne pas tomber dans la fiction pure et simple. Ce que recherche avant tout le banquier, c'est à déterminer si ce scénario peut légitimer des prises de positions à première vue contestables, et peut rendre justice du sérieux de la gestion dans un environnement difficile et incertain.

– **Le TPFF est indissociable du tableau de financement.** Si l'entrepreneur comme le banquier attachent une très grande importance à l'évolution de la trésorerie, ni l'un ni l'autre ne peuvent faire l'impasse sur le résultat de l'évolution c'est-à-dire la structure de financement résultante. C'est bien cette structure de financement qui va dicter les possibilités d'endettement.

– Le TPFF a aussi bien une **valeur prévisionnelle** qu'historique. Dressé au mois le mois, il recoupe très largement les tableaux prévisionnels de trésorerie, avec une classification des flux plus expressive. Pour l'entreprise comme pour le chargé d'affaires, la comparaison du TPFF prévisionnel et des comptes bancaires permet de traduire en termes financiers les mouvements de trésorerie. Au plan pratique, cette comparaison est la pierre de touche de l'efficience du système de contrôle de gestion et du suivi des comptes bancaires.

– **Ce modèle est avant tout valable pour les PME.** Les grandes entreprises ont des planifications à plus long terme, et leurs décisions d'investissements dépendent de paramètres plus complexes (liens avec d'autres investissements, avec les efforts de formation du personnel, avec des déménagements, etc). Elles n'ont donc pas la possibilité de renoncer à un investissement ex abrupto, ou au contraire d'en décider sans les avoir longuement muris. En outre, la **décision du banquier** lui-même est beaucoup plus liée, pour ces grandes entreprises, à la notion de revenu (CAF), qu'à la notion de trésorerie.

② La construction du tableau pluriannuel des flux

Reprenons le raisonnement de base exposé au paragraphe 1 ci-dessus. On ne s'appesentira pas sur le détail des composants de chaque agrégat, qui a souvent été décrit à propos de la construction du tableau de financement.

■ Quelle est la trésorerie que mon entreprise dégage « au jour le jour » (Solde de Trésorerie Opérationnelle) ?

Le Solde de Trésorerie Opérationnelle recouvre la trésorerie obligatoire de l'entreprise, c'est-à-dire celle qui est dégagée par l'exploitation, sous déduction des décaissements contraignants (remboursement des emprunts, impôts) qui sont une donnée pour l'entreprise et sur lesquels elle n'a **aucune marge de manœuvre.**

	Excédent de Trésorerie d'Exploitation (ETE)
+/–	**Autres produits ou charges**
+/–	**Opérations faites en commun**
+/–	**Résultat financier (1)**
–	**Participation et impôts sur les sociétés**
–	**Remboursement des emprunts structurels**
=	**Solde de Trésorerie Opérationnelle**

(1) Sauf dotations ou reprises sur provisions financières

On ne reviendra pas sur l'ETE qui a été présenté plus haut. Il constitue l'indicateur fondamental de la trésorerie dégagée par l'exploitation, sur la base du schéma : .

	Excédent Brut d'Exploitation (EBE)
–	**Production immobilisée**
+	**Transfert de charges (à des tiers)**
+/–	**Variation du Besoin en Fonds de Roulement (brut)**
=	**Excédent de Trésorerie d'Exploitation**

Les autres opérations induisant des décaissements obligatoires (plus rarement des encaissements) sont les suivantes :

*1) **Les autres opérations de gestion***

Par conformité avec la capacité d'autofinancement, seront réintégrés les produits et charges non exceptionnels, qui ne sont pas déjà retenus dans l'ETE.

• Les autres produits et charges

Nous avons vu que les autres produits et autres charges ne faisaient pas partie de l'Excédent Brut d'Exploitation, alors qu'ils contribuent, même si c'est pour une fraction généralement modeste à la formation du Solde de Trésorerie Opérationnelle.

On trouvera, tant en charges qu'en produits, selon leur sens, les redevances sur concessions, brevets, licences et marques, etc. ; les loyers, les jetons de présence, etc.. Sont également recensées les ristournes reçues des coopératives, ce qui a une importance très grande dans le secteur agricole.

• Les opération faites en commun

Les opérations faites en commun sont comptabilisées par le gérant dans ses propres comptes (achat de matériel, chiffre d'affaires réalisé, etc ...). Il partage le résultat par décompte " Perte transférée " ou bénéfice transféré ". Chez les coparticipants non gérants, ce sont les comptes " Perte attribuée " ou " Bénéfice attribué " qui vont être mouvementés.

La trésorerie doit donc être inscrite dans le Solde de trésorerie opérationelle. La variation du besoin en fonds de roulement rendra compte des délais de paiement éventuels consentis au gérant par les associés.

• Le résultat financier

On ne retiendra du résultat financier – comme on l'a déjà fait dans le calcul de la capacité d'autofinancement- que les encaissements et décaissements réels. Le résultat financier de l'entreprise est donc repris sous déduction des dotations et reprises de provisions financières.

La reprise de ce résultat financier appelle deux remarques :

- Les **différences de change**. Celles-ci comprennent notamment l'écart sur la valorisation en francs des dettes ou créances en devises apparaissant au bilan en fin d'exercice. Trois solutions sont possibles :
  - la créance ou la dette fait partie du besoin en fonds de roulement : dans ce cas, la contrepartie de cette différence de change est comptabilisée dans la variation du Besoin en fonds de roulement, c'est-à-dire, en fait dans l'ETE ;
  - la créance ou la dette fait partie de la trésorerie nette : dans ce cas, la contrepartie de cette différence de change est comptabilisée dans la variation de la Trésorerie Nette ;
  - cas plus rare, la créance ou la dette fait partie des composantes du fonds de roulement : dans ce cas, la contrepartie de cette différence de change est comptabilisée dans la variation du Solde des Opérations Discrétionnaires.

– Les **intérêts courus non encaissés** sur produits financiers suivent la même logique : ils donnent naissance à des charges à recevoir ou à payer qui sont rattachés aux comptes de dettes structurelles ou de trésorerie nette (éventuellement d'immobilisations financières) auxquels ils se rapportent. Leur neutralité en terme de trésorerie est donc assurée par la variation en sens inverse selon le cas, du Solde de Trésorerie Opérationnelle ou du Solde des Opérations Discrétionnaires. En revanche, il faut noter que les intérêts capitalisés sur OPCVM ne sont pas comptabilisés dans le résultat financier.

- **L'impôt sur les sociétés**

– Rythme de paiement de l'impôt au taux de droit commun

Pour les sociétés clôturant leurs exercices le 31 décembre, l'impôt sur les sociétés de l'exercice **N** est perçu en majeur partie durant l'exercice **N**, par le mécanisme des acomptes : l'entreprise verse durant l'exercice des acomptes calculés sur la base de l'impôt versé au titre de l'exercice **N-2** (pour les acomptes antérieurs au mois d'avril de l'année **N**), puis de l'impôt versé au titre de l'exercice **N-1**. C'est en avril de l'exercice **N+1**, que l'entreprise versera le solde de l'impôt dû au titre de l'exercice **N**.

On en déduit que du point de vue de la trésorerie :

– il peut y avoir des décalages de trésorerie importants si le résultat a beaucoup varié entre l'exercice N-1 et l'exercice N ;

– en tout état de cause, il subsiste presque toujours une dette d'impôt vis-à-vis de l'Etat à la fin de l'exercice N. Cette dette vient minorer le besoin en fonds de roulement de l'entreprise.

– Paiement d'impôt sur les plus-values

L'impôt qui figure ici est l'intégralité de l'impôt, qu'il porte sur les élément de gestion courante, ou sur les éléments exceptionnels. En cas de forte plus value imposable par exemple, le Solde de Trésorerie Opérationnelle est donc minoré de l'impôt dû sur une plus-value qui figurera, elle, dans le Solde des Opérations Discrétionnaires. Ce classement n'est pourtant guère contestable : en effet l'impôt sur les plus-values n'est jamais intégré dans les acomptes provisionnels d'impôt. Il donne donc **toujours** lieu dans la pratique, à un paiement différé en **avril de l'exercice N+1**. De ce fait, la dette vis-à-vis de l'Etat figure en déduction du besoin en fonds de roulement. En d'autres termes, la **neutralité de trésorerie est parfaitement respectée au niveau du Solde de Trésorerie Opérationnelle de l'exercice** N. En revanche, le Solde de Trésorerie Opérationnelle calculé pour l'exercice N+1, sera minoré indûment du montant de l'impôt exceptionnel dû à la clôture de l'exercice N. Il faut y prendre garde dans l'analyse. Mais il est vrai qu'au titre de l'exercice N+1, cette ponction sur la trésorerie ne saurait être considérée comme une opération discrétionnaire, mais plutôt comme une opération obligatoire...

Prenons l'exemple d'une entreprise assujettie à un impôt de 50, comprennant 30 d'impôt exceptionnel, au titre de l'exercice N. On sait en outre que l'entreprise a versé un solde d'impôt à payer au titre de l'année N-1 de 7, et des acomptes de 15 pendant l'année N.

	Année N	Année N+1
Impôt restant à payer au titre de l'exercice (−7+35) Versement de l'impôt à payer au titre de N Charges du compte de résultat "Impôts"	+ 28 − 50	 − 35
Solde de Trésorerie Opérationnelle	**− 22**	**− 35**

Le Solde de Trésorerie Opérationnelle est minoré de 35 en N+1 :
- pour 30 de l'impôt sur éléments exceptionnels effectivement versé durant cet exercice, et qui devrait plutôt impacter le Solde des Opérations Exceptionnelles ;
- pour 5 du solde à payer sur impôt au taux de droit commun.

— Incidence du carry-back

L'impôt comptabilisé est parfois négatif, car il retrace une opération de report en arrière des déficits **(carry-back)**. L'entreprise a la possibilité, en cas de pertes succédant à une ou plusieurs années de bénéfices fiscaux, de reporter cette perte sur ces bénéfices ficaux, et récupérer à due concurrence l'impôt. Comme cette récupération se matérialise par une créance sur l'Etat qui vient gonfler le besoin en fonds de roulement, la neutralité de trésorerie de l'opération est bien respectée. L'entreprise peut utiliser cette créance pour payer les impôts des exercices postérieurs à celui où la créance est née. A défaut, la créance lui sera remboursée par l'Etat au terme de la cinquième année.

2) Les remboursements d'emprunts structurels

Il s'agit de l'ensemble des annuités d'emprunts structurels, comme dans la construction du tableau de financement.

Les conversions d'emprunts structurels en capital (cas des obligations convertibles ou des augmentations de capital réalisées par conversion d'une dette structurelle) sont totalement neutre du point de vue de la trésorerie globale de l'entreprise. Cette dernière bénéficie seulement d'une consolidation de sa dette en capital, les prêteurs acceptant un risque supérieur sur la société, et une rémunération plus aléatoire (dividendes).

Faut-il considérer que l'on est bien en présence d'un remboursement d'emprunt à caractère obligatoire ? Du point de vue de la politique de gestion de l'entreprise, la réponse est sans doute négative : l'entreprise n'est pas contrainte de rembourser quoi que ce soit : la conversion des obligations a lieu en général bien avant l'échéance de l'emprunt. Quant à la conversion des dettes dans le cadre d'une augmentation de capital en numéraire, elle n'est qu'une modalité de la décision de l'entreprise de renforcer ses fonds propres. Si elle n'avait pas pris cette décision, les choses en seraient restées en l'état, et l'emprunt aurait couru normalement jusqu'à son échéance. En d'autres termes, l'échéance anticipée de l'emprunt n'était pas subie, **elle était voulue**.

Pourtant, on enregistrera la conversion des dettes structurelles comme des remboursements ordinaires, par souci de clarté, afin que la contrepartie de cette opération, qui est une augmentation de capital, apparaisse bien dans le Soldes Opérations Discrétionnaires. Mais lorsque l'on portera un jugement sur l'évolution du Solde de Trésorerie Opérationnelle, il faudra avoir en mémoire la démarche **réelle** du chef d'entreprise.

■ Quelle stratégie industrielle ai-je adopté ? (Solde des Opérations Discrétionnaires)

Ce que l'on cherche à cerner ici, ce sont les opérations dont la décision incombe à l'équipe de direction seule, et qui ont un contenu **stratégique** (cf troisième partie) fondamental :

- les investissements/désinvestissements concrétisent les choix en matière de stratégie industrielle : où se développer, comment etc ;
- la distribution de dividendes concrétise les choix en terme de stratégie financière : comment distribuer aux associés les fruits de la croissance : par dividendes, par capitalisation des résultats entraînant à terme une plus-value plus importante ?

S'agit-il d'opérations discrétionnaires à proprement parler ? Dans la prise de décision, certainement : **mais pas dans la mise en œuvre si elles nécessitent un financement externe**. Le Solde des Opérations Discrétionnaires est donc un découpage commode qui met en valeur le caractère subordonné de la décision de financement par rapport à la décision primordiale d'investissement. Mais Solde des Opérations Discrétionnaires et Solde des Opérations Financières sont la plupart du temps indissociables : le banquier ou les actionnaires ont leur mot à dire.

La décomposition du Solde des Opérations Discrétionnaires est la suivante :

−	**Investissements (hors production immobilisée)**
+	**Cessions d'immobilisations**
−	**Dividendes décidés au titre de N**
=	**Solde des Opérations Discrétionnaires**

• Investissements

Il s'agit bien sûr de la même définition que dans le cadre de la construction du tableau de financement, avec deux remarques :

- la **production immobilisée** n'ayant pas été retenue comme produit de trésorerie dans l'ETE, ne doit pas non plus être retenue comme charge de trésorerie dans le Solde des Opérations Discrétionnaires. Il y a là une certaine **perte d'information** ;
- les investissements réalisés sous forme de **crédit-bail** ne sont pas repris. Il ne serait pas difficile, comme on l'a fait pour la capacité d'autofinancement, de calculer un solde des opérations discrétionnaires "financier", qui reprendrait les investissements de crédit-bail, le financement correspondant, figurant alors dans le solde des opérations financières. Les annuités de crédit-bail étant composées de charges d'intérêt et implicitement de remboursement d'emprunts sont déjà partie intégrante du Solde de Trésorerie Opérationnelle. Ce solde ne subira donc aucun retraitement.

• Cessions d'immobilisations

Celles-ci sont enregistrées pour leur valeur totale, qui se décompose comptablement en une valeur nette comptable de cession, majorée ou minorée d'une **plus ou moins value de cession**. Seule cette plus ou moins value de cession affecte le compte de résultat.

• Distribution de dividendes

Au cours de l'exercice N, la seule distribution de dividendes qui intervienne en trésorerie est celle qui est faite au titre de l'exercice N-1. Le bilan de l'exercice N-1, qui est établi après distribution de dividendes, recense le dividende à payer au titre de N-1 dans les "Autres dettes". Le bilan de l'exercice N recense lui, le dividende à payer au titre de N. Ce poste "Autres dettes" figure dans le besoin en fonds de roulement.

Prenons le cas d'une entreprise qui verse au titre de N-1 400 de dividendes, et au titre de N 500 de dividendes.

La prise en compte de la trésorerie est la suivante :

– Variation du besoin en fonds de roulement- ((- 500) – (-400)) (Solde de Trésorerie Opérationnelle)	= + 100
– Dividendes versés au titre de N (Solde des Opérations Discrétionnaires)	= – 500
= – Dividendes décaissés au cours de l'exercice N	**= – 400**

Ce mode de prise en compte des dividendes entraîne une légère distorsion entre le Solde de Trésorerie Opérationnelle et le Solde des Opérations Discrétionnaires, sans importance pratique.

■ Quelle stratégie financière en face de cette stratégie industrielle ? (Soldes des Opérations Financières)

Dans ce solde apparaissent les opérations de "haut de bilan", destinées à financer les investissements. Il s'agit :

– Des opérations en fonds propres :
  - augmentation de capital en numéraire ;
  - renforcement des autres fonds propres et quasi-fonds propres (avances d'actionnaires, prêts participatifs, etc) ;
  - subventions d'investissements .

– Des financements structurels (prêts bancaires ou non bancaires)

La décomposition du Solde des Opérations Financières est la suivante :

Augmentation de capital
+ Autres augmentations des fonds propres et des quasi-fonds propres
+ Augmentation de dettes structurelles

= Solde des Opérations Financières

On remarque que ce solde ne reprend pas l'intégralité des ressources structurelles. En effet, les ressources structurelles peuvent être augmentées sans réaliser d'opérations financières spécifiques grâce à la capacité d'autofinancement dégagée par l'entreprise, qui se traduit par une augmentation des capitaux propres (réserves) et des provisions réglementées, par une variation des écarts de conversion, et par un amortissement des actifs sans valeur.

• **Augmentation de capital**

Sont retenues les augmentations de capital se traduisant par un flux de trésorerie pour l'entreprise (augmentation en numéraire effectivement libérées).

On a vu que les conversions d'emprunts obligataires en capital devaient être notées comme des remboursements d'emprunts compensés par des augmentations de capital en numéraire.

• **Autres augmentations des fonds propres et des quasi-fonds propres**

Il s'agit de l'augmentation qui n'est pas due à la capacité d'autofinancement dégagée par l'entreprise. Elle comprend donc les augmentations sur :
– les subventions d'investissements reçues ;
– les titres participatifs et avances conditionnées ;
– les compte-courants d'associés stables ;
– les obligations convertibles ;
– les emprunts participatifs et subordonnés.

Tous ces éléments sont décrits dans le chapitre qui traite de la solvabilité de l'entreprise.

• **Augmentation des dettes structurelles**

Il s'agit des emprunts contractés durant l'exercice pour leur montant effectivement encaissé, et donc **net des primes** d'émission ou de remboursement.

■ Quelles bonnes (ou mauvaises) fortunes sont venues modifier mon plan initial ? (Solde des Opérations Exceptionnelles)

Ce solde ne reprend que les opérations exceptionnelles qui ont eu un impact en trésorerie, et qui n'ont pas été reprises par ailleurs.

Le Solde des Opérations Exceptionnelles se présente donc comme suit :

+	**Produits exceptionnels sur opérations de gestion**
–	**Charges exceptionnelles sur opérations de gestion**
+/–	**Autres produits et charges en capital, hors plus ou moins values et reprises de subventions d'investisement**
=	**Solde des Opérations Exceptionnelles**

On rappelera brièvement que :

– les dotations et reprises de provisions exceptionnelles ne sont bien sûr pas reprises, car elles ne sont pas des encaissements ;

– les plus ou moins values de cession ne sont pas reprises car elles ont déjà été reprises dans le cadre des cessions d'immobilisations.

Les **pertes exceptionnelles** posent un problème particulier (1), car elles ne correspondent pas nécessairement à un décaissement. Une distinction est à faire :

– si la perte correspond à une **charge** (ex : condamnation au terme d'une procédure judiciaire), elle a donné ou donnera lieu à un décaissement ;

– si la perte constate la **dépréciation sur un élément d'actif** qui a été payé au cours d'exercices antérieurs (ex : créances clients ou immobilisations), les choses sont plus complexes. Cet élément d'actif **a affecté au moment de son acquisition par l'entreprise** le solde de trésorerie soit opérationnelle (par la voie du BFR dans le cas des créances clients) soit discrétionnaire (cas des immobilisations). La constatation de la perte n'a et n'aura donc **strictement aucune incidence de trésorerie**.

Comment assurer cette neutralité dans le TPFF ?

– Dans le cas des créances clients, la perte va mécaniquement améliorer le BFR, et par là même le Solde de Trésorerie Opérationnelle. La neutralité de la trésorerie et donc bien respectée, mais au prix d'une distorsion dans les soldes du TPFF. Il faudra donc en tenir compte, si ces pertes sont significatives, dans l'analyse du TPFF. La comptabilisation d'une perte très importante peut en effet se traduire par une forte amélioration du BFR !

– Dans le cas des immobilisations (annulation de titres, mise au rebut d'immobilisations non totalemnt amorties), aucun autre poste du TPFF ne compense l'enregistrement de la perte. **Le TPFF ne peut donc être équilibré qu'en isolant cette perte exceptionnelle, et en corrigeant à due concurrence le solde des opérations exceptionnelles.**

Prenons l'exemple d'une entreprise dont le bilan est le suivant :

SOCIETE S
BILAN FIN D'EXERCICE N-1

ACTIF		PASSIF	
Immobilisations	500	Capitaux propres (après répartition)	210
Stocks	50		
Créances clients	310	Dettes structurelles	405
Autres créances	0	Fournisseurs	245
Total actif	**860**	**Total passif**	**860**

Le besoin en fonds de roulement est de : 50 + 310 – 245 = 115

(1) Ce problème a été examiné sous un autre angle dans l'encadré "Les provisions pour dépréciation de l'actif immobilisé constituent une ressource définitive pour l'entreprise".

BILAN FIN EXERCICE N

ACTIF		PASSIF	
Immobilisations	430	Capitaux propres N-1	210
Stocks	50	Résultats	100
Créances clients	330	Dettes structurelles	405
Autres créances	0	Fournisseurs	95
Total actif	**810**	**Total passif**	**810**

COMPTE DE RESULTAT DE L'EXERCICE N

Ventes	450
Achats	– 200
Charges de personnel	– 35
Amortissements	– 20
Charges financières	– 45
Perte exceptionnelle	– 50
Résultat	**100**

L'entreprise n'a réalisé aucun investissement et n'a remboursé aucun emprunt au cours de l'exercice N. En revanche, elle a mis au rebut une immobilisation comptabilisée pour 50 dans ses comptes.

Le besoin en fonds de roulement est de : 50 + 330 – 95 = 285

On constate que :

– la variation du besoin en fonds de roulement est de : 285 – 115 = 170

– la variation de la trésorerie nette est nulle (l'entreprise n'est pas endettée à court terme).

TABLEAU DE FLUX FINANCIERS (PROJET)

Excédent brut d'exploitation	215	
– Variation du besoin en fonds de roulement	– 170	
– Charges financières	– 45	
Solde de Trésorerie Opérationnelle	**0**	
Solde des Opérations Discrétionnaires	**0**	
Solde des Opérations Financières	**0**	
Solde des Opérations Exceptionnelles	**– 50**	
Variation théorique de la trésorerie nette	**– 50**	**ERRONEE**

Dans cet exemple simplifié, il apparaît clairement que la mise au rebut de l'immobilisation doit être comptabilisée de façon spécifique dans le TPFF, au risque de présenter une variation de trésorerie aberrante.

Le TPFF correct présente comme suit :

TABLEAU DE FLUX FINANCIERS (DEFINITIF)

Excédent brut d'exploitation	215	
– Variation du besoin en fonds de roulement	– 170	
– Charges financières	– 45	
Solde de Trésorerie Opérationnelle	**0**	
Solde des Opérations Discrétionnaires	**0**	
Solde des Opérations Financières	**0**	
Pertes exceptionnelles	– 50	
+ Pertes sur dépréciations d'élément d'actifs	+ 50	
Solde des Opérations Exceptionnelles	**0**	
Variation théorique de la trésorerie nette	**0**	**CORRECT**

■ La variation de la trésorerie nette

La variation théorique de la trésorerie nette doit correspondre à sa variation effective. La définition de la trésorerie est celle donnée au début de la présente section.

Section 4

Résumé des principales options retenues

Au terme de cette étude exclusivement comptable, il est bon de résumer les options retenues pour répondre aux questions que se pose l'analyste financier.

① **Comment évolue la rentabilité de l'entreprise et quelle trésorerie dégage-t-elle ?**

– Analyse fonctionnelle des sources du résultat

– Notions de revenus (CAF) et de trésorerie dégagée (ETE)

② **L'entreprise est-elle solvable ?**

Notion de **ressources propres.**

③ **Le financement de l'entreprise est-il adapté ?**

Notions de :

– **fonds de roulement,**

– **besoin en fonds de roulement,**

– **trésorerie nette.**

Evolution du financement :

– Comment ? : le **tableau de financement.**

– Pourquoi ? : le **tableau pluriannuel des flux financiers.**

Endettement : notion d'**endettement global rémunéré**.

Il va de soi que ces différentes options, qui sont schématisées ci-après, sont également valables pour les comptes prévisionnels.

LES PRINCIPALES

1 - COMMENT EVOLUE LA RENTABILITE DE L'ENTREPRISE ET QUELLE TRESORERIE DEGAGE-T-ELLE ?

COMPTE DE RESULTAT

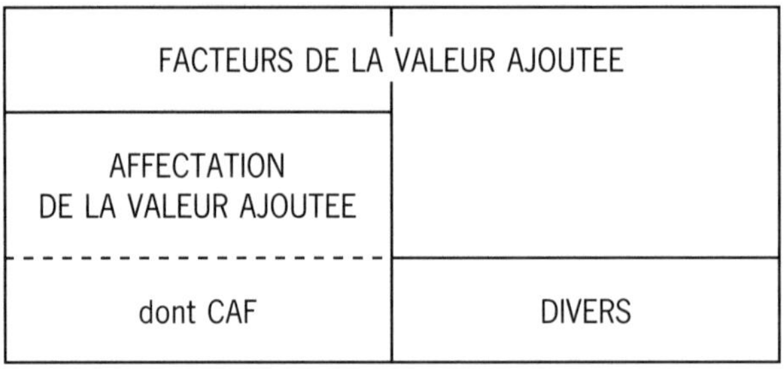

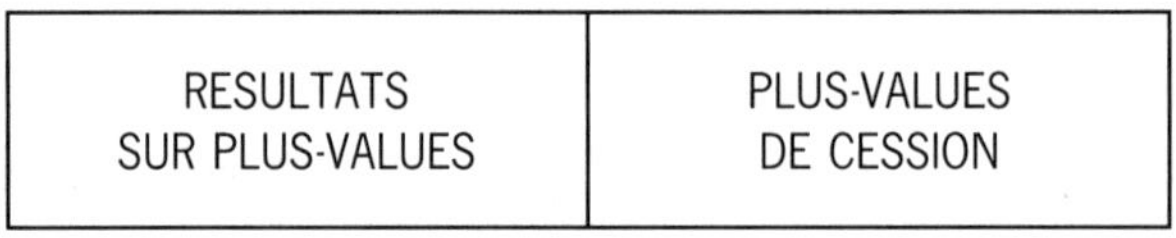

2 - L'ENTREPRISE EST-ELLE SOLVABLE ?

BILAN

ACTIF **PASSIF**

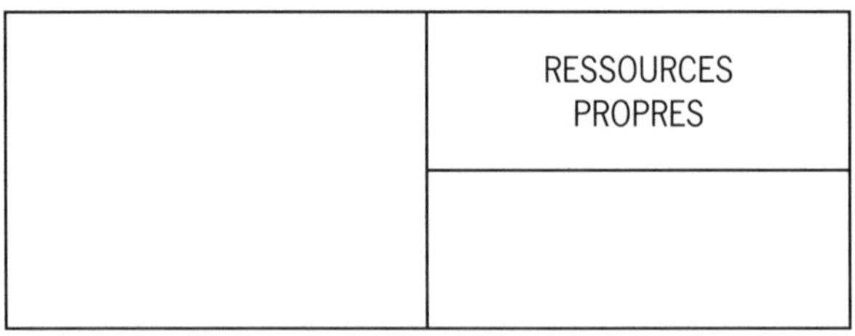

OPTIONS RETENUES

3 - LE FINANCEMENT DE L'ENTREPRISE EST-IL ADAPTE ?

BILAN

ACTIF	PASSIF
BESOIN EN FONDS DE ROULEMENT	FONDS DE ROULEMENT
	TRESORERIE NETTE

COMMENT ?

TABLEAU DE FINANCEMENT

VARIATION DU FONDS DE ROULEMENT
VARIATION DU BESOIN EN FONDS DE ROULEMENT
VARIATION DE LA TRESORERIE NETTE

POURQUOI ?

TABLEAU PLURIANNUEL DE FLUX FINANCIERS

SOLDE DE TRESORERIE OPERATIONNELLE
SOLDE DES OPERATIONS DISCRETIONNAIRES
SOLDE DES OPERATIONS FINANCIERES
SOLDES DES OPERATIONS EXCEPTIONNELLES
VARIATION DE LA TRESORERIE NETTE

Chapitre III

Présentation des fiches de dépouillement et des ratios d'analyse

Nous avons cherché à produire des fiches de dépouillement aussi limitées que possible, permettant d'obtenir avec un nombre restreint de feuillets une vue d'ensemble de la société.

Section 1

Les fiches de dépouillement

Les fiches ci-après reprennent les notions expliquées précédemment et incorporent les ratios jugés nécessaires à l'analyse.

COMPTE DE RESULTAT

Entreprise :

			Var. en %		Var. en %	
Ventes de marchandises Production vendue dont exportations						
Chiffre d'affaires (CA HT)						
Production vendue Production stockée Production immobilisée						
Production de l'exercice						
Ventes de marchandises — coût d'achat des marchandises vendues · achats de marchandises · variation des stocks de marchandises						
Marge commerciale						
Marge commerciale/Ventes de marchandises						
Production + marge commerciale — consommations de l'exercice en provenance des tiers · achats stockés de matières premières et autres appro. · variations des stocks de matières premières et autres · autres achats et charges externes · dont — sous-traitance — crédit-bail/locations immobilières — personnel extérieur à l'entreprise						
Valeur ajoutée						
Valeur ajoutée/production de l'ex. + ventes de marchandises						
Valeur ajoutée + subventions d'exploitation — impôts, taxes, et versements assimilés — charges de personnel						
Excédent brut d'exploitation						
Excédent brut d'exploitation/chiffre d'affaires (en %)						

Excédent brut d'exploitation — dotation aux amortissements et provisions d'exploitation + reprises d'amortissements et provisions d'exploitation + transfert de charges d'exploitation + ou — autres produits et charges				
RESULTAT D'EXPLOITATION				
Résultat d'exploitation/Chiffre d'affaires en %				
OPERATIONS FAITES EN COMMUN				
Résultat d'exploitation + Opérations faites en commun + Produits financiers — Charges financières				
RESULTAT COURANT				
Excédent Brut d'exploitation/Charges financières (en %)				
Résultat courant +/— Résultat exceptionnel participation et IS				
RESULTAT DE L'EXERCICE				
Résultat de l'exercice/Capitaux propres (en %)				
Résultat de l'exercice/Chiffre d'affaires HT (en %)				

Formation de la capacité d'autofinancement Excédent brut d'exploitation + Transfert de charges (d'exploitation) + ou — autres produits ou charges + ou — opérations faites en commun + Produits financiers (a) — Charges financières (b) + Produits exceptionnels (c) + Charges exceptionnelles (d) — Participation des salariés et impôts sur les bénéfices				
Capacité d'autofinancement				
Capacité d'autofinancement/Chiffre d'affaires HT				
Dotations nettes aux amortissements et provisions + ou — values d'éléments d'actif cédés — Subventions d'investissement virées au compte de résultat + Résultat de l'exercice				
Affectation de la capacité d'autofinancement				

Coût et productivité du personnel				
Effectif moyen				
Charges de personnel/Effectif moyen				
Chiffre d'affaires/Effectif moyen				

(a) Sauf reprises sur provisions. (b) Sauf dotations aux amortissements et aux provisions. (c) Sauf produits des cessions d'éléments d'actif, reprises de subventions d'investissement et reprises sur provisions. (d) Sauf VNCEAC et DAP.

ENTREPRISE :

BILAN

ACTIF			
1. **Immobilisations incorporelles** Frais de recherche et développement Autres immobilisations incorporelles *(— Amortissements)*			
2. **Immobilisations corporelles (en % du CAHT)** Terrains Constructions Installations, matériel et outillage Autres immobilisations et avances *(— Amortissements)*			
3. **Immobilisations financières** Participations et comptes rattachés Autres *(— Provisions)*			
I - ACTIF IMMOBILISE			
4. **Actif d'exploitation** Stocks et en-cours · Matières premières et approvisionnements · En-cours de production · Produits intermédiaires et finis · Marchandises *(— Provisions)* Avances et acomptes versés Créances clients *(— Provisions)* Autres créances Charges constatées d'avance			
5. **Trésorerie**			
II - ACTIF CIRCULANT			
TOTAL DE L'ACTIF			

PASSIF			
1. **Ressources propres** Capital, réserves, résultats conservés Subventions d'investissement Provisions réglementées Autres fonds propres Provisions à caractère de réserves Actif sans valeur Ecart de conversion Passif Quasi Fonds propres · Obligations convertibles · Emprunts participatifs ou subordonnés · Comptes courants d'associés stables			
2. **Provisions**			
3. **Dettes structurelles** Dont auprès d'établissements de crédit			
I - RESSOURCES STRUCTURELLES			
4. **Dettes d'exploitation** Avances et acomptes reçus Dettes fournisseurs Dettes fiscales et sociales Dettes sur immobilisations Autres dettes (dt dividendes à verser) Produits constatés d'avance			
5. **Trésorerie passif** Concours bancaires Escompte, Dailly et affacturage Billets de Trésorerie et groupe			
II - DETTES COURANTES			
TOTAL DU PASSIF			

I - EVOLUTION DE LA STRUCTURE FINANCIERE

TABLEAU DE FINANCEMENT				
A. Ressources stables · Capacité d'autofinancement (hors provisions d'exploitation) . . . . · Cession ou réduction de l'actif immobilisé . . . . · Cession de participations et immo financières . . . . · Augmentation des ressources propres . . . . · Augmentation des dettes structurelles . . . . **B. Emplois durables** · Distribution décidée au titre de l'exercice . . . . · Acquisition d'éléments de l'actif immobilisé . . . . · Remboursement ou diminution des ressources propres . . . . · Remboursement des dettes structurelles				
I. Variation du fonds de roulement				
· Variation des actifs circulants (hors trésorerie) . . . . · Variation des dettes courantes (hors trésorerie)				
II. Variation du besoin en fonds de roulement				
· Variation de la trésorerie actif . . . . · Variation de la trésorerie passif				
III. Variation de la trésorerie nette III = I – II				

Fonds de roulement en fin de période . . . . Besoin en fonds de roulement en fin de période . . . . Trésorerie nette en fin de période				

Fonds de roulement en jours de CA HT . . . . Besoin en fonds de roulement en jours de CA HT . . . . Trésorerie nette en jours de CA HT . . . . *Fonds de roulement/Besoin en fonds de roulement*				

II - TABLEAU PLURIANNUEL DES FLUX FINANCIERS

Excédent brut d'exploitation — Production immobilisée + Transfert de charges — Variation du besoin en fonds de roulement (brut de provisions)				
EXCEDENT DE TRESORERIE D'EXPLOITATION				
Charges financières nettes/ETE				
Excédent de trésorerie d'exploitation + ou — autres produits ou charges + ou — opérations faites en commun + ou — résultat financier (1) — Participation des salariés et impôts sur les bénéfices — Remboursement des emprunts structurels				
= 1. SOLDE DE TRESORERIE OPERATIONNELLE				
— Investissements (hors production immobilisée) + Cession d'immobilisations — Dividendes décidés au titre de l'exercice				
= 2. SOLDE DES OPERATIONS DISCRETIONNAIRES				
Augmentation de capital + Autres augmentations des fonds propres et quasi fonds propres + augmentation de dettes structurelles				
= 3. SOLDE DES OPERATIONS FINANCIERES				
+ ou — résultat exceptionnel sur opérations de gestion (2) = ou — résultat exceptionnel sur opérations en capital (3)				
= 4. SOLDE DES OPERATIONS EXCEPTIONNELLES				
1 + 2 + 3 + 4 = VARIATION DE LA TRESORERIE NETTE				

(1) Sauf dotations et reprises sur amortissements et provisions.
(2) Sauf mise au rebut ou annulation d'immobilisations.
(3) Sauf produits des cessions d'éléments d'actif, reprises de subventions d'investissement et reprises sur provisions.

III. RATIOS DE STRUCTURE ET D'ENDETTEMENT

DELAI MOYEN DES ELEMENTS DU BFR				
Marchandises/Achats de marchandises				
Matières premières, approvisionnements/ Achats de matières premières, approvisionnements.				
Encours produit brut/Production vendue-Résultat d'exploitation				
Produits intermédiaires & finis bruts/ Production vendue-Résultat d'exploitation.				
Créances clients/Chiffre d'affaires TTC.				
Dettes fournisseurs/Achats + charges externes TTC.				

ENDETTEMENT				
Dettes structurelles + OC & participatifs/CAF				
Ressources propres/Dettes structurelles				
Montant de l'endettement rémunéré global				
Intérêts et charges assimilées/Endettement RG				
Intérêts et charges assimilées/Chiffre d'affaires HT				

Section 2

Les ratios

Les ratios mettent en rapport certains éléments de la structure avec l'activité et la rentabilité ou inversement. Ils n'ont évidemment chacun qu'une **valeur relative** par rapport :

- aux autres ratios qui sont calculés. Par exemple un encours clients particulièrement long (en jours de CA TTC) peut être compensé par des stocks spécialement légers. Il sera alors probable que l'entreprise avait procédé, avant la date d'arrêté, à des livraisons très importantes. En revanche, si les deux ratios de clients et de stocks sont élevés, cela signifie peut-être que l'entreprise a au contraire du mal à écouler sa production ;
- aux mêmes ratios, calculés pour l'année précédente. Une augmentation des ratios peut traduire une amélioration de la rentabilité, etc ;
- aux mêmes ratios, calculés pour d'autres entreprises. A ce titre, les ratios calculés par la Centrale de Bilans de la Banque de France fournissent des éléments de comparaison intéressants, même s'ils sont diffusés avec un certain délai.

Par ailleurs, leur montant, et leur évolution **dépendent à la fois de l'évolution du numérateur et du dénominateur.** Un ratio de capacité de remboursement $\frac{\text{Dettes structurelles}}{\text{Capacité d'autofinancement}}$ en progression peut refléter une détérioration de la rentabilité, ou au contraire une augmentation de l'endettement, encore plus rapide que l'amélioration de la rentabilité.

Enfin, certains ratios sont valables pour certaines affaires, mais inapplicables pour d'autres : il en est ainsi des ratios de structure d'entreprises ayant une activité saisonnière (délai de rotation $\frac{\text{clients}}{\text{CA TTC}}$ en jours), ayant adopté une stratégie financière particulière ; ratio $\frac{\text{Amortissements}}{\text{Immobilisations}}$ pour les entreprises se finançant par crédit-bail) ou situées dans des secteurs "non standards" (taux de marque $\frac{\text{Marge commerciale}}{\text{CA HT}}$ pour les coopératives agricoles bénéficiant de subventions communautaires), etc.

Il faut donc être d'une **prudence extrême** dans l'utilisation de ces ratios, et dans la pratique, un emploi modéré de ceux-ci est le gage d'un emploi avisé.

1 - LES RATIOS ESSENTIELS A L'ANALYSE

Ces ratios figurent sur la fiche de dépouillement. Leur calcul est donc jugé indispensable. **Mais ils ne doivent être utilisés (et cités) au cours de l'analyse qu'en cas de besoin.**

Pour chacun des ratios qui vont suivre, le dénominateur constitue **l'élément de référence** auquel on compare le numérateur. Parmi les différents éléments de référence retenus, le **chiffre d'affaires** de l'entreprise prend une place toute particulière qui se justifie tant en matière de rentabilité que de structure.

- En matière de **rentabilité,** on rappellera le principe de base selon lequel **c'est le chiffre d'affaires qui seul engendre des résultats.** C'est pourquoi les soldes intermédiaires de gestion sont ramenés au chiffre d'affaires. Dans d'autres cas (ratios $\frac{\text{Intérêts et charges assimilées)}}{\text{Chiffre d'affaires}}$ on a retenu le chiffre d'affaires par souci d'homogénéité, bien que la production puisse, dans certains cas, paraître plus pertinente. De façon générale, le niveau et l'évolution des diverses **charges** du compte de résultat (et non pas des **soldes**) doivent être examinés à la lumière de la **production** de l'entreprise.
- En matière de **structure,** l'hétérogénéité des agrégats examinés au numérateur (stocks, clients, etc) impose le chiffre d'affaires comme étalon. Cette question est examinée en détail plus bas.

A - RATIOS DE RENTABILITE

① Taux de marque

$$\frac{\text{Marge commerciale}}{\text{Vente de marchandises}} \quad \text{en \%}$$

Ce ratio est à la fois sensible aux variations de prix de vente et aux variations de coût d'achat. Il varie considérablement selon les secteurs.

② Taux de valeur ajoutée

$$\frac{\text{Valeur ajoutée}}{\text{Production + ventes de marchandises}} \quad \text{en \%}$$

Ce ratio mesure :

- dans l'absolu la structure de production de l'entreprise, qui aura elle-même une incidence déterminante sur les besoins de financement ;
- en variation d'une année sur l'autre, la contribution plus ou moins grande des facteurs de production à l'activité de l'entreprise.

③ Coût et productivité du personnel

■ Coût

$$\frac{\text{Charges de personnel}}{\text{Effectif moyen}}$$ en milliers de francs

Enfin un ratio cohérent, puisque c'est l'effectif moyen qui est retenu ! Mais les intérimaires ne sont repris ni au numérateur ni au dénominateur.

■ Productivité

$$\frac{\text{Chiffre d'affaires}}{\text{Effectif moyen}}$$ en milliers de francs

On pourrait également prendre comme référence la production pour mesurer la productivité. Il s'agit là de la productivité **apparente,** ne tenant pas compte de la sous-activité éventuelle de l'entreprise. Les intérimaires ne sont repris ni au numérateur ni au dénominateur.

④ Rentabilité d'exploitation

$$\frac{\text{Excédent brut d'exploitation}}{\text{chiffre d'affaires HT}}$$ en %

" Parent pauvre " du ratio de rentabilité globale, ce ratio a l'avantage de se prêter plus aisément aux comparaisons entre les résultats prévisionnels et les résultats des exercices passés.

⑤ Poids des intérêts

$$\frac{\text{Intérêts et charges assimilées}}{\text{Chiffre d'affaires HT}}$$ en %

Dans la mesure où l'objectif de ce ratio est de mesurer le coût de **l'endettement** de l'entreprise, le numérateur ne retient que les intérêts et charges assimilées. Dans certains cas, les autres postes de la rubrique " charges financières " peuvent être assimilés à des intérêts :

– différences de change sur emprunt conclu dans une devise forte à bas taux d'intérêt. Mais une grande partie des différences de change provient, surtout chez les PME, des pertes sur créances clients ou crédits fournisseurs ;

– moins value sur valeurs mobilières de placement. Correspondant presque toujours, dans le cas de valeurs négociables à un différentiel d'intérêt, ces moins-values doivent être prises en compte pour l'examen du rendement de la trésorerie **active.**

Ce ratio est indispensable pour construire ou vérifier les hypothèses de résultat prévisionnel.

Par ailleurs, il constitue un excellent indicateur des difficultés éventuelles de l'entreprise. Sauf cas particuliers (biens d'équipement, entreprise travaillant à l'exportation), son niveau se situe en général à moins de 3 %.

$$\frac{\text{Intérêts et charges assimilées}}{\text{Endettement global rémunéré}} \text{ en \%}$$

Très complémentaire du précédent, ce ratio détermine en principe le coût moyen de l'endettement de l'entreprise. Dans la pratique, il est **très imprécis,** puisque l'endettement moyen ne peut guère être raisonnablement approché à partir des chiffres du bilan de fin d'exercice. En fait, il s'agit surtout ici de calculer un ratio qui, **confronté avec d'autres éléments d'information** (tableau des risques, appréciation de l'endettement moyen **réel** d'après des renseignements extérieurs) peut permettre de se faire une idée plus exacte des problèmes de financement de l'entreprise.

$$\frac{\text{Charges financières nettes}}{\text{ETE}} \text{ en \%}$$

Les charges financières sont nettes des produits financiers, et ne comprennent pas les **dotations ou risques de provisions.**
Ce ratio mesure, en terme de **charges financières,** la marge d'endettement disponible (qu'il s'agisse d'endettement à court, moyen ou long terme). Son interprétation dépend donc à la fois du taux du marché au moment où on l'examine, et de la rentabilité effective de l'actif (immobilisé ou circulant) qui est l'objet du financement supplémentaire projeté.
Le ratio prend en compte le cas de plus en plus fréquent où l'entreprise supporte des charges financières tout en dégageant d'importants produits financiers.

⑥ Rentabilité finale

$$\frac{\text{Résultat de l'exercice}}{\text{Chiffre d'affaires HT}} \text{ en \%}$$

En principe, ce ratio est assez faible – mais assez stable – lorsqu'il s'agit d'affaires de négoce (de l'ordre de 1 % à 2 %), tandis qu'il est souvent plus élevé – mais aussi plus variable – dans le cas d'affaires industrielles (5 % est déjà un niveau très satisfaisant).

Il s'agit bien entendu d'ordres de grandeur.

⑦ Rentabilité globale

$$\frac{\text{Capacité d'autofinancement}}{\text{Chiffre d'affaires HT}} \quad \text{en \%}$$

Ce ratio mesure le pourcentage de **trésorerie** dégagée par 1 FRF de chiffre d'affaires. Bien qu'assez peu explicatif (il ne dit rien de la composition de la CAF, ni de son affectation), et relativement dépendant de la structure de production de l'entreprise (plus l'industrie est capitalistique, plus la CAF est, relativement au chiffre d'affaires, élevée), ce ratio a le grand avantage de la simplicité et de l'universalité.

Pourvu que l'on s'en tienne aux entreprises du même secteur, il permet très rapidement des comparaisons de rentabilité, et autorise dans le cadre de la construction du tableau de financement prévisionnel un contrôle de vraisemblance CAF chiffre d'affaires souvent très instructif.

⑧ Rentabilité financière

$$\frac{\text{Résultat de l'exercice}}{\text{Capitaux propres après répartition de l'exercice précédent}} \quad \text{en \%}$$

Ce ratio de rentabilité financière, qui n'est significatif que pour les sociétés soumises à l'impôt sur les sociétés, est d'une grande importance pratique pour les actionnaies ou les investisseurs potentiels, puisqu'il mesure la rentabilité de leur investissement (cf. annexe – Evaluation boursière de l'entreprise).

B - RATIOS DE STRUCTURE ET DE LIQUIDITE

① Ratio de solvabilité

$$\frac{\text{Ressources propres}}{\text{Total du bilan}} \quad \text{en \%}$$

Ce ratio mesure, du point de vue des tiers à l'entreprise – hors associés et prêteurs en concours participatifs ou obligations convertibles – quelle **dépréciation moyenne** peut supporter l'actif avant que ces tiers ne soient amenés à assumer eux-mêmes le risque d'entreprise.

Bien que très théorique, puisque les risques de pertes d'une entreprise ne se limitent pas aux actifs inscrits dans son bilan, ce taux est un indicateur fréquemment utilisé et qu'on peut considérer comme satisfaisant, sous réserve d'un examen détaillé des situations individuelles, autour de 25 % pour une affaire industrielle, et un peu moins pour une affaire commerciale.

Si le banquier intervenait en prêt participatif, il faudrait calculer un ratio différent, puisqu'il ne pourrait plus se considérer alors garanti que par les fonds propres. Le ratio deviendrait :

$$\text{Ratio de solvabilité} \quad \frac{\text{Fonds propres + Comptes courants d'associés − intervention en prêt participatif}}{\text{Total du bilan}}$$

L'augmentation de ces ratios correspond à une **amélioration** de la solvabilité de l'affaire.

② Ratio d'intensité capitalistique

$$\frac{\text{Immobilisations corporelles}}{\text{CA HT}} \quad \text{en \%}$$

Ce ratio met grossièrement en valeur les investissements nécessaires par rapport au chiffre d'affaires. Il est limité aux immobilisations corporelles car les immobilisations incorporelles et financières représentent souvent des objectifs qui ne sont pas liés au développement du chiffre d'affaires stricto sensu.

③ Ratios d'endettement

■ Capacité d'endettement structurel

$$\frac{\text{Ressources propres}}{\text{Dettes structurelles}} \quad \text{en \%}$$

Ce ratio mesure la capacité de l'entreprise à **s'endetter à terme.**

Le financement des immobilisations et de la partie stable du besoin en fonds de roulement fait peser sur les bailleurs de fonds associés ou banquiers un risque particulier appelé « risque d'entreprise », dans la mesure où le remboursement de leur mise dépend, beaucoup plus que dans le cas du court terme, du succès final de l'entreprise. C'est d'ailleurs si vrai que le banquier à long terme (CEPME, Crédit National) se préoccupe presque plus de la rentabilité à long terme des investissements qu'il se prépare à financer, que de la structure financière de l'entreprise au moment de sa demande, si du moins celle-ci semble convenable.

Il est donc naturel que le banquier n'assume pas en la matière un risque supérieur à celui de l'entrepreneur, et que l'on exige donc que **le ratio de capacité d'endettement soit supérieur à 1.**

Par dettes structurelles, il faut entendre l'ensemble des dettes figurant sous cette rubrique. La Banque de France, et à sa suite les organismes spécialisés, distinguent deux niveaux de capacité d'endettement, résultant de deux notions différentes de l'endettement structurel.

– Un endettement " D.T. ", approximativement égal à la part à moins de 5 ans des dettes structurelles. (Il s'agit donc d'une approche un peu moins sévère).

Il faut alors que $\frac{RP}{DT} < 1$

– Un endettement E.T., égal aux dettes structurelles **majorées des engagements de crédit-bail.** Il faut alors que $\frac{RP}{ET} < \frac{2}{3}$

De façon générale, ce ratio doit être envisagé de façon **dynamique :** si le renseignement pour l'exercice à venir est disponible, il doit reprendre dans les dettes structurelles les crédits sollicités ou en cours de mise en place.

■ Capacité de remboursement des dettes structurelles

$$\frac{\text{Dettes structurelles + obligations convertibles et emprunts participatifs ou subordonnés}}{\text{Capacité d'autofinancement}} \quad \text{en années}$$

Ce ratio mesure le nombre d'années nécessaires à l'entreprise pour rembourser, par ses propres moyens, la totalité de ses dettes structurelles.

Il s'agit là encore d'un simple indicateur, puisque nous avons vu que, en dehors de tout renouvellement d'immobilisations ou de remboursement de dettes, la capacité d'autofinancement est affectée au moins en partie, au financement de la progression du besoin en fonds de roulement.

Les organismes de crédit à long et moyen terme estiment en général qu'un ratio inférieur ou égal à 3 est convenable.

Lorsque les opérations de crédit-bail sont significatives, on peut les reprendre dans le numérateur, sous déduction des charges financières. Mais il faut alors prendre la capacité d'autofinancement **financière** comme référence.

Il y a lieu également de tenir compte des obligations convertibles et des emprunts participatifs ou subordonnés inclus dans les ressources propres, puisque ceux-ci sont remboursables.

④ Valeur relative du fonds de roulement

$$\frac{FR}{CA\ HT} \times 360 \quad \text{en jours}$$

Ce ratio permet de mesurer, **en nombre de jours** de chiffre d'affaires, la valeur du FR. A ce sujet, diverses remarques s'imposent :

– le choix du chiffre d'affaires "HT" au dénominateur ne résulte d'aucun choix logique provenant de la composition du FR. Il correspond simplement à une commodité : la référence "hors taxes" permet de comparer des affaires ayant des structures relativement différentes (ce qui est particulièrement utile si l'on utilise les données sectorielles de la Centrale de Bilans), et elle autorise surtout **une comparaison immédiate avec le montant global du besoin en fonds de roulement ;**

– le calcul suppose une référence au chiffre d'affaires **annuel.** Dans le cas où le banquier dispose d'une situation et d'un chiffre d'affaires semestriels, il multipliera le ratio par 180 et non par 360 ;

– le caractère significatif du ratio dépend beaucoup du caractère significatif du chiffre d'affaires lui-même (commissionnaires, promoteurs immobiliers, entreprises de production de cinéma ou de biens d'équipement à chiffre d'affaires très cyclique). Il faudra alors le préciser.

Malgré ces restrictions, l'utilité de ce ratio comme indicateur synthétique et normatif (dans le cadre du calcul du tableau de financement prévisionnel) est incontestable.

⑤ Valeur relative du besoin en fonds de roulement

$$\frac{BFR}{CA\ HT} \times 360 \quad \text{en jours}$$

Ce ratio mesure, **en nombre de jours de chiffre d'affaires,** l'importance du BFR. Les remarques qui ont été faites pour le ratio de fonds de roulement restent en grande partie valables.

– Le BFR est la résultante de ressources et d'emplois qui varient chacun en fonction d'une phase donnée du cycle de production et de commercialisation.

ELEMENTS DU BFR	FACTEURS DE VARIATION
Fournisseurs	Consommations en provenance des tiers TTC
Stocks de matières premières et approvisionnement	Achats de matières premières et autres approvisionnements HT
Stocks d'encours de biens et services et produits intermédiaires et finis	Production HT — Résultat d'exploitation
Stocks de marchandises	Achats de marchandises
Créances clients	Chiffre d'affaires TTC
Autres créances ou dettes d'exploitation	Valeur ajoutée

Il n'est donc pas possible de construire un indicateur homogène sans opérer un minimun de **simplification,** parfaitement justifiée dans la plupart des cas.

– Le caractère significatif du ratio peut être mis en cause par la nature de l'activité de l'entreprise, comme dans le cas du FR.

Grâce au caractère synthétique de ce ratio, il est aisé d'obtenir, par déduction, l'importance de la trésorerie nette en jours de chiffre d'affaires HT :

$$\text{Trésorerie nette} = \text{FR} - \text{BFR}$$

donc

Trésorerie nette (en jours de CA HT) = FR (en jours de CA HT) – BFR (en jours de CA HT)

⑥ Durée moyenne des composantes du besoin en fonds de roulement

Ces ratios exprimés en nombre de jours, correspondent à la durée moyenne pendant laquelle les éléments du besoin en fonds de roulement (stocks, clients, fournisseurs) figurent au bilan de l'entreprise, avant d'être incorporés dans une autre phase du cycle d'exploitation (cas des différents types de stocks), ou bien réglés par le débit ou le crédit d'un compte de trésorerie.

Il faut avoir conscience qu'il ne s'agit ici que de délais **moyens.** Au sein de chaque élément du BFR peuvent exister de grandes disparités. Ce sera le cas :

– Dans les stocks :
  - pour les pièces de rechange de matériels qui ne sont plus fabriquées par l'entreprise, mais dont elle assure le service après-vente ;
  - pour les marchandises qui nécessitent, en raison de l'irrégularité de leurs approvisionnements, un fort stockage de précaution ;
  - pour les “rossignols” : produits invendus et souvent invendables, (en principe provisionnés.

– Dans les créances clients :
  - pour les créances à l'exportation, qui atteignent aisément 180 jours ;
  - pour les créances douteuses, en principe provisionnées.

– Dans les crédits fournisseurs
  - pour les crédits à l'importation ;
  - éventuellement, pour les faciliés consenties par la maison-mère.

On aurait pu concevoir **d'affiner les calculs** en prenant la moyenne des numérateurs de début et de fin de période (exemple $\frac{\textbf{stock initial + stock final}}{\textbf{2}}$), le dénominateur représentant lui, un flux courant sur toute la période. Cette méthode aurait sans doute été plus rigoureuses, mais aussi plus compliquée, pour un supplément d'information en grande partie **illusoire.** En effet, à partir du moment où le dénominateur a un caractère saisonnier ou bien irrégulier, ce **qui correspond à la majorité des cas de figure** (chiffre d'affaires et production en général très faibles en Août, achats souvent assez soutenus en Septembre mais faibles en fin d'année etc.) le montant du ratio n'a pas qu'un caractère **indicatif.** C'est toute la tâche de l'analyse financier que de lui donner **sa signification précise.**

■ Délai moyen du stock de marchandises (opérations de négoce) ou de matières premières et autres approvisionnements (opérations de production)

$$\frac{\text{Stock final brut de marchandises}}{\text{Achats de marchandises HT}} \times 360 \quad \text{en jours}$$

$$\frac{\text{Stock final brut de matières premières et autres approvisionnements}}{\text{Achats de matières premières et autres approvisionnements HT}} \times 360 \quad \text{en jours}$$

Ces ratios sont au plan comptable, particulièrement homogènes :

- les stocks sont, comme les achats, valorisés hors TVA ;
- les rabais, ristournes et remises obtenus sont déduits aussi bien du numérateur que du dénominateur.

Une augmentation du ratio peut tout aussi bien révéler :

- des achats massifs en fin d'année (à titre de précaution, ou parce que l'approvisionnement est irrégulier) ;
- une dégradation de la gestion des stocks ;
- une modification en cours de la structure de la production (achats d'approvisionnements plus élaborés qu'auparavant, et donc plus onéreux).

■ Délai moyen des stocks de produits en cours

$$\frac{\text{En cours de production brut}}{\text{Production vendue - Résultat d'exploitation}} \times 360 \quad \text{en jours}$$

Le ratio mesure le délai moyen **d'écoulement** des produits en cours. Il appelle plusieurs remarques :

- la valorisation des stocks correspond à leur coût de production. Il est donc nécessaire de défalquer du montant de la production vendue, le bénéfice (ou la perte) – après amortissements – que l'entreprise a réalisé lors de la vente ;
- la production retenue ici est la production **vendue.** Si l'on avait retenu la production **totale,** le ratio aurait représenté le délai **effectif,** beaucoup moins parlant. Ainsi, en cas de hausse de la production due en grande partie à la hausse de la

production stockée, la détérioration du ratio restera relativement limitée, puisque le numérateur comme le dénominateur sont affectés par la même variation. Au contraire, dans le cas où seule la production vendue est retenue, l'effet de la mévente apparaît clairement ;

– ce ratio a une signification complètement différente dans le cas d'une entreprise industrielle et dans le cas d'une entreprise de travaux publics ou de services.
  - Pour l'entreprise industrielle, surtout quand il s'agit d'une PME ayant un cycle d'exploitation assez court, ce ratio concerne un encours de stocks relativement faible, et n'est donc que rarement le plus significatif.
  - Pour l'entreprise de travaux publics ou de services, ce ratio comporte, au numérateur, **l'essentiel de sa production.**

Dans le cas d'entreprise produisant simultanément des biens et des services, il sera nécessaire d'établir deux ratios :

$$\frac{\text{En cours de prod. de biens, brut}}{\text{Production vendue de biens}} \times 360 \quad \text{en jours}$$

$$\frac{\text{En cours de prod. de services, brut}}{\text{Production vendue de services}} \times 360 \quad \text{en jours}$$

Moins précis (on ne connaît pas les résultats d'exploitation sur biens, d'une part et sur services d'autre part) que le ratio précédent, ces deux ratios sont aussi, en variation, plus significatifs.

■ Délai moyen des produits intermédiaires et finis

$$\frac{\text{Produits intermédiaires et finis, bruts}}{\text{Production vendue - Résultat d'exploitation}} \times 360 \quad \text{en jours}$$

Ce ratio mesure le délai moyen d'écoulement des produits intermédiaires et finis. Il n'est pas très homogène dans la mesure où les produits intermédiaires se rapprochent plus, dans le cycle de production, des encours de production que des produits finis. Ils sont en général, il est vrai, pour les PME à cycle court, de faible importance.

■ Délai moyen des créances clients

$$\frac{\text{Créances clients brutes}}{\text{Chiffre d'affaires TTC}} \times 360 \quad \text{en jours}$$

Ce ratio mesure le délai moyen des créances clients.

Il appelle les **remarques** suivantes :

– les créances clients sont comptabilisées TTC. Le chiffre d'affaires est, lui, comptabilisé en compte de résultat hors TVA. Il faut donc lui ajouter la TVA collectée, qui est signalée dans le tableau des renseignements divers, modèle 2058 C ;

– les créances clients, prises pour leur montant brut avant provisions comprennent les créances escomptées, cédées en Dailly, affacturées etc. Elles doivent éventuellement être majorées du montant des effets et chèques à l'encaissement si ceux-ci sont particulièrement importants ;

– l'évaluation des créances peut être affectée par la variation du cours de la devise de facturation, qui figure dans les postes " écarts de conversion " actif et passif. Il n'est pas possible d'imputer directement ces postes aux créances clients, puisqu'ils peuvent concerner d'autres éléments de l'actif ou du passif. Seule l'entreprise peut fournir cette information, si elle s'avère nécessaire ;

– le fait que les créances soient reprises pour leur montant brut masque l'existence éventuelle de clients douteux, dont le caractère immobilisé peut majorer fortement la durée moyenne effective du poste clients ;

– aucun ratio n'est prévu pour apprécier l'encours moyen des avances et acomptes **versés par des clients,** au passif, sur les commandes qu'ils passent. **Rien n'interdit de calculer un tel ratio,** surtout pour les entreprises de biens d'équipement dont ils constituent un financement en général bien supérieur à celui du crédit fournisseurs.

■ Délai moyen des crédits fournisseurs

$$\frac{\text{Dettes fournisseurs et comptes rattachés}}{\text{Achats de marchand. + achats de M.P. ou d'approvis. + autres achats \& charges externes T.T.C.}} \times 360 \quad \text{en jours}$$

Ce ratio mesure le délai moyen des crédits accordés par les fournisseurs sur **l'ensemble** des achats effectués.

Les remarques soulevées lors de l'examen de la vitesse de rotation des créances clients (comptabilisation TTC, incidence des écarts de conversion, intérêt d'un ratio de rotation sur les avances et acomptes versés aux fournisseurs à l'actif) demeurent valables pour ce ratio.

En outre, il peut être judicieux, en raison de l'hétérogénéité du poste " fournisseurs ", de calculer plusieurs ratios par catégorie de fournisseurs.

2 - LES RATIOS COMPLEMENTAIRES

Les ratios complémentaires ne sont pas des ratios inutiles. Ils sont simplement des ratios dont le calcul ne s'impose pas parce qu'ils n'ont pas à être calculés dans tous les cas de figure, mais seulement pour étayer ou vérifier un point d'analyse dont la solution n'apparaît pas clairement.

A - RATIOS D'ACTIVITE

① Productivité

$$\frac{\text{Valeur ajoutée}}{\text{Effectif moyen}}$$ (en milliers de F)

Ce ratio est d'une manipulation délicate :

- le nombre de salariés est peu significatif. Il faudrait y ajouter les intérimaires, qui fournissent un effectif à la fois important et fluctuant. A ce titre, on notera que le tableau fiscal des renseignements divers modèle 2058–C donne l'effectif annuel **moyen,** plus significatif que l'effectif de fin d'année pour une entreprise en forte croissance ou qui a au contraire dû procéder à des licenciements en cours d'année ;
- les rapports dépendent beaucoup de la structure de production choisie, qui peut varier rapidement en quelques années ;
- enfin ces ratios ne mesurent que la productivité **apparente,** quel que soit le niveau d'activité effectif du personnel. Mais là encore cette donnée est plus intéressante que la productivité **réelle,** dans la mesure où elle traduit, en cas de sureffectifs, **la sous-activité** éventuelle de l'affaire.

② Répartition de la valeur ajoutée

$$\frac{\text{Charges de personnel}}{\text{Valeur ajoutée}}$$ en %

$$\frac{\text{Résultat financier (1)}}{\text{Valeur ajoutée}}$$ en %

$$\frac{\text{Capacité d'autofinancement}}{\text{Valeur ajoutée}}$$ en %

Ces trois ratios permettent d'apprécier la contribution de l'entreprise à l'activité économique nationale en tant que créatrice de revenu à destination des ménages, des institutions financières et pour elle-même. Cette affectation n'est pas tout à fait complète, puisqu'elle ne reprend pas les **transferts de valeur ajoutée** opérés en faveur des administrations publiques (prélèvements fiscaux).

(1) Hors dotations ou reprises d'amortissements et de provisions

B - RATIOS DE RENTABILITE

① Autofinancement des investissements

$$\frac{\text{Capacité d'autofinancement} - \text{Distribution}}{\text{Investissements HT}} \quad \text{en \%}$$

Il ne s'agit là que d'un indicateur : l'autofinancement souhaitable d'une entreprise n'est pas en effet nécessairement le plus élevé, comme nous le verrons.

② Marge brute de production

$$\frac{\text{Achat de matières premières} - \text{Variation de stocks de matières premières}}{\text{Production}}$$

Ce ratio mesure le rapport entre le coût des matières premières effectivement consommées et la production.

C - RATIOS DE STRUCTURE ET DE LIQUIDITE

① Degré d'amortissement des immobilisations

$$\frac{\text{Amortissements économiques}}{\text{Immobilisations } \textbf{amortissables} \text{ brutes}} \quad \text{en \%}$$

Ce ratio mesure le degré de **vieillissement** de l'actif productif, aussi bien par usure que par obsolescence. Bien que les amortissements économiques dotés varient selon la politique suivie en la matière par l'entreprise, on peut en général, considérer qu'un ratio supérieur à 80 % signale à la fois le vieillissement des installations et l'incapacité d'y faire face.

Il faut tenir compte du fait que ce ratio peut être artificiellement minoré par la présence d'un poste "constructions" amortissable très lentement (exemple : bureaux).

Enfin, on remarquera qu'il n'est pas possible d'intégrer dans ce calcul, les immobilisations en crédit-bail, pour lesquelles les données nécessaires ne sont pas disponibles.

② Valeur relative du besoin en fonds de roulement d'exploitation

$$\frac{\text{Besoin en fonds de roulement d'exploitation}}{\text{Chiffre d'affaires HT}} \times 360 \quad \text{en jours}$$

Ce ratio permet d'affiner l'analyse dans le cas, notamment, où il apparaît que les évolutions du BFR d'exploitation et hors-exploitation sont nettement divergentes.

Les remarques soulevées par le ratio du besoin en fonds de roulement global sont valables également pour ce ratio.

③ Part des besoins en fonds de roulement financées par la trésorerie

$$\frac{\text{Trésorerie nette}}{\text{BFR}} \quad \text{en \%}$$

L'accroissement du ratio indique un recours accru à la trésorerie plutôt qu'à des financements stables.

Chapitre IV
Traitement des comptes consolidés

Le recours presque systématique aux comptes consolidés, même en l'absence de contrainte légale de consolidation amène la banquier a poursuivre souvent deux analyses simultanées : celle des comptes sociaux et celle des comptes consolidés.

A partir des principes de consolidation (Section 1), on montrera que l'analyse des comptes consolidés, très utilisée, ne dispense pas de l'analyse des comptes sociaux (Section 2).

Plan du chapitre

Section 1

Principes de la consolidation

La consolidation des comptes a pour objet de présenter l'image économique des groupes de sociétés contrôlés par une même société-mère (souvent appelée plus simplement "la mère").

1 - CHAMP D'APPLICATION DE LA CONSOLIDATION

Les sociétés commerciales émettant des valeurs mobilières inscrites à la cote officielle et les entreprises qui émettent des billets de trésorerie ainsi que certaines grandes entreprises publiques (1) sont soumises à la publication de comptes consolidés pour les exercices ouverts à partir du 31 décembre 1985.

Certaines autres sociétés commerciales non cotées, et pourvu qu'elles ne soient pas elle-mêmes comprises dans le périmètre de consolidation d'une entreprise elle-même tenue à présenter des comptes consolidés, sont astreintes à produire des comptes consolidés à partir des exercices ouverts après le 31 décembre 1989, si toutefois elles dépassent un certain seuil (2).

Ces contraintes légales concernent la publication des comptes. Mais toute entreprise correctement gérées doit par principe établir des comptes consolidés qu'elle doit être en mesure de remettre à son banquier. L'absence d'établissement de comptes consolidés doit être considérée comme une indication de médiocre gestion, et laisse planer un doute certain sur la fiabilité de la relation.

2 - PERIMETRE DE CONSOLIDATION

La prise en compte des entreprises dans le périmètre de consolidation de la société-mère varie en fonction de la nature de la participation détenue. Toutes les entreprises ne sont pas incluses dans le périmètre de consolidation (A - Champ d'application), et les entreprises sont consolidées selon différentes méthodes (B - Méthodes de consolidation).

---

(1) Les entreprises publiques ne sont pas toujours tenues de consolider si le groupe qu'elles contrôlent n'atteint pas deux des trois critères suivants :
- 200 MF de CA HT,
- 100 MF de total de bilan,
- 500 salariés.

(2) Les seuils sont les mêmes que ceux retenus pour les entreprises publiques (cf. note précédente).

A - CHAMP D'APPLICATION DE LA CONSOLIDATION

Les possibilités d'exclusion du périmètre de la consolidation visent à éviter la consolidation des filiales qui brouilleraient la vision de l'ensemble économique dont la société-mère est la tête.

D'où les cas d'exclusion suivants :

- comptes annuels ayant une structure nettement différente(1) : cas des sociétés industrielles et de leurs filiales financières ou d'assurance ;
- restrictions sévères et durables à l'exercice du contrôle de la filiale par sa société-mère : cas des filiales situées dans des pays étrangers et faisant l'objet de mesures de quasi-nationalisation, cas des filiales dont la gestion est en fait abandonnée à des tiers (en vertu de pactes d'actionnaires) ;
- souhait précis de vente de la filiale dans un délai court. Cela recouvre aussi bien les filiales dont la cession est en train de se conclure, que les " portages " purs et simples ;
- importance négligeable de la filiale. Il s'agit d'une facilité, qui concerne les sociétés-coquille ou en sommeil que chaque grand groupe entretient dans l'attente de leur utilisation future ;
- difficultés graves à obtenir des informations. Il a été jugé préférable de s'abstenir dans ce cas de consolider, plutôt que d'intégrer des données fausses.

B - METHODES DE CONSOLIDATION

Les filiales qui rentrent dans le périmètre de consolidation sont consolidées selon trois méthodes exclusives. On prendra comme exemple la société-mère M et sa filiale F.

La filiale F a été acquise en début d'exercice et sa situation nette était égale à son capital social. La différence de consolidation (cf infra) est amortie sur 10 ans.

SOCIETE MERE M COMPTES SOCIAUX

ACTIF		PASSIF	
Immobilisations	500	Capital	500
TITRES FILIALE F	**50**	Résultat	50
Stocks	250	Dettes structurelles	400
Créances clients	300	Fournisseurs	150
TOTAL ACTIF	**1 100**	**TOTAL PASSIF**	**1 100**

COMPTE DE RESULTAT	
Ventes	1 050
Achats	– 650
Charges de personnel	– 200
Amortissements	– 75
Charges financières	– 50
Impôts	– 25
RESULTAT	**50**

(1) Ces filiales sont alors intégrées par mise en équivalence.

SOCIETE FILIALE F

ACTIF		PASSIF	
Immobilisations	50	Capital	20
Stocks	50	Résultat	10
Créances clients	30	Dettes structurelles	45
Autres créances	0	Fournisseurs	55
TOTAL ACTIF	**130**	**TOTAL PASSIF**	**130**

COMPTE DE RESULTAT	
Ventes	250
Achats	– 200
Charges de personnel	– 20
Amortissements	– 15
Charges financières	– 5
RESULTAT	**10**

① Entreprises contrôlées exclusivement

Il s'agit, pour l'essentiel, des filiales détenues à plus de 50 % directement ou indirectement) : **intégration globale**. Les titres sont remplacés par les éléments d'actif et de passif de la filiale. La part des actionnaires n'appartenant pas au groupe (par hypothèse minoritaires dans la filiale) dans la situation nette de la filiale est enregistrée dans le poste " intérêts minoritaires ", qui figure au bilan consolidé à part, en dessous de la rubrique " fonds propres du groupe ".

Si la filiale F n'est contrôlée qu'à 70 %, cela donne :

SOCIETE MERE M COMPTES CONSOLIDES

ACTIF		PASSIF	
Immobilisations	550	Fonds propres	506
Ecarts d'acquisition	**32**	*dont minoritaires*	*6*
		Résultat	56
		dont minoritaires	*3*
Stocks	300	Dettes structurelles	445
Créances clients	330	Fournisseurs	205
TOTAL ACTIF	**1 212**	**TOTAL PASSIF**	**1 212**

COMPTE DE RESULTAT	
Ventes	1 300
Achats	– 850
Charges de personnel	– 220
Amortissements	– 90
Charges financières	– 55
Impôts	– 25
Amortissement différé 1re consolidation	**– 4**
RESULTAT	**56**
part du groupe	*53*
int. minoritaires	*3*

On verra que dans la pratique, le traitement de l'écart d'acquisition est plus complexe que cela.

② Entreprises contrôlées conjointement

Il s'agit des entreprises contrôlées à part égales entre la société-mère et un ou plusieurs groupes extérieurs. Ce cas de figure se rencontre fréquemment lorsque la filiale est conçue comme un **outil** au service de ses actionnaires : centrales à gravier contrôlées par plusieurs entreprises de travaux publics, navires, etc. On procède alors par **intégration proportionnelle**. La valeur des titres de la filiale dans le bilan de la société-mère est remplacée par la valeur des éléments d'actif et de passif (éventuellement retraités) au bilan de la filiale **au prorata de la participation de la société-mère chez sa filiale**. Il n'y a donc pas création d'intérêts minoritaires.

Dans la pratique, l'intégration proportionnelle se conçoit difficilement lorsqu'il y a plus de quatre actionnaires à parts égales dans la filiale.

Pour une société F contrôlée à 50 %, cela donne :

SOCIETE MERE M COMPTES CONSOLIDES

ACTIF		PASSIF	
Immobilisations	525	Fonds propres	500
Ecarts d'acquisition	**36**	Résultats	51
Stocks	275	Dettes structurelles	422
Créances clients	315	Fournisseurs	178
TOTAL ACTIF	**1 151**	**TOTAL PASSIF**	**1 151**

COMPTE DE RESULTAT	
Ventes	1 175
Achats	– 750
Charges de personnel	– 210
Amortissements	– 82
Charges financières	– 53
Impôts	– 25
Amortissement différé 1re consolidation	**– 4**
RESULTAT	**51**

On remarque que l'écart d'acquisition a un peu augmenté par rapport au cas de figure précédent : en effet, la société-mère M n'est censée détenir que 50 % du capital de sa filiale F.

③ Entreprises dans lesquelles la société-mère détient une influence notable.

Il y a présomption d'influence notable si la participation dans la filiale atteint 20 %. Mais l'influence notable peut être acquise avec une participation moindre si la société-mère a conventionnellement la possibilité de nommer certains des organes de direction de la filiale (administrateurs) ou si sa participation reste très importante par rapport à celle des autres actionnaires : exemple d'une société-mère détenant 15 % d'une société cotée en bourse, dont les autres actionnaires importants ne détiennent chacun pas plus de 5 % du capital.

Les titres de la filiale sont alors mis en équivalence. La valeur de ces titres chez la société-mère est remplacée par la participation qu'ils confèrent dans la situation nette (éventuellement retraitée) de la filiale. Il n'y a évidemment pas de création d'intérêts minoritaires.

Pour une filiale F détenue à 20 %, cela donne :

ACTIF		PASSIF	
Immobilisations	500	Capital	500
Ecarts d'acquisition	**41**	Résultats	47
TITRES FILIALE F	6	Dettes structurelles	400
Stocks	250	Fournisseurs	150
Créances clients	300		
TOTAL ACTIF	**1 097**	**TOTAL PASSIF**	**1 097**

COMPTE DE RESULTAT	
Ventes	1 050
Achats	– 650
Charges de personnel	– 200
Amortissements	– 75
Charges financières	– 50
Sociétés mises en équivalence	**+ 2**
Impôts	– 25
Amortissement différé 1re consolidation	**– 5**
RESULTAT	**47**

On remarque que le résultat de la société mise en équivalence est incorporé dans la valeur des titres de la filiale F à l'actif du bilan consolidé.

3 - RETRAITEMENTS PREALABLES A LA CONSOLIDATION

Les retraitements ont pour objectif de s'assurer que l'ensemble des informations sont bien appréhendées selon les mêmes méthodes dans l'ensemble du groupe, et de supprimer les écritures qui risquent d'altérer la vision de l'entité **économique**.

A - CHOIX DES METHODES D'EVALUATION

Les textes autorisent dans le cadre des comptes consolidés l'adoption de méthodes d'évaluation qui sont très différentes des normes de prudence comptables. Elles sont de caractère général, ou concernent telle ou telle opération. A titre d'exemple, on citera les possibilités suivantes :

- la méthode du coût historique indexé (sur l'inflation) permet de tenir compte de l'inflation dans les comptes consolidés. Cette méthode n'est en général pas appliquée aux comptes en francs. En revanche, pour les filiales situées dans les pays à forte inflation (“ monnaie fondante ”), on a la possibilité de comptabiliser les immobilisations pour leur coût historique en francs ;
- les éléments d'actif peuvent être évalués non pas à la valeur vénale ou d'usage, mais à leur valeur de remplacement ;
- la méthode LIFO (last in first out) peut être appliquée aux stocks. Ceux-ci peuvent intégrer les intérêts financiers correspondant au financement du cycle de production ;
- les biens acquis en crédit-bail peuvent être (et sont le plus souvent) comptabilisés comme s'ils avaient été achetés à crédit, et étaient propriété de l'entreprise ;
- les écarts de conversion peuvent être portés directement dans les résultats ;
- l'amélioration de la situation active fiscale peut être prise en compte dans les résultats.

B - HARMONISATION DES METHODES

A partir des méthodes définies pour l'ensemble du groupe, les sociétés du périmètre (y compris la société-mère) doivent harmoniser leurs comptes, et établir de ce fait des comptes sociaux retraités pouvant faire apparaître des différences très sensibles tant au bilan qu'au compte de résultat par rapport aux états d'origine.

Les retraitements les plus massifs sont souvent dus à l'harmonisation des méthodes d'évaluation de stocks, de constitution de provisions, et de durées d'amortissement. Par exemple, le choix d'une durée d'amortissement unifiée de trois ans sur les micro-ordinateurs va se traduire, par rapport aux comptes sociaux d'origine, par des pertes pour les sociétés qui amortissaient sur quatre ans, et des profits pour celles qui amortissaient sur deux ans.

C - ELIMINATION DES RELATIONS ET DES PROFITS INTERGROUPE

Les comptes réciproques du bilan (dettes et créances, crédits fournisseurs et créances clients, capitaux propres et titres de participation) sont vérifiés (ils doivent être égaux) et annulés.

Pour les achats et les ventes (compte de résultat) l'élimination des réciproques entraîne non seulement une "annulation de chiffre d'affaires", mais aussi une **annulation de profit**. En effet, les profits réalisés sur les biens cédés par une filiale F1 et qui étaient encore en stocks chez la filiale acquéreuse F2 doivent aussi être annulés. Il en est de même des plus-values de cession sur immobilisations(1) . En revanche, on aura tendance à ne pas retraiter les moins-values de cession, qui correspondent à la constatation d'une dépréciation d'actif.

D - CALCUL DU RESULTAT

Le résultat de chaque société du périmètre est profondément modifié par les retraitements précédents. Après élimination des distributions de dividendes entre sociétés du groupe, une nouvelle charge fiscale théorique est calculée au taux en vigueur pour chaque type de profit (en France : 33 % pour le résultat courant, 18 % pour les plus-values long terme). On tient compte également des régimes d'intégration fiscale (et éventuellement d'imposition consolidée) : l'imposition consolidée est souvent inférieure à la somme des impositions des filiales.

4 - CONSOLIDATION

La consolidation proprement dite est plus simple que les phases qui la précèdent.

A - CALCUL DU POURCENTAGE D'INTERET

Les calculs de pourcentage d'intérêt – qui peuvent être compliqués par l'existence de participation indirectes, en cascade, ou croisées – permettent de définir, société par société, la méthode de consolidation retenue (intégration globale ou proportionnelle, mise en équivalence).

(1) Un traitement particulier est prévu pour les plus-values sur lease-back (cf annexe III sur le crédit-bail).

B - CUMUL DES COMPTES ET CALCUL DU RESULTAT

Les comptes retraités des sociétés du groupe sont :

– cumulés s'il s'agit d'une intégration globale ou proportionnelle ;

– repris pour la valeur retraitée de la situation nette s'il s'agit d'une mise en équivalence.

Les résultats des exercices antérieurs, **s'ils ont été conservés dans le groupe**, figurent dans les réserves consolidées. Les résultats de l'exercice figurent dans un poste de résultat consolidé (part du groupe). Le poste "Intérêts minoritaires" recense à la fois les intérêts des minoritaires dans la situation nette des filiales consolidées par intégration globale et les résultats consolidés correspondants.

C - ECARTS D'ACQUISITION

① Définition

Au moment de la date de **première** consolidation, la valeur des titres de ces filiales chez la société-mère est remplacée par les éléments d'actifs et de passifs éventuellement retraités figurant dans leurs bilans. Il apparaît donc dans les fonds propres une différence de consolidation (inscrite en plus ou en moins dans les réserves consolidées), correspondant à la différence entre la valeur des titres de la filiale chez la société-mère et la situation nette de cette filiale. On appelle souvent cette différence de première consolidation "survaleur" ou "goodwill", si elle est positive, ce qui est très fréquemment le cas.

Dans le cas de la société-mère M détenant la filiale F à 70 %, ce calcul est le suivant :

Valeur des titres de F chez sa société mère M	50
– Situation nette de F au moment de l'acquisition * 70 %	14
= **Ecarts d'acquisition**	**36**

② Justification économique (1)

Cette différence entre situation nette et prix d'acquisition peut avoir deux justifications économiques :

– approche en terme d'**actif net** : la société acquise peut aussi recéler des plus-values latentes, non extériorisées en comptabilité (ex : plus-value sur immeubles) ;

– approche en terme de **rendement** : la société-mère M espère que la capacité bénéficiaire de cette filiale lui procurera un rendement élevé de 20 % (en l'occurence un résultat de 10 pour un investissement initial de 50). L'écart d'acquisition est le prix de ce rendement élevé.

(1) On traite des différences positives. Mais il peut y avoir des différences **négatives.** La filiale a été achetée à une moindre valeur que celle de la situation nette en raison de moins-values latentes ou de pertes prévisionnelles. Cette différence peut être réintégrée en **profits** dans les résultats du groupe sur une période souvent assez courte (un an parfois).

③ Traitement comptable

Face à ces deux approches possibles, le comptable adopte la position suivante :

- fraction de l'écart due à une plus-value latente sur éléments clairement identifiés (immeubles, fonds de commerce) : cette fraction est affectée au poste d'actif correspondant (ex : poste "Constructions"), et amortie comme lui (ex : 25 ans) ;
- fraction de l'écart due à une approche en terme de rendement. Une affectation est impossible, et le rendement est aléatoire. Le principe de prudence exige que l'on pratique un amortissement progressif, laissé à l'appréciation de l'entreprise, et qui ne peut excéder 40 ans.

④ Conséquence au cours des années suivantes

Chaque année, le consolidateur reprend la valeur des titres de la filiale pour son actif net. Cet actif net a donc pû évoluer (essentiellement à raison des résultats dégagés et éventuellement redistribués à la maison-mère). L'**écart d'acquisition** est traité de façon **totalement autonome**.

Prenons l'exemple simple d'une filiale détenue à 100 %, qui présente les caractéristiques suivantes :

Hypothèses de base :

Valeur d'acquisition	50
– Situation nette au 1er janvier de l'année N	– 20
= **Ecart d'acquisition**	**30 (amorti sur 15 ans)**

	N	N+1	N+2	N+3
Evolution des résultats de la filiale	2	3	4	6
Evolution de la situation nette		22	25	29

Comptabilisation dans les comptes consolidés (fin d'exercice)

Evolution de la survaleur	28	26	24	22
Evolution implicite de la valeur nette des actifs et passifs de la filiale F	22	25	29	35
Valeur totale de F dans les comptes	**50**	**51**	**53**	**55**

5 - DOCUMENTS PUBLIABLES

Le plan comptable général préconise les documents figurant ci-après, auxquels il faut ajouter une annexe comptable détaillée souvent plus explicite encore que celle qui accompagne les comptes sociaux en particulier pour les entreprises cotées en Bourse. Le tableau de financement consolidé est facultatif.

APPENDICE - MODELE DE BILAN CONSOLIDE (en tableau)

ACTIF	Exercice N			Exercice N − 1	PASSIF	Exercice N	Exercice N − 1
	Brut	Amortis-sements et provisions	Net				
Actif immobilisé					**Capitaux propres**		
Immobilisations incorporelles					Capital *(b)*		
Ecarts d'acquisition *(a)*					Primes *(b)*		
Immobilisations corporelles					Réserves *(c)*		
Immobilisations financières (1)					Ecarts de réévaluation		
Titres mis en équivalence					Ecarts de conversion *(d)*		
					Résultat de l'exercice *(e)*		
Actif circulant							
Stocks et en cours					**Intérêts minoritaires** *(g)*		
Clients et comptes rattachés (2)							
Autres créances (2)					**Provis. pour risques et charges** *(f)*		
Valeurs mobilières de placement					**Dettes** (3)		
Disponibilités					Emprunts et dettes financières		
					Fournisseurs et comptes rattaché		
					Autres dettes		
Comptes de régularisation et assimilés (1) (2)					**Comptes de régularisation et assimilés** (3)		
Total de l'actif					**Total du passif**		
(1) Dont à moins d'un an					(3) Dont à moins d'un an		
(2) Dont à plus d'un an					Dont à plus d'un an		

Commentaires :

(a) Remarque. — Lorsque l'écart est créditeur, il est porté dans les provisions pour risques et charges et doit figurer distinctement au bilan si son montant est significatif.

(b) Les postes "Capital" et "Primes" ne reprennent que les éléments concernant l'entreprise consolidante.

(c) Les "Réserves" incluent notamment :
- les résultats non distribués de l'entreprise consolidante ;
- la part de l'entreprise consolidante dans les résultats non distribués des entreprises consolidées depuis leur date d'acquisition ou de création ;
- les provisions réglementées et les amortissements dérogatoires constitués antérieurement à l'exercice par l'entreprise consolidante et les entreprises consolidées (part de l'entreprise consolidante) sous déduction des impositions différées les concernant.

(d) Ecarts résultant d'une option spécifique ouverte par le plan comptable général.

(e) Les acomptes sur dividendes versés au cours de l'exercice par l'entreprise consolidante sont portés en déduction du résultat dans un poste particulier.

(f) Si le montant des impositions différées n'est pas mentionné distinctement au bilan, ce montant ainsi que sa variation sont fournis dans l'annexe.

(g) Les intérêts minoritaires sont diminués des acomptes sur dividendes versés par les entreprises consolidées à leur profit.

MODELE DE COMPTE DE RESULTAT CONSOLIDE

(classement par nature)

	Exercice N	Exercice N − 1
Chiffre d'affaires		
Autres produits d'exploitation *(a)*		
Achats consommés *(b)*		
Charges de personnel		
Autres charges d'exploitation		
Impôts et taxes *(b)*		
Dotations aux amortissements et aux provisions		
Résultat d'exploitation		
Produits financiers		
Charges financières		
Ecarts de conversion *(c)*		
Résultat financier *(d)*		
Résultat courant des entreprises intégrées		
Produits et charges exceptionnels		
Impôt sur les bénéfices *(e)*		
Résultat net des entreprises intégrées		
Quote-part dans les résultats des entreprises mises en équivalence *(f)*		
Résultat net de l'ensemble consolidé		
Part revenant aux intérêts minoritaires		
Résultat revenant à l'entreprise consolidante		

Commentaire :

(a) Les autres produits d'exploitation comprennent notamment la variation de la production stockée s'il est possible de l'isoler au niveau consolidé, dans le cas contraire, elle est soustraite des achats consommés.

(b) Si le montant des impôts et taxes n'est pas significatif, il est compris dans les autres charges d'exploitation.

(c) Il s'agit de l'écart constaté lors de la conversion des comptes des entreprises étrangères pour la partie qui affecte le résultat.

(d) Le résultat financier comprend les pertes et gains de change réalisés sur des opérations en devises dénouées au cours de l'exercice et également, sur option, les plus ou moins-values latentes de conversion constatées à la clôture de l'exercice sur les créances et dettes en devise.

(e) La rubrique " Impôt sur les bénéfices " comprend l'impôt afférent au résultat de la période quel qu'en soit le mode de calcul. Il s'agit de l'impôt exigible comme des impositions différées. Si ces dernières ne figurent pas dans une rubrique particulière au compte de résultat, une information est fournie dans l'annexe.

(f) La quote-part dans le résultat des entreprises mises en équivalence peut être calculée soit au taux de contrôle, soit au taux d'intérêt.

Section 2

Incidences de la consolidation sur l'analyse comptable

La consolidation des comptes peut modifier de façon très profonde l'appréhension de la réalité de l'entreprise. Avant analyse, il faut donc chaque fois s'assurer des méthodes retenues.

1 - LA NOTION DE RENTABILITE

La rentabilité consolidée est fonction de plusieurs critères qui laisse une latitude assez grande aux dirigeants.

A - LA METHODE DE CONSOLIDATION

La consolidation globale permet d'engranger les résultats de l'ensemble de la société filiale, et donc de bénéficier d'un effet de levier comptable sur les résultats. Soit une filiale F1 détenue à 50 % et réalisant un résultat de 10 MF :

– si elle est consolidée par intégration globale, 10 MF seront pris en compte dans le résultat consolidé ;
– si elle est consolidée par intégration proportionnelle, seuls 5 MF seront pris en compte.

B - DATE DE LA CONSOLIDATION

Le résultat consolidé n'est repris qu'à partir de la date où la société est entrée dans le périmètre de consolidation. Au cours d'un exercice, la filiale F2 acquise pour la totalité du capital et qui dégage 4 MF de pertes :

– impactera le résultat consolidé de 4 MF si elle est acquise le premier janvier ;
– sera sans impact sur le résultat consolidé si elle est acquise le 31 décembre.

C - ECRITURES DE CONSOLIDATION

Certaines écritures comptables sont spécifiques aux comptes consolidés et n'ont pas leur équivalent dans les comptes sociaux.

Les **amortissements de différences de consolidation** correspondent à la réintégration de cette différence dans les résultats. La durée d'amortissement ne peut excéder 40 ans, mais il n'y a pas de normes plus contraignantes. Si la différence de consolidation est négative (c'est-à-dire si la filiale a été acquise pour un prix inférieur à sa situation nette comptable), la société-mère sera tentée de réintégrer la différence (qui est un profit) sur une durée courte. Dans le cas inverse, elle aura tendance :

- à affecter la différence de première consolidation à des éléments d'actifs **non amortissables** (fonds de commerce, etc.) ;
- à amortir le solde non affecté sur une durée longue.

La comptabilisation en profits d'augmentation de la **situation fiscale active latente** correspond à la constatation de pertes fiscales reportables, qui créent une possibilité d'exonération future d'impôts. De façon paradoxale, on voit certaines entreprises engranger d'autant plus de profits de ce type qu'elles sont déficitaires.

En revanche, la consolidation fait disparaître les plus-values sur lease-back (cession-bail) et sur opérations intergroupe. On considère que les plus-values de lease-back ne sont pas réalisées avec des tiers car la vente de l'immeuble est conclue avec un établissement de crédit (une société de crédit-bail) qui réalise une opération financière. Or celle-ci n'est pas nécessairement au prix de marché.

D - PROFIT OU PERTE DE CHANGE

Les résultats de change peuvent refléter des écarts de conversion qui dans les comptes sociaux auraient été comptabilisés au bilan sans affecter le compte de résultat. En particulier, dans les pays à monnaie fondante, l'existence d'un fonds de roulement positif (comptabilisé en francs historiques, mais placé en devise fondante) peut se traduire par des pertes très élevées, même si la filiale est bénéficiaire.

L'inverse est également vrai : le financement sur fonds de roulement négatif d'investissements enregistrés en francs historiques se traduit par des gains très élevés en comptabilité consolidée.

2 - LA NOTION DE RESSOURCES PROPRES

Lorsqu'il y a intégration globale, les ressources propres sont augmentées des intérêts minoritaires comptabilisés au titre des filiales intégrées globalement. Mais il faut noter que le jeu n'est pas symétrique. On constate souvent que les sociétés sont consolidées globalement lorsqu'elle sont bénéficiaires. Lorsqu'elles sont déficitaires, la société-mère cherche à la déconsolider en réalisant des portages avec des tiers, ou en se prêtant à des opérations qui diluent sa participation en dessous de 50 % (augmentations de capital ou apports par des groupes amis d'actifs dans la filiale).

La **déconsolidation** n'a pas pour effet d'annuler l'ensemble des écritures de consolidation . Elle se traduit simplement par un gel de la valeur consolidée de la filiale dans les comptes consolidés de la société-mère. La société-mère ne revient donc pas en arrière : **elle conserve dans ses réserves consolidées les résultats de sa filiale depuis son acquisition** (pourvu qu'ils n'aient pas entre-temps été distribués), tout en ne prenant plus les pertes postérieures à la date de la déconsolidation, et en ne pratiquant plus d'amortissements de survaleur.

Cette situation très favorable est compensée par le fait que l'évaluation de la filiale n'est plus la situation nette comptable, mais la valeur supposée de réalisation ou d'usage, qui est plus difficile à défendre. Un écart d'acquisition trop élevé sera en principe provisionné.

3 - LA NOTION D'ENDETTEMENT

N'apparaît dans le bilan consolidé que l'endettement des filiales intégrées globalement ou proportionnellement. L'endettement en crédit-bail est retraité comme s'il s'agissait d'un endettement classique, et ressort lui aussi clairement.

L'analyste doit là comme ailleurs porter son attention aux pratiques de **déconsolidation de l'endettement**. Il s'agit dans la pratique de loger cet endettement, et en général une partie équivalente de l'actif de l'entreprise, dans des structures légères (de type SCI par exemple) qui sont portées par des tiers, mais garanties par la maison-mère. Par exemple, une société-mère ayant un bilan déjà lourd de 500 MF choisira de loger un projet clairement identifié de 100 MF dans une SA au capital de 250 000 F, financée en totalité pour le solde par emprunts bancaires. La banque prêteuse acquiert plus de 50 % de la SA, et se fait garantir par la société-mère. On retrouve là tout l'intérêt d'examiner en détail les engagements hors-bilan.

4 - CONCLUSION

Les comptes consolidés sont indispensables pour obtenir une vision claire de l'entreprise. Leur étude nécessite un esprit critique développé, en l'absence de règles rigides d'établissement.

ANNEXES
A LA DEUXIEME PARTIE

Plan des annexes

Annexe 1

Textes de base en matière comptable

C'est la loi n° 83-353 du 30 avril 1983 – dite loi comptable – qui a transposé dans le droit interne français les dispositions de la IVe directive Européenne. Les lois du 1er mars 1984, du 3 janvier 1985, du 11 juillet 1985 et du 11 février 1994 sont venues la compléter par la suite. L'ensemble des dispositions à caractère comptable figure maintenant dans les articles 8 à 17 du code du commerce.

Par ailleurs, un décret d'application n° 83-1020 du 29 novembre 1983, complété par les décrets n° 85-295 du 1er mars 1985, n° 86-221 du 17 février 1986 et n° 88-418 du 22 avril 1988, est venu expliciter ces dispositions.

1 - EXTRAITS DU CODE DE COMMERCE (Articles 8 à 17)

Section 1
Des obligations comptables applicables à tous les commerçants

Art. 8. – Toute personne physique ou morale ayant la qualité de commerçant doit procéder à l'enregistrement comptable des mouvements affectant le patrimoine de son entreprise : ces mouvements sont enregistrés chronologiquement.

Elle doit contrôler par inventaire, au moins une fois tous les douze mois, l'existence et la valeur des éléments actifs et passifs du patrimoine de l'entreprise.

Elle doit établir des comptes annuels à la clôture de l'exercice au vu des enregistrements comptables et de l'inventaire. Ces comptes annuels comprennent le bilan, le compte de résultat et une annexe : ils forment un tout indissociable.

Art. 9. – Le bilan décrit séparément les éléments actifs et passifs de l'entreprise et fait apparaître, de façon distincte, les capitaux propres.

Le compte de résultat récapitule les produits et les charges de l'exercice, sans qu'il soit tenu compte de leur date d'encaissement ou de paiement. Il fait apparaître, par différence après déduction des amortissements et des provisions, le bénéfice ou la perte de l'exercice. Les produits et les charges, classés par catégorie, doivent être présentés soit sous forme de tableaux, soit sous forme de liste.

(Loi n° 85-695 du 11 juillet 1985) “ Le montant des engagements de l'entreprise en matière de pension, de compléments de retraite, d'indemnités et d'allocations en raison du départ à la retraite ou avantages similaires des membres ou associés de son personnel et de ses mandataires sociaux est indiqué dans l'annexe. Par ailleurs, les entreprises peuvent décider d'inscrire au bilan, sous forme de provision, le montant correspondant à tout ou partie de ces engagements ”.

L'annexe complète et commente l'information donnée par le bilan et le compte de résultat.

Les comptes annuels doivent être réguliers, sincères et donner une image fidèle du patrimoine, de la situation financière et du résultat de l'entreprise.
Lorsque l'application d'une prescription comptable ne suffit pas pour donner l'image fidèle mentionnée au présent article, des informations complémentaires doivent être fournies dans l'annexe.
Si, dans un cas exceptionnel, l'application d'une prescription comptable se révèle impropre à donner une image fidèle du patrimoine, de la situation financière ou du résultat, il doit y être dérogé : cette dérogation est mentionnée à l'annexe et dûment motivée, avec l'indication de son influence sur le patrimoine, la situation financière et le résultat de l'entreprise.

Art. 10. – Le bilan, le compte de résultat et l'annexe doivent comprendre autant de rubriques et de postes qu'il est nécessaire pour donner une image fidèle du patrimoine, de la situation financière et du résultat de l'entreprise. Chacun des postes du bilan et du compte de résultat comporte l'indication du chiffre relatif au poste correspondant de l'exercice précédent.
Le classement des éléments du bilan et du compte de résultat, les éléments composant les capitaux propres ainsi que les mentions à inclure dans l'annexe sont fixés par décret.
Les commerçants, personnes physiques ou morales, pourront, dans des conditions fixées par décret, adopter une présentation simplifiée de leurs comptes annuels lorsqu'ils ne dépassent pas à la clôture de l'exercice des chiffres fixés par décret pour deux des critères suivants : le total de leur bilan, le montant net de leur chiffre d'affaires ou le nombre moyen de salariés permanents employés au cours de l'exercice. Ils perdent cette faculté lorsque cette condition n'est pas remplie pendant deux exercices successifs.

Art. 11. – A moins qu'un changement exceptionnel n'intervienne dans la situation du commerçant, personne physique ou morale, la présentation des comptes annuels comme les méthodes d'évaluation retenues ne peuvent être modifiées d'un exercice à l'autre. Si des modifications interviennent, elles sont décrites et justifiées dans l'annexe.

Art. 12. – A leur date d'entrée dans le patrimoine de l'entreprise, les biens acquis à titre onéreux sont enregistrés à leur coût d'acquisition, les biens acquis à titre gratuit à leur valeur vénale et les biens produits à leur coût de production.
Pour les éléments d'actif immobilisé, les valeurs retenues dans l'inventaire doivent, s'il y a lieu, tenir compte des plans d'amortissement. Si la valeur d'un élément de l'actif devient inférieure à sa valeur nette comptable, cette dernière est ramenée à la valeur d'inventaire à la clôture de l'exercice, que la dépréciation soit définitive ou non.
Les biens fongibles sont évalués soit à leur coût moyen pondéré d'acquisition ou de production, soit en considérant que le premier bien sorti est le premier bien entré.
La plus-value constatée entre la valeur d'inventaire d'un bien et sa valeur d'entrée n'est pas comptabilisée. S'il est procédé à une réévaluation de l'ensemble des immobilisations corporelles et financières, l'écart de réévaluation entre la valeur actuelle et la valeur nette comptable ne peut être utilisé à compenser les pertes. Il est inscrit distinctement au passif du bilan.

Art. 13. – Les éléments d'actif et de passif doivent être évalués séparément.
Aucune compensation ne peut être opérée entre les postes d'actif et de passif du bilan ou entre les postes de charges et de produits du compte de résultat. Le bilan d'ouverture d'un exercice doit correspondre au bilan de clôture de l'exercice précédent.

Art. 14. – Les comptes annuels doivent respecter le principe de prudence. Pour leur établissement, le commerçant, personne physique ou morale, est présumé poursuivre ses activités.
Même en cas d'absence ou d'insuffisance du bénéfice, il doit être procédé aux amortissements et provisions nécessaires.
Il doit être tenu compte des risques et des pertes intervenus au cours de l'exercice ou d'un exercice antérieur, même s'ils sont connus entre la date de la clôture de l'exercice et celle de l'établissement des comptes.

Art. 15. – Seuls les bénéfices réalisés à la date de clôture d'un exercice peuvent être inscrits dans les comptes annuels *(loi n° 85-11 du 3 janvier 1985)* “ Peut être inscrit, après inventaire, le bénéfice réalisé sur une opération partiellement exécutée et acceptée par le cocontractant lorsque sa réalisation est certaine et qu'il est possible, au moyen de documents comptables prévisionnels, d'évaluer avec une sécurité suffisante le bénéfice global de l'opération ”.

Art. 16. – Les documents comptables sont établis en francs et en langue française.
Les documents comptables et les pièces justificatives sont conservés pendant dix ans.
Les documents comptables relatifs à l'enregistrement des opérations et à l'inventaire sont établis et tenus sans blanc ni altération d'aucune sorte, dans des conditions fixées par décret en Conseil d'Etat.

Art. 17. – La comptabilité régulièrement tenue peut être admise en justice pour faire preuve entre commerçants pour faits de commerce.
Si elle a été irrégulièrement tenue, elle ne peut être invoquée par son auteur à son profit.
La communication des documents comptables ne peut être ordonnée en justice que dans les affaires de succession, communauté, partage de société et en cas de redressement judiciaire *(loi n° 85-98 du 25 janvier 1985).*

Section 2
Des obligations comptables applicables à certains commerçants, personnes physiques

Art. 17-1 – Par dérogation aux dispositions des premier et troisième alinéas de l'article 8, les personnes physiques placées sur option ou de plein droit sous le régime réel simplifié d'imposition peuvent n'enregistrer les créances et les dettes qu'à la clôture de l'exercice et ne pas établir d'annexe.

Art. 17-2 – Par dérogation aux dispositions du deuxième alinéa de l'article 9, les personnes physiques placées sur option ou de plein droit sous le régime réel simplifié d'imposition peuvent inscrire au compte de résultat, en fonction de leur date de paiement, les charges dont la périodicité n'excède pas un an, à l'exclusion des achats.

Art. 17-3 – Par dérogation aux dispositions du troisième alinéa de l'article 12, les personnes physiques placées sur option ou de plein droit sous le régime réel simplifié d'imposition peuvent procéder à une évaluation simplifiée des stocks et des productions en cours, selon une méthode fixée par décret.

Art. 17-4 – Par dérogation aux dispositions des articles 8 à 17, les personnes physiques soumises à un régime forfaitaire d'imposition peuvent ne pas établir de comptes annuels ; elles doivent, dans des conditions fixées par décret, enregistrer au jour le jour les recettes encaissées et les dépenses payées, établir un relevé en fin d'exercice des recettes encaissées et des dépensés payées, des dettes financières, des immobilisations et des stocks évalués de manière simplifiée.
Toutefois, lorsqu'elles sont soumises au régime défini à l'article 50-0 du CGI, les personnes physiques inscrites au registre du commerce et des sociétés peuvent ne tenir qu'un livre mentionnant chronologiquement le montant et l'origine des recettes qu'elles perçoivent au titre de leur activité professionnelle. Un décret fixe les conditions dans lesquelles ce livre est tenu.

2 - DECRET COMPTABLE MODIFIE

Art. 1er. – Un document décrivant les procédures et l'organisation comptables est établi par le commerçant dès lors que ce document est nécessaire à la compréhension du système de traitement et à la réalisation des contrôles.
Ce document est conservé aussi longtemps qu'est exigée la présentation des

documents comptables auxquels il se rapporte.

Art. 2. – Tout commerçant tient obligatoirement un livre-journal, un grand livre et un livre d'inventaire.
Le livre-journal et le livre d'inventaire sont cotés et paraphés, dans la forme ordinaire et sans frais, par le greffier du tribunal de commerce ou, le cas échéant, du tribunal de grande instance statuant en matière commerciale, au registre duquel le commerçant est immatriculé. Chaque livre reçoit un numéro d'identification répertorié par le greffier sur un registre spécial.
Par dérogation à l'alinéa précédent, des documents informatiques écrits peuvent tenir lieu de livre-journal et de livre d'inventaire : dans ce cas, ils doivent être identifiés, numérotés et datés dès leur établissement par des moyens offrant toute garantie en matière de preuve.

Art. 3. – Les mouvements affectant le patrimoine de l'entreprise sont enregistrés opération par opération et jour par jour sur le livre-journal.
Tout enregistrement comptable précise l'origine, le contenu et l'imputation de chaque donnée ainsi que les références de la pièce justificative qui l'appuie.
Les opérations de même nature, réalisées en un même lieu et au cours d'une même journée, peuvent être récapitulées sur une pièce justificative unique.
Les pièces justificatives sont classées dans un ordre défini au document visé à l'article 1er.

Art. 4. – Les écritures du livre-journal sont portées sur le grand livre et ventilées selon le plan de comptes du commerçant.

Art. 5. – Le livre-journal et le grand livre sont détaillés en autant de journaux auxiliaires et de livres auxiliaires que les besoins du commerce l'exigent. Les écritures portées sur les journaux et les livres auxiliaires sont centralisées une fois par mois au moins sur le livre-journal et le grand livre.

Art. 6. – L'inventaire est un relevé de tous les éléments d'actif et de passif au regard desquels sont mentionnées la quantité et la valeur de chacun d'eux à la date d'inventaire.
Les données d'inventaire sont regroupées sur le livre d'inventaire et distinguées selon la nature et le mode d'évaluation des éléments qu'elles représentent. Le livre d'inventaire doit être suffisamment détaillé pour justifier le contenu de chacun des postes du bilan. Les comptes annuels sont transcrits chaque année sur le livre d'inventaire, sauf lorsqu'ils doivent être publiés en annexe au registre du commerce et des sociétés.

Art. 7. – Pour l'application de l'article 12 du code de commerce :

1° Le coût d'acquisition est égal au prix d'achat majoré des frais accessoires nécessaires à la mise en état d'utilisation du bien ;

2° Le coût de production est égal au coût d'utilisation des matières consommées augmenté des charges directes et d'une fraction des charges indirectes de production : les intérêts des capitaux empruntés pour financer la fabrication d'une immobilisation peuvent être inclus dans le coût de production lorsqu'ils concernent la période de fabrication ; en ce qui concerne les éléments de l'actif circulant tel qu'il est défini à l'article 11 ci-dessous, cette faculté est limitée à ceux dont le cycle de production dépasse nécessairement la durée de l'exercice ; la justification et le montant de ces inclusions figurent à l'annexe mentionnée au 3e alinéa de l'article 8 du code de commerce ;

3° La valeur vénale d'un bien acquis à titre gratuit correspond au prix qui aurait été acquitté dans des conditions normales de marché ;

4° La valeur actuelle est une valeur d'estimation qui s'apprécie en fonction du marché et de l'utilité du bien pour l'entreprise ;

5° La valeur d'inventaire est égale à la valeur actuelle ; toutefois, lorsque la valeur d'inventaire d'une immobilisation non financière n'est pas jugée notablement inférieure à sa valeur comptable nette, celle-ci est retenue comme valeur d'inventaire.

Art. 8. – La dépréciation d'une immobilisation est, sous réserve des dispositions de l'alinéa 2 ci-dessous, constatée par l'amortissement. Celui-ci consiste à répartir le coût du bien sur sa durée probable d'utilisation selon un plan d'amortissement. Toute modification significative des conditions d'utilisation du bien justifie la révision du plan en cours d'exécution.

L'amoindrissement de la valeur d'un élément d'actif résultant de causes dont les effets ne sont pas jugés irréversibles est constaté par une provision pour dépréciation.

Les amortissements et les provisions pour dépréciation sont inscrits distinctement à l'actif en diminution de la valeur des éléments correspondants.

Les risques et charges, nettement précisés quant à leur objet, que des événements survenus ou en cours rendent probables, entraînent la constitution de provisions.

Les provisions sont rapportés au résultat quand les raisons qui les ont motivées ont cessé d'exister. Il ne peut en être de même pour les amortissements que dans des cas exceptionnels exposés dans l'annexe.

Art. 9. – Le classement des éléments du bilan et du compte de résultat ainsi que la liste des informations contenues dans l'annexe peuvent être adaptés par secteurs d'activité après avis du Conseil national de la comptabilité.

Les comptes annuels peuvent être présentés en négligeant les centimes.

Art. 10. – Les éléments du patrimoine de l'entreprise sont classés à l'actif et au passif du bilan suivant leur destination et leur provenance. Les éléments destinés à servir de façon durable à l'activité de l'entreprise constituent l'actif immobilisé. Lorsqu'un élément d'actif ou de passif relève de plusieurs postes du bilan, mention doit être faite dans l'annexe des postes dans lesquels il ne figure pas.

Art. 11. – L'actif du bilan fait apparaître successivement au moins les éléments suivants :

1° Au titre de l'actif immobilisé : les immobilisations incorporelles, les immobilisations corporelles et les immobilisations financières ;

2° Au titre de l'actif circulant : les stocks et en-cours, les avances et acomptes versés sur commandes, les créances, les valeurs mobilières de placement et les disponibilités ;

3° Les comptes de régularisation ;

4° Les primes de remboursement des obligations et les écarts de conversion.

La contrepartie du capital souscrit non appelé doit figurer distinctement comme premier poste de l'actif.

Art. 12. – Les postes de l'actif doivent permettre de distinguer notamment :

1° Parmi les immobilisations incorporelles : les frais d'établissement, les frais de recherche et de développement, les concessions, brevets, licences, marques, procédés, droits et valeurs similaires, le fonds commercial ainsi que les avances et acomptes ;

2° Parmi les immobilisations corporelles : les terrains, les constructions, les installations techniques, matériels et outillages, les avances et acomptes ainsi que les immobilisations corporelles en cours ;

3° Parmi les immobilisations financières : les participations, les créances rattachées à des participations, les autres titres immobilisés et les prêts ;

4° Parmi les stocks et en-cours : les matières premières et autres approvisionnements, les en-cours de production, les produits intermédiaires, et finis ainsi que les marchandises ;

5° Parmi les créances : les créances clients, le capital souscrit, appelé et non versé ;

6° Parmi les valeurs mobilières de placement : les actions que la société a émises et dont elle est propriétaire.

Art. 13. – Le passif du bilan fait apparaître successivement au moins les éléments suivants : les capitaux propres, les autres fonds propres, les provisions pour risques et charges, les dettes, les comptes de régularisation et les écarts de conversion.

Les postes du passif doivent permettre de distinguer notamment :

1° Parmi les capitaux propres : le capital, les primes d'émission et primes assimilées, les écarts de réévaluation, le résultat de l'exercice, les subventions d'investissement et les provisions réglementées, ainsi que les réserves en isolant la réserve légale, les réserves statutaires ou contractuelles et les réserves réglementées ;

2° Parmi les autres fonds propres : le produit des émissions de titres participatifs, les avances conditionnées ;

3° Les provisions pour risques et les provisions pour charges ;

4° Parmi les dettes : les emprunts obligataires convertibles, les autres emprunts obligataires, les emprunts et dettes auprès des établissements de crédit, les emprunts et dettes financiers divers, les avances et acomptes reçus sur commandes en cours, les dettes fournisseurs, les dettes fiscales et sociales ainsi que les dettes sur immobilisation.

Art. 14. – Les produits et les charges de l'exercice sont classés au compte de résultat de manière à faire apparaître par différence les éléments du résultat courant et le résultat exceptionnel dont la réalisation n'est pas liée à l'exploitation courante de l'entreprise.

Art. 15. – Le compte de résultat fait apparaître successivement, outre les variations de stocks :

1° Au titre des charges : les charges d'exploitation, les charges financières, les charges exceptionnelles ainsi que la participation des salariés aux fruits de l'expansion et l'impôt sur le bénéfice ; les postes de charges doivent permettre de distinguer notamment :

a) Au titre des charges d'exploitation : les achats de marchandises, les achats de matières premières et autres approvisionnements, les autres achats et charges externes, les impôts, taxes et versements assimilés, à l'exception de l'impôt sur le bénéfice, les rémunérations du personnel et des dirigeants, les charges sociales, les dotations aux amortissements et les dotations aux provisions qui se rapportent à l'exploitation ;

b) Au titre des charges financières : les dotations aux amortissements et aux provisions relatives aux éléments financiers, les intérêts et charges assimilées, les différences négatives de change et les moins-values de cession de valeurs mobilières de placement ;

c) Parmi les charges exceptionnelles, celles afférentes aux opérations de toute nature présentant ce caractère, qu'il s'agisse d'opérations de gestion, d'opérations en capital, d'amortissements ou de provisions ;

2° Au titre des produits : les produits d'exploitation, les produits financiers et les produits exceptionnels ; les postes de produits doivent permettre de distinguer notamment :

a) Au titre des produits d'exploitation : les ventes de marchandises et la production vendue de biens et de services, le montant net du chiffre d'affaires, la production immobilisée, les subventions d'exploitation et les reprises sur provisions qui se rapportent à l'exploitation ;

b) Au titre des produits financiers : les produits des participations, les produits des autres valeurs mobilières et créances de l'actif immobilisé, les autres intérêts et produits assimilés, les reprises sur provisions relatives aux éléments financiers, les différences positives de change et les plus-values de cessions de valeurs mobilières de placement ;

c) Parmi les produits exceptionnels, ceux afférents aux opérations de toute nature présentant ce caractère, qu'il s'agisse d'opérations de gestion, d'opérations en capital ou de provisions ;

3° Le résultat de l'exercice

Art. 16. – Le compte de résultat de l'exercice présenté sous forme de liste conformément aux dispositions de l'alinéa 2 de l'article 9 du code de commerce doit également permettre de dégager successivement le résultat d'exploitation, le résultat financier, le résultat courant avant impôt et le résultat exceptionnel.

Art. 17. – Pour l'application du troisième alinéa de l'article 10 du code de commerce relatif à l'adoption d'une présentation simplifiée des comptes annuels :

1° En ce qui concerne le bilan et le compte de résultat établis par les personnes physiques et les personnes morales ayant la qualité de commerçant, le total du bilan est fixé à 1 500 000 F. Le montant net du chiffre d'affaires à 3 000 000 F et le nombre moyen de salariés permanents employés au cours de l'exercice à dix ;

2° "En ce qui concerne l'annexe établie par les personnes morales ayant la qualité de commerçant, le total du bilan est fixé à 10 000 000 F, le montant net du chiffre d'affaires à 20 000 000 F et le nombre moyen de salariés permanents employés au cours de l'exercice à 50".
Le total du bilan est égal à la somme des montants nets des éléments d'actif.
Le montant net du chiffre d'affaires est égal au montant des ventes de produits et services liés à l'activité courante, diminué des réductions sur ventes, de la taxe sur la valeur ajoutée et des taxes assimilées.
Le nombre moyen de salariés permanents employés au cours de l'exercice est égal à la moyenne arithmétique des effectifs à la fin de chaque trimestre de l'année civile, ou de l'exercice comptable lorsque celui-ci ne coïncide pas avec l'année civile, liés à l'entreprise par un contrat de travail à durée indéterminée.

Art. 18. – Le bilan et le compte de résultat simplifiés visés à l'article 10, alinéa 3, du code de commerce font apparaître successivement les éléments suivants :

A - Au bilan :

1° Au titre de l'actif immobilisé : les immobilisations incorporelles en distinguant le fonds commercial, les immobilisations corporelles et les immobilisations financières ;

2° Au titre de l'actif circulant : les stocks et en-cours, les avances et acomptes versés sur commandes, les créances en distinguant les clients, les valeurs mobilières de placement et les disponibilités ;

3° Les charges constatées d'avance ;

4° Les capitaux propres détaillés comme il est indiqué à l'article 13, à l'exception des réserves qui peuvent être regroupées ;

5° Les provisions pour risques et charges ;

6° Les dettes en distinguant : les emprunts et dettes assimilées, les avances et acomptes sur commandes en cours et les fournisseurs ;

7° Les produits constatés d'avance ;

B - Au compte de résultat, outre les variations de stocks :

1° Les charges d'exploitation en distinguant les achats, les autres charges externes, les impôts, taxes et versements assimilés, à l'exception de l'impôt sur le bénéfice, les rémunérations du personnel et des dirigeants, les charges sociales ainsi que les dotations aux amortissements et aux provisions qui se rapportent à l'exploitation ;

2° Les charges financières ;

3° Les charges exceptionnelles ;

4° L'impôt sur le bénéfice ;

5° Les produits d'exploitation en distinguant les ventes de marchandises, la production vendue et les subventions d'exploitation ;

6° Les produits financiers ;

7° Les produits exceptionnels.

Art. 19. – Les dépenses engagées à l'occasion d'opérations qui conditionnent l'existence ou le développement de l'entreprise mais dont le montant ne peut être rapporté à des productions de biens et de services déterminées peuvent figurer à l'actif du bilan au poste "frais d'établissement".
Les frais de recherche appliquée et de développement peuvent être inscrits à l'actif du bilan, au poste correspondant, à la condition de se rapporter à des projets nettement individualisés, ayant de sérieuses chances de rentabilité commerciale.

Les éléments acquis du fonds de commerce qui ne peuvent figurer à d'autres postes du bilan sont inscrits au poste "fonds commercial".
Les éléments constitutifs des postes ci-dessus visés sont commentés à l'annexe.
Les frais d'établissement ainsi que les frais de recherche appliquée et de développement sont amortis selon un plan et dans un délai maximal de cinq ans. A titre exceptionnel et pour des projets particuliers, les frais de recherche appliquée et de développement peuvent être amortis sur une période plus longue qui n'excède pas la durée d'utilisation de ces actifs : il doit en être justifié à l'annexe.
Tant que ces postes ne sont pas apurés, il ne peut être procédé à aucune distribution de dividendes sauf si le montant des réserves libres est au moins égal à celui des frais non amortis.
Les frais d'exploration minière assimilés à des frais de recherche appliquée et de développement peuvent être inscrits à l'actif du bilan sous ce poste. Le point de départ du plan d'amortissement correspondant peut être différé jusqu'au terme des recherches sans préjudice de l'application éventuelle des dispositions de l'article 8 ci-dessus. Dans ce cas, nonobstant les dispositions de l'alinéa précédent, une société filiale au sens de l'article 354 de la loi n° 66-537 du 24 juillet 1966 sur les sociétés commerciales peut procéder à une distribution anticipée de dividendes si la société mère gage cette distribution par la constitution des réserves nécessaires.

Art. 20. – Constituent des participations les droits dans le capital d'autres entreprises, matérialisés ou non par des titres, qui, en créant un lien durable avec celles-ci, sont destinés à contribuer à l'activité de la société détentrice.

Art. 21. – Le montant des primes de remboursement d'emprunts est porté à l'actif du bilan au poste à intitulé correspondant. Il est amorti systématiquement sur la durée de l'emprunt selon des modalités indiquées à l'annexe. Les primes afférentes à la fraction d'emprunts remboursée ne peuvent en aucun cas y être maintenues.

Art. 22. – Les capitaux propres correspondant à la somme algébrique des apports, des écarts de réévaluation, des bénéfices autres que ceux pour lesquels une décision de distribution est intervenue, des pertes, des subventions d'investissement et des provisions réglementées.

Art. 23. – Les charges comptabilisées pendant l'exercice qui concernent un exercice ultérieur doivent figurer à l'actif du bilan au poste "Comptes de régularisation".
Les produits comptabilisés pendant l'exercice qui concernent un exercice ultérieur doivent figurer au passif du bilan au poste "Comptes de régularisation".
Ces postes font l'objet d'une information explicative à l'annexe.
Les produits à recevoir et les charges à payer, rattachés aux postes de créances et de dettes, sont détaillés à l'annexe.

Art. 24. – "Outre les informations obligatoires prévues par les articles 9 à 15 du Code de Commerce, la loi n° 66-537 modifiée du 24 juillet 1966 sur les sociétés commerciales", les articles 8 à 23 ci-dessus, l'article 13 du décret n° 71-524 du 1er juillet 1971 et l'article 12 du décret n° 72-665 du 4 juillet 1972, l'annexe doit comporter toutes les informations d'importance significative sur la situation patrimoniale et financière et sur le résultat de l'entreprise.
Sous réserve des dispositions de l'article 26, ces informations portent notamment sur les points suivants :

1° Les modes et méthodes d'évaluation appliqués aux divers postes du bilan et du compte de résultat ;

2° Les méthodes utilisées pour le calcul des amortissements et des provisions, leur montant par catégories en distinguant ceux qui ont été pratiqués pour l'application de la législation fiscale ;

3° Les circonstances qui empêchent de comparer d'un exercice à l'autre certains postes du bilan et du compte de résultat, et, le cas échéant les moyens qui permettent d'en assurer la comparaison ;

4° Les mouvements ayant affecté les divers postes de l'actif immobilisé ;

5° La nature, le montant et le traitement comptable des écarts de conversion en monnaie nationale d'éléments exprimés en monnaie étrangère ;

6° Les méthodes utilisées, en cas de réévaluation, pour le calcul des valeurs retenues, la liste des postes concernés au bilan et au compte de résultat et les montants correspondants, le traitement fiscal de l'écart de réévaluation, les mouvements ayant affecté pendant l'exercice les postes de passif concernés ;

7° Les créances et les dettes classées selon la durée restant à courir jusqu'à leur échéance en distinguant, d'une part, les créances à un an au plus et, d'autre part, les dettes à un an au plus, à plus d'un an et cinq ans au plus et à plus de cinq ans ;

8° L'indication pour chacun des postes relatifs aux dettes de celles garanties par des sûretés réelles ;

9° Le montant des engagements financiers classés par catégories, en distinguant, le cas échéant, ceux qui concernent les dirigeants, les filiales, les participations et les autres entreprises liées ; une entreprise est considérée comme liée à une autre lorsqu'elle est susceptible d'être incluse par intégration globale dans un même ensemble consolidable ;

10° Pour chaque poste du bilan concernant les éléments fongibles de l'actif circulant, l'indication de la différence entre l'évaluation figurant au bilan et celle qui résulterait des derniers prix du marché connus à la clôture des comptes ;

11° La liste des filiales et participations, telles qu'elles sont visées aux articles 354 et 355 de loi n° 66-537 du 24 juillet 1966, avec l'indication pour chacune d'elles de la part de capital détenue directement ou par prête-nom, du montant des capitaux propres et du résultat du dernier exercice clos ; les titres d'une société émettrice représentant moins de 1 p. 100 du capital social d'une société détentrice peuvent être regroupés : si certaines de ces indications sont omises en raison du préjudice grave qui pourrait résulter de leur divulgation, il est fait mention du caractère incomplet des informations figurant sur la liste ;

12° Le nombre et la valeur nominale des actions, parts sociales et autres titres composant le capital social, regroupés par catégorie selon les droits qu'ils confèrent, avec l'indication de ceux qui ont été créés ou remboursés pendant l'exercice ;

13° Les parts bénéficiaires avec l'indication de leur nombre, de leur valeur et des droits qu'elles confèrent ;

14° L'identité de toute société établissant des comptes consolidés dans lesquels les comptes annuels de la société concernée sont inclus suivant la méthode de l'intégration globale ;

15° L'indication de la fraction des immobilisations financières, des créances et des dettes ainsi que des charges et produits financiers concernant les entreprises liées ;

16° Le montant des engagements pris en matière de pensions, compléments de retraite et indemnités assimilées en distinguant d'une part, ceux qui ont fait l'objet de provisions et, d'autre part, ceux qui ont été contractés au profit de dirigeants ;

17° Le montant des avances et des crédits alloués aux dirigeants sociaux avec l'indication des conditions consenties et des remboursements effectués pendant l'exercice ;

18° Le montant des rémunérations allouées au titre de l'exercice aux membres des organes d'administration, de direction et de surveillance à raison de leurs fonctions : ces informations sont donnés de façon globale pour chaque catégorie ;

19° Les obligations convertibles, échangeables en titres similaires avec l'indication par catégorie de leur nombre, de leur valeur nominale et des droits qu'ils confèrent ;

20° La ventilation de l'impôt entre la partie imputable aux éléments exceptionnels du résultat et la partie imputable aux autres éléments, avec l'indication de la méthode utilisée ;

21° La ventilation du montant net du chiffre d'affaires par secteur d'activité et par marché géographique ; si certaines de ces indications sont omises en raison du préjudice grave qui pourrait résulter de leur divulgation, il est fait mention du caractère incomplet de cette information ;

22° La ventilation par catégorie de l'effectif moyen, salarié d'une part et mis à disposition de l'entreprise pendant l'exercice d'autre part ; l'effectif employé à temps partiel ou pour une durée inférieure à l'exercice est pris en compte en proportion du temps de travail effectif, par référence à la durée conventionnelle ou légale du travail ;

23° L'indication sommaire de la mesure dans laquelle le résultat de l'exercice a été affecté par l'application des dispositions fiscales visées au point 2 ci-dessus et des conséquences qui en résultent sur les postes de capitaux propres ;

24° L'indication des accroissements et des allègements de la dette future d'impôt provenant des décalages dans le temps entre le régime fiscal et le traitement comptable de produits ou de charges et, lorsqu'ils sont d'un montant exceptionnel, de ceux dont la réalisation est éventuelle.

Art. 25. – Les éléments chiffrés de l'annexe sont, sauf exception dûment justifiée, déterminés selon les mêmes principes et les mêmes méthodes que pour l'établissement du bilan et du compte de résultat.

Ils concernent l'ensemble des activités de l'entreprise quel que soit le lieu de leur exercice. Ils doivent être vérifiables par rapprochement avec des documents justificatifs.
Les éléments chiffrés figurant déjà au bilan ou au compte de résultat peuvent être omis dans l'annexe.

Art. 26. – Les personnes physiques ne sont pas tenues de mentionner à l'annexe les informations visées aux points 10 et suivants de l'article 24 ci-dessus.
Les personnes morales visées à l'alinéa 3 de l'article 10 du code de commerce ne sont pas tenues de mentionner à l'annexe les informations énumérées aux points 18 et suivants de l'article 24 ci-dessus.

Art. 27. – Lors de la présentation des premiers comptes annuels établis conformément à la loi n° 83-353 du 30 avril 1983 et au présent décret, les personnes morales assujetties aux règles de publicité des comptes annuels joignent au rapport de gestion les explications et tableaux appropriés pour rendre compte des modifications apportées aux postes des comptes annuels de l'exercice précédent afin de les rendre comparables avec ceux de l'exercice clos. Les commissaires aux comptes, le cas échéant, indiquent dans leur rapport les vérifications qu'ils ont effectuées et les observations qu'appellent de leur part ces opérations.

Annexe 2

Incidences de l'inflation sur les comptes de l'entreprise

A - INCIDENCES SUR LE COMPTE DE RESULTAT

- Les **variations de stocks** sont majorées (lorsqu'elles sont positives) et minorées (lorsqu'elles sont négatives) de l'inflation subie sur le coût d'achat ou de fabrication des nouvelles unités stockées pendant l'année.

  Ce phénomène est atténué par les méthodes (coût moyen pondéré ou FIFO) d'évaluation des sorties de stocks.

  Cette majoration de stocks est cependant compensée par une majoration, dans les charges de l'exercice, des charges qui correspondent à leur renouvellement, et n'a pas d'incidence très marquée (aux amortissements près cf. infra) sur les résultats.

- Les **ventes** de produits, préalablement comptabilisés lors de leur acquisition à un montant nominal d'autant plus faible que l'entrée en stocks remonte loin dans le temps, se traduisent en revanche par l'extériorisation d'un profit supplémentaire purement fictif.

- Les amortissements d'immobilisations correspondent à des biens dont la valeur comptable est fixée une fois pour toute, alors que leur coût de remplacement croît avec l'inflation. Les dotations n'assument donc plus leur rôle de comptes de prévoyance, puisqu'elles ne permettent pas à elles seules d'assurer la reconstitution de l'actif immobilisé. Afin de limiter ce phénomène, l'administration fiscale admet la déduction d'amortissements **dégressifs.**

- Les charges financières, fixées en général à un niveau supérieur à celui de l'inflation, ont tendance à évoluer pratiquement comme elle, au moins dans le cas des crédits à court terme dont les taux épousent les variations du marché monétaire. L'incidence de l'inflation, à structure de financement donnée, sur le compte de résultat, dépend :

  – de la situation financière de l'affaire.

    La hausse des taux d'intérêt sera d'autant moins vivement ressentie que le recours aux crédits bancaires est faible ;

  – du niveau des taux d'intérêt réel.

    Les prévisions d'investissement tablent sur des taux d'intérêt réel donnés. Or l'inflation fait varier ces taux d'intérêt réel. Au début des années 1980, les taux d'intérêt réel étaient d'autant moins élevés que l'inflation était soutenue. Une entreprise ayant investi en période de faible inflation sur la base de taux d'intérêt réel élevés, tirait donc un certain bénéfice de la baisse de l'inflation, et la remontée des taux d'intérêt réel qui l'a accompagné, a mis en difficulté de nombreuses entreprises ayant basé leurs investissements sur l'hypothèse d'un financement moins onéreux (en termes réels).

- L'impôt sur les sociétés s'applique aussi bien sur le profit réel de l'entreprise, que sur le profit purement nominal procuré par l'inflation. La provision pour fluctuation des cours des matières premières et la provision pour hausse des prix ont justement pour objet de minorer de ces profits fictifs le résultat imposable.

B - INCIDENCE SUR LE BILAN

- L'inflation minore la valeur des actifs inscrits au bilan à leur valeur réelle, et notamment l'évaluation des immobilisations. Si cette sous-évaluation n'est pas trop grave dans le cas de matériel et outillage, ou d'installations techniques dont la durée de vie est relativement courte et tend à décroître à l'époque actuelle en raison de l'obsolence rapide dont ils sont frappés, elle fausse sensiblement l'appréciation des terrains et des constructions à usage de services, ainsi que certaines immobilisations incorporelles (droit au bail, fonds de commerce notamment).

  Certaines entreprises sont à cet égard plus particulièrement frappées (sociétés civiles immobilières, agriculteurs, etc).

- La contrepartie de cette sous-évaluation touche les fonds propres auxquels il y a parfois lieu, de ce fait, de rajouter les plus-values latentes sur immobilisations pour pouvoir juger sainement de la solvabilité effective de l'affaire.

- Par rapport à leur valeur réelle au moment où elles ont été contractées, les dettes – et surtout les dettes à long terme – sont minorées, et de façon définitive puisqu'en droit gouverne le principe du **nominalisme** des créances. Ce gain est toutefois compensé, dans la plupart des cas, par des taux d'intérêt élevés, dont une partie peut, de ce fait, être considérée comme un **remboursement anticipé** du capital prêté, le solde constituant le taux d'intérêt réel.

C - LA DIMINUTION DE L'INFLATION FAIT-ELLE DISPARAITRE SES SEQUELLES DANS LES COMPTES ?

- En cas de baisse de l'inflation, la plupart des séquelles de l'inflation disparaissent du compte de résultat, à l'exception de la sous-évaluation des amortissements, lorsque ceux-ci se rattachent à des immobilisations elles-mêmes largement sous-évaluées au bilan.

- La diminution de l'inflation à un niveau très faible ne fait que ralentir le processus de dévalorisation des immobilisations, mais ne supprime pas les effets que les années antérieures de forte inflation ont déjà produit sur les comptes sociaux. C'est d'ailleurs pourquoi des mécanismes légaux de réévaluation des immobilisations sont périodiquement mis sur pied.

Annexe 3

Analyse comptable des opérations de crédit-bail

La technique du crédit-bail est une technique hybride qui est simultanément une modalité d'endettement et une stratégie de structure de production. Un traitement particulier doit lui être réservé.

A - LE PROBLEME POSE PAR LE RECOURS LA LOCATION

① Propriété et location d'investissements

Le crédit-bail n'est pas la seule technique par laquelle une entreprise peut utiliser un investissement sans en être formellement propriétaire. D'autre formules sont possibles, comme :

- la **sous-traitance**, qui permet une utilisation non seulement d'investissements, mais aussi de main-d'œuvre "appartenant" à une autre entité ;
- la location à titre **précaire**, qui peut s'interrompre à tout moment. Cette location connaît elle-même divers degrés entre la location totalement précaire d'un véhicule, et la location plus institutionnalisée des locaux commerciaux ;
- la location à titre **durable** consentie pour toute la durée de vie prévisible du bien. Elle se subdivise elle-même en :
  - **location financière** : celle-ci est accordée par un organisme de crédit sans possibilité de rachat par le locataire en fin de durée. Le bien est en général sans valeur à l'issue du contrat ;
  - **crédit-bail** : celui-ci est accordé par un organisme de crédit au locataire auquel il consent une faculté de rachat pendant ou à la fin du contrat de crédit-bail.

La location à titre précaire répond à un besoin lui-même sporadique : elle ne peut-être considérée comme un substitut d'investissements que l'entreprise aurait réalisés, car ces investissements n'auraient pas été rentables (une entreprise n'aurait pas acquis un véhicule pour s'en servir seulement quelques jours par an).

La location à titre durable est en revanche un substitut parfait à l'investissement direct en pleine propriété. **La question est donc de savoir s'il ne faut pas retraiter les opérations de location de longue durée comme s'il s'agissait d'opérations d'acquisitions pures et simples.**

Le fait que le retraitement **se focalise sur le crédit-bail** et non sur la location financière est simplement justifié par le fait que l'on ne connait rien de la location financière :

- celle-ci peut être pratiqué par tout type d'établissement, au contraire du crédit-bail, qui ne peut être consenti que par un établissement de crédit (en général une société financière) ;
- elle n'est régie par aucune législation spécifique, qui permettrait une certaine standardisation et la définition de concepts précis ;
- le plan comptable général ne la reconnait pas, et aucun détail dans les comptes ou dans l'annexe ne permet de la saisir.

A défaut, le retraitement ne porte donc que sur le crédit-bail.

② Les constituants d'un contrat de crédit-bail

Un contrat de crédit-bail met en relation :
- un **crédit-bailleur** : l'établissement de crédit qui achète (ou fait construire) le bien ;
- un **crédit-preneur**, qui s'engage à payer les loyers de crédit-bail et en général utilise le bien ;
- un **utilisateur**, qui est sous-locataire (1).

Le contrat est bâti comme un crédit classique. L'annuité de crédit-bail est algébriquement égale à l'annuité d'un emprunt classique. Elle comprend donc :
- un remboursement en capital ;
- un paiement d'intérêt sur le capital restant dû.

Le capital restant dû sur le contrat de crédit-bail s'appelle sa valeur financière. En fin de contrat, la valeur financière n'est pas nécessairement nulle. Elle s'appelle **valeur résiduelle**.

Comme l'établissement de crédit est propriétaire du bien, il peut se permettre de consentir des conditions de remboursement moins contraignantes. En crédit-bail **immobilier**, on trouve ainsi :
- des contrats à annuités progressives, dans lesquels les intérêts ne sont pas payés en totalité, mais reportés dans le temps ;
- des contrats à valeur résiduelle non nulle, voire même égale ou supérieure à celle de l'emprunt initial. Cela signifie que l'amortissement de l'emprunt a été très faible (l'emprunt est “in fine”), voire même que seule une partie des intérêts ont été payés.

Les indications relatives aux contrats de crédit-bail dans les comptes (présentation fiscale) sont les suivantes (2) :
- les **annuités** de l'exercice sont détaillées, avec la répartition entre crédit-bail mobilier et immobilier, en renvoi du compte de résultat (N° 2 053) ;
- le tableau d'affectation des résultats et renseignements divers (N° 2 058 - C) indique les engagements résiduels en crédit-bail mobilier et immobilier. Ces engagements sont égaux à la somme des loyers restant dus : ils sont donc bien supérieurs à la valeur financière du contrat.

La Centrale des Risques de la Banque de France reprend le crédit-bail sur la base de la valeur financière des contrats à la date de la déclaration, augmentée des loyers restant impayés. Ces loyers impayés comprennent donc les intérêts courus sur la valeur financière à la dernière date de paiement régulier.

B - RETRAITEMENT

Au terme du retraitement, l'opération de crédit-bail est considérée comme une opération d'emprunt pure et simple.

---

(1) Dans les montages du type “gestion de fortune”, le crédit-preneur est une SCI contrôlée par le chef d'entreprise personne physique, et l'utilisateur est l'entreprise elle-même. Cette dernière n'apparaît donc pas comme crédit-preneur, mais comme simple locataire.

(2) Les entreprises ne bénéficiant pas du régime de présentation simplifiée de l'annexe doivent fournir dans ce dernier document un descriptif très précis du contrat de crédit-bail, et notamment “les dotations aux amortissements qui auraient été enregistrées pour ces biens au titre de l'exercice s'ils avaient été acquis par l'entreprise ainsi que le montant cumulé des amortissements qui auraient été effectués au titre des exercices précédents”.

① Principes de retraitement

■ Bilan

A l'actif le bien figure pour sa valeur financière à la date d'arrêté. Il est financé par un emprunt fictif de même montant. On remarque donc que l'amortissement financier du contrat, qui reflète l'engagement du crédit-preneur vis-à-vis de son crédit-bailleur, fait aussi office de mesure de l'amortissement économique du bien.

■ Compte de résultat

L'annuité de crédit-bail HT, est répartie en fonction de sa composition :

- les intérêts sont affectés aux charges financières ;
- les amortissements financiers sont affectés aux amortissements économiques.

Ce traitement a donc pour effet :

- de majorer le résultat d'exploitation (suppression de l'annuité de crédit-bail) ;
- de minorer le résultat financier et le résultat courant.

■ Tableau de financement

Dans le tableau de financement, la mise en place de l'opération se traduit par l'inscription d'un investissement en emploi, financé par un emprunt fictif de même montant.

Au cours de la vie du contrat, la capacité d'autofinancement est majorée de l'amortissement financier retraité. Cette augmentation est compensée par les annuités de remboursement de l'emprunt, qui figurent en emplois.

■ Tableau pluriannuel des flux financiers.

Lors de la mise en place du contrat, le retraitement est le même que pour le tableau de financement.

Lors du remboursement, les amortissements financiers comme les intérêts, c'est-à-dire la totalité de l'annuité de crédit-bail viennent en déduction du solde de trésorerie opérationnelle. Il n'y a donc, assez logiquement, **aucune modification par rapport au TPFF non retraité**. La variation du solde de trésorerie en fin de tableau est toujours la même ! Prenons l'exemple de la société S dont les comptes se présentent comme suit :

SOCIETE S COMPTES SOCIAUX

BILAN FIN EXERCICE N

ACTIF		PASSIF	
Immobilisations	420	Capitaux propres	N-1 500
Stocks	140	Résultat	10
Créances clients	150	Dettes structurelles	130
Autres créances	25	Fournisseurs	50
Trésorerie	5	Trésorerie passive	50
TOTAL ACTIF	**740**	**TOTAL PASSIF**	**740**

(1) Sur redressement fiscal.

COMPTE DE RESULTAT DE L'EXERCICE N

Ventes	700
Achats	– 600
Charges de personnel	– 35
Amortissements	– 20
Charges financières	– 25
Perte exceptionnelle (1)	– 10
RESULTAT	**10**

La **capacité d'autofinancement** ressort à **30**.
Sachant que la variation du besoin en fonds de roulement est de 30 pour l'exercice N, l'Excédent de Trésorerie d'Exploitation **ETE** est de 65 – 30 = **35**

On dispose d'une annexe complète qui précise que :

– Les charges externes comprennent :
  - une annuité de crédit-bail mobilier de **10 ;**
  - une annuité de crédit-bail immobilier de **50.**

– Les valeurs financières à la fin de l'exercice sont les suivantes :

	Exercice N-1	Exercice N-2
• en crédit-bail mobilier de	12	8
• en crédit-bail immobilier de	410	400

La baisse de la valeur financière correspond exactement au remboursement du capital emprunté. Donc on peut en déduire la décomposition des annuités de crédit-bail :

	Remboursement	Intérêts	Total
– Annuité de crédit-bail mobilier de	4	6	10
– Annuité de crédit-bail immobilier de	10	40	50

On observe que rythme de remboursement du crédit-bail mobilier est plus rapide que celui du crédit-bail immobilier. Cela tient bien sûr à une durée d'amortissement plus longue pour le second.

Les comptes retraités sont les suivants :

SOCIETE S COMPTES SOCIAUX
APRES RETRAITEMENT DU CREDIT-BAIL

BILAN FIN EXERCICE N

ACTIF		PASSIF	
Immobilisations	828	Capitaux propres	N-1 500
Stocks	140	Résultats	10
Créances clients	150	Dettes structurelles	558
Autres créances	25	Fournisseurs	50
Trésorerie	5	Trésorerie passive	50
TOTAL ACTIF	**1 168**	**TOTAL PASSIF**	**1 168**

COMPTE DE RESULTAT DE L'EXERCICE N

Ventes	700
Achats	– 540
Charges de personnel	– 35
Amortissements	– 34
Charges financières	– 71
Perte exceptionnelle	– 10
RESULTAT	**10**

Le résultat de l'exercice n'est pas modifié, en revanche, le retraitement fait apparaître une situation bien différente de celle d'origine :

– la société présente un endettement à terme qui excède largement les fonds propres ;

– par ailleurs ses charges financières absorbent plus de 10 % de son chiffre d'affaires.

La capacité d'autofinancement recalculée est appelée « **capacité d'autofinancement financière** ». Elle est majorée du montant des amortissements compris dans l'annuité de crédit-bail, et ressort à 44 contre 30.

Le retraitement n'a rien changé à la variation du BFR et l'ETE s'élève à
125 – 30 = **95** contre 35 précédemment.

Comment retraiter les comptes lorsque l'on ne dispose d'aucun de ces détails ?

Sur la base des données fiscales, le retraitement peut se faire de façon empirique en retenant les taux forfaitaires suivants :

	Ventilation de l'annuité de crédit-bail	
	Dotations aux amortissements	Charges financières
Crédit-bail mobilier	2/3	1/3
Crédit-bail immobilier	1/2	1/2

Il faut avoir conscience que ce retraitement est basé sur la décomposition d'une annuité typique située au milieu de la durée à courir d'un contrat de 7 ans pour le crédit-bail mobilier, et de 15 ans pour le crédit-bail immobilier. **Elle n'est donc exacte que dans ce cas là**.

② Limites du retraitement

■ Durées d'amortissement

Les durées d'amortissement retenues sont celle du contrat de crédit-bail. Elles sont souvent inférieures à celles retenues au plan fiscal, afin précisément de permettre une déduction de charges plus rapide chez l'emprunteur que si le bien était détenu en pleine propriété.

En particulier, en crédit-bail immobilier, les contrats sont très fréquemment de 15 ans, pour des durées d'amortissement **économique** qui s'étagent entre 20 et 50 ans. La distorsion est donc très forte, presque toujours dans le sens d'une majoration de l'amortissement financier par rapport à l'amortissement économique.

Prenons l'exemple d'un bien amorti économiquement sur 25 ans, faisant l'objet d'un contrat classique de crédit-bail de 15 ans. Les valeurs résiduelles financière et économique se comparent comme suit :

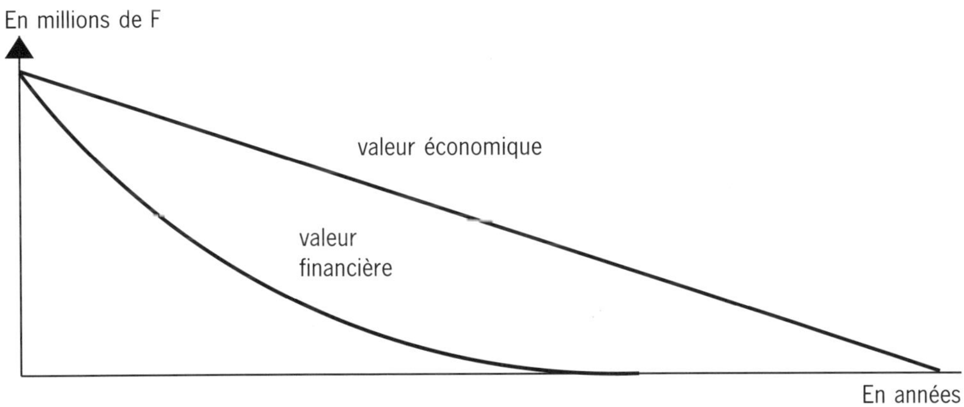

Il va sans dire que cette distorsion doit être prise en compte pour l'appréciation de la valeur des biens, souvent nettement supérieure à leur valeur financière.

■ Distinction entre crédit-bail mobilier et immobilier

Les deux catégories de crédit-bail recouvrent des réalités très différentes :

- en crédit-bail mobilier, la rupture du contrat impose au crédit-preneur le versement de la totalité des loyers restant dûs ;
- en crédit-bail immobilier, la rupture du contrat limite en général à deux annuités la pénalité, sachant que l'amortissement de la valeur financière d'origine reste acquis au crédit-bailleur.

En d'autres termes, le crédit-bail mobilier est aussi contraignant pour l'entreprise que l'emprunt traditionnel. En revanche, en crédit-bail immobilier l'entreprise a de réelles possibilités, en cas de difficultés, de se retirer du contrat. **Seul le crédit-bail immobilier est donc un réel facteur de flexibilité de l'outil de production.**

En matière de retraitement, il faut donc avoir à l'esprit que la capacité d'autofinancement incluse dans l'annuité a beaucoup plus de signification quand il s'agit de crédit-bail immobilier : cette dernière a une marge de manœuvre effective. A l'inverse, quand il s'agit de crédit-bail mobilier, c'est une charge totalement obligatoire pour l'entreprise.

■ Originalité de la démarche

Le retraitement ne modifie sensiblement l'approche financière de l'entreprise que lorsque celle-ci recourt massivement au crédit-bail. Dans la généralité des cas (crédits-bail représentant moins de 20 % des immobilisations globales), le retraitement ne présente qu'un intérêt accessoire.

Même dans les cas où il s'impose, le retraitement doit être fait avec discernement : le crédit-bail ne correspond pas seulement au désir de l'entreprise d'alléger son bilan. Il correspond aussi à une **véritable stratégie financière et commerciale** (désir de ne pas minorer la rentabilité des fonds propres dans une phase de forte croissance, mode de suramortissement des immobilisations, moyen d'adapter au mieux son outil de production à la demande du marché ; dans le cas des loyers indexés sur le chiffre d'affaires, moyen d'intéresser le banquier aux résultats de l'investissement en contrepartie de conditions de départ plus douces, etc.). Un retraitement des opérations de crédit-bail aboutit alors à **masquer l'originalité de la démarche**.

■ Cas particulier du lease-back (cession-bail)

Le lease-back (cession-bail) est l'opération par laquelle l'entreprise cède une immobilisation dont elle est **déjà** propriétaire à un établissement de crédit-bail qui la lui reloue aussitôt en crédit-bail. Cette opération bénéficie de droits d'enregistrements très réduits (taxe de publicité foncière à 0,60 %) le législateur a voulu faciliter par là l'octroi de financements à long terme à l'entreprise.

Dans la pratique, l'entreprise cède des biens qu'elle possède depuis plusieurs années, et qui sont comptabilisés à une valeur très inférieure à la valeur de cession. Elle va donc dégager une **plus-value** fiscale et comptable.

Le lease-back revêt donc deux caractéristiques très particulières dont le retraitement ne tient pas spécifiquement compte :

- c'est une opération de refinancement **non affectée** : l'établissement de crédit refinance l'immobilisation pour la valeur nette comptable **avant** cession. Mais la trésorerie correspondant à la **plus-value** nette d'impôts (souvent bien supérieure à la VNC avant cession) bénéficie à l'entreprise sans aucune contrainte d'utilisation ;
- c'est une opération de **réévaluation d'actifs**, qui permet d'augmenter les fonds propres de l'entreprise. La plus-value après impôt dégagée à long terme est virée à la réserve spéciale de plus-value à long terme.

On notera que dans les comptes consolidés, la plus-value est souvent neutralisée dans un compte d'attente, et réintégrée dans le compte de résultat par annuités égales sur la durée du contrat de crédit-bail.

Troisième partie

Analyse financière de l'entreprise

Dans la première partie de l'ouvrage nous avons décrit les informations dont dispose le banquier pour former son jugement, soulignant ainsi que les informations comptables – examinées en détail dans la seconde partie – ne constituent qu'un élément de réflexion parmi d'autres.

L'analyse financière est d'ailleurs plus une technique comparative (détériorations ou améliorations des éléments de référence) que normative (examen d'une situation donnée in abstracto), ce qui relativise encore l'intérêt qui s'attache aux données comptables.

Les questions qui se posent à la lecture des comptes sociaux (diagnostics opérationnel, financier, stratégique et prévisionnel) doivent être replacées dans le contexte plus large des objectifs de toute analyse financière, qui feront l'objet d'une section préliminaire.

Dans la démarche elle-même on distingue deux phases bien distinctes :

- **l'évaluation sommaire de l'entreprise**, qui correspond à un stade très rudimentaire de réflexion sur l'affaire, nécessité par les délais de réflexion parfois très brefs imposés au banquier,
- **l'analyse détaillée**, qui permet au banquier de prendre une position parfaitement fondée.

Plan de la 3e partie

Section préliminaire

Les objectifs de l'analyse

Les destinataires potentiels d'une analyse sont très variés : actionnaires, investisseurs, économistes, banquiers, fournisseurs. Or chacun d'entre eux est guidé par des préoccupations sensiblement différentes, qui ne se traduisent pas seulement par une décision finale différente (vente ou achat de titres, octroi de crédits, etc.), mais au cours du raisonnement par une **pondération différente** des divers critères d'appréciation.

Les opérations bancaires (distribution de crédits, octroi de garanties, etc.) doivent être analysées comme des **services** rendus à l'entreprise. Comme toute prestation de services, elles ont un coût, fonction de la rémunération et des charges de la collecte des ressources, mais également de divers **risques** pris par le banquier. Si **statistiquement** ces risques pèsent en général moins lourd dans le compte d'exploitation de la banque que les autres charges de gestion (intérêts versés aux déposants, charges de personnel...), ils représentent, **pour un crédit donné,** l'essentiel des pertes potentielles et sont donc au premier rang des préoccupations de l'exploitant de base. Or ces risques sont largement fonction de la situation financière des emprunteurs.

1 - LE RISQUE DU BANQUIER

On peut distinguer au sein du risque du banquier une " majeure " : le risque de non remboursement du crédit, et trois " mineurs ", les risques d'immobilisation, de taux et de change. Ceux-ci concernent plus la gestion interne de la banque que l'entreprise elle-même, mais peuvent constituer des critères de décision non négligeables lors de l'octroi du crédit.

A - LE RISQUE DE NON REMBOURSEMENT DU CREDIT

Ce risque ne peut être considéré comme réalisé que lorsque toutes les voies de recours contre le débiteur défaillant ont été épuisées, ceci dans le cadre de deux procédures sensiblement différentes :

- le crédit peut avoir été accordé par le banquier directement. Le banquier possède alors **une créance en capital,** et, le plus souvent, une créance en intérêts, car les premières échéances impayées ne conduisent pas en général le banquier à prononcer la déchéance du terme immédiatement, mais à capitaliser celles-ci.

Il n'existe pas d'ailleurs, pour le banquier, de différence sensible sur ce point : les intérêts impayés représentant une perte au même titre que le capital, puisqu'ils ne font, en général, que compenser la charge de financement du prêt dans ses propres écritures, à la marge près.

– le banquier peut avoir accordé **un simple crédit par signature**, c'est-à-dire un engagement de payer en cas de défaillance du débiteur. Lorsque la garantie est appelée par le créancier, le banquier désintéresse celui-ci et devient de ce fait **créancier** de l'entreprise pour laquelle il s'était engagé. Il va donc essayer de poursuivre le recouvrement de sa créance, qui en général continue, vis-à-vis du débiteur, de porter intérêt.

Le banquier matérialise les doutes qu'il conçoit sur le remboursement de certains concours, en enregistrant ceux-ci dans un compte de créances douteuses, et en dotant éventuellement une provision égale au montant considéré comme perdu. Les intérêts non versés sur créances douteuses sont soit comptabilisés (et alors dûment provisionnés) soit non comptabilisés.

Dans le cas des engagements par signature, le banquier constitue une provision inscrite au passif de son bilan, qui viendra en déduction de la créance lorsque la garantie aura été appelée.

Afin de prévenir le risque d'insolvabilité, le banquier a recours à **deux types de solutions :**

– l'octroi de concours comportant en eux-mêmes des garanties intrinsèques : escompte, loi Dailly (sur toutes créances), crédit-bail,

– la prise de garanties réelles ou personnelles (ou de contregaranties s'il s'agit de crédits par signature) qui constituent **un aspect du crédit aussi important que son taux ou sa durée.**

B - LE RISQUE D'IMMOBILISATION

Ce risque correspond au fait que le crédit, bien que non douteux, ne puisse être remboursé pour des raisons tenant à des difficultés de trésorerie **temporaires** du débiteur, ou à des éléments indépendants de sa volonté : intransférabilité des devises étrangères dans lesquelles sont libellés les concours, ou plus près de nous, refus de remboursement d'un concours accordé à un établissement public ou à une collectivité locale, ou garantis par eux (1).

Chez le banquier, ce risque se traduit sur plusieurs plans :

– le concours immobilisé ne comporte pas en lui-même de risque de non-remboursement, mais il peut en être **l'annonciateur** et beaucoup de créances commencent à être comptabilisées comme immobilisées avant de l'être comme douteuses ;

(1) On rappelle que les personnes morales de droit public ne peuvent faire l'objet de procédures de redressement judiciaire ou de faillite.

– le concours immobilisé accroît involontairement la durée des emplois de la banque. Le banquier doit donc trouver sur le marché un refinancement supplémentaire, qui ne sera pas nécessairement aussi bien adapté que le refinancement précédent. Il prend donc de ce chef un risque de taux ;

– enfin, sur le plan purement réglementaire, le classement du crédit en " créances immobilisées " (et à plus forte raison en " créances douteuses ") va détériorer les ratios prudentiels de la banque elle-même (ratio de liquidité, coefficient de fonds propres et de ressources permanentes, rapport de couverture des risques dans certains cas).

Certains crédits sont moins sensibles que d'autres à ce risque, en raison de leur caractère aisément cessible (ou **mobilisable**) à un organisme mobilisateur.

C - LE RISQUE DE TAUX

Le risque de taux résulte de l'évolution divergente du rendement des emplois d'une banque avec le coût de ses ressources (exemple : diminution des taux facturés aux emprunteurs, et stabilité des taux des obligations émises). Afin de s'en prémunir, les banquiers adossent fréquemment, **selon leurs anticipations** sur l'évolution du marché, leurs emplois à leurs ressources en taux et en durée mais également en fonction des conditions dont ils sont assortis (taux fixes, taux variables).

La banque peut également, le cas échéant, couvrir son risque de taux sur le MATIF (Marché à terme international de France), dans la mesure où elle peut y trouver un instrument dont le montant, la durée et le taux correspondent à la créance qu'elle cherche à couvrir. Mais il faut avoir conscience que le MATIF ne peut assurer de couverture réelle qu'à concurrence de l'échéance la plus lointaine de cotation des contrats, qui est fixée actuellement, pour l'emprunt notionnel, à 1 an.

Au-delà, seul le marché des swaps de taux d'intérêts, des F.R.A. (1) peut constituer une réponse au problème.

D - LE RISQUE DE CHANGE

L'octroi d'un prêt en devises fait naître un risque de change, provenant de l'évolution du cours de la devise par rapport à la monnaie nationale : à une hausse de ce cours correspond un profit de change, à une baisse une perte. Les avances en devises à l'importation ou à l'exportation, qui représentent l'essentiel des concours de cette catégorie accordés aux PME sont dans la plupart des cas adossées à des emprunts de même nature, dans la **même devise.** Le risque de change est alors couvert.

(1) Future rate agreements : contrats à terme ferme de taux d'intérêt de gré à gré.

D'ailleurs, la position de change créditrice (1) globale des banques est strictement contingentée, ce qui limite en principe le risque de change aux fluctuations des cours des différentes devises entre elles (cas du refinancement d'un prêt en livres par une ligne en dollars). En outre, les banques disposent de diverses techniques cambiaires pour couvrir ce type de risques.

2 - LES BUTS DE L'ANALYSE

Dans le cadre de la prise d'un risque **bancaire, tel que décrit ci-dessus, l'analyse financière se fixe les trois buts suivants :**

A - EVALUER LA SOLVABILITE DE L'ENTREPRISE

Cet objectif, cité en premier, dépend lui-même de la position du banquier dans l'affaire.

Si le banquier n'a pas encore consenti de financements, et s'apprête donc à prendre un risque, la solvabilité apparente de l'entreprise constitue un critère important. En particulier, aucune analyse supplémentaire n'est utile dès lors que le banquier sait **a priori** ne pas pouvoir récupérer sa mise, et se prépare en fait à prendre le risque de l'entrepreneur à la place des associés.

Si le banquier est déjà "dans l'affaire", la solvabilité de celle-ci n'a plus qu'un aspect secondaire, puisqu'il ne peut plus guère, en pratique, même lorsqu'il n'octroie que des crédits à court terme, se retirer sans provoquer la cessation de paiements. Aspect secondaire mais non pas négligeable, puisqu'une solvabilité convenable incitera le banquier hésitant à tolérer certains retards de paiement ou à consentir des crédits de trésorerie supplémentaires, tandis que l'inverse le déterminera à augmenter la **prime de risque** et peut-être à prononcer la déchéance du terme afin de "limiter les dégâts".

L'appréciation de la solvabilité n'a plus enfin qu'un caractère **estimatif,** lorsque l'entreprise suscite des réserves graves, et que l'heure est venue pour le banquier de faire le bilan des pertes qu'il aura à subir. On ne peut se baser sur les critères traditionnels de solvabilité, puisque **la valeur de liquidation** de l'affaire ne peut être déduite mathématiquement de documents comptables qui, rappelons-le, supposent **la continuité de l'exploitation.** Par ailleurs, l'évaluation des pertes est compliquée par la prise en compte des diverses sûretés (2) qui grèvent les actifs de l'entreprise, et du rang respectif de chacune d'entre elles. Le banquier doit alors passer de l'analyse de la solvabilité à celle du risque liquidatif.

---

(1) La position de change est dite "créditrice", "longue" ou "vendeuse", lorsque les avoirs en devises dépassent les dettes en devises. Elle peut être globale (toutes devises confondues) ou calculée devise par devise.

(2) Les sûretés sont :
- soit réelles (du mot latin "res" chose) : hypothèques, gages,
- soit personnelles : cautionnement.

B - APPRECIER LA CAPACITE DE L'ENTREPRISE A DEGAGER DES RESULTATS ET A FINANCER SA CROISSANCE

On se trouve ici au cœur de l'analyse financière. A partir du moment où la solvabilité est convenable, que le banquier soit prêt à entrer dans l'affaire, ou qu'il participe déjà à son financement, son souci principal sera de porter un jugement sur cette capacité à dégager des résultats et à financer la croissance. On mesure donc ici le caractère **universel** de cet objectif, qui revêt aussi bien des aspects **financiers** (rentabilité, structure) qu'**économiques** (produit, marché) ou **juridiques.**

C - PRENDRE POSITION SUR L'ATTITUDE A ADOPTER VIS-A-VIS DE L'ENTREPRISE

Cette prise de position ne constitue pas un aspect secondaire. C'est au contraire l'objectif même de tout le travail, et qui constitue la difficulté essentielle du métier de banquier. La nécessité de prendre position force le chargé d'affaires à choisir dans l'éventail des solutions possibles, celle qui correspond le mieux avec les informations dont il dispose (1). La décision finale dépend aussi bien des conclusions de l'analyse que des caractéristiques du concours accordé, des garanties disponibles, etc.

3 - LES GRANDES ETAPES DU RAISONNEMENT

On peut schématiser l'attitude du banquier amené à se former une opinion sur une entreprise par trois étapes.

A - EVALUATION SOMMAIRE

Le banquier reçoit fréquemment les documents sociaux à l'occasion d'une entrevue avec les dirigeants, ou, de façon générale, dans des situations qui lui demandent d'être en mesure de dégager, en très peu de temps, un premier jugement sommaire permettant d'orienter ses questions ou ses choix.

Il s'agit là d'une détection, purement descriptive et **purement comptable**, des principales particularités, qui ne préjuge pas de la décision finale qui sera prise à l'issue de l'analyse détaillée de l'affaire.

Elle est bien distincte de l'objet du " scoring ", qui vise à détecter **statistiquement** si une affaire présente ou non un risque de défaillance.

(1) Dans la pratique, le champ des solutions possibles est fortement limité par la personnalité et les motivations propres du chef d'entreprise, notamment lorsqu'il s'agit d'opérations l'impliquant directement (caution personnelle) ou supposant l'ouverture du capital à des tiers.

B - ANALYSE DE L'ENTREPRISE

L'analyse proprement dite s'efforce **d'expliquer** les particularités de l'entreprise. Elle ne se borne pas à l'aspect financier des choses, mais prend en compte aussi l'aspect **économique**. Eventuellement, elle montrera que le premier jugement est en partie erroné, ou mérite pour le moins d'être nuancé. Ces " nuances " sont évidemment d'une grande importance, puisque le banquier travaille souvent avec des entreprises " entre deux eaux ", pour lesquelles la décision se fera " à la marge ", en tenant compte justement de ces détails.

C - SYNTHESE

Bien souvent, le banquier ne décide pas seul, ou bien doit en référer à un " comité de crédit " ou " comité des engagements ".

Il faut fournir à ces instances supérieures une synthèse de cette démarche, qui servira de document de travail. Elle est nécessairement assez courte, le responsable du dossier étant prêt à fournir tous les éclaircissements nécessaires, le cas échéant.

Exercice purement littéraire – **mais indispensable** – la synthèse ne fait pas l'objet dans cet ouvrage de développements particuliers.

ETAPES DU RAISONNEMENT

Evaluation sommaire ⟶ Orientation des recherches

↓

Analyse préalable

↓

Synthèse ⟶ Infirme ou confirme le jugement sommaire. Permet une prise de position fondée.

Le plan suivi ci-après retrace fidèlement la démarche du banquier, en retenant cependant les deux hypothèses de travail suivantes :

- la situation de l'entreprise n'est pas à ce point désastreuse qu'aucune analyse détaillée n'est nécessaire. On pourrait en effet concevoir par exemple, que l'indicateur de solvabilité soit tellement mauvais qu'aucun banquier ne puisse raisonnablement souhaiter rentrer dans l'affaire. Dans ce cas toute analyse supplémentaire perdrait de son intérêt, puisque la simple étape " évaluation sommaire " en aurait tenu lieu ;
- la rentabilité de l'entreprise est dégagée essentiellement par son activité et non par sa structure. Il est donc logique, au sein de l'analyse détaillée, de suivre la séquence " **activité** – résultat – structure " et non pas " **structure** – activité – résultat ".

Cette première séquence qui met l'accent sur le rôle principal de l'entreprise (dégager des résultats) a en outre l'intérêt d'éviter d'examiner par deux fois (au titre du financement, puis au titre du résultat) le compte de résultat. Elle n'est cependant ni universelle ni obligatoire, et la séquence " **structure** – activité – résultat " peut se justifier lorsque l'évolution de la structure a une incidence déterminante sur les résultats :

– cas des entreprises fortement capitalistiques (ex : agriculture, immobilier, location),

– cas des entreprises ayant en début d'exercice une situation financière très détériorée (ex : accumulation de très forts reports à nouveau débiteurs) tout en présentant une rentabilité d'exploitation convenable.

Par ailleurs, **étant donné que le but est de prendre une décision pour l'avenir**, l'analyse des éléments prévisionnels dont peut disposer le banquier est considérée comme **aussi importante voire plus importante** que l'analyse des exercices passés même si dans la plupart des cas elle peut être considérée comme simpliste voire grossière.

TITRE I

Evaluation sommaire

L'analyse financière n'est pas une discipline que l'on pratique in abstracto, mais dans le cadre de relations qui s'établissent entre le banquier et l'entreprise. Or, parce qu'il s'agit de relations commerciales dans lesquelles l'entreprise fait office de client et le banquier de fournisseur, ce dernier doit accepter un compromis entre son souci de collecter le maximum d'informations sur l'entreprise et les préoccupations de son client : temps disponible limité, désir de conserver une certaine confidentialité. Si le banquier n'est pas suffisamment curieux, il risque de se laisser entraîner dans des opérations aventurées à son insu. S'il est trop curieux ou trop exigeant, il risque tout simplement de perdre son client.

Dans la pratique, le problème de l'analyste c'est donc d'une part de **gagner du temps**, et d'autre part de **démontrer beaucoup avec peu.**

Plan du titre

1 - DES OUTILS POUR ALLER A L'ESSENTIEL

Par hypothèse, le banquier ne dispose ici que des documents comptables assez souvent privés de leur annexe. Il a en face de lui un chef d'entreprise à l'horaire minuté, qui entend obtenir non pas une réponse immédiate, mais au moins une indication de l'orientation que prendra le banquier : plutôt relèvement du plafond, plutôt limitation, plutôt accord ou plutôt refus.

Il faut donc aller à l'essentiel et privilégier :

– la simplicité des calculs : autant que possible, les indicateurs proposés ci-dessous peuvent être calculés mentalement ;

– la réponse aux questions comptables de base : c'est au cours de la discussion qu'on s'efforcera d'aborder aussi les aspects non comptables **qui, répétons-le, sont souvent les aspects essentiels.**

QUESTIONS	INDICATEURS
1. Comment évolue la rentabilité et pourquoi ?	Soldes intermédiaires de gestion.
2. Quelle trésorerie potentielle a-t-elle dégagée ?	$\dfrac{\text{Excédent brut d'exploitation}}{\text{Chiffre d'affaires HT}}$
3. L'entreprise est-elle solvable ?	$\dfrac{\text{Ressources propres}}{\text{Total du bilan}}$
4. A quels financements a-t-elle recours ?	Endettement global rémunéré y compris hors bilan (location simple, crédit-bail, mobilisations de créances)
5. Son financement est-il adapté ?	Montant du fonds de roulement et du besoin en fonds de roulement en jours de chiffre d'affaires HT. Rapport : $\dfrac{\text{Intérêts et charges assimilées}}{\text{Résultat d'exploitation}}$

Le sens des cinq questions posées ci-dessus ne suscite aucune difficulté. Il faut cependant signaler que :

– le ratio $\dfrac{\text{EBE}}{\text{CA HT}}$ donne une simple estimation de la **trésorerie** dont a bénéficié l'entreprise avant paiement des charges financières. Il est évidemment beaucoup moins satisfaisant que le ratio, plus complexe à calculer, $\dfrac{\text{ETE}}{\text{CA HT}}$ (ETE : Excédent de Trésorerie d'Exploitation cf : Deuxième partie - Chapitre II) ;

– le ratio $\frac{\text{Intérêts et charges assimilées}}{\text{Résultat d'exploitation}}$ permet d'apprécier si la rentabilité est compatible avec la structure d'endettement de l'entreprise : c'est donc la "passerelle" entre le bilan et le compte de résultat.

*

* *

Le **premier jugement** que l'on peut tirer de cet examen rapide est évidemment très grossier, parce qu'il reste **statique**, contrairement à l'analyse détaillée qui va suivre. Il va permettre cependant :

– de donner à la discussion un aspect **concret** : il est souvent plus facile de discuter technique, évolution de la conjoncture que **chiffres** ;

– d'orienter les questions :

si l'entreprise semble peu rentable avec un niveau de ratio $\frac{\text{EBE}}{\text{CA HT}}$ élevé, il faudra éclaircir la façon dont la CAF est dégagée et affectée ;

si la rentabilité est bonne, avec un rapport $\frac{\text{Ressources propres}}{\text{Total du bilan}}$ faible, il faudra examiner la politique de distribution de l'affaire et son intensité capitalistique (1), etc...

– de simplifier la démarche ultérieure en fournissant une **hypothèse de travail** sur laquelle se fonder. Il est parfois plus aisé en effet de vérifier si chacune des informations disponibles, souvent très dispersées, se rattache bien à un schéma de base donné, plutôt que d'avoir à reconstruire ce schéma sans idée préconçue à partir de ces informations.

2 - UNE GRILLE POUR MENER L'ENTRETIEN

A partir des cinq questions précédentes, il est possible de construire un questionnaire de base pour mener l'entretien avec le dirigeant.

① Quels sont les principaux paramètres de l'entreprise (détention du capital, produits, marchés...) ?

② Comment évolue la rentabilité de l'entreprise ?

– Le développement de l'activité a-t-il été satisfaisant (prix/volumes/marché...) ?
– Y a-t-il des problèmes de personnel ?
– Les annuités d'amortissements reflètent-elles bien la tendance de l'investissement ?

(1) Intensité capitalistique : importance de l'actif immobilisé mis en œuvre dans le cycle de production.

– Quels taux d'intérêt l'entreprise verse-t-elle sur ses concours bancaires courants ?
– Quelles sont les perspectives pour le prochain exercice (chiffre d'affaires et résultats) ?

③ Quelle trésorerie dégage-t-elle ?

– Le niveau de l'EBE semble-t-il convenable par rapport aux performances des concurrents ?
– Comment se compare-t-il à la capacité d'autofinancement ?
– Quelle est la capacité d'autofinancement – ou l'EBE – prévisionnelle ?

④ L'entreprise est-elle solvable ?

– Existe-t-il des emprunts participatifs parmi les dettes financières ?
– Le niveau des ressources propres va-t-il être prochainement relevé (augmentation de capital, apport de comptes courants d'associés) ?

⑤ A quels financements a-t-elle recours ?

– Quel est le montant de l'endettement global rémunéré ?
– Les cessions de créances sont-elles significatives à la date d'arrêté ?
– A quelles motivations correspond le recours au crédit-bail ?
– Y-a-t-il une marge importante d'autorisations bancaires non encore utilisées ?

⑥ Son financement est-il adapté ?

– Quel serait le niveau souhaitable du FR et comment l'atteindre ?
– Quels sont les délais usuels de règlement et la durée du cycle de production ?
– Quelle est l'évolution prévisible en la matière ?
– Quelles sont les financements dont l'entreprise estime avoir besoin (prévisions d'investissement, de BFR...) ?

TITRE II

Analyse détaillée

Ce que le banquier ressent tantôt comme un risque de non remboursement, tantôt comme un risque d'immobilisation, se traduit dans tous les cas pour l'entreprise par un seul et même évènement : la crise de trésorerie.

Si l'on analyse les causes possibles de cette crise de trésorerie, on en vient bien vite à la conclusion que c'est tout le **système** formé par l'entreprise qui est en cause (structure financière inadaptée, erreur d'orientation stratégique, résultats insuffisants, mésentente entre actionnaires, etc.).

Comme il n'est pas possible d'aborder de front tous ces aspects en même temps, il faut trouver dans l'analyse un **fil conducteur** qui permette d'examiner l'entreprise " sous toutes les coutures ".

On a choisi la séquence suivante, qui part du plus concret (ce que fait l'entreprise) pour arriver au but de l'analyse (ce que sera l'entreprise) :
– Le diagnostic opérationnel (activité, résultats, trésorerie générée)
– Le diagnostic financier (solvabilité, financement)
– Le diagnostic stratégique (grandes options à long terme)
– Le diagnostic prévisionnel.

Le diagnostic prévisionnel est ici la conclusion des diagnostics opérationnel, financier et stratégique qui le précèdent.

Plan du titre

Chapitre I

Diagnostic opérationnel : de l'activité à la trésorerie

On peut parfaitement concevoir une entreprise sans bilan ou sans problème de financement. C'est par exemple le cas d'un commissionnaire non ducroire réglé dès passation des commandes, et n'utilisant pour toute immobilisation qu'un poste téléphonique (en location...).

Mais on ne saurait parler d'entreprise s'il n'y a ni ventes ni bénéfices dégagés. C'est pourquoi le diagnostic opérationnel est celui qui s'impose de prime abord, et au sein de cette analyse, celle des **produits et des marchés de l'entreprise**.

Avant de réfléchir sur le compte de résultat, il convient de s'assurer de sa fiabilité économique. Le banquier, n'étant pas commissaire aux comptes, n'a guère de moyens de contrôler l'exactitude comptable des documents qui lui sont remis. En revanche, il peut opérer un certain nombre de contrôles de vraisemblance entre cette réalité comptable et la réalité économique. C'est là l'objectif de la section "**Critique du compte de résultat**".

Dans la troisième section, et toujours en préalable à l'examen de soldes intermédiaires de gestion, est étudiée la structure de production de l'entreprise. On ne peut en effet se borner à examiner ces soldes sans tenir compte de ce que l'ensemble des charges de l'entreprise est solidaire. Elles n'évoluent pas de façon indépendante, mais reflètent la **structure de production** adoptée par l'entreprise.

L'examen des **soldes intermédiaires de gestion** (section 4) mène tout naturellement à l'examen de la **trésorerie générée** (section 5).

Plan du chapitre

Section 1 - **Produits et marchés**

1 - Le produit

2 - Les marchés

Section 2 - **Critique du compte de résultat**

1 - La ventilation entre exploitation et exceptionnel

2 - La valorisation des stocks et en cours

3 - L'activation des charges

4 - Les comptes de régularisation

5 - Les provisions

6 - Un contrôle vraisemblance : l'examen du résultat fiscal

Section 3 - **Structure de production et structure du compte de résultat**

1 - La structure de production est-elle efficace ?

2 - La structure de production a-t-elle évolué d'un exercice à l'autre ?

Section 4 - **La formation des marges opérationnelles**

1 - La formation de la valeur ajoutée

2 - La formation de l'excédent brut d'exploitation

3 - La formation du résultat d'exploitation

4 - Le résultat financier

5 - Le résultat de l'exercice

Section 5 - **Revenu et trésorerie**

1 - La capacité d'autofinancement (CAF)

2 - L'excédent de trésorerie d'exploitation (ETE)

Section 1

Produits et marchés

Les deux éléments – produit et marchés – sont étroitement liés dans la mesure où les marchés, d'une certaine façon, définissent le produit : le client impose non seulement les qualités du produit (en matière de biens d'équipement par exemple, où le cahier des charges est toujours très précis) en fonction de ses besoins, mais également son rythme de production (saisonnalité de la demande) et même son cycle de production (cas de la sous-traitance).

Nous nous trouvons ici **au cœur du risque économique.** Aussi judicieuse soit la gestion de l'affaire, celle-ci ne pourra survivre si elle vend un produit inadapté ou si son marché disparaît.

Majeure : L'entreprise commercialise-t-elle un bon produit ?

Mineures : Quelles contraintes financières le produit fait-il supporter à l'entreprise ?
Le marché est-il porteur ?
L'entreprise a-t-elle une part de marché significative ?
Existe-t-il un risque clientèle spécifique ?

1 - LE PRODUIT

Si le résultat constitue la raison d'être "financière" de l'entreprise, le produit en est la justification "industrielle". Aussi est-il primordial de s'assurer que l'entreprise fabrique avant tout **"un bon produit",** puis d'examiner **les contraintes d'exploitation** de celui-ci.

A - QU'EST-CE QU'UN "BON PRODUIT" ?

Le marché ne va pas à la recherche de l'entreprise : c'est elle qui doit se faire connaître et imposer son produit. Par quels mécanismes le produit peut-il **s'imposer au marché ?**

La première idée qui vient à l'esprit est celle du **monopole,** qui recouvre de nombreux cas de figure mais ne les épuise pas tous. Il faut donc également faire appel à l'idée plus large de **qualité** du produit.

① Le monopole : une situation rentable, mais fragile

Les produits peuvent jouir d'une **situation propre** qui leur confère **de fait** un véritable monopole, même dans une économie de marché où la puissance publique intervient très peu. Il peut s'agir :

– d'un monopole juridique : concession de services publics municipaux (ex. : distribution d'eau) ;
– d'un monopole technologique protégé par un brevet, une forte avance dans le domaine concerné (ex. : pneumatique) ou tout simplement un effet de mode favorable (ex. : haute couture, chaussures, etc.) ;
– d'un monopole dû à la **taille** (1) nécessaire pour entrer sur le marché du produit (ex : grands chantiers nucléaires) ;
– enfin d'un monopole géographique (ex. : fabricant de boites de conserve dans une zone de production maraîchaire).

Cette position, qui est on le voit **courante** dans la vie des affaires, permet de pratiquer des prix élevés (2).

Mais elle est aussi **la plus fragile qui soit.** L'existence d'un marché rentable va attirer de nouveaux compétiteurs, qui feront baisser les prix. Et ceci est vrai dans tous les domaines : les remises en causes récentes de concessions publiques montrent qu'un monopole, même consacré par un texte réglementaire, n'est jamais acquis si d'autres solutions s'avèrent nettement moins coûteuses. De même, l'avantage géographique ne résiste pas si le coût de production sur place excède celui de la même production délocalisée augmentée des frais de transport : cas des minerais de charbon et de fer, pourtant très pondéreux et bénéficiant a priori d'un avantage géographique très marqué. Enfin un monopole technologique peut être remis en cause du jour au lendemain par une découverte concurrente (3) ou réalisée dans **un secteur de substitution :** il n'existe qu'une seule autoroute – à péage – pour aller de Lyon à Paris, mais la mise en place du TGV change brusquement les données du problème.

Plus le monopole de l'entreprise est accentué, et plus le risque économique couru par l'entreprise est aigu.

Comment se prémunir de ce type de risque ?

Quatre voies peuvent être empruntées (éventuellement de manière simultanées) : adopter une stratégie propriétaire, réduire les coûts, accentuer l'effet de recherche, se diversifier.

---

(1) Taille qui se matérialise par un "**ticket d'entrée**" (mise initiale) particulièrement élevé.
(2) La théorie montre que l'entreprise en situation de monopole cherche à maximiser son profit, égal au produit prix par quantités produites. Comme les prix pratiqués baissent en sens inverse des quantités vendues (le client marginal est de moins en moins intéressé par le produit, et exige des rabais de plus en plus importants), l'entreprise n'a pas forcément intérêt à fabriquer le plus de produit possible.
(3) La tombée des brevets de l'entreprise dans le domaine public constitue un véritable cas d'école. Dans le domaine pharmaceutique, ce phénomène a entraîné la création d'un secteur entièrement consacré à l'exploitation des brevets échus, celui des produits "génériques".

■ Adopter une stratégie propriétaire

Cette voie est une voie " vicieuse ", contrairement aux trois suivantes, qui sont des voies vertueuses. En effet, elle ne se traduit pas par une efficience économique meilleure.

Il s'agit pour l'entreprise de limiter au maximum la **compatibilité** de son produit avec son environnement direct, de façon à imposer au client de recourir pour cet environnement aux services de l'entreprise. Celle-ci accroît par ce moyen progressivement son emprise sur l'utilisateur, pour lequel un changement de fournisseur sera de plus en plus coûteux. L'exemple typique est celui des constructeurs informatiques, qui ont longtemps imposé en sus de leurs machines, leurs systèmes d'exploitation. Mais cet exemple peut être extrapolé à d'autres domaines : celui du fabricant de testeurs pharmaceutiques qui rend ses testeurs incompatibles avec tout autre gel que le sien ; celui du concepteur de logiciel qui utilise un L4G " maison ", imposant le recours à ses services exclusifs pour toute modification, etc.

PART DE MARCHE RELATIVE : L'EFFET DE TAILLE

Les atouts d'une grande entreprise par rapport à une entreprise de plus petite taille sur un marché donné dépassent largement le concept d'économie d'échelles, qui n'est pas dans certains cas la principale source de compétitivité.

Economie d'échelles : la grande entreprise étale ses coûts fixes sur des séries plus grandes, et peut ainsi soit majorer son profit, soit minorer ses prix. Les coûts fixes sont aussi bien ceux de la production (amortissement du matériel, stockage, etc.) que les coûts plus indirects de la direction générale (administration, secrétariat général, finance, etc.) ou de la recherche.

Pouvoir de négociation : tant avec les fournisseurs qu'avec les clients, la position de principal producteur permet d'imposer des conditions (prix, délais de paiement, éventuellement même type de produit) meilleure que celles des concurrents de petite taille.

Capacité à conduire de grands projets : l'entreprise possède la crédibilité technique et financière nécessaire à la conduite de projets importants par la taille, et également par la durée. Du fait même de la concentration croissante de l'activité économique, ce paramètre joue un rôle de plus en plus déterminant.

Notoriété : celle-ci, qui n'est pas nécessairement proportionnelle à la taille, attire naturellement les meilleurs spécialistes vers l'entreprise, auxquels elle offre l'assurance d'une carrière professionnelle plus attrayante qu'ailleurs et aussi moins risquée. En contrepartie, ces spécialistes acceptent souvent une rémunération moins élevée.

■ Réduire les coûts

La réduction des coûts n'entraîne pas nécessairement une amélioration de la rentabilité, si elle est répercutée dans les prix. Mais elle permet dans ce cas de reculer les limites du monopole, en évinçant les produits de substitution plus onéreux. Comme on le voit, position dominante ne signifie pas gestion laxiste. Au contraire, si une entreprise détient une part prépondérante du marché d'un produit très spécifique sans dégager en même temps de rentabilité élevée, alors on peut en déduire qu'elle court un risque économique particulièrement élevé.

■ **Accentuer l'effort de recherche**

Cette voie royale ne vaut que pour le monopole **technologique,** qui constitue il est vrai, le cas de figure le plus fréquent. Les profits dégagés sur le monopole présent financent le développement de nouveaux produits susceptibles eux-aussi, par leur originalité ou leur technicité, de correspondre à une situation de quasi-monopole dans l'avenir. Le risque économique de l'entreprise devient alors un risque technologique : il ne suffit pas de consacrer une certaine part de son chiffre d'affaires à la recherche ou au développement, encore faut-il trouver. En matière de **développement** (par opposition à la **recherche** fondamentale ou appliquée), le risque est plus réduit, mais ne permet pas, il est vrai, de maintenir une avance technologique aussi marquée.

■ **Se diversifier**

La " polyactivité " permet de répartir sur plusieurs productions les risques d'effondrement, mais alourdit sensiblement la gestion et peut également limiter les progrès de productivité. L'entreprise produit en petites séries et n'est plus alors qu'un " généraliste " sans notoriété.

La " monoactivité " présente certainement un risque supérieur, mais à l'inverse une meilleure concentration des efforts de recherche et une mobilisation de toutes les énergies à la commercialisation du produit. Par hypothèse, les PMI-PME, du fait de leur petite taille, ont avantage à se limiter à un seul produit.

En définitive, la diversification ne constitue une solution que pour les affaires d'une certaine dimension. Dans la pratique, les situations ne sont pas aussi tranchées, et les entreprises exercent souvent, au sein d'un même secteur économique, plusieurs activités situées dans des **créneaux** différents.

② Les produits non monopolistiques : miser sur la qualité

Beaucoup de produits ne bénéficient d'aucune rente de situation, parce que leur marché est très large (ex : produits alimentaires), leur technicité faible (ex : service de tenue de comptabilité sur informatique) ou parce qu'ils sont facilement substituables (véhicules automobiles). Pourtant, dans ces domaines aussi on constate de grands écarts, certaines entreprises réussissant nettement mieux que d'autres. Il faut alors se référer aux trois facteurs qui dominent le succès du produit : son couple prix/fonctionnalités, sa durée de vie, et enfin sa promotion commerciale.

■ **Le prix** de ces produits doit être aussi bas que possible, mais en général ce facteur joue peu. S'agissant le plus souvent de produits assez courants et bénéficiant de séries parfois très longues, les coûts de production sont relativement uniformes d'une entreprise à l'autre. Le prix n'est donc plus simplement représentatif du bien ou du service rendu, mais aussi d'un ensemble de services annexes et de qualités qui **s'ajoutent** à la fonction principale du produit sans en augmenter le coût de production. Un téléviseur garanti 5 ans et un autre garanti 1 an remplissent les mêmes fonctions, mais ne s'imposent pas de la même façon au marché.

Dans les industries de biens intermédiaires, il en est de même d'une machine dont la vente est assortie d'une aide à la formation du personnel qualifié (1), par comparaison à la même machine dotée d'un simple mode d'emploi. Il est délicat pour le banquier d'apprécier l'importance et surtout l'impact de ces services annexes sur la fidélisation de la clientèle. Mais il est certain que le risque d'une perte brutale de clientèle ou de désaffection du produit décroît en fonction inverse de ces services.

■ Le produit doit être replacé dans **sa vie propre** : le risque qu'il fait courir à l'entreprise est le plus faible dans la phase de maturité :

– en phase de **lancement,** le produit cherche à s'imposer au marché. Le risque peut être assez élevé, s'il est porteur d'un concept nouveau par exemple. Il l'est moins s'il correspond au renouvellement d'une gamme déjà bien connue ;
– en phase de **maturité,** son marché est plus large car la clientèle est mieux prospectée. Le risque est plus limité, mais les concurrents lancent eux-mêmes de nouveaux produits et la rentabilité baisse ;
– lorsqu'enfin le produit est plus **ancien,** son marché se réduit et de nouvelles et fortes baisses de prix doivent éventuellement être consenties. Le risque est évidemment maximal pour l'entreprise comme pour le banquier, si aucune production n'a été prévue en relève, et que l'affaire n'a pas d'autres " fers au feu ".

■ **La promotion commerciale** dont bénéficie le produit est – notamment dans les secteurs très concurrentiels ou soumis aux effets de mode (habillement, soins de la personne, etc.) – un facteur clef. Si l'entreprise ne dispose pas d'un bon réseau alors le risque croît très fortement. Nous reverrons ce même type de problème à l'occasion de l'examen de la qualité de la clientèle. A l'inverse, **l'image de marque** de l'entreprise peut faire " passer " un produit médiocre. Mais à terme, cette politique contribuera à tenir l'image de marque et à rendre plus difficile le lancement des nouveaux produits.

Pour certains produits dont la durée de vie est très courte, où qui sont soumis à une forte concurrence, la **publicité** atténue significativement le risque économique, et constitue une part essentielle du coût financier du produit (parfumerie).

B - QUELLES EN SONT LES CONTRAINTES D'EXPLOITATION ?

Selon qu'elle fabrique tel ou tel type de produit, l'entreprise sera confrontée à des contraintes d'exploitation très différentes qui se reflètent **directement** sur des besoins de financements externes de l'affaire. Vu sous cet angle, le produit fait donc courir selon les cas un **risque financier** ou **bancaire** spécifique.

En fait, il est possible de dresser deux " tableaux de risque " selon que l'on considère **l'âge** du produit ou la **nature** du produit.

(1) Ce type de service n'augmente pas le coût de production, puisqu'il est facturé distinctement du produit principal.

① L'âge du produit

	CONTRAINTE			RISQUE BANCAIRE
AGE DU PRODUIT	CAPACITE D'AUTO-FINANCEMENT	BESOINS D'INVESTISSEMENT	BESOINS D'EXPLOITATION	
Phase de lancement	Assez élevée (mais résultats faibles)	Elevés	Peu élevés (marché encore étroit)	Important, sur les financements à moyen ou long terme
Maturité	Elevée (et résultats élevés)	Toujours soutenus (développement des capacités de production)	Elevés	Assez limité, malgré des concours d'un montant élevé
Déclin	Faible (et résultats encore élevés)	Faibles	Toujours élevés	Assez important sur les financements à moyen ou long terme

Cette description n'est bien sûr valable que pour les produits qui ont une durée de vie suffisamment longue (à partir de 4 ou 5 ans), et auxquels on peut affecter des investissements bien déterminés. L'évolution actuelle va plutôt à **contre-sens :** la durée de vie des produits a tendance à se **réduire** nettement, tandis que les investissements deviennent de plus en plus polyvalents (robotisation) ou délicats à affecter (négoce, services). Ce schéma reste cependant valable dans de larges secteurs de l'économie : PME peu diversifiées, entreprises de biens d'équipements et biens intermédiaires.

② La nature du produit

Le banquier doit tout d'abord se faire technicien et chercher à cerner les **particularités** du produit qui justifient des besoins de financements spécifiques :

- approvisionnements par nature irréguliers (ex : noix de coco pour la fabrication du charbon actif) nécessitant par nature un stockage de précaution ;
- stockage minimum imposé par le client (ex : sous-traitance de l'automobile) ;
- paiement comptant des fournisseurs (ex : importation de cuivre) ;
- arbitrage possible entre deux approvisionnements (ex : la ferraille et le minerai pour les hauts fourneaux) ;
- etc.

Ces éléments propres au produit se combinent avec des **profils de financement** spécifiques à chaque type de produit. Chaque profil est porteur d'un risque financier particulier.

NATURE DU PRODUIT	CONTRAINTES DE GESTION			RISQUE BANCAIRE
	BESOINS D'INVESTISSEMENT	BESOINS D'EXPLOITATION		
		Cycle de production	Cycle de commercialisation	
Négoce de détail	Faibles	—	En général court	Faible
Services à consommation immédiate (ex : restauration, location d'espaces)	Faibles	—	En général court	Faible
Location d'équipements et assimilés (transports, location, banque de données)	Elevés	—	En général court	Très important
Services d'études (informatique, etc.)	Faibles	Long	En général court	Faible
Négoce de gros	Faibles	—	Moyen	En général faible
BTP Génie civil	Elevés	Long	En général court	Important
Biens d'équipement	Elevés	Long ou très long	Long ou très long	Important
Biens intermédiaires	Assez élevés	Moyen	Moyen	Important
Véhicules de transport terrestre	Elevés	Long	Assez long	Important
Biens de consommation	Assez élevés	Plutôt court	Plutôt court	En général faible

2 - LES MARCHES

Le marché d'un produit est le lieu où se confrontent les offres des producteurs et les demandes des clients (1).

A chaque marché, correspond un besoin précis de la clientèle : voiture de tourisme, revêtement isolant, etc. Comme chaque concurrent propose sa solution, il y a beaucoup plus de **produits** que de **marchés.** Mais inversement, comme la plupart des produits peuvent être substituables les uns aux autres, un même produit se vendra en général sur **plusieurs marchés.** D'où l'équation de base :

UN PRODUIT +	PLUSIEURS MARCHES	=	UNE CONCURRENCE DIVERSIFIEE
FABRICATION DE TENTES +	**Marché principal :** tentes de tourisme Il s'agit d'un marché très fortement saisonnier, avec une grande diversité de clientèle et de réseaux commerciaux.	=	Autres fabricants de tentes de tourisme Fabricants de produits de substitution : caravanes, sacs de bivouacs, services hôteliers bas de gamme, chambres d'hôtes, auberge de jeunesse.
	Marché secondaire : tentes pour collectivité Il s'agit d'un marché où la concurrence est atténuée, peu saisonnier, et caractérisé par le poids marquant du secteur public dans la clientèle.		Autres fabricants de tentes pour collectivité Fabricants de produits de susbstitution : casemates en tôle ondulée, abris en bois ou préfabriqués, hôpitaux de campagne.

(1) Il existe des produits " sans marché ", parce qu'il n'y a en fait qu'un producteur et qu'un demandeur (exemple : certains matériels militaires), mais c'est un cas extrêmement rare.

On voit donc **qu'aux contraintes propres au produit s'ajoutent les contraintes propres aux marchés** (ou qu'à l'inverse aux atouts du produit peuvent s'ajouter les atouts propres aux marchés). On doit donc s'assurer, pour que le risque économique soit le plus faible possible, que le marché soit porteur, la concurrence limitée, et le risque clientèle faible.

A - LE MARCHE EST-IL PORTEUR ?

① Un marché porteur, c'est un marché jeune

De même qu'un produit " naît ", " vit ", et " meurt ", de même les marchés connaissent une évolution comparable avec :

– la **phase d'expansion,** correspondant à la création ex nihilo d'un nouveau besoin, et souvent à l'apparition de quelques produits de pointe (magnétoscopes, micro-ordinateurs), pendant laquelle tout est à créer sur le marché : production, circuits commerciaux, mais aussi clientèle (d'où un effort de promotion important). Le marché est donc très porteur et les qualités industrielles de l'entreprise priment sur les qualités commerciales. Ce cas de figure est assez rare, dans nos économies marquées par un long passé industriel. Mais en revanche, de nombreux marchés connaissent encore une expansion relative (2 à 3 % en volume), et peuvent procurer dans certains créneaux de belles opportunités ;

– la **phase de maturité,** au cours de laquelle le taux d'équipement de la clientèle atteint son maximum théorique (exemple : tracteurs agricoles) et où le marché est soutenu par le simple **renouvellement** du matériel usé. Le flux des commandes peut être alors beaucoup plus **heurté,** dans le domaine des biens d'équipement ou durables, que dans la phase d'expansion, car la clientèle peut attendre plus ou moins longtemps pour renouveler son bien. Pour supporter cette alternance de vaches maigres et de vaches grasses, il est donc particulièrement nécessaire de bénéficier d'une structure financière solide. En revanche, dans le domaine des biens intermédiaires et des biens de consommation, la demande globale est plutôt stable (ex : sucre, phares d'automobile), ce qui constitue une certaine garantie pour l'entreprise ;

– la **phase de déclin** est motivée par une désaffection des goûts de la clientèle (essentiellement dans le cas des biens de consommation : parapluies, viande rouge, bicyclette...), l'amélioration du produit lui-même, devenu plus puissant (piles) ou plus durable (pneus, plaquettes de freins). Cette phase de recul peut être proche de la " mort violente " lorsqu'un événement ou une décision d'ordre général supprime brusquement la raison d'être du marché (exemple : construction d'un pont remplaçant une traversée jusqu'ici effectuée en bac).

Ces évolutions sont pour l'entreprise, **structurelle.** Dans le dernier cas (déclin) elles imposent nécessairement une réflexion stratégique sur la réorientation de l'activité de l'entreprise ou une augmentation vitale de parts de marché.

② La conjoncture peut masquer les évolutions à long terme

L'évolution conjoncturelle est celle qui résulte de facteurs contingents : mouvements des stocks chez les producteurs ou chez les clients, attitudes d'anticipation ou d'attente face à une mesure législative ou fiscale, état général de l'économie. Les mouvements conjoncturels s'étalent sur plusieurs mois et exceptionnellement quelques années. Ils peuvent dans ce dernier cas masquer les évolutions structurelles du marché, le rendant plus ou moins porteur que ne le laisserait prévoir l'examen des facteurs fondamentaux.

Il ne faut pas confondre conjoncture et saisonnalité.

Presque tous les marchés sont saisonniers, sauf les marchés de biens d'équipement. La saisonnalité peut provenir de causes très variées et parfois inattendues : fêtes en Europe (ex : foie gras en fin d'année) ou au Moyen-Orient (parfum durant le ramadan), départs en vacances (ex: automobiles, hôtellerie, restauration), saisons périodiques (ex : glaces, skis), élections (ex : publicité), grands événements sportifs (ex : location de télévisions), etc. A ces causes faciles à mettre en évidence s'ajoutent des coutumes bien ancrées, comme le déstockage de fin d'année, la pointe du mois de juillet (avant la fermeture annuelle) et la reprise de septembre. Cette saisonnalité explique que l'interprétation de l'évolution de la trésorerie d'une entreprise à partir de ses seuls comptes de fin d'exercice soit toujours très délicate. Elle doit bien sûr être prise en compte pour l'appréciation des besoins de financement de l'affaire.

Perspectives structurelle, conjoncturelle et saisonnière
Construction de logements

PERSPECTIVES	FACTEURS DE LA DEMANDE	RISQUE ECONOMIQUE
Structurelle	Accédants : nombre de foyers et composition Investisseurs : progression des réserves techniques des compagnies d'assurance, évolution de l'épargne des ménages.	Marché encore porteur mais pas jeune dans le domaine des appartements de petite taille et des résidences pour personnes âgées ou invalides, mais proche de la saturation dans les autres domaines.
Conjoncturelle	Accédants et investisseurs : variation des taux d'intérêt réels Accédants : aides fiscales temporaires, évolution des salaires réels Investisseurs : arbitrages entre le marché financier et le marché immobilier.	Important, en fonction de cycles de 12 à 36 mois.
Saisonnière	Saisonnalité marquée dans le domaine du gros œuvre, dont l'activité est fortement ralentie en hiver.	**Pas de risque** attaché au caractère saisonnier de l'activité.

B - LE MARCHE EST-IL CONCURRENTIEL ?

La concurrence est un élément du risque parce qu'elle va contraindre l'entreprise à **réduire ses marges** et à **accroître ses besoins de financements** (stocks plus lourds pour mieux répondre à la demande, créances clients plus longues).

Elle se situe au niveau des **produits** et au niveau des **entreprises.**

– Les **produits concurrents** sont soit des produits similaires en tous points au produit fabriqué par l'entreprise, et il y a lieu, si faire se peut, de comparer leurs niveaux de prix et leurs qualités respectives, soit des produits de substitution, différents mais utilisables à la place du produit de référence pour certains besoins spécifiques (ex : sucre de betterave et édulcorant de synthèse) ou dans certaines conditions de prix relatifs qui peuvent fort bien évoluer d'une année sur l'autre (ex : sacs en jute ou en plastique).

  Pour les produits très sophistiqués techniquement la concurrence est évidemment très réduite parce que l'offre comme la demande sont alors très limitées.

– Les **entreprises concurrentes** doivent être examinées de plusieurs points de vue :

  - leur **taille** relativement à celle de l'entreprise concernée. Si elles sont de dimension nationale ou internationale, elles auront éventuellement des possibilités plus grandes pour imposer leur produit, et des capacités de recherche plus importantes pour en améliorer la qualité ;
  - leur **parts de marché.** Plus la part de marché est grande, et plus les gains d'échelle sont aisés à réaliser. En revanche, une part de marché modeste peut convenir à une affaire qui se spécialise à outrance sur un **segment** de ce marché (1). Par ailleurs la **division** de la concurrence peut être plus ou moins accentuée, laissant ainsi une marge de manœuvre à l'entreprise ;
  - leur **organisation commerciale :** vente directe, par un réseau de concessionnaires sous franchise, par des sociétés de ventes par correspondance, par l'intermédiaire de grossistes, par des filiales. Ces distinctions influent évidemment sur la plus ou moins grande efficacité des concurrents, et déterminent éventuellement leurs lacunes (prospection malaisée d'un certain type de clientèle, absence de représentation sur une aire géographique donnée...).

C - EXISTE-T-IL UN RISQUE CLIENTELE PARTICULIER ?

Les rapports que l'entreprise entretient avec la clientèle comportent diverses contraintes (organisation interne de l'entreprise, délais de paiements, stockage minimum, etc.) qui sont prises en compte dans le prix de vente facturé au client et se reflètent dans la structure financière.

En sus de ces contraintes, l'entreprise est soumise à deux risques bien particuliers :

– **l'érosion du fonds de commerce.** C'est un phénomène naturel que de voir certains clients cesser toutes relations pour diverses raisons (changement d'activité, passage à la concurrence). L'érosion du fonds de commerce qui peut sembler inévitable dans certaines activités en déclin, ne constitue pas un risque trop grave pour l'entreprise si elle a pu être planifiée à l'avance. En revanche, le

(1) Il s'agit du segment haut de gamme. Les séries y sont par hypothèse limitées, et une petite entreprise ne souffre pas de désavantage relatif trop marqué en terme de gain d'échelle par rapport à un concurrent beaucoup plus gros qu'elle.

départ **inattendu** d'un client important et la baisse du chiffre d'affaires qui en résulte se traduisent par une **brusque progression des coûts unitaires de fabrication.** Elle peut être fatale à l'entreprise, si cette dernière ne retrouve pas suffisamment rapidement de " client de rechange ", ou si elle n'ajuste pas à temps ses capacités de production ;

– **les défauts de paiement.** La vente une fois conclue, l'entreprise dispose d'une créance sur son client, payable à échéance. Jusqu'à cette échéance, l'entreprise court le risque de ne pas être normalement payée : d'où constitution de dotations aux provisions ou même enregistrement de pertes.

La principale garantie contre ces deux risques réside dans une **bonne division** de l'activité entre les différents clients. Pratiquement, le risque ne commence à être sensible que lorsqu'un client représente plus de 10 % du chiffre d'affaires.

Bien sûr, en ce qui concerne le risque de défaillance de paiement, la **notoriété** de la clientèle (Etat, organismes publics ou semi-publics, grands groupes) constitue une garantie tellement solide que le seuil de 10 % peut être très largement dépassé. Mais **attention,** la qualité de la clientèle ne permet jamais de s'assurer de sa **fidélité :** un grand groupe peut toujours changer de fournisseur ou de stratégie comme il lui plaît.

Section 2

Critique du compte de résultat

Il ne s'agit pas, à ce stade, d'effectuer des retraitements comptables ni d'analyser les résultats. Il faut surtout prendre conscience que l'utilisation de certaines méthodes comptables influence sensiblement le jugement que l'on peut se faire des résultats.

Même si la présentation des comptes de résultat suit les règles posées par le plan comptable général, elle n'est en général pas totalement neutre et traduit certaines options ayant pour effet de modifier parfois sensiblement l'aspect général des comptes. Le plan comptable général laisse en effet au chef d'entreprise dans de nombreux domaines, le soin d'utiliser telle procédure plutôt que telle autre, pourvu bien entendu que les comptes continuent de donner une image fidèle de l'entreprise. Les principaux points sensibles sont détaillés ci-après : le premier d'entre eux (ventilation entre le critère " exploitation " et " exceptionnel ") n'a pas pour effet de modifier le résultat final, mais seulement les soldes intermédiaires de gestion. En revanche, les cinq points suivants ont tous une influence sur l'appréciation de la rentabilité finale et de la capacité d'autofinancement.

1 - LA VENTILATION ENTRE " EXPLOITATION " ET " EXCEPTIONNEL "

On a déjà eu l'occasion, dans la deuxième partie de cet ouvrage, de critiquer le caractère parfois assez flou de cette distinction, dans la mesure où le plan comptable général ne précise pas le critère qu'il retient pour considérer les charges et produits comme exceptionnels. Sont certainement exceptionnels les éléments extraordinaires ne provenant pas de la gestion courante de l'affaire (dotations ou reprises d'amortissements dérogatoires et autres provisions réglementées, plus ou moins-values de cessions d'immobilisations). Mais en revanche, les éléments extraordinaires nés de la gestion courante (ex : pertes sur créances clients, indemnités de licenciements, provisions sur créances clients, charges de restructuration) peuvent selon les entreprises être classés parmi les comptes d'exploitation, aussi bien que dans les comptes de résultats exceptionnels.

De façon générale le chargé d'affaires doit retenir du compte de résultat exceptionnel une acception **restrictive.** L'expérience montre que – à l'exception des dotations aux amortissements dérogatoires et des plus ou moins values de cessions – le solde de ce compte est le plus souvent débiteur, et d'un montant finalement assez stable. On peut donc considérer que dans la plupart des cas, ces pertes nettes ont un caractère récurrent. **Cette considération incite à ne pas s'en tenir trop étroitement à la notion de résultat d'exploitation telle qu'elle ressort des documents comptables.**

Par ailleurs, dans le cas très spécifique des sociétés de location de biens d'équipement ou de longue durée (téléviseurs), il faut veiller à ce que les cessions d'immobilisations louées soient bien comptabilisées comme des charges (valeur nette comptable) et des produits (valeur de cession) de **gestion courante.**

2 - LA VALORISATION DES STOCKS ET EN COURS

Pour bien saisir en quoi les méthodes de valorisation des stocks et en cours peuvent influencer le résultat final, il faut détailler **les choix** qui s'offrent au chef d'entreprise, à chaque étape de la procédure comptable.

Opération	Entrée en stock	Sortie du stock	Valeur d'inventaire
Choix offert au chef d'entreprise	**Marchandises :** Coût d'acquisition Marge d'appréciation faible **Production :** Coût de production Marge d'appréciation large	**Eléments identifiables :** Coût réel d'entrée Marge d'appréciation nulle **Eléments interchangeables :** Deux méthodes possibles ● FIFO ● Coût moyen pondéré	La plus faible des deux valeurs suivantes : ● valeurs comptable ● valeur vénale Marge importante d'appréciation de la provision à constituer

① Entrée en stock

Les **marchandises** sont entrées au coût d'acquisition, qui correspond à peu de choses près aux charges comptabilisées au compte " achats d'approvisionnement et de matière premières ". La méthode de comptabilisation n'influe donc pas sur le résultat final : c'est d'ailleurs ce qui nous a permis, par simplification, d'isoler dans le compte de résultat la marge commerciale.

La **production** en revanche est entrée au coût de production qui est un élément beaucoup plus complexe à calculer, puisqu'il comprend, en outre, une partie des charges de personnel, impôts et taxes, amortissements, éventuellement charges financières (si le cycle de production est supérieur à 12 mois : conserverie, vinification) déterminée en comptabilité analytique. La valeur des stocks et en cours variera donc en fonction des imputations de charges, parfois assez arbitraires, effectuées sur le produit.

Le résultat affiché sera d'autant plus élevé, que l'acception des charges incorporées aux stocks et en cours sera étendue. Mais, comme le montre l'exemple ci-après, il ne s'agira que d'une **anticipation :** en effet, globalement, la vente de stocks et en cours se traduira bien in fine par le même résultat.

ANTICIPATION DE RESULTATS EN FONCTION DE L'EVALUATION DES STOCKS

	EXERCICE I (Entrée du stock)		EXERCICE II (Vente du stock)	
Evaluation "généreuse"	Charges 100 **Résultat 20**	Stock 70 Ventes 50	Stock initial 70 **Résultat 10**	Ventes 80
Evaluation prudente	Charges 100 **Résultat 5**	Stock 55 Ventes 50	Stock initial 55 **Résultat 25**	Ventes 80

Dans les deux cas le **résultat global est le même** (20 + 10 ou 5 + 25), mais la comptabilisation "généreuse" a eu pour effet d'anticiper l'extériorisation des résultats.

Il faut avoir conscience que ce procédé peut conduire à extérioriser des résultats qui ne seront **jamais engrangés.** On peut imaginer, à l'extrême, que les stocks retiennent une conception si extensive des charges (ex. incorporation des frais généraux du siège, des frais de recherche etc.) que leur valeur au bilan soit **supérieure** à leur prix de vente prévisible. Dans ce cas l'entreprise comptabilisera un profit sur stock purement fictif.

Lors de la revente du bien, ce profit fictif sera compensé par une perte : mais l'entreprise peut ainsi maquiller sa capacité bénéficiaire **plusieurs années de suite.**

UN CAS CLASSIQUE DE SUREVALUATION DES STOCKS LA NON PRISE EN COMPTE DE LA SOUS-ACTIVITE

Les charges indirectes sont imputées en fonction d'une production théorique "normale" de l'entreprise. Exemple :

Charges indirectes : 100 000 F
Niveau "normal" de production : 50 000 articles
Charges imputées aux stocks : 2 F/article

Ceci nécessite la détermination objective d'un niveau "normal" de production, qui aboutit à l'imputation d'un coût (ici 2 F) dit "standard".

Si la production effective est en dessous de la "normale", les charges indirectes non imputables sont considérées comme des charges définitives et enregistrées comme telles. Si la production est seulement de 30 000 articles (60 000 F de charges imputables) alors, le compte de résultat se présentera comme suit :

COMPTE DE RESULTAT

CHARGES		PRODUITS	
Charges indirectes	100 000 F	Stocks	60 000 F
Perte (due à la sous-activité)	– 40 000 F		
	60 000 F		60 000 F

On voit donc comment, en fonction de la définition du niveau standard d'activité, il est aisé de faire ou non apparaître les pertes de sous-activité.

② Sortie du stock

Pour calculer le stock final, en inventaire permanent ou semi-permanent le plus souvent, il faut déduire du stock en début de période les sorties de la période. Deux cas se présentent :

– il s'agit de biens individualisables (ex : biens d'équipement, chantiers...) : alors c'est le coût d'entrée qui sert de référence, et le chef d'entreprise n'a donc **aucun choix** ;

– il s'agit de biens interchangeables, et deux méthodes sont possibles :
  - la méthode, premier entré-premier sorti, (first in-first out = FIFO). Le coût de la sortie est évalué au coût d'entrée du **bien le plus ancien** encore en stock ;
  - la méthode du coût moyen pondéré : chaque sortie de la période (ex : le mois) est évaluée au coût moyen unitaire du stock en début de période.

La méthode FIFO aboutit, **en période de baisse** des cours des matières premières, à une évaluation des stocks inférieure à celle que l'on obtiendrait par la méthode des coûts moyens pondérés. Cet inconvénient est cependant limité, dans la mesure où, quelle que soit la méthode employée, la valeur **vénale** du bien est dans ce cas inférieure à sa valeur comptable brute et doit donc donner lieu à une provision (cf. infra). L'incidence sur le résultat de l'exercice des divergences entre les deux méthodes est donc nulle.

En revanche, si l'on se situe en **période de hausse** des cours des matières premières, ou plus simplement encore **d'inflation,** la différence entre les deux méthodes se traduit directement dans le résultat de l'exercice. La méthode FIFO se traduira par des résultats plus importants que celle des coûts moyens pondérés.

③ Valeur d'inventaire

Les méthodes qui précèdent permettent d'établir une valeur **brute** des stocks, qui figurera au bilan de fin d'année. Cette valeur **brute** est rarement égale à la valeur d'inventaire qui prend en compte la valeur vénale du stock mais seulement (principe de prudence) si elle est **inférieure** à la valeur brute.

Le chef d'entreprise possède là encore une marge d'appréciation très large, puisque les critères sur lesquels il peut se baser ne sont incontestables que dans le cas des produits de base pour lesquels les cours sont cotés. L'évaluation est aussi assez sûre pour les stocks ayant fait l'objet de **commandes fermes** (travaux informatiques, ingénierie), mais encore faut-il prendre garde aux contestations qui surviennent en cours d'exécution et peuvent minorer fortement la valeur des travaux en cours (ex : chantiers de travaux publics). Pour le reste des stocks, la valeur vénale résulte d'une évaluation, difficile à justifier, des chances d'écoulement de la production et de l'évolution probable des prix du marché.

En définitive, il faut souligner combien il est nécessaire de conserver un regard critique sur les stocks et en cours, une surévaluation pouvant aisément aboutir à doubler ou tripler le résultat, et maintenir une idée fausse de l'affaire **des années durant.**

3 - L'ACTIVATION DES CHARGES

L'activation des charges est le procédé qui consiste à transférer des charges du compte de résultat à l'actif du bilan. Le plan comptable général l'a prévu dans essentiellement deux cas :

- la **production d'immobilisations** par l'entreprise pour elle-même. Les comptes d'immobilisations concernés sont débités par le crédit du compte " Production immobilisée " (1) pour la valeur, déterminée en comptabilité analytique, des immobilisations corporelles ou incorporelles ainsi créées. Elles sont par la suite amorties selon les règles classiques ;
- l'inscription de **charges à répartir sur plusieurs exercices** par le crédit de " Transfert de charges " (d'exploitation, financières ou exceptionnelles). Les charges sont par la suite réintégrées par voie d'amortissement direct.

Dans les deux cas, l'enregistrement au bilan a pour effet de majorer du même montant le résultat. Aussi y a-t-il lieu de s'assurer, si leur montant est significatif, que :

- la production immobilisée a comme contrepartie un bien corporel commercialisable (ex : hangar, bureau, machine) ou un bien incorporel répondant aux strictes conditions posées par le plan comptable général (cas des frais d'établissement, des frais de recherche et de développement...) ;
- les charges à répartir ne sont pas calculées trop largement par rapport aux critères comptables. En matière de **publicité,** cette inscription devrait être tout à fait exceptionnelle.

4 - LES COMPTES DE REGULARISATION

Les comptes de régularisation permettent de rattacher à l'exercice les produits et les charges courus mais non versés ou non comptabilisés, et à l'inverse de corriger le résultat des produits et charges comptabilisés, mais imputables en fait à d'autres exercices.

L'essentiel des comptes de régularisation porte sur :

- les fournisseurs et les clients (dont ils sont des " comptes rattachés " : avoirs ou factures à recevoir ou à établir) ;
- l'Etat et les organismes sociaux : TVA et charges sociales ;
- et enfin le personnel : treizième mois, prime de bilan, et congés payés.

L'absence de régularisation sur tel ou tel poste peut modifier très sensiblement le résultat de l'exercice.

(1) On verra plus bas des frais d'établissement, qui peuvent être immobilisés directement, sans passer par le compte de résultat.

5 - LES PROVISIONS

Le chef d'entreprise peut éventuellement influer sur le compte de résultat en majorant ou en minorant les dotations effectives par rapport à celles qu'il serait raisonnable de constituer. Il faut donc s'efforcer d'estimer ce qu'il aurait été "raisonnable" de doter.

- Les **provisions pour dépréciation** dépendent, – on l'a vu dans le cas des stocks –, de considérations techniques délicates à apprécier. Toutefois lorsqu'elles portent sur des **immobilisations financières,** il est aisé de vérifier, en examinant le bilan de la filiale ou de la société apparentée bénéficiaire des concours, si sa situation permet le remboursement de l'avance, ou si, dans le cas des titres de participation, la part de la société-mère dans les capitaux propres correspond bien à la valeur nette comptable qui figure au bilan.

- Les **provisions pour risques et charges** sont encore plus difficiles à évaluer, car le banquier n'a guère de données auxquelles se référer. Il pourra cependant :
  - s'assurer que les litiges en cours signalés dans l'annexe sont bien couverts ;
  - s'assurer que les provisions les plus courantes sont bien constituées (redressement fiscal, indemnités de licenciement, écart de conversion actif) ;
  - examiner la situation des affaires auxquelles l'entreprise a délivré des engagements de garantie (notamment les anciennes filiales cédées à d'autres groupes moyennant une garantie de la maison-mère sur les créances clients ou certains litiges en cours).

- **Les provisions réglementées** – dotées au débit des comptes de dotations exceptionnelles – qui permettent à l'entreprise de mettre de côté, en franchise d'impôt, une partie de son résultat afin de financer des investissements jugés prioritaires (provisions pour reconstitution de gisement), le renouvellement de ses stocks (provision pour hausse des prix, provision pour fluctuation des cours) ou les risques nés d'une activité qu'il convient de favoriser (provisions pour implantation à l'étranger, pour risques sur crédit à long et moyen terme résultant d'opérations faites à l'étranger...). Le chef d'entreprise a donc presque **toujours intérêt** à utiliser cette faculté fiscale **à plein.** On peut avoir une idée de l'ordre de grandeur que peuvent atteindre ces provisions par comparaison avec les exercices antérieurs.

A l'inverse, le dirigeant peut juger utile, afin de lisser ses résultats (surtout si l'affaire est cotée en Bourse), de constituer chaque année des provisions pour éventualités diverses, imposables, qui ont **le caractère de réserve.** Nous avons reclassé ces provisions au sein des **ressources propres.** Il y a lieu de la même façon, pour les dotations de l'année, de réestimer le résultat réel dégagé par l'entreprise. Il peut se faire que la provision soit, en partie, **réintégrée** aux résultats en période de "vaches maigres" : on en tiendra compte également au cours de l'analyse.

Enfin, on essayera toujours d'apprécier l'incidence sur le poste reprise de provisions (financières ou exceptionnelles) de l'application pour la première fois de la mise en équivalence de titres dans les comptes sociaux. Elle peut se traduire par d'importants profits, et plus rarement par des pertes.

6 - UN CONTROLE DE VRAISEMBLANCE : L'EXAMEN DU RESULTAT FISCAL

Lorsque les renseignements détenus sur l'entreprise ne sont pas suffisamment détaillés, l'examen du résultat fiscal permet, dans une certaine mesure, de se faire une idée des distorsions qui peuvent exister entre le résultat comptable et la réalité économique et financière.

① Résultat comptable et résultat fiscal

Le résultat fiscal est calculé à partir du résultat comptable avant impôt.

- Les **réintégrations** concernent les charges que le fisc n'estime pas justifiées économiquement (amortissements et provisions excessives, rémunérations dépassant la normale, charges jugées somptuaires et impôts indirects les concernant), ou les variations des écarts de conversion passif.
- Les **déductions** concernant les réintégrations dans les résultats de provisions antérieurement taxées car non déductible fiscalement, ou les variations des écarts de conversion actif.
- Par ailleurs, sur le plan technique, il convient de noter que :
  - les avoirs fiscaux s'imputent le plus souvent sur l'impôt dû, qui peut ainsi paraître anormalement faible, notamment dans le cas d'entreprise qui bénéficient d'une importante trésorerie disponible, et encaissent donc des revenus soumis à retenue à la source ;
  - les plus ou moins-values à long terme (ainsi que les dotations et reprises de provisions sur les titres de participations ou de placement) sont imposées **séparément.** Elles ne s'imputent donc pas sur le résultat taxé au taux de droit commun ;
  - les déficits fiscaux des années antérieures sont reportables. A l'inverse, le déficit de l'année peut être reporté, sous certaines conditions, sur les bénéfices fiscaux des années antérieures (carry back). Ce report fait naître au profit de l'entreprise une créance non imposable sur l'Etat, qui est comptabilisée **dans les produits** de l'exercice, comme s'il s'agissait d'un impôt négatif.

② Cas des entreprises intégrées fiscalement

Aux distorsions les plus communes entre le résultat fiscal et le résultat comptable s'ajoute, depuis 1988, la possibilité pour un groupe d'entreprises d'opter pour le régime de **l'intégration fiscale.** Cette option se traduit par l'enregistrement de la **totalité de l'impôt payé par le groupe** dans les charges de la société-mère, et conduit de ce fait à d'importantes sous ou sur-estimations des résultats des filiales.

La filiale pourra prendre en charge cet impôt :

- soit sous la forme d'une provision pour impôt de caractère purement comptable, qui sera versée en compte-courant à la société-mère ;
- soit, cas plus fréquent parce qu'expressément prévu par les textes, en **distribuant** sous forme de dividendes l'impôt dû à la société-mère.

Dans le même ordre d'idée, il faut également souligner que des réserves de plus-values à long terme résultant d'une opération de la filiale, doivent être constituées par la société-mère. Par ailleurs, **l'économie d'impôt** réalisée grâce à l'intégration fiscale **peut** être rétrocédée par la société-mère à ses filiales sous forme d'avances en compte-courant, de dotations en capital ou de **subventions** (qui viendraient donc majorer le résultat comptable).

L'imprimé fiscal 2058-C permet de connaître l'impôt qui aurait été dû en l'absence d'intégration fiscale, et de connaître le résultat fiscal d'ensemble du groupe et les imputations opérées.

③ Interprétation du résultat fiscal

On effectue une estimation grossière du résultat fiscal en divisant l'impôt sur les bénéfices figurant au compte de résultat par 0,33 %. Deux cas peuvent se présenter :

- le résultat fiscal semble **nettement** supérieur au résultat comptable avant impôt. Il est probable que d'importantes provisions à caractère de réserves ont été dotées (le résultat comptable est dans cette hypothèse sous-estimé) ou que d'importantes moins values à long terme et dépréciation du portefeuille-titres ont été enregistrées (le résultat comptable est alors fidèle à la réalité) ;
- le résultat fiscal semble **nettement** inférieur au résultat comptable avant impôt. Il est probable que des provisions à caractère de réserves ont été reprises (dans ce cas le résultat est surestimé) ou que des provisions sur le portefeuille-titres ont subi le même sort (le résultat comptable est alors fidèle à la réalité).

Il ne s'agit bien sûr que de principes très généraux qui méritent d'être nuancés. Mais ils permettent d'effectuer un **rapide contrôle de vraisemblance** du résultat comptable.

A l'issue de l'examen critique du compte de résultat, le chargé d'affaires peut être amené à opérer certains redressements. Cependant, en raison de l'importance juridique que revêt la notion même de résultat de l'exercice (dont dépendent les dividendes versés aux actionnaires) **il est préférable de s'en abstenir** quitte à signaler au cours de l'analyse les distorsions les plus graves au fur et à mesure qu'elles se présentent.

Section 3

Structure de production et structure du compte de résultat

Majeures : La structure de production est-elle efficace ?
Du fait de la modification de la structure de production, les comptes de résultat sont-ils comparables d'un exercice à l'autre ?

1 - LA STRUCTURE DE PRODUCTION EST-ELLE EFFICACE ?

On cherche ici à s'assurer que la combinaison des facteurs de production correspond bien à ce qui paraît **souhaitable** pour le type d'activité concerné. Supposons qu'une usine ne tourne qu'à 60 % de sa capacité, alors que son point mort (1) se situe à 65 %. Aussi bien gérés soient les différents facteurs de production, l'usine ne sera jamais rentable. Pourtant l'analyse des comptes de résultat ne révèlera **aucune anomalie évidente :** charges de personnel en trop forte croissance, stockage excessif de produits finis, etc.

Dans ce cas, la répartition et l'évolution des charges d'exploitation seront satisfaisantes, et le chargé d'affaires ne pourra expliquer les pertes que s'il tient compte, **à la base,** de l'inadaptation de la structure de production.

Il est évidemment délicat, pour un banquier de se faire une idée de l'efficacité des moyens mis en œuvre. Mais certains recoupements sont malgré tout possibles :

– des observations souvent élémentaires permettent d'apprécier, dans ses grandes lignes, l'efficacité de **l'organisation de la production :** dispersion des lieux de production, manque d'espace, rupture de charges fréquentes d'une opération à l'autre, importance des stocks de produits semi-finis, nombre élevé de machines apparemment inemployées sont autant d'indices d'une organisation perfectible... et laissant craindre qu'un concurrent parvienne un jour ou l'autre à évincer l'entreprise du marché.

(1) Cette notion est expliquée dans le chapitre III du présent titre.

En ce sens, il est souvent préférable que le banquier aille voir le dirigeant sur **son lieu de travail** plutôt que le recevoir chez lui, ce qui ne lui apprendra rien sur l'organisation de l'entreprise. De même, le banquier doit répondre favorablement aux invitations de visites d'usines : il doit alors s'agir non pas du site de production le plus moderne – qui sera en général bien adapté – mais du site de production **le plus important,** car c'est celui dont la mauvaise organisation aura les répercussions financières les plus sensibles.

– **La sous-activité** chronique de la structure de production est dans certains cas aisée à mesurer lorsque l'équipement industriel correspond à une capacité de production théorique facilement quantifiable (ex : 24 000 tonnes/an). Un taux d'utilisation de 80 % est alors relativement élevé. Mais la sous-activité des installations ne s'accompagne pas nécessairement de la sous-activité du personnel. Certaines tâches sont étroitement fonction du nombre de salariés employés, et l'ajustement est alors relativement aisé. Avec l'automatisation des processus de production, ce cas de figure se raréfie cependant, les équipes de maintenance, de sécurité et de contrôle étant les mêmes quelle que soit l'utilisation des capacités de production.

Dans certaines activités, la production n'est pas standardisée. La productivité des machines est donc très délicate à apprécier. En revanche, on utilise volontiers le rapport :

$$\frac{\text{nombre d'heures facturées}}{\text{nombre maximal théorique d'heures}}$$

pour mesurer le taux d'utilisation des effectifs, qui constituent parfois la charge d'exploitation essentielle de l'entreprise (services informatiques, ingénierie).

2 - LA STRUCTURE DE PRODUCTION A-T-ELLE EVOLUE D'UN EXERCICE A L'AUTRE ?

Les arbitrages évoqués plus haut entre les différentes charges d'exploitation sont, on l'a vu, soit de nature structurelle, soit de nature conjoncturelle. En tout état de cause, le passage d'une structure à l'autre peut parfois se faire de façon **très rapide et massive.**

Pour analyser correctement l'évolution des charges d'exploitation, il est donc **indispensable de prendre en compte les modifications qui ont pu affecter la structure** d'une année sur l'autre.

ANALYSE DE L'EVOLUTION DES CHARGES D'EXPLOITATION EN PRESENCE D'UNE MODIFICATION DE STRUCTURE DE PRODUCTION

Une entreprise confie, au début de l'année n + 1, 15 % de son activité à un sous-traitant, ce qui correspond pour elle à une baisse de 7 % de ses charges de personnel et de 18 % de ses achats d'approvisionnement.

Charges d'exploitation	année n	année n + 1	évolution apparente	évolution réelle (1)
Achats d'approvisionnement Charges de personnel	25 MF 72 MF	23 MF 68 MF	– 8 % – 6,4 %	+ 12 % + 1,5 %
Achats de sous-traitance	17 MF	26 MF	+ 52,9 %	– 2 %

Dans ce cas, la prise en compte de la modification de la structure de production permet de mettre en lumière les efforts réalisés par l'entreprise en matière d'achats de sous-traitance. En revanche, les charges de personnel, si elles sont bien maîtrisées, ne sont pas notablement réduites, contrairement à ce que laisserait croire un premier calcul.

(1) Achats d'approvisionnement $\frac{23}{25 \times 0{,}82} = 1{,}122$

Charges de personnel $\frac{68}{72 \times 0{,}93} = 1{,}015$

Achats de sous-traitance $\frac{26}{17 + (0{,}18 \times 25 + 0{,}07 \times 72)} = 0{,}98$

Section 4

La formation des marges opérationnelles

Le compte de résultat se présente schématiquement en suivant les zones de fractures suivantes :

	Production
+	**Ventes de marchandises**
−	**Consommations intermédiaires**
=	**Valeur ajoutée**
−	**Charges de personnel**
−	**Impôts et taxes**
=	**Excédent brut d'exploitation**
−	**Dotations aux comptes de prévoyance**
=	**Résultat d'exploitation**
+/−	**Résultat financier**
=	**Résultat courant avant impôt**
+/−	**Résultat exceptionnel**
−	**Impôt sur les sociétés et participation des salariés**
=	**Résultat de l'exercice**

D'un point de vue économique, on opère avec la **valeur ajoutée** une première distinction entre :

– les produits d'exploitation et les consommations intermédiaires, dont les prix et les quantités dépendent en grande partie des **contraintes de marché** qui pèsent sur l'entreprise ;

– les autres produits et les autres charges qui résultent de la gestion **interne** de l'entreprise.

On opère ensuite avec le **résultat d'exploitation** une deuxième distinction entre :

– les produits et charges d'exploitation indépendants de la **structure financière ;**

– les produits et charges financiers.

Sous réserve des résultats exceptionnels, les charges d'impôt et de participation des salariés sont conçues -à juste raison- comme de simples conséquences des opérations précédentes au même titre que le résultat de l'exercice.

Notre plan sera donc le suivant :
– la formation de la valeur ajoutée,
– la formation de l'excédent brut d'exploitation,
– la formation du résultat d'exploitation,
– le résultat financier,
– le résultat de l'exercice.

Majeures : L'activité a-t-elle progressé et pourquoi ?
Les rémunérations sont-elles bien maîtrisées ?
Les charges financières reflètent-elles l'évolution de l'endettement ?
La rentabilité permet-elle de supporter les charges de structure ?

Mineures : Le prix ou le volume unitaire des consommations intermédiaires ont-ils connu une évolution significative ?
Le taux de la valeur ajoutée se compare-t-il avantageusement avec celui d'entreprises du même secteur ?
Pourquoi les impôts indirects ont-ils varié ?
L'accroissement de la prime de risque peut-il expliquer en partie l'évolution des charges financières ?

1 - LA FORMATION DE LA VALEUR AJOUTEE

A - L'ACTIVITE

L'activité dont a bénéficié l'entreprise au cours de l'exercice, justifie une étude préalable et distincte pour plusieurs raisons :

– dans le compte de résultat, les produits de l'activité représentent entre 80 et 100 % des produits totaux encaissés par l'entreprise. On en déduit, que **sans activité propre suffisante une affaire ne peut être rentable** (à titre de contre-exemple, une affaire peut être rentable sans produits financiers ni produits exceptionnels) ;

– si le banquier intervenant à long terme raisonne en terme de produits et de marché sur des évolutions de fond, en revanche le banquier prêteur à court terme est directement tributaire de l'activité de l'entreprise à la fois sur le plan de la solvabilité et de ses besoins de financement d'exploitation.

① Le chiffre d'affaires

Il est logique de commencer par l'examen du chiffre d'affaires (= production vendue + ventes de marchandises) (1), car on considère que l'entreprise n'a dégagé un résultat comptable qu'à partir du moment où les produits ont été vendus (2). Seul donc le chiffre d'affaires traduit la capacité de l'entreprise à dégager un résultat à partir de son activité. Ce critère n'est cependant pas tout à fait universel : les entreprises de travaux publics, notamment, sont autorisées à comptabiliser à part – dans le compte " Produits nets partiels sur opérations à long terme " –, les résultats prévisibles sur des chantiers en cours non encore facturés (3).

■ La **progression du chiffre d'affaires** par rapport à l'année antérieure doit être appréciée à la fois en volume et en prix :

– la progression en **volume** doit être comparée à celle du marché, pour déterminer si l'entreprise a su maintenir ses parts. Une perte de parts peut correspondre à un recentrage de l'entreprise sur un créneau jugé plus rentable ou plus porteur, ou bien à une perte de compétitivité du produit, dangereuse si elle se confirmait ;

– la progression en **prix** doit être comparée au **taux d'inflation du produit.** Dans certains cas, les prix de certains biens " explosent " (ex. : matières premières). Mais de façon générale, il faut avoir bien conscience que le taux d'inflation d'un produit est le **plus souvent inférieur** (4) au taux d'inflation du PIB : l'augmentation de la productivité entraîne mécaniquement les prix **relatifs** à la baisse, tandis que le volume produit a tendance à croître. Ceci explique que pour une entreprise donnée, l'augmentation du **volume** de sa production – ou de ses ventes – est sur le long terme, une nécessité, faute de quoi elle se trouve peu à peu **marginalisée sur son marché** ;

---

(1) En matière de subventions **d'exploitation,** si nous avons repris en deuxième partie de cet ouvrage le reclassement préconisé par le plan comptable général, c'est sous réserve de se livrer au cours de l'analyse, à un examen approfondi des conditions dans lesquelles ces subventions sont attribuées.
– Si la subvention a un caractère occasionnel, et n'est motivée, par exemple, que par les liens financiers qui unissent le donateur au donataire, alors on peut admettre sans réserves le classement comptable de droit commun.
– Si au contraire la subvention est strictement proportionnelle à l'activité, et est attribuée de façon automatique, elle constitue un simple **complément du chiffre d'affaires** (cas des concessions de service publics, des entreprises agricoles, des industries agricoles ou alimentaires, des affaires de productions cinématographiques, etc.), dont l'évolution doit être examinée en étroite relation avec celui-ci. Dans ses travaux statistiques, la Centrale des bilans de la Banque de France retient systématiquement cette hypothèse.

(2) On se souvient que certaines méthodes d'évaluation des stocks permettent **d'anticiper l'extériorisation des résultats.** Mais seule la vente du stock autorise à considérer le résultat comme **certain, sous réserve de son encaissement.** Ce point essentiel fait l'objet d'un encadré en deuxième partie de cet ouvrage.

(3) Ce compte est sur le bilan fiscal un extrait de la ligne " autres produits ". Il y a donc lieu de prendre comme agrégat de référence la somme de la " production (vendue, stockée, immobilisée) " et des " produits nets partiels sur opérations à long terme " qui fournit dans ce cas un étalon meilleur que le chiffre d'affaires.

(4) Cf. Jean Fourastié et Béatrice Bagil " Pourquoi les prix baissent " Hachette Collection Pluriel. Dans la pratique, le taux d'inflation du PIB est peu différent du taux de progression de l'indice général des prix à la consommation.

— la progression du chiffre d'affaires doit aussi tenir compte des **variations de taux de change** dans le cas où les ventes sont en grande partie libellées en devises. C'est souvent le cas pour les exportations vers les pays à monnaie forte, et vers les Etats-Unis d'Amérique ;

— le taux de progression en valeur (prix + volume) doit être comparé au taux de progression du PIB auquel il doit être au moins égal.

■ **La composition du chiffre d'affaires** peut évoluer sensiblement d'une année sur l'autre (développement des exportations, commercialisation de nouveaux produits, augmentation de la part consacrée au négoce, etc.), ce qui peut entraîner :

— une évolution des **résultats** différente de celle du chiffre d'affaires : si la part des produits nouveaux, sur lesquels l'entreprise réalise en principe ses résultats les plus élevés, s'accroît, alors le résultat progressera plus vite que le chiffre d'affaires ;

— **une modification des besoins de financements** (créances clients).

A ce titre, le banquier s'efforcera toujours de rechercher auprès de l'entreprise la composition actuelle mais aussi l'évolution probable par type d'activité, du chiffre d'affaires, comme le montre l'exemple ci-après.

EVOLUTION DE LA COMPOSITION DU CHIFFRE D'AFFAIRES ET EVOLUTION DES RESULTATS

L'entreprise Omicron, qui est une affaire de commerce de gros, réalise, avec deux produits P_1 et P_2, 10 MF de chiffre d'affaires.

Elle dégage une marge commerciale de 35 % sur le produit P_1 et 45 % sur le produit P_2.

Pour l'année n + 1 et n + 2, ses prévisions d'activité sont les suivantes :

en MF	Année n	Année n + 1	Année n + 2
Produit P_1	4	4,5	5,3
Produit P_2	6	6,2	6,4
Chiffre d'affaires total	10	10,7	11,7

Que peut-on en déduire de l'évolution probable des résultats ?

La marge commerciale moyenne va croître **moins rapidement** que le chiffre d'affaires, malgré la progression satisfaisante de l'activité.

	Année n	Année n + 1	Année n + 2
Marge commerciale			
• en %	41	40,8	40,5
• en MF	4,1	4,36	4,73
Taux de croissance			
de la marge commerciale		6,3 %	8,5 %
du chiffre d'affaires		7,- %	9,3 %

■ Les **conditions** dans lesquelles le chiffre d'affaires a été maintenu ou développé influent directement sur les besoins d'exploitation de l'affaire. **L'allongement des créances clients** constitue l'argument commercial le plus usité. Si la clientèle a une trésorerie particulièrement large, l'avantage financier consenti par l'entreprise peut prendre la forme d'un **escompte pour paiement comptant.** Utilisé au coup par coup par le client, ce système produit des à coups de trésorerie imprévisibles chez le fournisseur.

EXPORTER : MOTIVATIONS ET CONSEQUENCES

MOTIVATIONS

- Le marché national est trop petit pour le produit considéré. Seules des séries relativement longues peuvent, en abaissant les coûts de production, rendre le produit compétitif (ex : matériel radiologique).
- Le marché national est déjà occupé par un concurrent performant, ou à l'inverse, le marché national se rétrécit sous l'effet de la conjoncture. Les marchés étrangers constituent un exutoir nécessaire.
- Les prix du marché national sont trop bas, notamment s'ils sont en partie bloqués. De telles mesures n'existent pas en général à l'étranger, ou bien le marché y est plus favorable.
- La fabrication intègre une forte proportion de biens importés. La revente et la facturation du produit transformé dans la même monnaie permet de couvrir le risque de change.
- La clientèle demande des références minimales aux entreprises intervenant sur le marché, et notamment une certaine diversification géographique.
- L'entreprise veut mener une politique de produits haut de gamme. L'augmentation des prix moyens est compensée par un rétrécissement du marché domestique.

CONSEQUENCES

- Le besoin en fonds de roulement augmente. Les stocks ne sont pas nécessairement plus élevés, surtout si le produit est commercialisé par une filiale qui assure l'essentiel du portage. Mais les créances clients sont au minimum de 180 jours et peuvent atteindre plusieurs années.
- Le risque patrimonial sur la clientèle augmente nettement :
  - le risque d'insolvabilité est supérieur non pas en raison d'une situation des entreprises qui serait plus dégradée à l'étranger, mais de la grande difficulté à exercer des poursuites judiciaires internationales. Ceci explique les précautions prises usuellement en matière de garantie de paiement (crédit documentaire) ;
  - le risque de change résulte de ce qu'une partie des exportations — surtout vers les pays à monnaies faibles — est libellée en devises, et que celles-ci peuvent se dévaluer. La garantie COFACE peut couvrir ce risque ainsi que le risque politique ;
  - le risque politique provient des mesures unilatérales qui peuvent être prise par les Etats, en dehors de toute insolvabilité du client. Il peut s'agir de la répudiation de la dette publique ou privée, **mais ceci est rare,** et plus couramment de **l'intransférabilité** temporaire de devises fortes, ou de la non convertibilité temporaire de devises faibles. Le " temporaire " peut durer plusieurs mois, et même dépasser l'année.

• Le risque de l'investissement commercial à l'étranger, qui ne paraît pas toujours dans les comptes si la commercialisation est filialisée, est spécialement important, l'entreprise étant souvent en position II ou IV du schéma du Boston Consulting Group (cf. chapitre III). C'est d'ailleurs pourquoi le **rachat** de filiales existantes est plus fréquent que la création ex-nihilo.

• Le compte de résultat se signale par :
- un coût de financement en général assez peu élevé, du fait des procédures spécifiques de financement existantes ;
- éventuellement d'importantes, dotations aux provisions réglementées (sur investissements à l'étranger, sur crédit à long et moyen terme) ;
- une modification des marges, les marchés à l'exportation étant souvent **moins** rémunérateurs que le marché domestique, car plus concurrentiels.

COMPTABILISATION

Bien que le bilan fiscal prévoit une ligne pour le chiffre d'affaires exporté, il n'existe aucune définition fiscale ou comptable de ce poste. Aussi son contenu est-il très variable (notamment en ce qui concerne les exportations vers les départements et territoires d'outre-mer).

② La production

La production (= production vendue + production immobilisée + production stockée) reflète l'activité interne de l'entreprise, quels que soient ses succès commerciaux. Pour les entreprises travaillant sur **commandes,** elle représente un indicateur plus pertinent que le chiffre d'affaires.

– La production en **volume** constitue donc, par excellence, la référence à laquelle rapporter les consommations intermédiaires ou les charges de personnel. Dans certains domaines, il est facile de mesurer le volume de la production : tonnage, nombre d'unités fabriquées, kilométrage parcouru... Mais le secteur des services et des industries de pointe, la spécificité de chaque produit rend très délicate toute estimation en volume. Dans la généralité des cas on sera donc contraint d'analyser l'évolution de la production en valeur (volume x prix). Mais il faut se garder d'oublier, malgré tout, que les **variations de prix peuvent avoir une incidence aussi marquée que les variations de volume.**

– Plus que la croissance de la production globale, c'est la **progression de la production stockée** qui doit attirer l'attention. Si l'entreprise désire maintenir un niveau de stock constant, il est naturel que sa production stockée croisse **parallèlement** à celle de la production vendue. Une évolution différente, dans un sens comme dans l'autre, est un élément à surveiller :

• une progression supérieure à la production vendue reflète éventuellement une certaine mévente du produit par rapport aux prévisions. Mais elle peut correspondre à **l'anticipation de commandes** non encore livrées ou au lancement d'un produit nouveau ;

- une progression inférieure à la production vendue traduit un effort de maîtrise des stocks, toujours favorable, mais qui peut s'accompagner d'une certaine **sous-activité.** La charge financière de l'entreprise en sera donc dans l'immédiat allégée, mais la rentabilité de l'exploitation en souffrira (cf. infra notion de point mort).

– **L'évolution de la répartition de la production** entre plusieurs produits différents revêt le même intérêt que dans le cas du chiffre d'affaires. Elle a une influence aussi bien sur les besoins de financements (stocks et fournisseurs) que sur la **structure de la production** (appel plus ou moins important à la sous-traitance, valeur ajoutée variable).

③ La marge commerciale

La marge commerciale (= ventes de marchandises – coût d'achat des marchandises vendues) est égale au " résultat brut " réalisé par l'entreprise de négoce à l'occasion de son activité, et constitue une base de référence commode pour apprécier la productivité du personnel par exemple.

– La marge n'est cependant **qu'un solde.** Il y a donc lieu de noter qu'en dehors des progressions en volume, l'augmentation de la marge peut être aussi bien due à une amélioration du niveau des prix, qu'à une baisse du coût d'acquisition des marchandises. Si ce coût peut être considéré en grande partie comme une donnée dans le négoce des biens interindustriels, en revanche, dans celui des biens de consommation les arbitrages entre fournisseurs dans le but d'obtenir le meilleur prix sont un souci constant des " acheteurs " dont c'est la tâche essentielle.

– La marge peut **varier très fortement** d'un secteur à l'autre, en fonction de l'importance des services non rémunérés spécifiquement, qui accompagnent la vente de la marchandise : stockage de longue durée, conseils et études préalables, transport, installation de la machine, mise en route. Ainsi, elle atteint aisément 30 à 40 % du chiffre d'affaires dans le commerce de gros interindustriel, mais se situe autour de 20 % dans les grandes surfaces de commerce de détail.

Le tableau ci-après détaille le taux de **marque** ($\frac{\text{Marge commerciale}}{\text{Ventes de marchandises HT}}$) par type de commerce. Il ne doit pas être confondu avec le taux de **marge** ($\frac{\text{Marge commerciale}}{\text{Coût d'achat des marchandises vendues HT}}$).

TAUX DE MARQUE ANNEE 1992 – COMMERCES TOUTES TAILLES

$$\frac{\text{MARGE COMMERCIALE}}{\text{VENTES DE MARCHANDISES}}$$

57 - COMMERCE DE GROS ALIMENTAIRE	21,0
58 - COMMERCE DE GROS NON ALIMENTAIRE	30,3
59 - COMMERCE DE GROS INTERINDUSTRIEL	26,8
61 - COMMERCE DE DETAIL D'ALIMENTATION GENERALE DE GRANDE SURFACE	15,6
63 - COMMERCE DE DETAIL NON ALIMENTAIRE NON SPECIALISE	37,7

SOURCE : Banque de France. Centrale des Bilans, fascicules sectoriels.

B - LES CONSOMMATIONS INTERMEDIAIRES

Lorsque l'entreprise utilise massivement le crédit-bail, il y aura lieu de bien distinguer les annuités de crédit-bail des autres consommations intermédiaires. Les charges de crédit-bail peuvent être, comme on l'a vu en deuxième partie de cet ouvrage, assimilées dans une large mesure aux amortissements et aux charges financières. Mais on doit s'interroger en tout état de cause sur **les motifs qui ont conduit l'entreprise à recourir au crédit-bail** (cf. encadré).

Les autres consommations intermédiaires sont d'une façon ou d'une autre destinées à être incorporées au produit ou utilisées dans l'activité de négoce ou de service : on cherchera donc à établir une relation entre ces charges et l'évolution de la production ou de la marge commerciale de l'affaire tant en volume qu'en prix. Or ces charges sont très **hétérogènes** et il faut donc s'efforcer :

- soit d'en **isoler comptablement** les plus significatives : on rappellera que les charges de sous-traitance et de personnel intérimaire sont isolées sur le formulaire fiscal 2058 C-N ;
- soit d'en **estimer** la nature. A ce titre, une bonne connaissance de la technique de production n'est pas inutile :
  - importance des matières premières dont les cours sont très volatiles ;
  - importance de la consommation d'énergie, dont les prix sont bien connus ;
  - contraintes particulières d'approvisionnement, expliquant des variations erratiques dans les achats (fournisseur dominant, éloignement géographique, rareté, obstacles douaniers, juridiques ou politiques).

L'analyse des consommations intermédiaires mène tout droit à la formation de la valeur ajoutée, en distinguant l'évolution due à une modification de la structure de production de celle due au développement de l'activité.

C - LE TAUX DE VALEUR AJOUTEE

Le taux de valeur ajoutée $\dfrac{\text{Valeur ajoutée}}{\text{Production de l'exercice + Ventes de marchandises}}$ caractérise la **structure** du compte de résultat.

Comme le montre le tableau ci-après, il est très variable selon les secteurs de l'économie concernés, et même selon les entreprises. Ainsi que nous l'avons vu, les dirigeants peuvent opter pour telle ou telle structure de production ce qui modifie la structure du compte de résultat : il ne faut donc surtout pas prendre les données ci-après comme des valeurs de référence intangibles, **mais comme de simples indicateurs.**

TAUX MOYEN DE VALEUR AJOUTEE – ANNEE 1992

$$\frac{\text{VALEUR AJOUTEE}}{\text{PRODUCTION + VENTE DE MARCHANDISES + SUBVENTIONS D'EXPLOITATION}}$$

	I. SECTEURS INDUSTRIELS MANUFACTURIERS (niveau 40)	
	INDUSTRIES AGRICOLES ET ALIMENTAIRES	
T02	Industrie de la viande et du lait	15,3
T03	Autres industries agricoles et alimentaires	21,1
	INDUSTRIES DES BIENS INTERMEDIAIRES	
T07	Production de minerais et métaux ferreux, première transformation de l'acier	24,5
T08	Production de minerais, métaux et demi produits ferreux	16,4
T09	Production de matériaux de construction et minerais divers	39,3
T10	Industrie du verre	44,7
T11	Chimie de base, production de fils et fibres artificiels et synthétiques	29,6
T13	Fonderie et travail des métaux	41,2
T21	Industrie du papier et carton	30,1
T23	Industrie du caoutchouc et de la transformation des matières plastiques	38,6
	INDUSTRIES DES BIENS D'EQUIPEMENT	
T14	Construction mécanique	35,5
T15A	Biens d'équipement professionnels	38,5
T15B	Equipement ménager, électronique grand public	23,4
T17	Construction navale et aéronautique, armement	37,4
T16	Construction de véhicules automobiles et autres matériels de transport terrestre	21,6
	INDUSTRIE DES BIENS DE CONSOMMATION COURANTE	
T12	Parachimie et industrie pharmaceutique	29,9
T18	Industrie textile et de l'habillement	32,9
T19	Industrie du cuir et de la chaussure	35,2
T20	Industrie du bois et de l'ameublement ; Industries diverses	35,2
T22	Imprimerie, presse, édition	42,3
	II. COMMERCE (niveau 100)	
57	COMMERCE DE GROS ALIMENTAIRE	12,9
58	COMMERCE DE GROS NON ALIMENTAIRE	20,5
59	COMMERCE DE GROS INTERINDUSTRIEL	19,1
61	COMMERCE DE DETAIL D'ALIMENTATION GENERALE DE GRANDE SURFACE	11,2
63	COMMERCE DE DETAIL NON ALIMENTAIRE NON SPECIALISE	20,1

SOURCE : Banque de France. Centrale des Bilans, fascicules sectoriels.

2 - LA FORMATION DE L'EXCEDENT BRUT D'EXPLOITATION

A - CHARGES DE PERSONNEL

Deux indicateurs permettent d'analyser l'évolution de ces charges :

- La **productivité du personnel,** mesurée par le rapport :

$$\frac{\text{Chiffre d'affaires}}{\text{Effectif moyen}}$$

Il n'est pas possible de faire la part entre la productivité effective du personnel et l'éventuelle sous-activité de l'affaire (1). Mais cette lacune, si elle interdit au banquier de déterminer les **raisons** d'une éventuelle chute de productivité (2), ne lui cache pas le sens de l'évolution, ce qui est essentiel. D'ailleurs, à structure de production donnée, la baisse de la productivité du personnel est rare, une baisse de la productivité **apparente** peut presque toujours être attribuée à la sous-activité.

- La **rémunération du personnel,** mesurée par le rapport :

$$\frac{\text{Charges de personnel}}{\text{Effectif moyen}}$$

Cette donnée peut, dans l'absolu, recouper des informations disponibles sur la structure de l'effectif : des rémunérations moyennes faibles confirment par exemple l'idée d'une production peu sophistiquée, que la faible proportion des cadres dans l'effectif laissait déjà prévoir.

Dans les petites affaires, toute modification de la structure des effectifs (embauche d'un nouveau cadre commercial) se répercute immédiatement sur le salaire moyen (progression du salaire moyen supérieure à l'inflation). Par ailleurs l'augmentation du chiffre d'affaires se traduit dans un premier temps par l'augmentation des heures supplémentaires (et donc du salaire moyen) et dans un deuxième temps seulement par des embauches définitives (et donc une baisse du salaire moyen). Paradoxalement, une baisse de l'activité a le même effet ; dans un premier temps, les charges de personnel sont grevées des frais de licenciement (d'où une tendance à l'augmentation du salaire moyen), et ne se trouvent vraiment allégées qu'à partir de l'exercice suivant.

Malgré ces éléments qui peuvent masquer les évolutions réelles, il faut in fine s'efforcer de déterminer si les salaires ont été globalement bien maîtrisés et pour quelle raison.

(1) Cas où le personnel qui travaille effectivement présente une productivité normale, mais où l'activité est insuffisante pour occuper tout le personnel.
(2) La baisse peut être ausi bien due à une détérioration de la productivité effective, qu'à une augmentation de la sous-activité.

B - IMPOTS, TAXES ET VERSEMENTS ASSIMILES

Ce poste recense notamment les taxes d'apprentissage et sur les salaires et la taxe professionnelle. Il ne comprend pas la TVA, qui est rattachée au compte de la dépense concernée (ou au compte d'actif s'il s'agit d'une immobilisation).

Ce poste est donc en principe assez stable. Il ne peut connaître de variations qu'en raison de l'assujettissement à une nouvelle taxe spécifique, ou au versement, ponctuel du droit de mutation sur l'acquisition d'un immeuble ou d'un fonds de commerce. Enfin, il faut réserver les cas très spécifiques des secteurs assujettis à des taxes particulières très élevées : droits à la consommation (vins, alcools), taxe sur les produits pétroliers.

3 - LA FORMATION DU RESULTAT D'EXPLOITATION

A - LES DOTATIONS AUX COMPTES DE PREVOYANCE

Les dotations aux comptes de prévoyance comprennent les dotations aux provisions et les dotations aux amortissements. Elles font l'objet d'un examen approfondi en section 5 " Revenu et Trésorerie ".

S'agissant ici des seules dotations aux provisions et amortissements d'**exploitation**, on retiendra que :

– les dotations **financières** sont exclues. Elles concernent les actifs purement financiers (participations d'une part, créances monétaires de l'autre, écarts de conversion actif). On voit que dans le cas des provisions sur créances monétaires et sur écarts de conversion actif, les dotations correspondent bien à la prise en compte d'une charge de structure. Pour être concret, le provisionnement d'une action de SICAV monétaire est pratiquée le lendemain du détachement du coupon, de façon à ce que l'entreprise comptabilise bien au cours de l'exercice un différentiel égal au coupon couru. En revanche, dans le cas des provisions sur participations, la dotation reflète une **dépréciation réelle de l'actif**. On voit qu'elle se rapproche par sa nature d'un amortissement d'immobilisation corporelle. Il faut avoir impérativement cette distinction à l'esprit lorsque l'on analyse le résultat d'exploitation et le résultat financier ;

– les dotations exceptionnelles sont exclues, et en particulier deux types de dotations qui pourraient tout aussi bien être classées en résultat d'exploitation, au gré du dirigeant :
  - les dotations aux amortissements dérogatoires ;
  - les dotations sur frais de restructurations.

B - LE RESULTAT D'EXPLOITATION

En tant que résultat de l'entreprise calculé hors charges de structure, le résultat d'exploitation doit pouvoir offrir à l'investisseur actionnaire une rentabilité assurant à la fois la rémunération de l'endettement et celle des capitaux propres. **Donc ce résultat d'exploitation peut être d'autant plus faible que l'activité requiert moins de capitaux**.

Nous reviendrons à propos de la structure financière sur ces notions de rentabilité des fonds propres et d'endettement global rémunéré.

Un court exemple fixera les idées. Prenons le cas d'une entreprise E dont les paramètres sont les suivants :

COMPTES DE LA SOCIETE
(en millions de F)

ACTIF		PASSIF	
Immo. incorporelles	70	Capital	58
Immo. corporelles	140	Résultat	2
Immo. financières	20	Dettes structurelles	150
Stocks	350	Fournisseurs	150
Créances clients	100	Trésorerie passive	320
TOTAL ACTIF	**680**	**TOTAL PASSIF**	**680**

COMPTE DE RESULTAT	
Ventes	500
Achats	– 200
Charges de personnel	– 200
Amortissements	– 37
Rés. d'exploitation	**– 63**
Charges financières	– 59
Impôts	– 2
RESULTAT	**2**

La structure financière est lourde, avec un endettement représentant presque un an de chiffre d'affaires, et des fonds propres nettement insuffisants par rapport aux risques potentiels. Le résultat net est symbolique.

En fait, cette vision pessimiste doit être nuancée.

Si l'on fait le rapport $\frac{\text{Charges financières}}{\text{Fonds propres + Endettement global}}$

$$= \frac{100}{680} \qquad = 14{,}7\,\%$$

on s'aperçoit que la rentabilité économique nette du capital investi n'est pas mauvaise (sans être exceptionnelle). Une des solutions d'amélioration du résultat passe clairement par un renforcement des fonds propres.

Supposons que les fonds propres soient augmentés de 50 MF, et que le nouveau niveau des fonds propres (108 MF) réponde aux attentes des banquiers. Alors, la rentabilité des fonds propres et celle de l'entreprise seront globalement améliorées dans un **double mouvement bénéficiaire** :

– la mise en place de 50 MF de fonds propres va se traduire par une diminution des charges financières. Par simplification, on supposera que cette diminution s'effectue au prorata des encours, soit un gain de charges financières de 6 MF ;

– la confiance retrouvée des banquiers fait passer le taux moyen d'intérêt sur l'endettement de 12,6 % à 12,1 %, d'où un nouveau gain de 2 MF.

Les charges financières sont passées à 51 MF, et les comptes retraités se présentent comme suit :

COMPTES DE LA SOCIETE E APRES APPORT EN FONDS PROPRES
(toutes choses égales par ailleurs)

ACTIF		PASSIF		COMPTE DE RESULTAT	
Immo. incorporelles	70	Capital	108	Ventes	500
Immo. corporelles	140	Résultat	8	Achats	– 200
Immo. financières	20	Dettes structurelles	150	Charges de personnel	– 200
Stocks	350	Fournisseurs	150	Amortissements	– 37
Créances clients	100	Trésorerie passive	264	**Rés. d'exploitation**	**– 63**
				Charges financières	– 51
				Impôts	– 4
TOTAL ACTIF	**680**	**TOTAL PASSIF**	**680**	**RESULTAT**	**8**

A l'issue de la recapitalisation de la société, on constate que la rentabilité est convenable. Elle permet d'assurer une rentabilité des fonds propres qui n'est pas dérisoire $\frac{8}{108} = 7{,}4\,\%$ au lieu de 3,4 % précédemment, alors que ces fonds propres ont doublé.

4 - LE RESULTAT FINANCIER

Comme on l'a vu précédemment, le résultat financier reprend deux types de charges et de produits dont la signification est bien distincte :

- les charges et les produits sur les actifs financiers immobilisés que sont les participations, les créances rattachées et les prêts : il peut s'agir de dividendes, d'intérêts, ou de dotations ou reprises de provisions ;
- les charges ou produits liés à l'endettement ou à l'excédent de trésorerie : il s'agit d'intérêts reçus ou versés, ou de dotations aux provisions sur OPCVM.

Avant toute analyse de l'évolution des résultats financiers, il faut avoir une claire vision de la nature de ces résultats. A titre d'exemple, évitons de confondre une augmentation de dividendes perçus avec une augmentation du taux de rémunération de la trésorerie disponible ! Ne prenons pas non plus une dotation aux provisions sur une filiale défaillante, pour une augmentation des intérêts versés sur l'endettement !

Les développements qui vont suivre porteront uniquement sur la fraction des charges et des produits qui concernent l'endettement ou éventuellement l'excédent de trésorerie de l'entreprise.

A - QUELS CHARGES OU PRODUITS FINANCIERS RETENIR ?

① Charges financières

Dans la pratique, ce sont les intérêts et charges assimilées et les dotations et reprises de provisions (sur OPCVM) qui constituent l'essentiel de cette rubrique (1). Il faut les comparer aux postes du passif du bilan susceptibles de porter intérêt, **qui ne se limitent pas aux emprunts bancaires :**

- dans les ressources propres : titres participatifs, avances conditionnées, obligations convertibles, emprunts participatifs, comptes courants d'associés,
- dans les dettes structurelles : emprunts auprès des établissements de crédit, réserve spéciale de participation des salariés,
- dans les dettes courantes : dettes sur immobilisations, obligations cautionnées, et bien sûr trésorerie passif.

On voit donc que les charges financières ne reposent pas du tout exclusivement sur un endettement bancaire, mais résultent aussi d'un endettement non bancaire. L'entreprise peut d'ailleurs **arbitrer** son endettement à court terme bancaire contre un endettement à court terme fournisseurs.

Elle peut aussi arbitrer cet endettement bancaire contre une **diminution des créances clients,** qui se traduira par le versement d'escompte pour paiement comptant, enregistrés sous la ligne " intérêts et charges assimilés " (1).

② Produits financiers

Lorsqu'ils sont importants, ils révèlent souvent une caractéristique essentielle de l'entreprise :

- commerce de détail : importante trésorerie rémunérée ;
- biens d'équipements : possibilité – ou obligation – de disposer d'une trésorerie active abondante : surfinancement des besoins d'investissement ou d'exploitation, nécessité de dépôts de garantie.

Il peut aussi s'agir, par symétrie, d'escomptes obtenus pour paiement anticipé de fournisseurs. L'apparition des **OPCVM de capitalisation** ne devrait plus fausser l'appréciation des intérêts reçus. En effet, les produits financiers ne sont encaissés que si l'entreprise vend des OPCVM, c'est-à-dire à son gré, mais le coupon couru est comptabilisé en résultats dans tous les cas.

---

(1) Les escomptes de règlement accordés au client, les intérêts versés en raison de délais supplémentaires consentis par les fournisseurs, ou enfin le coût des obligations cautionnées constituent des charges financières au même titre que les intérêts bancaires.

B - COMMENT INTERPRETER L'EVOLUTION DES CHARGES ET PRODUITS ?

① Faut-il compenser les charges et produits financiers ?

Il faut avoir conscience (cf. encadré), que l'entreprise peut trouver intérêt à entretenir simultanément une trésorerie active et une trésorerie passive, pour profiter au mieux des différents types de placement (comptes à terme, OPCVM, etc.). Du point de vue de l'analyse, il est donc logique de compenser les charges et produits.

L'entreprise peut ausi être utilisée comme **centrale de trésorerie** pour ses filiales. Elle emprunte pour leur compte à un taux plus bas car sa situation financière est plus solide, et elle reprête au même taux. Ce procédé majore donc artificiellement le niveau de l'endettement à court terme comme son coût apparent.

En définitive, il est préférable de compenser les charges et produits financiers, mais en restant très vigilant sur leur composition.

CRITERES DE PLACEMENT
ET POLITIQUE D'ENDETTEMENT A COURT TERME

1) Quels sont les principaux critères de placement ?

Les critères économiques sont :

- la **durée :** généralement assez courte (de 1 à 6 mois) et dépassant très rarement 2 ans ;
- **la liquidité :** le placement le plus liquide et celui qui est à la fois **négociable** et de première catégorie (exemple : obligations ou bons du Trésor). Parmi les placements non négociables, la liquidité est fonction de la durée et, — très rarement — des possibilités de cessions (exemple bons de caisse) ou de résiliation anticipée (exemple : compte à terme).

Les critère financiers sont :

- le **rendement,** qui peut se traduire soit par des produits (intérêts, coupons) soit par des plus values en capital ;
- la **sensibilité aux variations de taux :** seuls sont très sensibles les produits négociables à taux fixes. Les produits négociables à taux variables (comme les obligations) sont peu sensibles, quant aux comptes à terme et aux bons de caisse, ils sont strictement insensibles ;
- le **mode d'imposition,** qui recouvre à la fois le **taux** d'imposition (les plus-values à long terme sur obligations ne sont taxées qu'à 18 %, tandis que les coupons le sont à 33 %), la **date** à laquelle les revenus doivent être pris dans le résultat imposable (dès qu'ils sont courus ou seulement lorsqu'ils sont encaissés) et les possibilités de **provisionnement** des placements au cas de moins-values.

Pour donner quelques exemples,

- une entreprise anticipant une baisse des taux aura tendance à investir dans les comptes à terme ou encore mieux, dans des SICAV " sensibles " ;
- une entreprise en pertes évitera les placements supportant une retenue à la source pour s'orienter vers des placements exonérés (emprunts émis depuis le 1er janvier 1987) ;
- une entreprise disposant de liquidité sans savoir quand elle les utilisera s'engagera sur des placements liquides et longs à la fois (obligataires) etc.

2) Quelle est l'incidence de la politique de placement sur les composants de la trésorerie nette ?

La politique suivie part du principe que :

– les banquiers facturent sévèrement les **variations** d'utilisations (commission de plus fort découvert) ;
– l'escompte est **plus cher** que le découvert en compte lorsqu'il est utilisé pour des durées trop courtes, en raison du caractère forfaitaire de la commission d'escompte. Par exemple, sur un effet de 10 000 F escompté à 12 % avec une commission de 18 F, le taux réel annuel proportionnel est de 13,1 % sur 90 jours, mais de 18,6 % sur 10 jours !
– par symétrie, les placements sont eux-mêmes d'autant plus rentables qu'ils sont importants (seuil critique de l'ordre de 500 000 F) et qu'ils sont longs.

L'entreprise a donc intérêt à :

– mobiliser un matelas relativement stable de créances (si elle a des créances mobilisables), sur des durées longues (90 jours) ;
– utiliser le découvert pour le solde ;
– placer les excédents qui peuvent apparaître en tenant compte des contraintes **plancher** de montant et de durée.

Les deux figures qui suivent montrent bien l'incidence des politiques de placements.

– en figure 1, l'entreprise se contente d'apurer son découvert à chaque fois qu'elle a de la trésorerie disponible (" trésorerie zéro "). Cette trésorerie, trop irrégulière, ne peut être investie dans des placements rémunérés ;
– en figure 2, l'entreprise place durant quelques semaines, quitte à tirer de façon un peu plus importante sur son découvert. Avec un taux de découvert à 12 %, et un taux des placements à 8 %, l'entreprise subit – par rapport à la situation décrite par la figure 1 – un surcroît de 134 kF en découvert. Mais elle engrange 188 kF en rémunération de ces placements.

REMUNERATION DES PLACEMENTS ET AUGMENTATION DU DECOUVERT

Figure 1

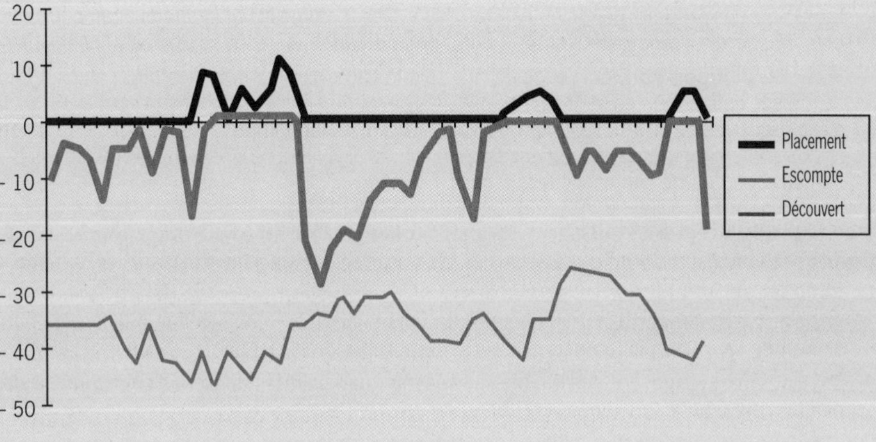

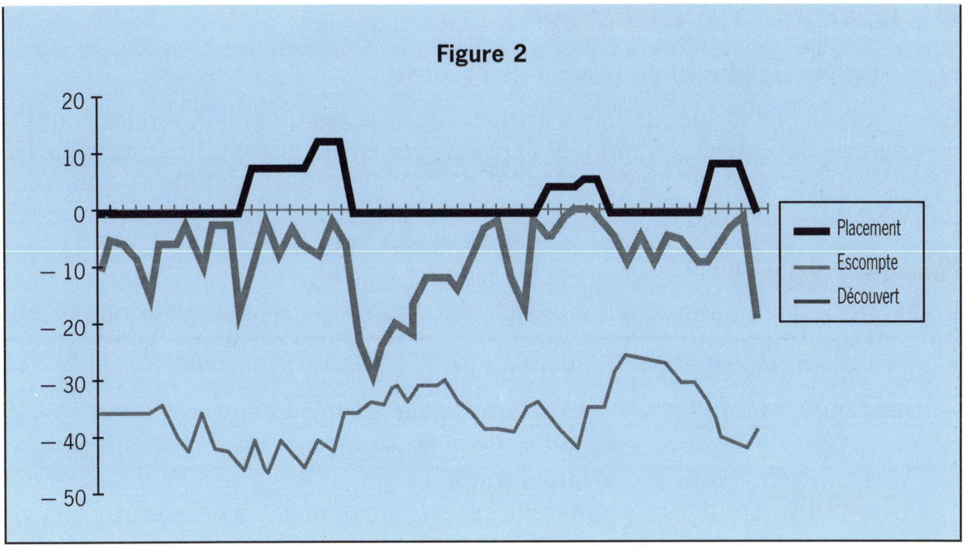

② Comment expliquer les évolutions ?

■ Evolution due à la variation de l'endettement

Il faut se baser sur **l'endettement global rémunéré** de l'entreprise, qui recense tous les concours bancaires ou non bancaires, structurels ou courants dont elle a pu bénéficier.

Comme cette donnée n'est connue qu'à la date d'arrêté, il faut essayer de la corroborer par l'examen de **l'état des risques,** qui couvre l'essentiel des risques bancaires.

■ Evolution due à la variation des taux d'intérêt

Cette variation du " prix " de l'endettement comprend elle-même deux aspects. Le premier est celui du **niveau général des taux**, qui permet d'estimer à quels taux ont été mis en place les crédits structurels, et renouvelés les crédits courants. Le deuxième, qui concerne uniquement les crédits bancaires courants, est celui de la **prime de risque** appliquée par le banquier à l'entreprise en fonction du risque qu'elle représente. Ce facteur peut être très sensible chez les PME où cette prime peut atteindre six points d'intérêts.

■ Quel jugement porter ?

De façon intuitive, on considère qu'un rapport $\frac{\text{Intérêts et charges assimilées}}{\text{Chiffre d'affaires HT}}$ supérieur à 3 % est l'indice d'une situation anormale.

Mais ceci doit être nuancé en fonction de la politique d'endettement suivie comme de la nature de l'activité de l'entreprise (ex : travaux public).

5 - LE RESULTAT DE L'EXERCICE

① Caractère significatif du résultat de l'exercice

Les possibilités d'influer de façon artificielle sur le résultat de l'exercice sont les plus variées qui soient, notamment dans les petites moyennes entreprises (PME). Aussi faut-il considérer que le résultat de l'exercice n'est significatif que sous bénéfice d'inventaire.

② Ordres de grandeur

Etant précisément une résultante de l'ensemble des charges et produits qui influent sur l'entreprise, le résultat est nécessairement très volatile. Une règle est donc impossible à énoncer, mais il faut avoir à l'esprit des ordres de grandeur :

– dans l'industrie ou les services à **forte valeur ajoutée** quand le rapport

$$\frac{\text{Résultat de l'exercice}}{\text{Chiffre d'affaires HT}}$$

- excède 8 %, il reflète une rentablité exceptionnellement élevée. Dans un environnement concurrentiel, ce ratio ne perdure guère plus de deux ou trois ans ;
- est située entre 4 % et 8 %, il reflète une entreprise très performante ;
- est situé entre 2 % et 4 %, il reflète une entreprise de rentabilité acceptable, mais moyenne ;
- se situe en-dessous de 2 %, il reflète des problèmes de rentabilité ;

– dans les services à **faible valeur ajoutée** (essentiellement négoce), les ordres de grandeurs se situent “un cran” en dessous. La rentabilité de l'entreprise est considérée comme acceptable autour de 2 % du chiffre d'affaires HT.

On voit donc que dans la pratique, c'est la valeur ajoutée qui est le facteur explicatif du résultat net, plus que le chiffre d'affaires. C'est assez logique, puisque la valeur ajoutée correspond à la fraction des charges que l'entreprise maîtrise, et dont le prix n'est pas imposé par le marché.

③ Fonction du résultat de l'exercice

Contrairement aux autres soldes intermédiaires de gestion, le résultat de l'exercice constitue la capacité de distribution de l'entreprise à ses associés. Cette capacité est conditionnée par l'apurement du report à nouveau débiteur antérieur, et réduite dans le cas des sociétés anonymes par :

– la dotation obligatoire de 5 % des résultats à la réserve légale dans la limite de 10 % du capital social ;

– les dotations fiscales aux réserves réglementées (essentiellement la réserve spéciale de plus-values à long terme, à concurrence de la plus-value nette d'impôt).

Il ne faut donc pas perdre de vue que le résultat de l'exercice a une valeur juridique particulière : c'est en présence d'un résultat positif que les distributions de dividendes sont possibles, et qu'il est donc possible de mener une stratégie de fonds propres (cotation, etc.). Les entreprises dont la rentabilité est nulle, même si elles ont une trésorerie abondante et une capacité d'autofinancement régulière et élevée se ferment complètement cette ouverture vers les capitaux extérieurs, et se condamnent à ce que **leur politique de financement ne soit qu'une politique d'endettement.**

Section 5

Revenu et trésorerie

On a vu dans la deuxième partie de cet ouvrage comment distinguer ce qui au cours d'un exercice a été dégagé en tant que :

– résultat de l'exercice : c'est l'augmentation du patrimoine de l'entreprise ;
– revenu : c'est la capacité d'autofinancement ;
– trésorerie : c'est l'Excédent de Trésorerie d'Exploitation.

La césure majeure se situe entre le résultat d'une part, qui est une déduction comptable, et le couple capacité d'autofinancement et ETE d'autre part : ces deux dernières notions caractérisent la marge de manœuvre dont dispose l'entreprise, et seront étudiées l'une à la suite de l'autre.

1 - LA CAPACITE D'AUTOFINANCEMENT (CAF)

A - LE NIVEAU DE LA CAF EST-IL SIGNIFICATIF ?

La capacité d'autofinancement représente le revenu qui est acquis à l'entreprise à l'occasion de ses opérations de gestion, après rémunération de l'ensemble de ses partenaires (autres entreprises, personnel, établissements de crédit, administrations).

Les éléments de formation de la capacité d'autofinancement ont été étudiés plus haut, et l'on n'y reviendra donc pas. On cherchera surtout à cerner quelles sont les questions pertinentes lors de l'examen de la CAF.

Avant toute analyse, il faut déterminer dans quelle mesure les choix de l'entreprise ont pû modifier le niveau de la CAF.

① Modification structurelle du niveau

Les options retenues par l'entreprise peuvent à activité égale, modifier de façon durable la capacité d'autofinancement :

– si la structure de production privilégie la location, le crédit-bail ou la sous-traitance, au détriment de la pleine propriété des immobilisations, elle aboutit à minorer la capacité d'autofinancement du montant des amortissements inclus dans les charges correspondantes ;

- si la politique de prélèvements privilégie – comme c'est souvent le cas dans les PME à caractère familial – les versements sous forme de loyer sur des immobilisations louées à la famille ou d'intérêts versés aux associés sur leur compte courant, plutôt que la rémunération des fonds propres, la capacité d'autofinancement en sera minorée d'autant. L'autofinancement (capacité d'autofinancement – distribution) n'en subira les conséquences, favorables, qu'à concurrence de l'impôt économisé par ce moyen ;

- **l'activation** de certaines charges majore la capacité d'autofinancement de façon **définitive,** puisque nous avons vu que la production immobilisée et les transferts de charge sont pris en compte dans la capacité d'autofinancement, mais que leurs amortissements ne subissent aucun retraitement particulier ;

- enfin l'entreprise peut opter dans certains cas (SARL familiale notamment) pour **l'impôt sur le revenu.** L'impôt ne figure alors pas à son bilan, puisqu'il est acquitté directement par chacun des dirigeants, ce qui majore la CAF apparente.

② Modification temporaire du niveau

Il est possible de modifier **temporairement** la capacité d'autofinancement, en reportant d'un exercice sur l'autre une charge donnée.

- Il existe de nombreuses possibilités de **moduler la charge d'impôt,** bien que l'entreprise choisisse en général celle qui aboutit à la différer le plus longtemps possible. Il en est notamment ainsi des amortissements (choix entre mode linéaire et dégressif), et des provisions réglementées (qui n'ont qu'un caractère facultatif).

- Il est possible de différer la charge d'impôt en **anticipant** volontairement certaines charges : c'est le cas des annuités de crédit-bail, étalées sur une durée en générale inférieure à celle de la durée de vie du bien. La capacité d'autofinancement est alors temporairement **majorée,** pour des montants parfois considérables.

  Les réintégrations de provisions – imposables ou non – majorent le résultat et donc la CAF bien qu'elles ne soient pas toujours justifiées.

A l'issue de cet examen, on pourra donc distinguer dans l'évolution de la CAF :

- l'évolution due à des modifications **structurelles,** dont on tiendra compte lorsque l'on voudra comparer les performances de l'entreprise avec celles de son secteur d'activité ;

- l'évolution due à des modifications **temporaires,** qu'il faut éventuellement **retraiter** si elles sont trop importantes, pour avoir une meilleure vision de l'évolution sur le long terme (ex : perte sur litige, dégrèvement ou redressement fiscaux) ;

- l'évolution due à la **progression de l'activité,** qui seule traduit une amélioration (ou une dégradation) de la capacité de l'entreprise à dégager un revenu du fait de ses opérations courantes.

B - L'AFFECTATION DE LA CAPACITE D'AUTOFINANCEMENT CORRESPOND-ELLE AUX BESOINS DE L'ENTREPRISE ?

L'affectation de la CAF peut être schématisée de la façon suivante :

Couverture des charges de gestion	Dotations nettes aux provisions pour dépréciation d'actif circulant, et pour risques et charges
Maintien des capacités de production	Dotations nettes aux amortissements économiques + Dotations nettes aux provisions sur actif immobilisé
Croissance de l'entreprise	Dotations aux provisions à caractère de réserve (y compris amortissements dérogatoires) + Résultat de l'exercice corrigé des plus ou moins-values de cessions et des reprises de subventions d'investissement

Dans cette présentation, la part destinée à la croissance de l'entreprise n'est qu'un solde qui subsiste après les affectations prioritaires à la couverture des charges de gestion et maintien des capacités de production.

① Les charges de gestion sont-elle couvertes ?

Il s'agit de vérifier que les sinistres dont l'entreprise a eu connaissance sont bien provisionnés. La défaillance des clients doit être d'autant mieux surveillée que la croissance du chiffre d'affaires est élevée. Dans ce cas, il est fréquent que l'entreprise ait privilégié la progression de l'activité par rapport à la sélection des risques sur la clientèle.

Les provisions pour charges les plus courantes doivent également être couvertes : redressement fiscal, participation des salariés, litiges (notamment dans le cas des entreprises de bâtiment et de travaux publics), retraites servies par l'entreprise dans le cadre d'un régime spécifique.

② Le maintien des capacités de production est-il assuré ?

Cette question concerne surtout les dotations aux amortissements. Si le banquier n'est guère en mesure de contester l'évaluation **comptable** des amortissements, il doit en revanche s'efforcer de déterminer si les dotations atteignent le niveau minimum **souhaitable.**

Comme on l'a vu, une entreprise qui ne veut pas se trouver marginalisée sur son marché doit non seulement conserver ses parts de marché mais les accroître. Ceci suppose donc, **au minimum,** un effort d'investissement stable et de préférence croissant. Au niveau des amortissements on doit donc retrouver le même profil, étalé dans le temps.

LE PROFIL DES AMORTISSEMENTS SUIT CELUI DES INVESTISSEMENTS ETALE DANS LE TEMPS

Une entreprise se développe régulièrement, et acquiert des machines d'une valeur unitaire de 1 MF amortissables linéairement (au plan économique) sur 5 ans. Au cours des années — 3 à 0, elle a investi régulièrement 3 machines chaque année.

Comme on peut le voir sur le graphique, les dotations aux amortissements reflètent la **tendance** des investissements, même si certains écarts peuvent apparaître à un moment donné.

PLAN D'AMORTISSEMENT

Année	1	2	3	4	5	6	7	8	9	10	11
INVESTISSEMENTS (en MF)	3	4	5	4	4	5	5	7	4	5	6
ANNUITE D'AMORTISSEMENTS en (MF)	3	3,2	3,6	3,8	4	4,4	4,6	5	5	5,2	5,4

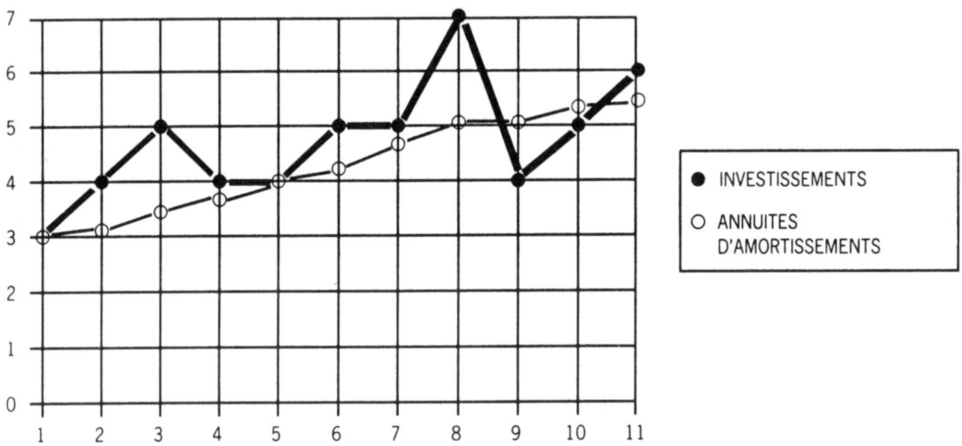

Il n'est pas en général possible de reconstituer à partir des données passées, la tendance idéale que devraient suivre les **dotations aux amortissements.** Mais une comparaison de ces derniers avec les **investissements amortissables** réalisés durant l'exercice peut permettre certaines déductions :

— si la dotation aux amortissements est inférieure aux investissements amortissables, on peut supposer que, par rapport à la tendance sur moyenne période, l'entreprise réalise un effort d'investissement exceptionnellement élevé, et que la dotation correspond bien aux besoins de l'entreprise ;

— si la dotation aux amortissements est supérieure aux investissements amortissables, deux cas peuvent se présenter :

- l'entreprise a réalisé l'année (ou les années) précédente(s), **des efforts d'investissements exceptionnels.** Elle marque donc pendant l'exercice sous revue une **pause,** mais les dotations aux amortissement reflètent cet effort exceptionnel et demeurent à un niveau élevé, correspondant aux besoins de l'entreprise.

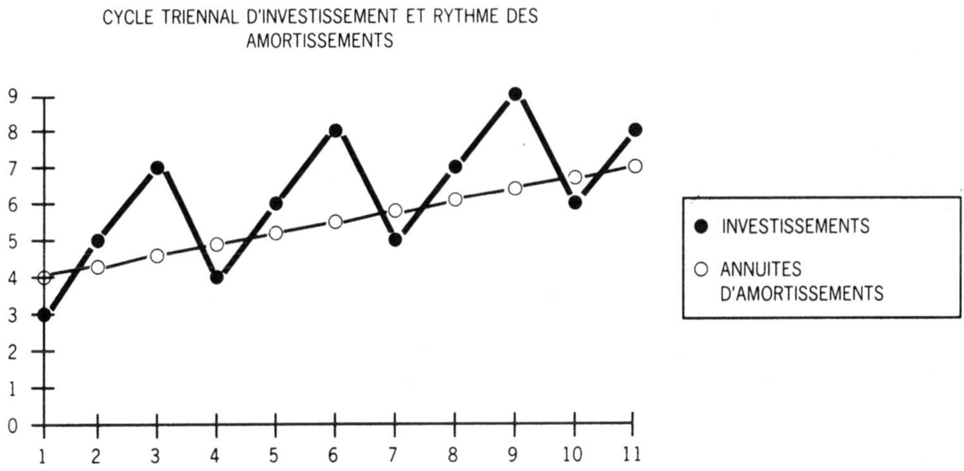

Dans la pratique, il est d'ailleurs fréquent de constater chez les PME des cycles triennaux, chaque investissement d'importance exceptionnel étant suivi par deux ou trois années de "repos" (1).

- l'entreprise **n'a pas investi** de façon particulièrement massive. La baisse graduelle ou le bas niveau de la dotation aux amortissements ne peut s'expliquer que par un vieillissement progressif de l'appareil de production. Le résultat après impôt s'améliore grâce à la diminution des dotations, mais parallèlement l'entreprise ne s'arme pas pour assurer sa pérennité.

C - L'ENTREPRISE PEUT-ELLE AUTOFINANCER SA CROISSANCE ?

① Dans les PME, l'examen de l'affectation de la CAF permet de se faire une bonne idée des potentialités de croissance de l'affaire.

Une fois que l'on s'est assuré que les dotations correspondent bien aux besoins de l'entreprise – **et ceci est un préalable indispensable** –, trois cas peuvent se présenter :

– si la marge subsistant après couverture des charges de gestion et de maintien des capacités de production est importante, l'entreprise a les moyens de financer sa croissance, à moins, évidemment, qu'elle ne distribue trop généreusement de dividendes. Dans le cas particulier des entreprises à caractère familial, dont le dirigeant opère fréquemment des prélèvements, "invisibles" sous forme de salaires, de loyers ou d'intérêts sur les comptes courants d'associés, la possibilité de financer l'expansion par appel à des capitaux propres extérieurs peut compenser une rentabilité **apparente** insuffisante ;

(1) On peut notamment expliquer ce mouvement par les variations des niveaux de prix à la production. Une pénurie se traduit par une hausse de prix. Tous les producteurs investissent en même temps pour répondre à la demande, ce qui fait chuter les cours et évince certains d'entre eux, jusqu'à la prochaine remontée des prix.

– si la capacité d'autofinancement ne permet pas de couvrir les charges de gestion ou de maintien de la capacité de production, le résultat de l'exercice est alors **négatif,** la croissance est fortement handicapée, **mais l'entreprise ne court pas forcément à sa perte.** Elle peut, en effet, grâce au progrès de la technique, remplacer pour un coût inférieur ses anciennes machines par des machines aussi performantes. Mais il est alors probable que sa part de marché ne cessera de se restreindre progressivement au profit de concurrents qui auraient pu augmenter leur capacité de production. Elle peut aussi diminuer peu à peu son activité, en réduisant ses effectifs au fur et à mesure de l'amortissement (et de la mise au rebut) de ses machines. Ce cas de figure n'est pas possible, si le parc de machines forme, dans le cycle de production, un tout étroitement imbriqué, mais est assez commun dans le bâtiment ou dans les transports lorsqu'une dépression conjoncturelle oblige certaines affaires à adopter un profil bas ;

– si enfin, la CAF et le résultat de l'exercice sont tous deux négatifs, **l'entreprise ne peut plus renouveler aucune de ses machines.** Elle est donc **condamnée** à une échéance d'autant plus brève que ses investissements s'amortissent rapidement. Une CAF négative signifie également que la **poursuite de l'activité ne peut être assurée sans un financement supplémentaire.** Si la CAF, **négative,** représente 10 % du chiffre d'affaires, il faut un financement bancaire supplémentaire de 1 MF à chaque fois que l'entreprise réalise 10 MF de chiffre d'affaires, même si le besoin en fonds de roulement n'augmente pas par ailleurs.

② **Dans les très grosses affaires, l'existence d'une très forte marge après dotations aux comptes de prévoyance, bien que toujours souhaitable, n'est plus aussi significative ni aussi nécessaire.**

– les dotations aux amortissements et aux provisions forment structurellement une part plus importante de la CAF que chez les PME : les grandes entreprises réalisent une part d'investissement bien supérieure à leur importance numérique ou à la proportion de salariés qu'elles emploient dans le pays. Cet investissement est également renouvelé plus vite : l'entreprise bénéficie donc à plein du progrès technique ;

– étant donné leur taille, une bonne part de leur croissance est réalisée par rachat (ou fusion) d'entreprises complémentaires ou concurrentes (croissance externe). Les économies d'échelle constituent donc un facteur déterminant de rentabilité, et totalement “ gratuit ” : elles ne se matérialisent globalement pas par des investissements supplémentaires, mais par une productivité supérieure de l'investissement existant ;

– enfin ces entreprises peuvent en cas de rentabilité positive mais insuffisante par rapport aux besoins de financement, faire appel plus aisément aux capitaux extérieurs, soit par voie d'émission en numéraire, soit, dans le cadre de la prise de contrôle d'une autre affaire cotée en Bourse, par échange d'actions (OPE).

2 - L'EXCEDENT DE TRESORERIE D'EXPLOITATION (ETE)

L'excédent de trésorerie d'exploitation est la trésorerie dégagée par l'entreprise en raison de sa seule exploitation.

A - COMMENT S'EST FORME L'ETE ?

Rappelons le mode de calcul de l'ETE :

	Excédent brut d'exploitation
–	**Production immobilisée**
–	**Variation du besoin en fonds de roulement (brut)**
=	**Excédent de Trésorerie d'Exploitation**

Par construction l'ETE n'est formé qu'à partir des éléments d'exploitation. Il ne comprend donc aucun des éléments financiers ou exceptionnels qui contribuent à la formation de la CAF, comme les charges financières ou les impôts par exemple.

Sous cette réserve, le chef d'entreprise dispose, des mêmes moyens d'action sur l'ETE que sur la CAF (modification temporaire ou structurelle du niveau de l'ETE).

Sur la variation des BFR, l'influence de la gestion est essentiellement de nature temporaire.

① Modification structurelle de la variation du BFR

Dans une entreprise, l'activité et le mode de production retenus ont une incidence déterminante sur le BFR, tant dans la durée du cycle de production, que dans les délais de paiement consentis par les fournisseurs ou accordés aux clients : or on ne s'intéresse ici qu'à la **variation** du BFR.

Une importante “ variation de la variation ” des BFR reflètera en fait, la plupart du temps, un changement fondamental de l'activité de l'entreprise. En effet, cela signifiera une modification du crédit-fournisseurs (sous-traitance ?), une diminution prononcée des stocks (sous-traitance ?, évolution vers le négoce pur ?), une diminution des créances clients (évolution vers le marché des particuliers ?), etc.

② Modification temporaire de la variation du BFR

- amélioration de la gestion des stocks, avec diminution sensible de leur encours ;
- recours accentué au crédit-fournisseurs, traduisant une bonne gestion ou au contraire une politique de report sur les fournisseurs ou les organismes sociaux et l'Etat des crédits que les banquiers ne veulent plus consentir ;
- augmentation des créances clients dans le cadre d'une politique commerciale plus agressive.

En définitive, il faut toujours avoir à l'esprit que l'ETE n'est pas un reflet mécanique de la trésorerie générée par l'exploitation, mais la conjonction d'un revenu dégagé, et d'une politique de gestion donnée, qui peut parfaitement " virer à 180° " l'année suivante en fonction des impératifs commerciaux ou financiers.

B - COMMENT EVOLUE L'ETE PAR RAPPORT A LA CAF ?

Il n'est pas question de substituer l'ETE à la CAF : l'un représente une **trésorerie** tandis que l'autre représente un **revenu.** Ils ne se situent donc pas sur le même plan.

Cependant leur évolution comparée montre que l'ETE **accuse** beaucoup plus que la CAF les renversements de tendance parce qu'il tient compte de façon plus satisfaisante du **comportement** de l'entreprise vis-à-vis de l'extérieur.

Que se passe-t-il, lorsque l'entreprise est confrontée à une mévente de ses produits ? Très schématiquement, on découpera le processus de dégradation en quatre phases, dont les conséquences comparées pour la CAF et l'ETE figurent sur le tableau suivant :

PHASES	CAPACITE D'AUTOFINANCEMENT	EXCEDENT DE TRESORERIE D'EXPLOITATION
PHASE I GONFLEMENT INVOLONTAIRE DES STOCKS	Légère diminution (due à la baisse du résultat avant l'impôt)	Diminution (l'EBE a tendance à diminuer et le BFR croît).
PHASE II · RECOURS AU CREDIT FOURNISSEUR · DIMINUTION DE L'ACTIVITE	Baisse modérée due uniquement à la diminution de l'activité	Baisse modérée (l'amélioration du BFR est compensée par la diminution de l'activité).
PHASE III · EFFETS DU RECOURS AU CREDIT FOURNISSEUR EPUISE · TENDANCE A L'ACTIVATION DE CERTAINES CHARGES ET A L'EMPLOI DU PERSONNEL EXCEDENTAIRE DANS DES PRODUCTIONS A IMMOBILISER	Baisse limitée par l'activation des charges	Forte baisse (augmentation des BFR + non prise en compte des charges activées).
PHASE IV DE LOURDS INVESTISSEMENTS DE DIVERSIFICATION OU DE MODERNISATION SONT ENGAGES	Forte baisse (effet de l'activation des charges épuisé)	Baisse plus limitée

Si l'on effectue par symétrie le même raisonnement en cas de **redressement,** on s'aperçoit alors que l'ETE **devance** systématiquement l'évolution de la CAF.

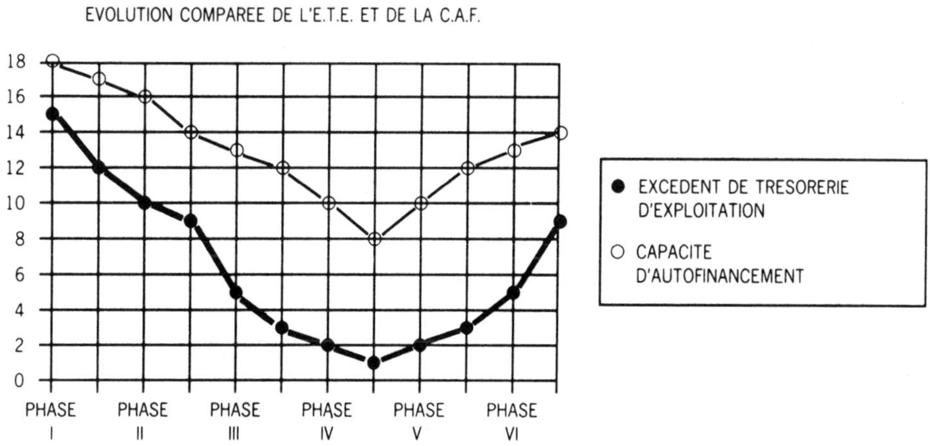

On voit donc que la CAF tend à masquer les comportements de maintien de l'activité en cas de mévente (gonflement des stocks financés par des crédits founisseurs) ou de développement à tout va d'une production pas nécessairement rentable (investissements massifs).

L'évolution de l'ETE (**trésorerie** acquise à l'entreprise) permet donc de confirmer ou bien de nuancer un diagnostic pessimiste fondé sur l'examen de la CAF (**revenu** de l'entreprise).

Dans la pratique, les études qui ont été réalisées (1) ont montré que l'ETE :

– est un facteur pertinent de détection d'une crise potentielle de trésorerie (quelques années **avant** la crise) ;
– mais n'est plus fiable lorsque l'entreprise se trouve dans une situation trop dégradée (l'année précédant immédiatement la crise).

C - ETE ET INDEPENDANCE FINANCIERE

Nous avons vu que les charges financières correspondent au coût de l'endettement. L'interprétation de l'ETE permet de répondre à la question inverse : dans quelle mesure la rentabilité autorise-t-elle ou contraint-elle à un endettement supplémentaire ?

– **Si les charges financières nettes sont inférieures à l'ETE,** l'entreprise dégage régulièrement **en trésorerie** la rentabilité nécessaire pour rémunérer ses capitaux propres, et ceci à **activité constante.** Elle peut même progressivement rembourser ses dettes financières.

  On voit donc qu'a priori l'entreprise ne court **dans l'immédiat** aucun risque de défaillance, et qu'elle peut même se permettre un endettement supplémentaire destiné à financer son expansion.

---

(1) Cf. la trésorerie d'exploitation, atouts et abus. La Revue Banque n° 468.

– Si les charges financières sont supérieures à l'ETE, l'entreprise secrète continuellement un besoin de financement supplémentaire dans la mesure, il est vrai, où **son activité continue de progresser au même rythme.**

Chaque année, il faudra en effet financer les charges financières excédentaires, c'est-à-dire les **intérêts des intérêts.** On reconnaît là une situation **cumulative** qui mène à une progression exponentielle des charges financières.

Ce cas de figure n'est pas rare : il concerne notamment **les entreprises en forte croissance** dont les besoins d'exploitation progressent en valeur absolue plus vite que les résultats.

La situation n'est cependant pas irrémédiablement compromise : il suffit que l'entreprise modifie la composition de ses ressources financières en **substituant à l'endettement un apport en capitaux propres,** ou bien qu'elle **ralentisse sa croissance.**

ETE ET INDEPENDANCE FINANCIERE

L'entreprise Oméga réalise les performances suivantes :

ETE	25 MF
Charges financières nettes	35 MF

Ses ressources financières sont les suivantes :

Passif non rémunéré	150 MF
Endettement rémunéré (bancaire ou non)	375 MF (soit un coût moyen de 9,33 %)

Un apport en capitaux propres $\frac{35\text{ MF} - 25\text{ MF}}{9{,}3\,\%} = 107$ MF permettrait de stopper le processus cumulatif.

Si l'on attendait la fin de l'exercice **suivant** pour procéder à cet apport, les performances de l'entreprise (inflation 5 % et progression de l'activité au même rythme) seraient sensiblement dégradées.

ETE	$25 \times 1{,}05 = 26{,}25$ MF
Charges financières nettes	$35 \times 1{,}05$ MF $+ (35 - 25) \times 9{,}33\,\% = 37{,}68$ MF
Passif non rémunéré	150 MF
Endettement rémunéré	$375 \times 1{,}05 + 10 = 403{,}75$ MF

L'apport nécessaire en capitaux propres s'élève à $\frac{37{,}68 - 26{,}25}{9{,}33\,\%} = 122{,}5$ MF

en augmentation de 14,5 % sur l'apport nécessaire l'année précédente.

– Si enfin l'ETE est négatif, le processus de dégradation des résultats est **irréversible.** Il ne peut être remis en cause que par une modification profonde des conditions d'exploitation **et** des conditions de financement de l'affaire, ou par **une baisse considérable de l'activité,** avec ce que cela suppose (licenciements etc.).

On remarquera que les **entreprises de commerce** dégagent une variation de BFR structurellement **négative.** Par conséquent, à rentabilité comparable leur ETE sera a priori plus large que pour les entreprises industrielles.

Chapitre II

Diagnostic financier : de la trésorerie à la stratégie à long terme

Le diagnostic financier reprend les implications financières des choix opérationnels. Mais il y ajoute également l'examen de la structure financière des entreprises qui est déterminée non seulement par les réalités opérationnelles, mais aussi par des choix qui sont souvent de nature stratégique.

On parle dans ce cadre beaucoup de " structure financière ". La " structure financière " désigne la façon dont les éléments d'actif, de passif et de hors bilan de l'entreprise sont agencés. La structure sera " saine ", voire " solide " si elle répond aux conditions de solvabilité et de financement que peut souhaiter le prêteur. Elle sera " fragile ", si elle se révèle sensible à l'un des risques qui, directement ou indirectement, mène à la crise de trésorerie.

Comme on l'a fait pour le compte de résultat, on se livrera au préalable (Section 1) à une critique des documents comptables " bilantiels " (bilan, hors-bilan, tableaux de financement).

La solvabilité (Section 2) est une notion qui peut paraître un peu dépassée : elle reste en fait pertinente, du moment où l'on garde à l'esprit son caractère secondaire par rapport aux problèmes de financement. Les hypothèses posées en matière de solvabilité sont fondamentalement destinées à **ne pas** être mis en œuvre. **Elles aboutissent à poser des critères d'assurance et non pas de critères d'action.**

Le problème fondamental de la structure est en effet celui du **financement.** Dans la section 3, on abordera les paramètres fondamentaux du financement, pour parvenir en section 4 à une analyse dynamique de la question.

Plan du chapitre

Section 1

Préliminaire : critique du bilan

Comme dans le cas du compte de résultat, le plan comptable général laisse au chef d'entreprise dans de nombreux domaines le soin d'utiliser telle procédure plutôt que telle autre, dans le respect de l'image fidèle. Ces choix peuvent avoir une incidence très importante sur la présentation du bilan, tant en ce qui concerne l'analyse de la solvabilité que du financement.

Le banquier n'effectuera, sauf exception, aucun redressement comptable même si ces choix lui paraissent contestables. Mais il tiendra compte dans la suite de l'analyse des observations qu'il aura pu soulever.

1 - L'EVALUATION DES ACTIFS ET DES DETTES MODIFIE A LA FOIS L'APPRECIATION DE LA SOLVABILITE ET CELLE DES BESOINS DE FINANCEMENT.

Lorsqu'un actif présente une valeur réelle bien supérieure à sa valeur d'inventaire au bilan, cette « **plus-value** » latente peut être considérée comme un supplément de capitaux propres. En effet, l'actif dont il s'agit pourra être soit :

- **réévalué** (cas des actifs immobilisés). Dans ce cas, on enregistrera un écart de réévaluation qui viendra – le plus souvent en franchise d'impôt – majorer les capitaux propres ;

- **vendu.** Dans ce cas, on enregistrera dans le **compte de résultat** soit une recette (cas des stocks vendus) soit une plus-value. Après impôt, le bénéfice ainsi dégagé pourra être affecté au report à nouveau ou aux réserves.

Par symétrie, certains postes du bilan peuvent receler certaines **pertes latentes,** qui viendraient donc **minorer un jour ou l'autre les capitaux propres.**

Si l'on tient compte immédiatement de ces pertes ou de ces profits latents (pourvu qu'ils soient suffisamment certains), l'apparence du bilan pourra être profondément bouleversée. L'exemple ci-après est basé sur le cas le plus fréquent : la prise en compte de la dévalorisation progressive de la valeur nette comptable d'un immeuble de bureau par rapport à sa valeur réelle, qui joue essentiellement sur le montant des ressources propres (1).

INCIDENCE D'UNE REEVALUATION D'IMMOBILISATION SUR LA STRUCTURE FINANCIERE

Immobilisation d'origine : 100
Plus-value latente 90

BILAN AVANT REEVALUATION

Immobilisation 100	Ressources propres	40
	Dettes structurelles	70
Actif circulant 100	Dettes courantes	90

BILAN APRES REEVALUATION

Immobilisation 190	Ressources propres	130
	Dettes structurelles	70
Actif circulant 100	Dettes courantes	90

$\frac{\text{Ressources propres}}{\text{Total du bilan}} = 20\,\%$ $\frac{\text{Ressources propres}}{\text{Dettes structurelles}} = 57{,}1\,\%$

$\frac{\text{Ressources propres}}{\text{Total du bilan}} = 44{,}8\,\%$ $\frac{\text{Ressources propres}}{\text{Dettes structurelles}} = 185{,}7\,\%$

La réestimation de l'actif, composé d'un immeuble de bureau qui n'a jamais été réévalué depuis 20 ans, modifie totalement l'appréciation de la solvabilité (amélioration du rapport $\frac{\text{Ressources propres}}{\text{Total du bilan}}$) comme du financement (amélioration du rapport d'endettement structurel).

A - EVALUATION DES CHARGES ACTIVEES

Dans le bilan retraité, les charges à répartir sur plusieurs exercices (dotées par le crédit du compte transfert de charges) et les frais d'établissement sont repris en déduction de ressources propres. De ce fait les seules charges immobilisées qui figurent à l'actif du bilan fonctionnel sont celles qui ont été enregistrées par le crédit du compte "production immobilisée".

① Frais d'établissement

Les dispositions retenues par le plan comptable général (cf. deuxième partie de cet ouvrage) devraient freiner la constitution de frais d'établissement trop importants, par le biais des dépenses de publicité notamment. Une croissance brusque de ce poste doit donc être justifiée au banquier.

(1) On observera qu'une "réévaluation" des **stocks** aurait entraîné non seulement une augmentation des ressources propres, mais aussi du fonds de roulement.

② Frais de recherche et de développement

Ce poste recense les " dépenses qui correspondent à l'effort réalisé par l'entreprise en recherche et développement **pour son propre compte ".** Il ne s'agit donc pas de dépenses ayant fait l'objet de **commandes** de la clientèle, et qui auraient donc pu être classées dans les en-cours de production.

Les frais ne peuvent être immobilisés que s'ils remplissent deux conditions :

– les projets en cause sont nettement individualisés ;

– ils doivent avoir des sérieuses chances de rentabilité commerciale.

Entrés à leur coût de production, ils doivent être amortis dans la généralité des cas, sur 5 ans. Enfin la distribution de dividendes est, comme dans les cas des frais d'établissement, strictement contingentée (1).

La présence de frais de recherche et de développement dépend bien sûr de la nature de l'entreprise, certains secteurs ayant une activité particulièrement importante dans ce domaine (pharmacie, électronique). Mais elle tend à se généraliser dans les autres branches de l'économie en raison des coûts de plus en plus élevés de création à usage interne. Dans la mesure où l'immobilisation de frais de recherche et de développement n'est qu'une faculté, assez peu avantageuse fiscalement, il faut considérer **que ce poste doit en principe, rester très limité dans une PME,** et que son augmentation soudaine peut éventuellement masquer l'activation d'une non-valeur.

③ Concessions, brevets et droits similaires

L'immobilisation de ces charges recouvre deux hypothèses différentes : d'une part la prise en compte d'un **brevet,** qui entraînera le transfert des frais de recherche et de développement engagés au compte " concession, brevets et droits similaires ". D'autre part, la création de logiciels **destinés à un usage commercial** qui sera enregistrée par le crédit du compte de production immobilisée. Etant donné le coût de ces logiciels, les entreprises cherchent de plus en plus à en alléger la charge en les commercialisant à des confrères ayant, sous réserve de quelques adaptations, les mêmes besoins. Dans ce cas, le logiciel peut aussi bien être logé en " frais de recherche et de développement " qu'en " brevets et droits similaires " selon que sa commercialisation revêt une importance accessoire ou au contraire prépondérante. C'est au banquier de se faire une idée précise sur la question.

④ Fonds commercial

Seuls doivent figurer dans ce poste des fonds de commerce **acquis.** Il est en effet interdit d'enregistrer en immobilisation les charges de création d'un fonds commercial et le banquier ne devrait donc pas avoir de problèmes à ce niveau. Il est

(1) Pour plus de détails, se référer à la deuxième partie de l'ouvrage.

également interdit depuis 1983 de **réévaluer** les fonds commerciaux : les fonds commerciaux qui ont été réévalués avant cette date devraient donc être amortis à bref délai (1).

⑤ Immobilisations corporelles

Les règles d'enregistrement de ces immobilisations sont assez claires. On veillera seulement que ne soient pas logés ici des éléments qui devraient en fait figurer dans les frais de recherche et de développement (ex : prototype).

B - EVALUATION DES IMMOBILISATIONS

Au sein de l'actif immobilisé, les immobilisations corporelles et notamment les **immeubles** tiennent une place particulière. Souvent détenus depuis de longues années et enregistrés pour des montants nettement inférieurs à leur valeur de marché, les immeubles recèlent fréquemment **d'importantes plus-values latentes** (2).

A l'inverse, le mauvais état d'entretien des machines ou leur obsolescence, que peut révéler une visite en usine, peuvent justifier un amortissement de celles-ci plus rapide que celui qui figure au bilan.

De ce point de vue, **la valeur d'assurance** des immobilisations constitue un indicateur intéressant de leur valeur d'usage, attribuée en commun par le chef d'entreprise et la compagnie d'assurance. On ne peut cependant conclure à une plus-value latente significative que dans le cas où cette valeur d'assurance dépasse **nettement** la valeur au bilan. En effet, la valeur d'assurance est souvent gonflée par la prise en compte de paramètres sans rapport avec les immobilisations corporelles elles-mêmes (rentabilité de l'entreprise, chiffre d'affaires, importance du fonds de commerce).

C - EVALUATION DES STOCKS (cf. critique du compte de résultat)

D - EVALUATION DES COMPTES COURANTS D'ASSOCIES DEBITEURS

Dans les sociétés de capitaux, il y a lieu de noter tout d'abord que l'octroi de concours à des associés est un délit sanctionné pénalement, ce qui montre la suspicion que le législateur nourrit lui-même vis-à-vis de ces opérations (3).

---

(1) L'administration fiscale n'accepte que très exceptionnellement la déductibilité de la provision pour dépréciation du fonds de commerce.

(2) Pour les **immobilisations financières,** dont la valeur bilantielle peut elle aussi être sous-évaluée, on retiendra la faculté ouverte par le plan comptable général aux sociétés qui sont tenues de présenter des comptes consolidés. Elles peuvent si elles le désirent, inscrire dans leurs comptes sociaux **non consolidés** les titres de filiales contrôlées à plus de 50 % **à leur valeur de consolidation.** La contrepartie de la plus-value ainsi dégagée figure alors en clair dans les fonds propres.

(3) Dans les SARL et (EURL) sont interdits les prêts aux associés personnes physiques ou morales et aux gérants. Dans les sociétés anonymes il s'agit simplement des concours aux administrateurs, membres du conseil de surveillance, directeurs généraux, membres du directoire, **personnes physiques.** La règle est transposable aux sociétés en commandite.

Deux cas peuvent, dans la pratique, se présenter :

- le compte courant d'associé débiteur correspond à un associé présentant toutes garanties d'honorabilité. Il faut alors conserver le classement figurant sur les documents ;

- le compte courant d'associé débiteur correspond à une affaire en difficulté ou dont les dirigeants ne sont pas parfaitement recommandables. On considérera alors le compte courant d'associé comme **une non-valeur à déduire des ressources propres.** Cependant, si le compte courant correspond à une créance de nature commerciale (ex : vente de biens à une société mère ou à un exploitant individuel par ailleurs associé), on lui laissera sa qualification et sa valeur.

2 - LES RECLASSEMENTS AU SEIN DE L'ACTIF ET DU PASSIF MODIFIENT SEULEMENT L'APPRECIATION DES BESOINS DE FINANCEMENT

A - RECLASSEMENT ENTRE STOCKS ET IMMOBILISATIONS

- Le stock peut dans certains cas, apparaître en fait comme une immobilisation, s'il ne fait pas réellement l'objet d'une commercialisation, sans que l'on puisse considérer pour autant qu'il doit être déprécié : c'est l'exemple du terrain à bâtir que le marchand de biens a destiné finalement pour son usage propre (construction de lotissements). C'est également l'exemple des emballages récupérables, qui constituent normalement des immobilisations, mais peuvent aussi être classés dans les stocks lorsqu'ils ne sont pas aisément identifiables. S'agissant d'une question de fait, et dans le cas où il s'agit d'un encours important, le banquier pourra éventuellement reclasser ces emballages en immobilisations corporelles.

- Ce sont, à l'inverse, les immobilisations qui dans certains cas peuvent être assimilées à des stocks. Dans l'hypothèse des loueurs de télévision par exemple, le classement en immobilisations s'impose pour des motifs fiscaux (possibilité d'amortissement). Mais en fait la durée moyenne de ces immobilisations (2 ans à peu près) est bien inférieure à celle des stocks de certaines sociétés de travaux publics. De la même façon, les animaux sont classés en immobilisations tant qu'ils produisent, mais en stocks lorsqu'" arrivés en fin de carrière ", ils sont destinés à être vendus. Or la période à laquelle ils sont ainsi " déclassés " dépend moins de leur âge que l'état des marchés du lait, des fourrages et de la viande, qui sont susceptibles de varier sensiblement en quelques mois.

B - RECLASSEMENT DES TITRES EN PORTEFEUILLE

Les valeurs mobilières de placement enregistrent certains titres en fait très difficilement négociables, qu'il peut être judicieux de remonter en " immobilisations financières ", si l'on a des informations précises à ce sujet.

Au cours de l'analyse, on signalera le reclassement opéré – il va de soi.

C - RECLASSEMENT DES DISPONIBILITES

Les effets à l'encaissement et les chèques représentent une partie du compte "clients". Dans le cas d'entreprises très saisonnières, ces valeurs sont parfois, contrairement à la loi d'ailleurs, utilisées de fait comme des instruments de crédit, leur remise n'intervenant à la banque que trois ou quatre semaines après avoir été reçus par l'entreprise. Ils peuvent alors représenter à la date d'arrêté, l'essentiel du compte clients. Il est donc préférable de les y réintégrer... dans la mesure où l'on peut avoir connaissance de leur montant.

D - RECLASSEMENTS DES PROVISIONS DE PASSIF

Nous avons vu à propos de l'analyse de la capacité d'autofinancement que la trésorerie affectée aux dotations de l'exercice aux provisions peut, dans certains cas, devoir être décaissée très rapidement. Il est alors légitime que le banquier déduise de la capacité d'autofinancement la dotation qui est alors assimilable à une charge à payer.

Par symétrie, et dans un souci de cohérence, il faut également reclasser dans les **dettes courantes** les provisions de passif concernées.

Comme exemple de provisions ayant le caractère de charge à payer, on peut citer une provision pour litige, dans le cas où le jugement a été rendu en défaveur de l'entreprise et où celle-ci est astreinte à verser un dédommagement.

Section 2

Analyse de la solvabilité

Placé après l'analyse de la rentablité pour des raisons pratiques, l'examen de la solvabilité en constitue dans une certaine mesure une **suite logique**. On s'est jusqu'ici interrogé sur la capacité bénéficiaire de l'affaire. Si cette capacité bénéficiaire était limitée, ou si l'entreprise venait à dégager des pertes, une question vient tout naturellement à l'esprit : dans quelle mesure cet état de chose peut-il durer ?

La **solvabilité** de l'entreprise, c'est précisément sa **capacité à supporter les pertes**.

Après avoir décrit le **rôle** de la solvabilité dans l'appréciation du risque bancaire, nous verrons comment **mesurer** ce risque, et enfin comment en suivre et en prévoir l'**évolution**.

Majeures : Le niveau des ressources propres est-il suffisant ?
Quelle est l'évolution prévisible du risque ?

Mineures : Existe-t-il des garanties de solvabilité extérieures à l'entreprise ?
La structure de financement limite-t-elle le risque ?

1 - QUEL ROLE JOUE LA SOLVABILITE DANS L'ATTITUDE DU BANQUIER ?

Lorsqu'une entreprise dispose de bonnes perspectives d'activité et de rentabilité à moyen terme, le banquier accompagne sa croissance en développant ses financements. L'apparition éventuelle d'une perte ne modifie pas en principe son attitude, si les indicateurs fondamentaux restent favorables : le banquier sait que la vie des affaires présente de nombreux aléas, et que l'existence de résultats déficitaires n'est pas nécessairement la marque d'une gestion irrémédiablement compromise.

Il existe cependant un principe sur lequel, même en présence de perspectives favorables, le banquier refusera toujours de transiger : le risque de l'entrepreneur doit être pris par les associés et non par le banquier (1). En d'autres termes, le montant

(1) Ceci n'est évidemment pas applicable aux interventions en fonds propres...

des ressources propres, telles que nous les avons définies en deuxième partie doit toujours être positif. Si le risque de perte est faible, le banquier pourra tolérer que les ressources propres ne présentent qu'une fraction très modeste du financement, mais il ne consentira jamais, en principe, à ce qu'elles soient nulles.

Dans ce contexte, il est souhaitable que les ressources soient au moins égales aux pertes " raisonnablement prévisibles ". Le banquier – et l'entreprise – disposeront ainsi d'une **marge de sécurité** " raisonnable ".

Si les ressources propres baissent en deçà de ce seuil, le banquier augmentera la prime de risque intégrée dans la rémunération de ses concours. Si elles viennent à s'annuler ou même à devenir négatives, alors peut se poser la question **même en cas de perspectives favorables,** de suspendre les crédits, le risque étant jugé trop important. Dans ce dernier cas, ce n'est plus l'analyse de la solvabilité qui sert de point de repère au banquier, mais l'analyse **liquidative.** Tandis que le montant des ressources propres est apprécié à partir de comptes sociaux supposant la **continuité de l'exploitation,** l'analyse liquidative prend en compte **la valeur vénale effective** des actifs (cf. annexe " Analyse des affaires en difficulté ").

RESSOURCES PROPRES ET ATTITUDE DU BANQUIER

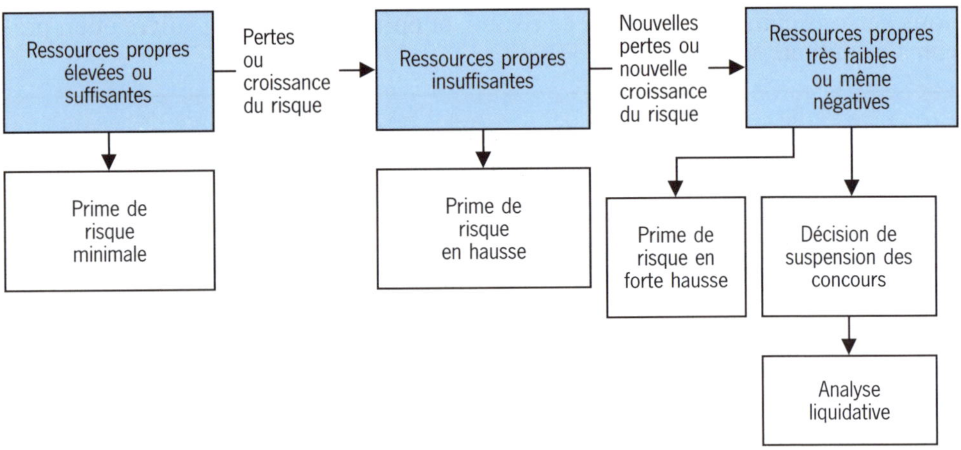

2 - COMMENT MESURER LE RISQUE D'INSOLVABILITE ?

La solvabilité étant la capacité de l'entreprise à supporter les pertes, elle est la résultante de son niveau de ressources propres et du risque de pertes. Elle se matérialise concrètement par une crise de trésorerie.

A - QUELS RISQUES METTENT EN CAUSE LA SOLVABILITE DE L'ENTREPRISE ?

On peut s'essayer à classer les risques qui mettent en cause la solvabilité de l'entreprise en fonction du schéma qui figure page suivante.

L'ENCHAINEMENT DES CAUSES :
POURQUOI UNE ANALYSE FINANCIERE NE PEUT PAS EN RESTER AU NIVEAU STRICTEMENT FINANCIER

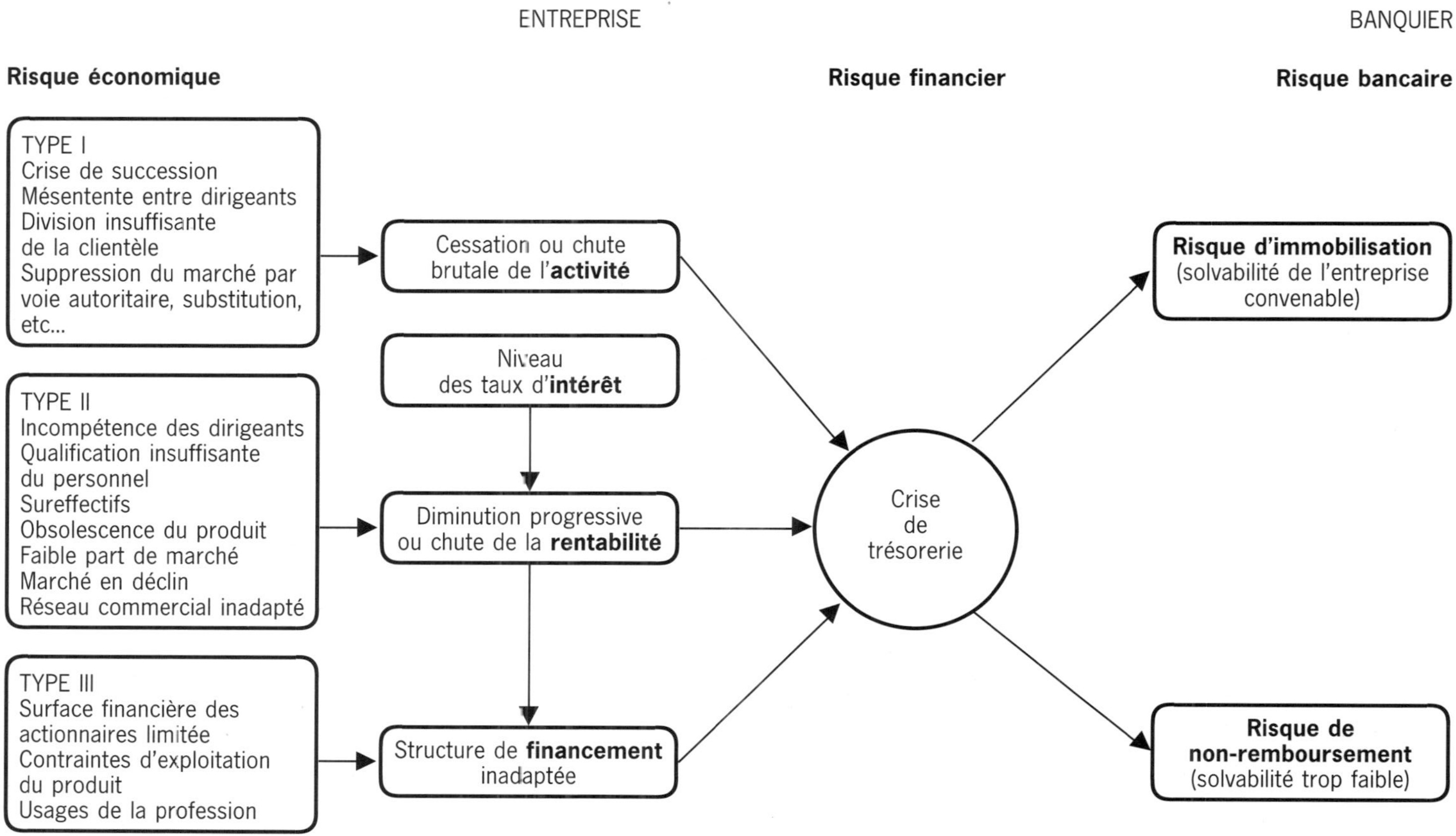

① **Probabilité du risque :**

Le risque né d'évènements exceptionnels (”type I ”), comme les crises de succession, mésentente entre les dirigeants, suppression brutale du marché est souvent aussi imprévisible que violent.

Les risques de “ type II et III ” sont par exemple l'incompétence des dirigeants, la qualification insuffisante, les sureffectifs, la surface financière limitée des actionnaires, les contraintes d'exploitation du produit, etc. Ils peuvent être cernés plus aisément que les risques de “ type I ” et leur incidence est plus facile à prévoir.

② **Incidence sur l'entreprise :**

Tous ces risques, s'ils se réalisent, se traduisent par une défaillance de l'entreprise. Mais celle-ci prend des “ chemins ” variés :

– dans certains cas, le risque ne se traduit que très progressivement par une dégradation des résultats. Le banquier dispose du **délai de réaction** nécessaire pour se retirer de l'affaire ;
– dans d'autres cas (”type I ”), la chute est brutale et le banquier ne dispose d'aucun délai. **C'est surtout cette hypothèse que nous avons à l'esprit en examinant la solvabilité de l'entreprise.**

B - AFFAIRES INDUSTRIELLES ET AFFAIRES COMMERCIALES

Notre problème est donc de déterminer quelle est l'incidence d'une chute brutale et imprévisible de l'activité sur les résultats de l'entreprise. Une distinction très importante doit être faite entre les affaires commerciales et les affaires industrielles ou de services.

① **Affaires commerciales**

Ces affaires se caractérisent par :

– **une faible valeur ajoutée.** La valeur ajoutée est essentiellement consacrée à la manutention et à la commercialisation du produit (1) et ne représente qu'une part modeste du chiffre d'affaires. Une chute brutale de l'activité entraîne donc une augmentation très limitée du coût unitaire des marchandises vendues ;
– **une grande flexibilité des stocks.** En cas de chute du chiffre d'affaires le délai de réaction n'excède pas 15 jours à 1 mois : les achats sont réduits au minimum et les stocks sont ramenés assez rapidement à un niveau compatible avec l'activité.

(1) Ceci n'est pas toujours vrai cependant. Les entreprises de négoce peuvent avoir à consacrer de très importants investissements à l'entreposage des produits : chambres frigorifiques, silos conditionnés.

Certaines affaires n'ont d'ailleurs qu'un stock symbolique, ou même pas de stock du tout. Il s'agit alors de commissionnaires, qui n'achètent que s'ils ont la contrepartie. La chute brutale de l'activité n'a alors aucune incidence sur les stocks.

② Affaires industrielles ou de services

Les activités de **production** se traduisent schématiquement par :

– **une forte valeur ajoutée.** Que la valeur ajoutée soit affectée aux charges de personnel ou aux amortissements, elle représente toujours une part importante du chiffre d'affaires. On a vu que ce paramètre varie avec la longueur du cycle de production et l'intégration plus ou moins grande de celle-ci. Une chute brutale de l'activité entraîne immédiatement une " perte sèche " égale au coût des facteurs de production inemployés si la production n'est pas **stockable** (restauration, enseignement, location...). Si la production est stockable, il est probable que le chef d'entreprise va réduire la production, **mais non la suspendre** car cela lui coûterait encore plus cher (cf. encadré). Les stocks vont donc se gonfler de produits difficilement commercialisables, et d'un coût unitaire plus élevé qu'auparavant.

  Ce schéma n'est bien sûr valable qu'en supposant que les facteurs de production ne sont pas du tout flexibles : or chacun sait que l'enseignement, par exemple, est un secteur d'activité où le personnel est en général rémunéré à la vacation.

– **une faible flexibilité des stocks.** Plus le processus de production est complexe, plus il est délicat de modifier, d'un seul coup, les habitudes de stockage de matières premières et d'approvisionnements (1). A ceci s'ajoute, comme on l'a vu, la nécessité d'assurer aux facteurs de production un minimum d'activité. La chute brutale de l'activité va donc entraîner un gonflement brutal et durable des stocks, se répercutant massivement sur le niveau des charges financières.

En conclusion, la chute brutale de l'activité a des incidences plus graves sur les affaires de production que sur les affaires commerciales, et ce d'autant plus que la valeur ajoutée est élevée et les facteurs de production peu flexibles.

(1) Ce problème est d'ailleurs au centre des préoccupations actuelles de management. La règle japonnaise des 3 zéros l'exprime bien : zéro papier, zéro défaut, **zéro délai.** En matière de stocks, l'objectif " zéro délai " correspond à la méthode dite du " flux tendu ".

POURQUOI VAUT-IL MIEUX, EN COURTE PERIODE, PRODUIRE A PERTE QUE NE PAS PRODUIRE DU TOUT ?

LES HYPOTHESES DE DEPART

Nous nous situons **en courte période** (quelques mois) : l'affaire n'a donc pas le temps d'ajuster ses achats de matières premières et d'approvisionnements stockables, et la flexibilité des facteurs de production est nulle.

L'entreprise Vega réalise en moyenne 10 MF de chiffre d'affaires mensuel. La structure de son compte de résultat est la suivante:

achats stockables	15 %
consommations intermédiaires non stockables	25 %
valeur ajoutée	60 %
(dont résultat avant impôt)	(10 %)

Quelle va être l'incidence d'une chute de chiffre d'affaires de 40 % pendant 2 mois sur sa rentabilité?

STRATEGIE I : L'ENTREPRISE CHOISIT D'AJUSTER IMMEDIATEMENT SA PRODUCTION AU CHIFFRE D'AFFAIRES

Incidence sur les stocks : gonflement G_1 limité aux achats stockables

$$G_1 = 15\,\% \times 40\,\% \times 10 \text{ MF} \times 2 = 1{,}2 \text{ MF}$$

Le supplément des charges financières (à 10 % l'an) est négligeable.

Incidence sur la rentabilité d'exploitation : la sous-activité des facteurs de production se répercute immédiatement dans les pertes PE.

$$PE = (60\,\% - 10\,\%) \times 40\,\% \times 10 \text{ MF} \times 2 = 4 \text{ MF}$$

STRATEGIE II : L'ENTREPRISE CONTINUE A PRODUIRE, EN ESPERANT QU'IL S'AGIT D'UNE MEVENTE PASSAGERE

Incidence sur les stocks : fort gonflement G_2 étendu aux produits finis.

$$G_2 = (100\,\% - 10\,\%) \times 40\,\% \times 10 \text{ MF} \times 2 = 7{,}2 \text{ MF}$$

Le supplément de charges financières est ici plus sensible : $\frac{10\,\%}{6} \times \frac{7{,}2}{2} = 0{,}06$

Incidence sur la rentabilité d'exploitation : il n'y a en principe aucune incidence, puisque la production non vendue figure simplement dans les stocks. Une perte ne peut être enregistrée, à **l'inventaire** que si la valeur vénale des stocks descend en-dessous des coûts de production. Supposons qu'effectivement les prix aient baissé de 20 %. La provision P qui devra être constituée sur le supplément de stocks reste malgré tout limitée :

$$P = 7{,}2 \text{ MF} - (100\,\% - 20\,\%) \times 40\,\% \times 10 \text{ MF} \times 2 = 0{,}8 \text{ MF}$$

La perte globale s'élèvera donc, dans ce cas, à 0,86 MF.

En résumé, l'entreprise a toujours tendance, quelque soit l'évolution à court terme de ses ventes, à maintenir la production à un niveau régulier même si c'est à pertes, plutôt qu'à l'ajuster brutalement. Bien sûr il **en est tout autrement en moyenne période, où la flexibilité des moyens de production est alors un atout majeur.**

C - CRITERES D'EVALUATION DE LA SOLVABILITE

Le banquier peut apprécier le risque soit objectivement, soit subjectivement en tenant compte de sa propre situation dans l'affaire.

① Appréciation objective

On rappelle que le montant des ressources propres tel qu'il apparaît dans les comptes sociaux doit être corrigé – éventuellement – des moins-values latentes que pourraient receler certains éléments d'actif. Mais cette opération n'est pas toujours possible. Aussi est-il toujours significatif de rapprocher le montant des ressources propres des actifs dont la valeur est plus assujette à caution : immobilisations incorporelles (sauf droit au bail), titres de participation correspondant à des affaires en difficulté ou au contraire créées assez récemment. **Les ressources propres doivent couvrir totalement ces actifs à risques,** dans la mesure où ils recèlent les plus fortes probabilités de pertes de l'affaire.

Par ailleurs, nous avons vu que les risques de pertes d'une affaire en cas de chute brutale d'activité dépendent notamment du niveau de sa valeur ajoutée, de la flexibilité de ses facteurs de production et de la flexibilité de ses stocks. Il est évidemment délicat de construire un indicateur synthétique, nécessairement très compliqué, aussi se borne-t-on à reprendre le rapport

$$\frac{\textbf{Ressources propres}}{\textbf{Total du bilan (1)}}$$

En présence de crédit-bail, on augmentera le total du bilan du montant des encours de crédit-bail.

Bien qu'assez imparfait, ce critère n'est pas dénué d'intérêt. Il répond en fait à deux cas de figure très différents :

– pour les entreprises commerciales ou industrielles, le total du bilan n'est effectivement pas sans rapport avec la valeur ajoutée. Plus la valeur ajoutée est élevée, plus, en général, seront élevés les immobilisations et les stocks ;

– pour les affaires qui ont une activité centrée essentiellement sur la gestion d'un patrimoine (entreprises de location, d'immobilier, holding diversifié, société de portefeuille), le total du bilan est très exactement représentatif du risque encouru par l'entreprise. Ce risque est en effet essentiellement patrimonial, et le rapport $\frac{\text{Ressources propres}}{\text{Total du bilan}}$ mesure le pourcentage de dévalorisation que pourrait subir globalement l'actif avant que la solvabilité de l'affaire puisse être mise en cause.

(1) Tel qu'il apparaît sur l'état de dépouillement.

Dans la pratique, l'expérience montre que le rapport $\frac{\text{Ressources propres}}{\text{Total du bilan}}$ doit s'établir à :

- 25 % au minimum dans les affaires industrielles ou de services ;
- 20 % au minimum dans les affaires commerciales, dont les risques de pertes sont, comme nous l'avons vu, plutôt moins élevés.

La plupart des PME atteignent difficilement ces seuils, qui sont en revanche plus courants chez les grandes entreprises.

Etant donné l'imperfection manifeste de ce ratio, on s'attachera plus à sa variation qu'à sa valeur absolue.

② Appréciation subjective

La mesure de la capacité d'endettement structurel permet de s'assurer que la mise du banquier intervenant à moyen terme n'est pas supérieure à celle des investisseurs associés à la croissance de l'entreprise.

$$\text{Le ratio } \frac{\text{Ressources propres}}{\text{Dettes structurelles}} \text{ doit être supérieur à 1.}$$

Lorsque l'entreprise a recours de façon massive au crédit-bail, il est judicieux de rajouter à l'endettement à terme les engagements de crédit-bail, même si le risque pris par le banquier est alors moins important que dans le cas d'un concours classique en trésorerie (1).

Il convient, cela va de soi, de déterminer non seulement le ratio des exercices passés, mais aussi le ratio prévisionnel en tenant compte des emprunts et tombées, ainsi que de l'évolution des ressources propres.

Dans le cas de groupements d'achats dont la surface responsable est en général très faible et le financement bancaire – à court terme essentiellement – très élevé, la Banque de France a posé une limite basée sur le même principe que la capacité d'endettement mais valable pour l'ensemble des risques bancaires : le montant des ressources propres doit atteindre au moins un dixième des crédits bancaires de toute nature y compris les engagements maximum comme tireur (effets escomptés ou cédés).

(1) La Banque de France tient d'ailleurs compte de ce moindre risque en imposant un rapport d'endettement – après prise en compte du crédit-bail – de 2/3 seulement.

3 - COMMENT ANALYSER L'EVOLUTION ET LE NIVEAU DE LA SOLVABILITE ?

L'appréciation de la solvabilité résulte de la comparaison du niveau de risque et du niveau des ressources propres.

A - EVOLUTION DU RISQUE

L'évolution du risque de l'entreprise – et nous entendons surtout du risque de "type I" – est difficile à saisir. Mais on peut avoir à l'esprit quelques repères :

① Augmentation des actifs et en particulier des actifs à risque

Cette augmentation se traduira à la fois :
– par une charge de financement croissante ;
– par l'augmentation du risque de perte sur ces actifs.

Il en est bien sûr de même des engagements hors-bilan.

② Alourdissement de la structure de production

Le rapatriement de la fabrication réalisée jusqu'ici à l'extérieur va mécaniquement augmenter la valeur ajoutée, et diminuer la flexibilité de l'outil de production.

③ Diversification

L'augmentation du risque provient ici de la méconnaissance du marché ou du produit, et de l'erreur stratégique toujours possible. L'entreprise ouvre un nouveau marché, mais éventuellement en pure perte.

B - EVOLUTION DES RESSOURCES PROPRES

En ce domaine deux questions se posent : pourquoi ont-elles évolué, leur pérennité est-elle assurée ?

① Pourquoi les ressources propres ont-elles évolué ?

Les ressources propres évoluent principalement en raison des résultats (positifs ou négatifs) accumulés dans l'entreprise. Mais leur progression (1) peut aussi provenir des opérations suivantes :

■ Augmentation des capitaux propres

Il ne s'agit bien sûr que des augmentations en numéraire (2) ou par apport-fusion avec une autre affaire, et non pas de l'incorporation de réserves au capital. Toutefois, lorsque l'augmentation de capital est réalisée par incorporation d'un compte-

(1) Leur diminution sera appréciée par symétrie.
(2) Ou des versements réalisés à la suite de l'appel du capital.

courant d'associé déjà retenu par ailleurs dans les ressources propres, ce qui est fréquent, elle n'a aucune incidence sur le montant global des ressources propres bien qu'elle soit considérée dans ce cas comme réalisée " en numéraire ". La réévaluation d'éléments d'actifs, dans la mesure où elle donne une meilleure image du bilan, doit être intégralement considérée comme un renforcement des ressources propres, sauf si elle porte sur des éléments de fonds commercial (1). L'application de la méthode de " mise en équivalence ", dans la mesure où elle est limitée aux filiales contrôlées exclusivement améliore la vision économique de l'entreprise. Elle ne justifie donc pas de retraitement particulier des ressources propres.

■ Diminution des non-valeurs

Autorisées pour l'essentiel par la rentabilité dégagée par l'affaire (amortissement des primes de remboursement et des charges à répartir, dotation aux provisions de l'écart de conversion actif), ces diminutions peuvent également provenir du reclassement d'un poste de l'actif considéré auparavant comme une non-valeur, à son poste d'origine (ex : reclassement d'un compte courant d'associé **débiteur** dans l'actif circulant ou immobilisé en raison de l'amélioration de la situation de l'associé concerné).

■ Augmentation des dettes subordonnées

Ceci peut recouvrir aussi bien l'octroi d'un nouveau prêt, que la **transformation des conditions d'un prêt ou d'une créance commerciale pré-existante. C'est parfois le cas à la suite de concordats, comme prélude de la reprise d'une affaire par ses fournisseurs les plus importants.**

② La pérennité des ressources propres est-elle assurée ?

Nous avons vu que la composition des ressources propres, indicateur " universel " de solvabilité **pour les créanciers qui ne figurent pas eux-mêmes comme prêteurs dans cette définition,** correspondait à des ressources d'origine très différentes, comme le rappelle le tableau ci-après :

COMPOSANTES DES RESSOURCES PROPRES	ORIGINE
Situation nette après distribution	Mise des associés dans l'affaire
Autres capitaux propres	Revenu conservé dans l'affaire, grevé éventuellement d'une dette fiscale latente
Non-valeurs diverses	Charges ou produits potentiels ou définitifs, échus ou à échoire
Autres fonds propres Quasi-fonds propres	Dettes structurelles subordonnées de droit ou de fait

(1) Cette opération est, nous l'avons vu, désormais proscrite.

Or la stabilité de ces ressources est très inégale.

– Les réserves réglementées comprennent notamment :
  - les amortissements dérogatoires, dont la pérennité suppose que l'entreprise réalise un flux constant (et éventuellement croissant) d'investissements ;
  - les provisions pour hausse des prix, réintégrées au plus tard 6 ans après leur constitution. En période de faible inflation, comme celle que nous vivons, on assiste donc à des réintégrations de provisions imposables, non compensées par des dotations.

– Si les titres participatifs ne sont pas remboursables à l'initiative du souscripteur, en revanche, les autres composantes des quasi-fonds propres, et notamment les **prêts participatifs** font l'objet de contrats comportant en général un échéancier déterminé. On doit donc considérer les quasi-fonds propres comme une aide **temporaire** à l'entreprise, qui a d'ailleurs peut-être été consentie alors que le risque de défaillance ne semblait pas trop important, mais ne sera pas renouvelée si la situation financière de l'affaire se détériore.

Lors du calcul des **ressources propres prévisionnelles,** il faut donc toujours s'assurer que le maintien des résultats dans l'affaire n'est pas compensé par une diminution symétrique des autres composantes des ressources propres.

③ Existe-t-il éventuellement des substituts aux ressources propres ?

Jusqu'ici nous n'avons raisonné qu'à partir des ressources propres. De fait elles constituent la garantie offerte directement par l'entreprise à ses créanciers. Mais nous avons déjà vu (section I de ce chapitre) que des montages juridiques permettent **dans une certaine mesure** de pallier l'insuffisance des ressources propres :

– la **responsabilité indéfinie des associés,** dont la mise en œuvre, dans les sociétés civiles, est parfois très délicate ;

– **les garanties générales de solvabilité** offertes par un tiers et notamment la puissance publique ou la société-mère (lettre d'intention). Encore faut-il que le tiers bénéficie lui-même d'un standing incontesté.

LES MESURES DE SAUVETAGE : ABANDON DE CREANCES ET COUP D'ACCORDEON

1 - L'abandon de créances

L'abandon de créances correspond à la renonciation par un créancier de l'entreprise à tous droits sur sa créance. En général formalisé dans une simple lettre, il se traduit comptablement chez le bénéficiaire par un profit exceptionnel, classé le plus souvent dans les profits sur opérations de gestion. L'abandon de créances ne doit pas être confondu avec la subvention d'exploitation. Celle-ci est en effet liée à un élément de l'exploitation (le plus souvent le chiffre d'affaires) et non pas au résultat de l'entreprise.

L'abandon est fiscalisé au taux de droit commun, mais le déficit fiscal du bénéficiaire permet en général d'éviter le paiement de l'impôt (1).

Au plan de l'analyse financière, il faut s'interroger sur :

— la contrepartie de l'abandon : clause de retour à meilleure fortune, conditions commerciales particulières, octroi d'un poste au conseil d'administration, promesse d'entrée dans le capital ;

— la récurrence de l'abandon : les filiales de grands groupes bénéficiant de lettres d'intention de la société-mère sont parfois coutumières du fait ;

— les conséquences de l'abandon sur la structure financière : l'abandon est-il destiné à autoriser la simple survie de l'entreprise, son développement, la distribution de dividendes ? Est-il définitif ?

2 - Le coup d'accordéon

En cas de pertes ayant absorbé l'intégralité des capitaux propres, le capital peut être réduit à **zéro**, les actionnaires ne détenant plus à ce stade que des droits de coassociés. Une augmentation de capital est alors réalisée (toujours au cours de la même assemblée générale extraordinaire) avec abandon du droit préférentiel de souscription au profit des actionnaires et des nouveaux investisseurs qui acceptent de remettre de l'argent frais. En pratique, les actionnaires qui n'ont pas suivi cette augmentation de capital sont donc exclus de la société, sans avoir pour autant vendu leurs actions.

Au plan de l'analyse financière, il faut s'interroger sur :

— la modification de l'actionnariat induite par le coup d'accordéon ;

— la valeur intrinsèque attribuée à l'entreprise : le capital ayant été réduit à zéro, la valeur de la société était considérée comme nulle avant augmentation de capital. Si les capitaux propres étaient négatifs, c'est que les nouveaux investisseurs ont donc considéré que l'entreprise recelait une plus-value latente de même montant. S'ils étaient positifs avec un capital nul, c'est à l'inverse qu'ils ont considéré que l'entreprise recelait une perte latente ;

— les nouvelles potentialités de l'affaire.

(1) La fiscalisation chez la société qui accorde l'abandon est complexe ; son régime dépend à la fois de la nature commerciale ou financière de l'abandon, et de l'actif net de la société bénéficiaire.

C - FLEXIBILITE DES CONTRAINTES

A la réflexion sur les composantes du risque et les moyens d'y faire face, doit s'ajouter un réflexion sur la plus ou moins grande flexibilité de ces contraintes. En effet, les entreprises n'ont pas toutes la même marge de manœuvre en face des mêmes problèmes.

① Flexibilité des risques

Face à une détérioration de la situation, quelle est la possibilité de réaction de l'entreprise ? Peut-elle diminuer volontairement son exposition aux risques ? Et notamment :

– les actifs sont-ils facilement cessibles,

– les besoins d'exploitation peuvent-ils être facilement réduits (par recours à la sous-traitance par exemple).

② Flexibilité des fonds propres

En cas de problèmes prévisibles, l'entreprise peut-elle :

– procéder facilement à des augmentations de fonds propres (apport possible des associés, réalisation de plus-values latentes sur actifs, ouverture du capital, solidité du parrainage de la maison-mère),

– augmenter sa liquidité à terme (marge d'endettement à terme).

Section 3

Besoins, contraintes et règles de financement

Dans cette section il ne sera pas question d'analyser le financement de l'entreprise, on cherchera surtout à " camper le décor " : on verra en premier lieu ce que sont les **besoins** de financement et les paramètres auxquels ils obéissent.

Ensuite, on se penchera sur les contraintes auxquelles doivent répondre les financement sous deux aspects :

– **contrainte d'endettement** (partie bancaire du financement) ;

– **contraintes de structure** (rapport entre les besoins et leur financement).

On ne distinguera ici ni questions mineures, ni majeures, dans la mesure où il s'agit d'une section d'étude préalable plus que d'analyse.

1 - LES BESOINS DE FINANCEMENT

On retiendra dans les développements qui suivent la distinction générale entre les besoins d'investissement et les besoins d'exploitation, que l'on va tenter tout d'abord de préciser.

A - BESOINS D'INVESTISSEMENT ET BESOINS D'EXPLOITATION : DEFINITION ET DETERMINANTS

① Les besoins d'investissement

■ Définition

L'investissement c'est l'acquisition de biens ou de services en vue d'une rentabilité différée dans le temps.

Cette belle définition montre que l'investissement :

– est un **acte volontaire :** contrairement au besoin d'exploitation, dont les déterminants échappent en partie au chef d'entreprise, l'investissement est une décision de gestion parfaitement autonome. C'est d'ailleurs pourquoi l'approche bancaire peut être beaucoup plus rigoureuse : la plupart des atouts et des paramètres sont dans les mains du décideur ;

– produit une **rentabilité différée :** l'intervention du banquier n'est pas fortuite ou l'indice d'un choix de financement douteux ou peu orthodoxe du chef d'entreprise. L'investissement suppose par construction un financement externe, donc bancaire le plus souvent.

L'investissement en vue d'une rentabilité limitée au court terme immédiat s'apparente au négoce de marchandises ou à la consommation. C'est par exemple le cas des locations de biens de consommation (skis, télévisions, pianos etc.). L'investissement de départ est en fait prêté à des tiers, qui le " consomment " sur la durée de vie du bien (3 ans la plupart du temps, parfois une saison pour les skis). D'ailleurs, cet investissement épouse dans ce cas la saisonnalité propre aux biens de consommation (le Mundial de football est une saison faste pour les loueurs de téléviseurs).

Un investissement n'est pas un placement.

Les investisseurs institutionnels et les holdings caractérisent souvent les acquisitions de titres d'" investissements financiers ". Cette terminologie n'est pas vraiment adaptée au monde de l'entreprise où l'on distingue :

– **les titres qui ne permettent pas d'influer sur la gestion de l'émetteur** (supposé être une autre entreprise industrielle). Ce sont des placements qui sont constitués de titres à revenu fixe, c'est-à-dire d'obligations (à **taux** fixe ou variable). Ils sont constitués en général d'obligations, de titres de créance négociables ou d'OPCVM. Mais ils peuvent aussi être constitués d'actions, si celles-ci ne confèrent qu'un droit tout à fait illusoire sur le capital (cas des prises de position spéculatives en bourse, sans souhait de détention durable) ;

– **les titres qui permettent d'influer sur la gestion de l'émetteur.** Ce sont en général des titres qui confèrent un droit en capital (actions), mais c'est de plus en plus fréquemment des titres de participations ou des emprunts subordonnés, consentis " sous conditions d'ingérence " : le détenteur a, par exemple, le droit de recevoir régulièrement des situations comptables intermédiaires, d'assister au Comité stratégique de la société, voire même en tant que censeur au Conseil d'Administration etc. Ceux-là sont de véritables investissements. Ils ont été accordés pour éviter la défaillance d'un fournisseur en situation difficile, ou pour soutenir une " start-up " qui développe un marché intéressant par son débouché : la rentabilité est différée, mais elle est bien présente.

■ Les fonctions de l'investissement dans l'entreprise

a) Investissement et moyens de production

Investissement et moyens de production se confondent partiellement.

Les moyens de production sont composés du capital (l'investissement proprement dit) et du travail (les collaborateurs). L'accroissement continu de la productivité, qui est une loi de survie pour l'entreprise, suppose que la main d'œuvre soit progressivement remplacée par l'investissement. On pourrait ainsi supposer que l'investissement représente progressivement l'essentiel des coûts de production. En fait, il n'en est rien. Car le coût de l'investissement baisse lui même progressivement : machines de plus en plus productives, logiciels de moins en moins coûteux. Sur le long terme, le rapport entre l'investissement et la rémunération de la main d'œuvre reste à peu près constant au niveau macroéconomique.

En revanche, au niveau de l'entreprise, on assiste à des phases très marquées de flux et de reflux de l'investissement. Dans les PME installées sur des marchés mûrs, la pratique montre que ce **cycle est souvent de l'ordre de trois à quatre ans**, le temps qu'une nouvelle génération d'équipement voie le jour. Comme ces équipements ont une durée de vie effective de l'ordre de cinq à sept ans, on comprend intuitivement à quels à coups inévitables est soumise la conjoncture d'un marché donné : ceux qui n'ont pas fini d'amortir leurs équipements sont inévitablement moins compétitifs que ceux qui profitent des dernières avancées technologiques, et ces derniers vont se retrouver dans la situation inverse deux ou trois ans après...

b) **Investissement et croissance**

L'investissement est au plan macroéconomique l'un des deux déterminants de la croissance, avec la consommation. Mais il est également l'expression concrète du **progrès technique**. Il n'y a pas d'amélioration des processus de production sans investissement préalable. En revanche, cet investissement utilise presque toujours le progrès technologique réalisé par d'autres entrepreneurs, et incorporés dans les biens ou les services auxquels l'entreprise a recours quand elle investit. Par exemple, l'installation d'une nouvelle ligne de montage d'ordinateurs conduit à la fabrication d'un produit qui est en lui-même un progrès technique. Mais elle incorpore aussi des biens (soudeuses automatiques, machines de traitement de surfaces, microprocesseurs, logiciels systèmes, etc.) , qui traduisent eux aussi les progrès technologiques réalisés par les fournisseurs.

Maintenir l'outil de production c'est déjà l'améliorer.

En raison du progrès technologique, la productivité de l'entreprise croît mécaniquement, même si elle se contente d'un simple renouvellement de ses équipements. Les nouvelles installations sont, à production, égale, nécessairement moins onéreuses que les précédentes. En d'autres termes, il n'est pas normal de se trouver en présence d'investissements ne dégageant aucun gain de productivité. C'est vrai même pour des investissement très simples comme des camions, par exemple : à capacité égale, et sans tenir compte de leur vitesse, qui est maintenant très réglementée, la productivité s'améliore pourtant, en terme de consommation ou de coût d'entretien kilométrique.

La croissance exige aussi l'augmentation de la taille unitaire de l'investissement. Mais l'amélioration constante de la **productivité** ne conduit pas à une amélioration parallèle de la **compétitivité** . En effet, l'ensemble des compétiteurs est dans une situation technologique qui a elle aussi tendance à s'améliorer. La conséquence pratique de cette évolution est l'**augmentation des volumes par unité de production.**

Là encore, il s'agit d'un phénomène absolument général : les projets d'investissements se traduisent presque toujours par une augmentation du volume de production supérieur à celui du marché. Cette règle est bien sûr à nuancer dans des secteurs très murs, ou très peu concurrencés (centrales nucléaires).

■ Qu'est-ce qui justifie un investissement ?

On a vu que l'investissement suppose une rentabilité différée dans le temps. En comparaison d'un placement produisant un rendement immédiat et sans risque, l'investissement ne peut donc se justifier que par une prime par rapport à ce taux sans risque, rémunérant à la fois l'absence de liquidité de l'investissement, et le risque pris. En fait, le raisonnement tenu par l'investisseur n'est pas toujours aussi direct.

a) **La rentabilité n'est pas toujours extériorisée**

L'investisseur n'est pas toujours maître de la rentabilité pour laquelle il a investi : elle peut rester " cachée " pour de multiples raisons :

- **rentabilité capitalisée :** l'investissement ne génère structurellement pas de produit et ne dégage en fait que des plus-values : c'est le cas typique des biens immobiliers, ou des participations ;
- **rentabilité conservée :** c'est le cas des filiales, qui tout en étant très rentables, utilisent l'intégralité de leurs profits pour financer leur développement. Elles ne distribuent donc pas de dividendes. L'investisseur ne perçoit rien, et ne dégage aucun profit dans ses comptes sociaux, tout en supportant le coût de financement. Bien sûr, la rentabilité de son investissement apparaît clairement dans ses comptes consolidés : mais attention, cette rentabilité ne représente rien pour lui en terme de trésorerie ;
- **rentabilité distribuée :** c'est le cas évidemment peu souhaitable pour l'investisseur, où la rentabilité de son investissement est " confisqué " par d'autres. Dans la pratique, l'entreprise s'efforce de conserver pour elle les baisses de coût qu'elle a pu obtenir par son nouvel investissement. Mais une partie de cette marge est tôt ou tard transférée au marché sous forme de baisse de prix de vente : sous la pression de la concurrence, l'entreprise abandonne peu à peu au bénéfice de ses clients l'intégralité des profits qu'elle a pu tirer de son investissement. Ce cycle, parfaitement normal en soi devient totalement vicieux lorsque les clients de l'entreprise sont en position de force suffisante pour accélérer ce transfert, et lui interdire toute possibilité de profit. Les entreprises du secteur publique étant souvent en position de monopole, sont liées par des contrats qui fixent un niveau de résultat souhaitable au-delà duquel les tarifs à la clientèle sont diminués : le transfert de productivité y est en quelque sorte institutionnalisé.

b) **La rentabilité est parfois intuitive et indirecte**

On constate dans les bilans consolidés des sociétés l'importance croissante des survaleurs (écarts de première acquisition) à l'actif. Ces survaleurs sont égales à la différence entre le prix d'acquisition des sociétés et leur valeur nette comptable au moment de l'acquisition : c'est le prix que l'entreprise-mère a accepté de payer pour rémunérer dans cet achat autre chose que la rentabilité de la filiale :

- payer une rentabilité additionnelle, résultant de la complémentarité de cette filiale avec d'autres entités du groupe, permettant économies d'échelles et taille commerciale critique ;
- payer une image de marque susceptible d'améliorer les ventes de l'ensemble du groupe ;
- payer en résumé une rentabilité " stratégique ", délicate à apprécier et à chiffrer, mais bien réelle.

c) **Le taux de rentabilité interne est un dénominateur commun incontournable**

Même si les concepts de rentabilité peuvent avoir comme on vient de le voir, une traduction sensiblement différente dans les comptes, le taux de rentabilité interne de l'investissement constitue un dénominateur commun d'usage absolument général, qui permet de comparer la rentabilité de l'investissement avec celle d'autres investissements, ou avec le taux de rentabilité d'un placement sans risque.

■ Investissement et organisation de la production

Le risque représenté par un investissement est souvent abusivement limité au montant de l'investissement. C'est là une analyse dangereuse : bien sûr, le risque du banquier est bien dans un premier temps limité aux concours qu'il a consentis pour financer l'investissement direct. Mais, sauf en cas de garanties externes particulièrement solides, la solvabilité de l'entreprise est elle fonction non seulement de l'emprunt qu'elle a pu faire, mais aussi des **modifications secondaires entraînées par l'investissement**.

a) **Incidence sur le personnel**

Un investissement quel qu'il soit (matériel, mais aussi logiciels, etc.) ne fonctionne pas sans personnel. Ceci suppose soit des embauches importantes, soit un effort de formation, dont le coût peut facilement dépasser le montant de l'investissement initial. A ce coût d'embauche ou de formation s'ajoute bien sûr le coût " courant " (salaires). Et en cas d'échec du projet d'investissement, ce seront des frais de licenciement ou de restructuration bien plus importants en général que le montant résiduel de l'investissement (souvent partiellement amorti).

b) **Incidence sur les autres investissements**

L'investissement financé par le banquier est rarement le seul : il s'y ajoute fréquemment des frais qui ne sont pas toujours facilement finançables, parce que n'ayant aucune valeur marchande, et sur lesquels ont ne peut donc pas prendre de garanties : frais de transport, de montage, aménagement de locaux, honoraires de conseils ou d'intermédiaires, droits d'enregistrement, etc.

c) **Incidence sur l'organisation**

Le risque le plus important pris par l'entreprise , et donc indirectement par le banquier, résulte de l'incidence de l'investissement sur la structure de production. Cette incidence, relativement coûteuse comme on l'a vu, est en outre très difficilement réversible.

d) **La gestion des délais et des stocks**

L'investissement va susciter des besoins nouveaux en matière de délais et de stocks. Dans la mesure où les volumes croissent, l'entreprise a le choix entre l'augmentation des capacités de stockages, tant en matières premières qu'en produits finis, et l'accélération des délais (just in time). Ceci suppose des fournisseurs eux-mêmes plus souples, mais aussi plus fiables : une rupture d'approvisionnement se répercute de façon plus directe qu'auparavant. Pour les produits finis, la gestion en “flux tendus” suppose une information sur l'état de la demande clients plus rapide et plus fiable qu'auparavant.

e) **La gestion des rapports de travail**

Avec le nouvel investissement, les rapports de travail se modifient : les qualifications des uns deviennent sans objet. A l'inverse, des postes jusqu'ici peu qualifiés prennent de l'importance à la suite de l'apport d'une fonctionnalité nouvelle. Par exemple, une personne affectée au contrôle des existants se trouve soudain chargée d'une comptabilité précise et complexe des défauts de production, et de la répercussion de l'information sur la chaîne amont.

② Les besoins d'exploitation

■ Définition

Le besoin d'exploitation c'est le solde net des actifs, des créances et des dettes qui sont générés par le cycle de production et de vente de l'entreprise.

Cette définition montre que le besoin d'exploitation, à la différence de l'investissement :

- est rarement un acte volontaire. Les crédits fournisseurs dont bénéficie l'entreprise sont plus fonction des usages que d'une politique voulue, même si l'entreprise peut avoir quelque influence (paiement comptant, par exemple). La justification du besoin est le plus souvent celle de **ne pas entraver** le cycle de production (ex : stocks qui seraient ramenés à un niveau trop bas pour alimenter normalement les chaînes de production), ou de commercialisation (crédit clientèle trop étroit, aboutissant à des exigences de paiement faisant fuir la clientèle) ;
- dégage une **rentabilité souvent indirecte** et difficile à saisir. L'allongement des créances clients permet une meilleure commercialisation : mais rien ne permet de mesurer l'augmentation du chiffre d'affaires induite par cette attitude plus libérale.

En raison de ces caractéristiques, le chef d'entreprise adoptera le plus souvent une attitude souple face aux besoins d'exploitation : ils **doivent être en principe réduits,** mais en fonction de la conjoncture, de sa stratégie de conquête de marché, des usages qui se développent entre l'entreprise et ses fournisseurs et clients, et de l'organisation de la production, le principe sera appliqué plus ou moins fermement.

■ Les déterminants des besoins d'exploitation

Dans la mesure où les besoins d'exploitation sont fixés de façon un peu négative (ne pas entraver le cycle d'exploitation et de production) et souple, on pourrait penser qu'ils échappent à toute classification.

En fait, on peut tirer de l'observation certaines règles générales qu'il faut avoir en permanence à l'esprit, en dehors de toute appréciation sur la gestion par l'entreprise de ses besoins d'exploitation.

a) L'importance du BFR croît avec la valeur ajoutée

Comme on l'a vu, un taux de valeur ajoutée élevé $\left(\frac{\text{Valeur ajoutée}}{\text{Production de l'exercice + Ventes de marchandises}}\right)$ est l'indice d'un cycle de production assez long.

Par conséquent :

– les consommations intermédiaires sont, en proportion, assez faibles, et les **crédits fournisseurs** limités ;

– les crédits consentis par les bénéficiaires de la valeur ajoutée (personnel, Etat, établissements de crédit) sont importants **mais de courte durée** (cf. encadré) ;

– **à l'inverse, les stocks sont lourds.**

Cette situation défavorable peut cependant être compensée, dans certains secteurs, par les financements que représentent les **acomptes clients** (biens d'équipements, BTP).

b) Les contraintes d'exploitation peuvent entraîner des besoins spécifiques.

On ne peut donner dans ce domaine que des exemples, tant les cas de figure sont variés.

INTENSITE CAPITALISTIQUE – ANNEE 1992

$$\frac{\text{EQUIPEMENT PRODUCTIF}}{\text{EFFECTIF MOYEN}}$$

(en milliers de francs)

	I. SECTEURS INDUSTRIELS MANUFACTURIERS (niveau 40)	
	INDUSTRIES AGRICOLES ET ALIMENTAIRES	
T02	Industrie de la viande et du lait	358
T03	Autres industries agricoles et alimentaires	592
	INDUSTRIES DES BIENS INTERMEDIAIRES	
T07	Production de minerais et métaux ferreux, première transformation de l'acier	778
T08	Production de minerais, métaux et demi produits ferreux	623
T09	Production de matériaux de construction et minerais divers	683
T10	Industrie du verre	341
T11	Chimie de base, production de fils et fibres artificiels et synthétiques	884
T13	Fonderie et travail des métaux	266
T21	Industrie du papier et carton	671
T23	Industrie du caoutchouc et de la transformation des matières plastiques	344
	INDUSTRIES DES BIENS D'EQUIPEMENT	
T14	Construction mécanique	241
T15A	Biens d'équipement professionnels	346
T15B	Equipement ménager, électronique grand public	326
T17	Construction navale et aéronautique, armement	363
T16	Construction de véhicules automobiles et autres matériels de transport terrestre	641
	INDUSTRIE DES BIENS DE CONSOMMATION COURANTE	
T12	Parachimie et industrie pharmaceutique	425
T18	Industrie textile et de l'habillement	221
T19	Industrie du cuir et de la chaussure	110
T20	Industrie du bois et de l'ameublement ; Industries diverses	253
T22	Imprimerie, presse, édition	331
	II. COMMERCE (niveau 100)	
57	COMMERCE DE GROS ALIMENTAIRE	239
58	COMMERCE DE GROS NON ALIMENTAIRE	141
59	COMMERCE DE GROS INTERINDUSTRIEL	188
61	COMMERCE DE DETAIL D'ALIMENTATION GENERALE DE GRANDE SURFACE	228
63	COMMERCE DE DETAIL NON ALIMENTAIRE NON SPECIALISE	162

SOURCE : Banque de France. Centrale des Bilans, fascicules sectoriels.

– **Les durées de stockage**

La valeur du produit tient dans certains cas dans son vieillissement : il en est ainsi bien sûr des **alcools,** mais aussi des **terrains à bâtir,** des **tableaux,** des **grumes,** des animaux reproducteurs, etc.

L'entreprise peut aussi être contrainte de stocker pour des raisons stratégiques (importateurs de pétrole : 90 j) ou pour répondre aux désirs de la clientèle (sous-traitance).

A l'inverse, **un commissionnaire** n'étant pas propriétaire de la marchandise sur laquelle il traite ne détient en principe aucun stock.

– **Les délais de règlement**

• **Place dans le circuit économique**

Les secteurs des **mines** et des **pêches** n'ont pratiquement pas de crédit-fournisseurs puisqu'ils ne transforment pas une matière première, mais la rendent simplement disponible. Dans **l'agriculture,** le schéma est le même, mais se vérifie de moins en moins dans la mesure où les consommations intermédiaires y jouent un rôle maintenant important. A l'inverse, les secteurs qui sont **au bout de la chaîne** – c'est-à-dire essentiellement le commerce de détail – bénéficient de paiement comptant, et n'ont donc aucune créance à nourrir. Ceci n'est plus tout à fait vrai dans le domaine des biens durables (électroménager, automobile, instruments de musique) où le vendeur peut être amené à consentir des délais de paiement importants bien souvent relayés par des crédits bancaires classiques.

• **Nature de la clientèle ou des fournisseurs**

Les **importateurs de matière première** (cuivre, pétrole) ne bénéficient que de délais de règlement très limités qui compensent les délais de transport (plusieurs semaines) que le fournisseur est par la force des choses déjà tenu de supporter.

A l'inverse, **les exportateurs** sont amenés à consentir des délais de paiement (de 6 à 18 mois) bien supérieurs à ceux qu'ils accordent à leurs clients français.

En matière de biens d'équipement, les délais sont tellement longs (plusieurs années), que l'Etat a mis en place une procédure de crédit bancaire direct à l'importateur appelée "crédit-acheteur". Dans ce cas, la créance n'apparaît plus au bilan de l'entreprise exportatrice.

Il faut également mentionner le cas particulier des **administrations publiques,** dont les délais de règlement avoisinent aisément 180 jours.

• **Rapports de force avec la clientèle**

Selon la taille respective de l'entreprise et de son client, leur lien financier éventuel (maison-mère et filiale) et la demande dont le produit fait l'objet, l'entreprise peut être amenée à faire des concessions à ses clients, sous la forme de **délais de règlement anormalement élevés.**

POURQUOI LES DETTES FISCALES ET SOCIALES D'EXPLOITATION SONT-ELLES EN GENERAL D'UN MONTANT SUPERIEUR AUX CREANCES DE MEME NATURE ?

A priori les dettes fiscales et sociales d'exploitation, qui sont la contrepartie des charges enregistrées au compte de résultat, sont par construction supérieures aux créances de même nature. Mais un examen détaillé de leur mécanisme de comptabilisation montre que ce déséquilibre est plus ou moins accentué, et peut même, dans certaines hypothèses, s'inverser au profit des **créances** fiscales et sociales d'exploitation.

On peut cependant affirmer que, dans la pratique, les " divers nets " (créances fiscales et sociales, dettes de même nature) représentent une **ressource** variant de 15 jours (commerce) à 30 jours de CAHT (industrie).

PERSONNEL : DES DETTES ASSEZ ELEVEES EN FIN D'ANNEE

Les **créances** sur le personnel sont dans la pratique limitées aux avances en cours de mois, ce qui représente peu de choses. En revanche, les **dettes sont formées :**

- des salaires eux-mêmes. Ceux-ci ne sont pas toujours versés en fin de mois, mais parfois, selon le principe du décalage de la paie, vers le 5 du mois suivant, ce qui entraîne à chaque date d'arrêté l'inscription de charges à payer pour 1 mois de traitements,
- des primes, et **surtout le 31 décembre,** de l'éventuel 13ᵉ mois et des primes de productivité pour les salariés rémunérés à l'intéressement,
- des charges sur congés payés. Les droits à congés payés nés lors d'une période annuelle donnée (1er juin — 31 mai) ne sont utilisables qu'au cours de la période suivante. En moyenne, la charge à payer à la date d'arrêté représente donc 6 à 7 mois de congés payés (soit un peu plus d'un demi mois de salaire),
- des charges de licenciement. La lenteur des procédures de licenciement et leur coût peuvent aboutir à l'inscription de sommes très importantes en charges à payer.

SECURITE SOCIALE ET AUTRES ORGANISMES SOCIAUX : DES DELAIS DE FAVEUR POUR LES PETITES ENTREPRISES

Le paiement de ces charges obéit aux mêmes règles pour les ASSEDIC (chômage) et l'URSSAF (sécurité sociale). Les délais sont très courts (les 5 premiers jours du mois suivant pour les salaires payés avant la fin du mois) quel que soit la date de paiement du salaire. Cependant :

- les entreprises n'occupant pas plus de 9 salariés effectuent des versements **trimestriels,**
- les charges de retraite complémentaire (obligatoire ou facultative), qui prennent à l'heure actuelle une importance croissante, sont elles aussi versées trimestriellement.

Dans la pratique, l'encours moyen des dettes sociales varie entre 1 mois et demi et plus de 3 mois de charges sociales.

Sauf remboursement de cotisations versées en trop, il n'y a pas, en général, de **créances** sociales au bilan.

FISCALITE INDIRECTE OU LOCALE : UNE LARGE PALETTE DE POSSIBILITES

La taxe sur la valeur ajoutée

- Mécanisme

La TVA collectée sur les ventes de l'entreprise est payée à l'Etat sous déduction de la TVA que l'entreprise a elle-même payée sur ses achats.

- Incidences sur le bilan

Entre le moment où la TVA est comptabilisée (facturation des achats et des ventes), et où elle est **exigible** ou **déductible** s'écoule un délai qui peut être de plusieurs mois :

— la TVA sur achats n'est effectivement récupérable qu'à partir de la **livraison** des biens ou du **paiement** des travaux immobiliers et des prestations de services ;

— la TVA collectée est due — sous déduction de la TVA récupérable — au moment de la **livraison** des biens ou du **paiement** des travaux immobiliers et des prestations de services. Par mesure de simplification, l'entreprise peut également choisir la date de **facturation** (TVA sur les débits). La TVA dûe au titre du mois N est versée au Trésor au cours du mois N+1. En fin de mois N, ce versement à opérer figure dans le compte " TVA à décaisser ".

- En conclusion

— La majorité des entreprises ont un compte " TVA à décaisser " créditeur représentant 1 mois de TVA due. Certaines affaires, situées dans des secteurs où la TVA déductible est structurellement supérieure à la TVA collectée (exemple : exportation, agriculture, etc.) bénéficient d'un crédit d'impôt logé à l'actif du bilan. Le crédit représente souvent plusieurs mois de TVA en raison de la lourdeur des mécanismes de remboursement de TVA par le Trésor,

— le compte de passif " TVA collectée " ne présente un solde important (plusieurs mois) que lorsque l'activité de l'entreprise ressort du BTP ou du secteur des services,

— le compte d'actif enregistrant la TVA déductible présente toujours un solde minimum moyen de 15 jours de consommations intermédiaires. Mais ce solde peut être encore supérieur, lorsque les achats de l'entreprise sont surtout constitués de travaux immobiliers ou de services. Ceci dit, il est, par comparaison avec le compte d'actif " TVA collectée " d'autant plus faible que la valeur ajoutée de l'affaire est importante. On rappellera pour mémoire que la règle du décalage d'un mois de déductibilité de la TVA sur achats est supprimée.

La taxe professionnelle

Cette taxe locale est l'une des principales impositions à la charge des entreprises, puisqu'au niveau national, son montant est comparable à celui de l'impôt sur les sociétés. Perçue par voie de rôle en fin d'année, la taxe peut être inscrite en charge à payer si la date d'exigibilité — variable selon les endroits — est postérieure à la date d'arrêté. Un acompte de 50 % est exigible au plus tard le 15 juin, au-delà d'un seuil fixé assez bas. Sur la situation provisoire au 30 juin, l'acompte apparaîtra donc dans les créances d'exploitation.

Les obligations cautionnées

Les délais accordés par le Trésor Public pour le paiement de certains droits (TVA, droits de douane, droits indirects sur les alcools), dans une limite de 4 mois, figurent dans les dettes fiscales et sociales, qu'ils viennent donc majorer.

c) **La trésorerie active peut parfois être considérée comme un élément du BFR**

Plusieurs sociétés sont amenées à détenir d'importantes disponibilités qui figurent à leur bilan. Pour déterminer s'il s'agit d'un élément du BFR ou de la trésorerie nette, il faut s'interroger sur sa **rémunération.**

- Si cette trésorerie est rémunérée, elle fait probablement partie de la trésorerie nette et correspond à un placement d'excédent.
- Si cette trésorerie n'est pas rémunérée, il faut examiner si elle ne comprend pas, en fait un encours particulièrement important d'effets à l'encaissement, qu'il y a donc lieu de réintégrer dans les créances clients.

d) **Le niveau du BFR dépend également de l'organisation interne de l'entreprise**

Une mauvaise gestion de l'entreprise est souvent responsable d'un BFR trop élevé :

- politique d'achat insuffisamment agressive, ne permettant pas d'utiliser au mieux le crédit fournisseurs ;
- mauvaise adaptation du rythme des achats et celui de la production, entraînant un gonflement des stocks ;
- gestion trop laxiste du crédit clients, et du recouvrement des créances impayées.

Dans ce cas, le banquier ne doit pas s'en remettre à la fatalité, mais doit s'efforcer d'estimer quel serait le montant du BFR, si l'entreprise était correctement gérée. En d'autres termes, il doit comparer le BFR réel au BFR **souhaitable.**

La page suivante montre **quelques exemples** typiques de structure du BFR dans différents secteurs de l'économie.

QUELQUES EXEMPLES DE STRUCTURE DE BESOINS EN FONDS DE ROULEMENT

BFR MOYEN

Industrie de la viande et du lait

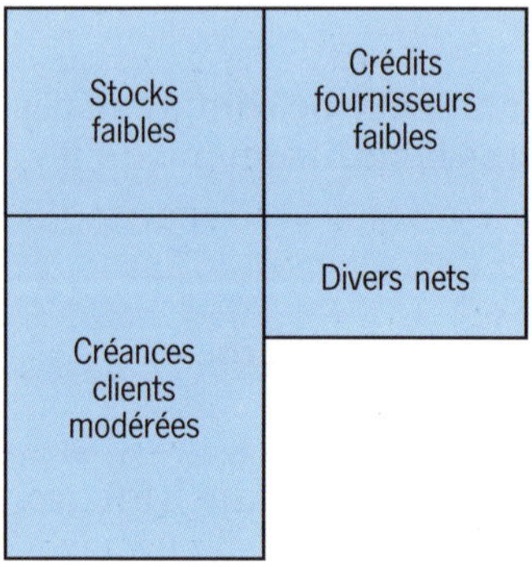

Le taux de TVA est faible, et les "divers nets" sont donc limités.

BFR MOYEN

Industrie du verre

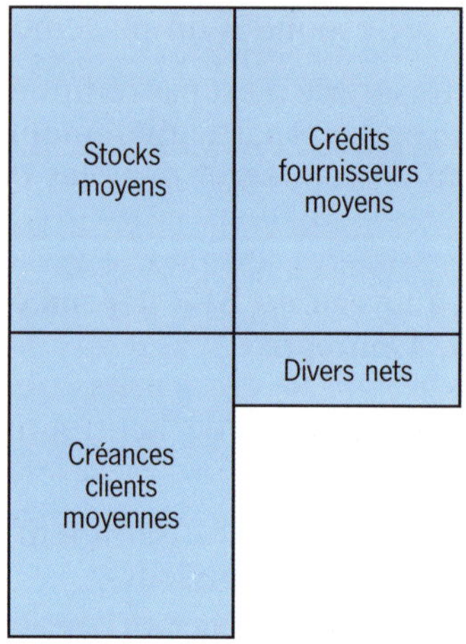

BFR ELEVE

Construction navale et aéronautique

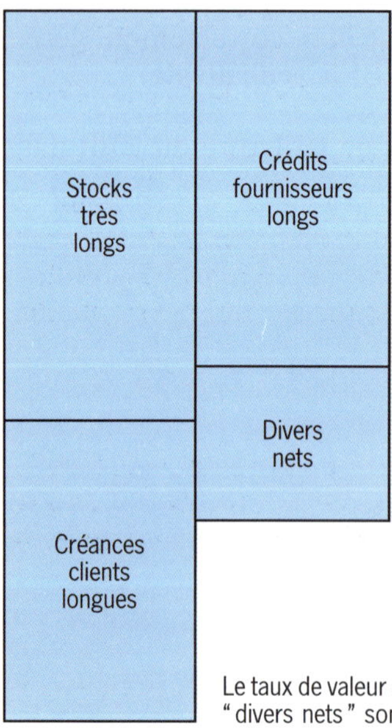

Le taux de valeur ajoutée est élevé et les "divers nets" sont donc élevés.

BFR NEGATIF

Commerce de détail

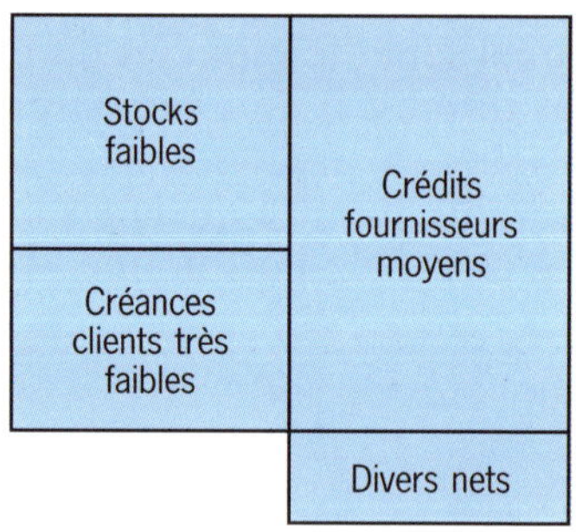

NB : "Divers nets" : Personnel, Etat, organismes sociaux.

B - LA REALITE MACROECONOMIQUE : UNE FORTE EVOLUTION DES BESOINS

① Une progression des besoins d'investissement nettement supérieure à celle des besoins d'exploitation

En France, rapporté au capital engagé, l'actif immobilisé brut progresse fortement de 1985 à 1990. Les équipements productifs stagnent entre 1985 (47,9 %) et 1990 (48,5 %). Mais les titres et participations qui représentaient 8,7 % du capital engagé en 1985 passent à 14, 9 % en 1990. Les autres actifs immobilisés (prêts, dépôts, ...) diminuant au contraire de 7,8 % à 6,1 % entre ces mêmes dates. En contrepartie, les besoins en fonds de roulement d'exploitation, particulièrement importants en 1985 (30,4 %) ne représentent plus que 23,4 % en 1990 (1). Le reste de l'actif est essentiellement composé de liquidités, stables durant la période autour de 6 %.

Parallèlement, l'effort d'investissement ne cesse de croître. Le taux d'investissement productif (investissement/valeur ajoutée), égal à 14 % de la valeur ajoutée en 1985, augmente de manière continue jusqu'à 18,6 % en 1990. Le taux d'investissement financier (titres et participations) passe de 2,9 % de la valeur ajoutée en 1985 à 10,4 % en 1990 (1).

Quelles sont les causes de cette évolution très nette et très générale ?

Comme on le verra plus bas, la diminution relative des besoins d'exploitation s'explique en partie par un rattrapage conjoncturel. En revanche, l'augmentation de l'effort d'investissement combine plusieurs facteurs de fonds :

– l'adoption en France d'un mode de croissance essentiellement centré sur la **productivité du travail,** au détriment de celle du capital. La décennie a été marquée par une hausse très importante du chomage, et à l'inverse par une chute très marquée de la rentabilité des capitaux investis. Cette évolution est peut-être arrivée maintenant à son terme ;
– l'accentuation de la **concentration** dans tous les domaines d'activité, qui justifie pleinement la progression du taux d'investissement financier. Pour nombre d'entreprises, qui sont en pratique les plus importantes, la croissance externe prend clairement le pas sur la croissance interne. Chez elles, les taux d'investissements financiers dépassent nettement les taux d'investissements productifs.

② Un repli temporaire des besoins d'exploitation

La réduction relative du besoin en fonds de roulement au cours de la décennie 1980 a fait l'objet de nombreuses études. En particulier, dans l'industrie (2) où la réduction des besoins en fonds de roulement est aussi marquée que dans l'ensemble de l'économie, on peut distinguer deux périodes :

(1) Source : Centrale des bilans de la Banque de France. Investissements productifs et croissance externe.
(2) Source : Crédit National. La maîtrise des besoins d'exploitation face aux évolutions conjoncturelles. Le cas de l'industrie Novembre 1991.

– la période 1980-1984 où les besoins augmentent légèrement en raison de l'alourdissement du crédit interentreprises (crédits clients – crédit fournisseurs). L'allongement des créances sur les clients joue un rôle moteur. Il faut garder à l'esprit que les clients de l'industrie sont majoritairement des non-industriels (administrations, particuliers) ;

– la période 1985-1989 où la forte baisse des besoins est expliquée presque uniquement par un allègement des stocks qui avait commencé dès 1982. Il comptait à cette date pour 79 j de CAHT, et ne représentait en 1989 plus que 69 j de CAHT. Par comparaison, les besoins en fonds de roulement passaient de 87 j de CAHT en 1980 à 90 j de CAHT en 1982, 91 j de CAHT en 1984, mais seulement 83 j de CAHT en 1989. On voit comme la notion de " juste à temps ", et de stocks en flux tendus (commande le jour pour le lendemain) a pénétré profondément le monde industriel.

Le crédit interentreprises s'établirait en 1992 (1) à près de 17 jours de CAHT pour l'ensemble des secteurs, et près de 30 jours pour l'industrie. Si la persistance de la crise favorise un allongement du crédit interentreprises, qui a été constaté à partir de 1990, deux éléments importants doivent jouer en sens contraire :

– la **réglementation des délais de paiements** par les lois du 31 décembre 1992 et 26 janvier 1993. Ces lois ont imposé une stipulation obligatoire sur les factures des conditions de règlement ordinaires, d'escompte pour paiement anticipé, et de sanctions pour paiement tardif. Elles s'efforcent d'imposer aux partenaires un mode de raisonnement typiquement bancaire, qui devrait aider à valoriser à leur juste prix les délais de paiement consentis, et donc à les utiliser de façon plus restrictive ;

– le remboursement par l'Etat français du **décalage d'un mois de TVA.** Ce remboursement, qui pour les plus grandes entreprises n'est pas encore totalement achevé, se traduira par un allègement de 35 milliards de francs de besoin en fonds de roulement. C'est d'autant plus considérable que certaines entreprises concentraient une grande partie de cette charge de financement (entreprises à faibles valeur ajoutée, entreprises de négoce).

③ Une diminution de l'endettement

Malgré la croissance prépondérante des besoins d'investissement, sollicitant a priori davantage les sources de financement longues et donc rares, il apparaît que l'endettement des entreprises a sensiblement décrû pour un même volume de capitaux engagés (2).

Quelques chiffres : en 1979, l'endettement représentait 74 % du bilan des entreprises (ensemble de l'économie). Il progressait à 77 % en 1985, avec une forte augmentation de la part des emprunts à long terme. Il fléchissait ensuite à 68 % en 1989, avec une chute prononcée de l'endettement à long terme. Ce dernier ne

(1) Source : Banque de France. Caractéristiques de délais de paiement et du crédit interentreprises de 1988 à 1992.
(2) Source : Insee. Le financement des entreprises dans la décennie 80 Novembre 1991.

représentait alors plus que le tiers de l'ensemble de l'endettement. Du point de vue sectoriel, la diminution de l'endettement concerne l'ensemble des secteurs sauf les transports et ceux qui sont en relation directe avec les consommateurs (commerce de détail, services aux particuliers, hôtellerie).

Pourquoi cette évolution ?

- en premier lieu, la rentabilité des entreprises s'est considérablement améliorée depuis le second choc pétrolier (1979), d'où une remontée sensible de l'autofinancement ;
- l'apparition de nouveaux instruments financiers à compter de 1985 a permis de privilégier l'endettement à court terme par rapport à l'endettement à long terme en ne couvrant à longue échéance que le risque de taux (mais non pas le risque de liquidité) ;
- la hausse des taux d'intérêt réels (taux nominal – inflation) rend nécessaire le recours au marché financier, au moment où la bonne tenue de la bourse liée à la baisse des taux d'intérêt nominaux favorise cette révolution mentale tant des émetteurs que des investisseurs ;
- il n'est pas impossible enfin que les statistiques ci-dessus soient un peu biaisées par le développement très rapide des solutions de financement se traduisant par une reprise des actifs par un agent financier externe à l'entreprise (Crédit-bail mobilier ou immobilier, factoring, defeasance).

C - LA REALITE SECTORIELLE : UNE GRANDE DIVERSITE

DELAIS MOYENS – ANNEE 1992
(en jours de chiffre d'affaires HT)

	BFR	Clients	Fournisseurs	Stocks
I. SECTEURS INDUSTRIELS MANUFACTURIERS (niveau 40)				
INDUSTRIES AGRICOLES ET ALIMENTAIRES				
T02 - Industrie de la viande et du lait	19	43	42	21
T03 - Autres industries agricoles et alimentaires	84	56	58	106
INDUSTRIES DES BIENS INTERMEDIAIRES				
T07 - Production de minerais et métaux ferreux, première transformation de l'acier	111	77	65	80
T08 - Production de minerais, métaux et demi produits ferreux	83	57	48	78
T09 - Production de matériaux de construction et minerais divers	77	79	74	59
T10 - Industrie du verre	86	71	69	77
T11 - Chimie de base, production de fils et fibres artificiels et synthétiques	69	63	53	59
T13 - Fonderie et travail des métaux	73	86	81	62
T21 - Industrie du papier et carton	75	80	69	51
T23 - Industrie du caoutchouc et de la transformation des matières plastiques	80	86	77	58
INDUSTRIES DES BIENS D'EQUIPEMENT				
T14 - Construction mécanique	88	85	81	97
T15A - Biens d'équipement professionnels	75	99	87	96
T15B - Equipement ménager, électronique grand public	56	111	83	67
T17 - Construction navale et aéronautique, armement	112	134	116	163
T16 - Construction de véhicules automobiles et autres matériels de transport terrestre	8	47	64	34
INDUSTRIE DES BIENS DE CONSOMMATION COURANTE				
T12 - Parachimie et industrie pharmaceutique	73	75	68	65
T18 - Industrie textile et de l'habillement	100	76	64	80
T19 - Industrie du cuir et de la chaussure	96	72	58	79
T20 - Industrie du bois et de l'ameublement ; Industries diverses	98	78	71	81
T22 - Imprimerie, presse, édition	34	78	74	32

	Clients	Fournisseurs
II. COMMERCE (niveau 100)		
T25 - Commerce de gros alimentaire	46	43
T26 - Commerce de gros non alimentaire	65	65
T27 - Commerce de détail alimentaire	5	50
T28 - Commerce de détail non alimentaire	18	62

Source : Banque de France. Centrale des Bilans, fascicules sectoriels.

2 - LES CONTRAINTES D'ENDETTEMENT GLOBAL : RENTABILITE ET SECURITE

L'endettement est aussi bien un formidable **multiplicateur de rentabilité,** qu'un **amortisseur du risque** économique couru par l'entreprise. Indiquées ici comme contraintes, la rentabilité et la sécurité sont aussi des objectifs et des atouts pour le dirigeant :

- **rentabilité :** l'effet de levier montre quels sont les rendements minimaux nécessaires des actifs pour un coût donné de l'endettement. Mais l'effet de levier montre aussi comment, si ces rendements sont dépassés, l'endettement permet d'accroître la marge de manœuvre de l'entreprise ;
- **sécurité :** la notion d'autonomie montre les limites qu'il ne faut pas franchir si l'on désire conserver une certaine marge en période difficile. Mais à l'inverse, cette notion montre comment une entreprise ayant naturellement peu recours au crédit, peut selon ces critères disposer en toute liberté d'une force de frappe financière considérable.

A - UNE RENTABILITE SUFFISANTE

① L'effet de levier : rentabilité économique et rentabilité des capitaux propres

L'effet de levier décrit l'influence de l'endettement supplémentaire de l'entreprise sur sa rentabilité marginale (1). Il permet donc de déterminer si l'entreprise peut recourir à un endettement supplémentaire sans remettre en cause sa capacité bénéficiaire. Le mécanisme de l'effet de levier nécessite que soient définies au préalable les notions de rentabilité économique et rentabilité de capitaux propres.

■ Rentabilité économique et rentabilité des capitaux propres

La **rentabilité économique** est celle qui est dégagée par l'ensemble des capitaux investis dans l'entreprise (actif immobilisé, y compris crédit-bail, + BFR) mesurée par le taux :

$$\frac{\text{EBE}}{\text{Capitaux investis}}$$

La **rentabilité des capitaux propres,** mesurée en fonction du résultat de l'exercice est égale au rapport :

$$\frac{\text{EBE}}{\text{Capitaux propres}}$$

(1) La rentabilité marginale est le supplément de rentabilité procurée par la dernière unité de production mise en œuvre.

Elle est donc égale à la rentabilité économique si les capitaux investis ne sont financés que par des capitaux propres, et **supérieure** à celle-ci, si les capitaux propres sont utilisés concurremment à un financement extérieur. Dans la pratique l'investisseur va s'efforcer de maximiser la rentabilité des capitaux propres.

FINANCEMENT DIVERSIFIE DES CAPITAUX INVESTIS

BILAN 1

Capitaux investis (actif immobilisé + BFR) 135	Capitaux propres 50
	Endettement 75
	Résultat 10

– rentabilité économique = $\frac{10}{125}$ = 8 %

– rentabilité des capitaux propres = $\frac{10}{50}$ = 20 %

FINANCEMENT DES CAPITAUX INVESTIS PAR LES SEULS CAPITAUX PROPRES

BILAN 2

Capitaux investis (actif immobilisé + BFR) 135	Capitaux propres 125
	Résultat 10

– rentabilité économique = $\frac{10}{125}$ = 8 %

– rentabilité des capitaux propres = $\frac{10}{125}$ = 8 %

■ Rentabilité et endettement marginaux

Si l'entreprise peut mettre en œuvre, en dégageant toujours la même rentabilité économique, un volume de capitaux supplémentaires, et qu'elle les finance à un coût moindre que leur rentabilité économique, alors la rentabilité des capitaux propres peut s'accroître.

Soit :
r la rentabilité économique (en %)
i le coût de l'endettement (en %)
D l'endettement
C les capitaux propres
R la rentabilité des capitaux propres (en %)

– la rentabilité des capitaux propres est la suivante :

$$R = r + (r - i)\,\frac{D}{C}$$

Si l'effet de levier est positif $(r - i > 0)$, la rentabilité est d'autant plus élevée que l'endettement est plus important $(\frac{D}{C})$ croît vers l'infini

– la rentabilité d'un endettement supplémentaire D' est la suivante:

$$r' = (r - i) \times D'$$

Si l'on tient compte de la **fiscalité,** l'intérêt du recours à l'endettement paraît encore plus nettement.

INCIDENCE DE LA FISCALITE SUR L'EFFET DE LEVIER

L'entreprise Phi réalise les performances suivantes :

Capitaux propres C : 20 MF
Rentabilité des capitaux propres **après impôts** : 8 % (soit 1,6 MF)
Rentabilité économique **avant impôts** r : 13 %

Elle décide de réaliser un investissement de 10 MF, dégageant une rentabilité économique comparable. Le banquier lui propose un crédit à 9 %. Elle a donc deux solutions :

– **Financement par fonds propres**

La rentabilité marginale après imposition à 33 % est de 10 MF × 13 % × (1 – 33 %) = 0,871 MF.

La rentabilité des capitaux propres s'élève alors à $\dfrac{0{,}871 + 1{,}60}{10 + 20} = 8{,}24\ \%$

soit une amélioration de la rentabilité des capitaux propres de 0,24 point.

– **Financement par endettement**

La rentabilité marginale après impôt est de 10 MF × (13 % – 9 %) × (1 – 33 %) = 0,268 MF.

La rentabilité des capitaux propres s'élève alors à $\dfrac{0{,}268 + 1{,}60}{20} = 9{,}34\ \%$

L'amélioration de la rentabilité des capitaux propres est alors de 1,34 point.

Pourquoi une divergence aussi prononcée entre les deux solutions ?

- parce que dans la deuxième solution, les associés n'ont pas eu à apporter de nouveaux capitaux (le dénominateur est toujours de 20 MF).
- mais surtout, parce que l'imposition des profits a été beaucoup plus forte dans la première solution (0,429 MF) que dans la seconde (0,132 MF).

■ Quels renseignements en tirer ?

En clair, ceci signifie, pour l'analyse que :

– la détérioration de la structure financière par accroissement de l'endettement à court ou à long terme n'empêche pas toujours, et favorise même parfois, la rentabilité globale de l'affaire ;

– pour certaines affaires ne disposant pas de fonds propres suffisants, mais dont la rentabilité **économique** marginale est particulièrement élevée (cas d'une affaire en forte croissance) la mise en jeu de l'effet de levier lui permet de mobiliser un maximum de ressources, et constitue en fait la **seule stratégie applicable** en l'espèce. (En effet, l'appel au marché financier est, étant donné sa taille, a priori impossible).

② Limites à l'effet de levier

L'analyse de l'effet de levier laisse penser qu'en présence d'une rentabilité suffisante, l'endettement de l'entreprise ne doit pas connaître de limites. La réalité est plus complexe, et surtout plus contraignante. L'effet de levier doit “composer” avec d'autres phénomènes et d'autres risques.

■ La variation de l'effet de levier dans le temps

Au moment où l'investissement (industriel ou d'exploitation) est réalisé, l'endettement n'est mis en place que si son coût est inférieur à la rentabilité attendue. Mais au cours de la durée de vie de l'investissement, les conditions de marché changent, et la rentabilité peut s'effondrer. A l'inverse, les taux de l'endettement, s'ils sont à taux variable, peuvent monter brusquement et dépasser le taux de rendement de l'actif financé. On aboutit alors à un **effet de levier négatif** (effet de massue) : plus l'entreprise est endettée et plus elle dégage de pertes.

On retrouve là toute l'analyse qui sous tend l'étude de la solvabilité : si l'on accroît le risque économique, alors il faut aussi accroître les fonds propres qui permettent d'y faire face en cas de réalisation.

■ L'étalement de la rentabilité dans le temps

Certains investissements sont en quelque sorte “allergiques” à l'effet de levier parce que leur rentabilité est différée, leur financement par endettement accroît sensiblement leur coût global. Les participations, les investissements de recherche et tous les investissements qui demandent une mise en œuvre très longue (biens d'équipement, constructions) figurent dans cette catégorie.

A titre d'exemple, sur la base de taux d'intérêt de 8 %, une opération de promotion immobilière incorpore fréquemment de 15 à 25 % de charges financières.

■ Le dilemme rentabilité/croissance

Le financement par endettement maximise la rentabilité des fond propres de l'entreprise, et donc la “vitesse” à laquelle ceux-ci vont croître. Mais il **minimise** au contraire la rentabilité des opérations d'investissement elles-mêmes par rapport à un financement en fonds propres. L'entreprise se développe rapidement, mais elle accroît le risque moyen de ses opérations qui sont unitairement de moins en moins rentables.

En outre, la croissance accélérée se traduit par des **risques spécifiques** qui fragilisent encore la baisse de la rentabilité unitaire :

- multiplication des investissements non immédiatement rentables (frais de prospection commerciale, prototypage, constitution d'équipes nouvelles) ;
- diminution de l'efficacité de la gestion de l'entreprise dans la mesure où la priorité est donnée à l'action commerciale sur la rationalisation des moyens de production (sureffectifs, surstockage, dégradation de la solvabilité des clients).

■ **La dégradation de la structure financière**

On verra plus bas en détail les critères de structure financière. L'augmentation de l'endettement met à mal les ratios de structure, et peut mettre en cause l'autonomie bancaire de l'entreprise dès le moindre faux pas en matière de résultat.

③ Conclusion : le recours à l'endettement global est limité par la capacité bénéficiaire de l'entreprise

Comment vérifier avec les documents comptables si les contraintes de rentabilité sont bien respectées ?

■ **Le coût apparent de l'endettement global rémunéré**

Il est donné par le rapport

$$\frac{\text{Intérêts et charges assimilées}}{\text{Moyenne de l'endettement en début et en fin d'exercice}}$$

La question est de savoir comment il se situe par rapport aux prix de marché.

S'il est faible il révèle :

- soit une situation d'endettement **réel** moyen plus élevée que la moyenne de début et de fin d'exercice. L'état des risques Banque de France permet de le vérifier ;
- soit le fait qu'une partie de l'endettement est consentie à des taux inférieurs à ceux du marché (cas des concours participatifs, des obligations convertibles ou des valeurs mobilières composées).

Dans la pratique, les charges d'intérêt ne devraient pas dépasser 3 % du chiffre d'affaires.

■ **La comparaison du coût de l'endettement par rapport à la capacité bénéficiaire de l'entreprise**

La **rentabilité d'exploitation** doit être en mesure de supporter le poids de l'endettement. Le résultat d'exploitation doit donc être supérieur aux intérêts et charges assimilées. Il n'y a pas de rapport maximum à observer entre le poids des intérêts et la rentabilité d'exploitation. En effet, l'endettement dépend lui-même de paramètres propres à l'activité de l'entreprise. C'est donc en fonction des données sectorielles et surtout des contraintes propres de l'entreprise qu'il faut se déterminer.

B - UNE BONNE MAITRISE DES RISQUES LIES A L'ENDETTEMENT

On a déjà vu en évoquant les limites à l'effet de levier que l'endettement augmente le risque couru par l'entreprise, le premier étant sans nul doute celui de la diminution de l'autonomie financière, les risques de change et de taux étant moins contraignants.

① Autonomie financière

L'autonomie financière est fonction de la capacité de l'entreprise à supporter les à-coups de financement, grâce à la marge de manœuvre qu'elle possède auprès de ses prêteurs.

Les deux termes du problème sont clairement posés :

■ L'entreprise est-elle soumise à des à-coups de financement ?

A propos de l'analyse de la solvabilité, on a déjà vu qu'il existe de ce point de vue une différence essentielle entre les entreprises de négoce capables de réagir rapidement aux à-coups conjoncturels, et les entreprises industrielles mettant en œuvre un cycle de production qui ne peut être modifié du jour au lendemain.

Mais les à-coups de financement ne proviennent pas seulement de l'appartenance de l'entreprise à tel ou tel profil économique. En dehors des problèmes de chute d'activité, l'entreprise peut connaître des besoins brutaux et pas toujours prévisibles qui ne sont pas une réponse à une dégradation de la conjoncture, mais au contraire le reflet de sa capacité d'adaptation aux contraintes extérieures. On peut citer les exemples suivants :

- surstockage d'un approvisionnement en prévision d'une pénurie sur ce marché ;
- stockage de produits semi-finis dans le cadre d'une grosse commande dont les délais de règlement sont plus longs que ceux accordés usuellement aux clients (précisément parce que la commande est particulièrement intéressante) ;
- acquisition d'une entreprise concurrente dans l'attente du montage de l'opération de financement définitive (qui se traduira par des apports de ressources propres, ou l'élargissement du cercle des banquiers actuels de l'entreprise) ;
- retards de paiement purement techniques de sommes significatives (subventions attendues, remboursement de TVA sur investissement).

En définitive, toute entreprise quelle qu'elle soit peut avoir besoin de disposer d'une force de frappe financière, qui lui donnera à certains moments cruciaux, un avantage décisif sur ses concurrents.

■ De quelle marge de manœuvre dispose-t-elle auprès de ses prêteurs ?

On peut apporter deux types de réponse en fonction de la profondeur de l'information dont on dispose.

Si l'on a une connaissance intime du client, celui-ci communiquera les lignes d'**autorisation** dont il dispose auprès de ses banquiers. C'est la comparaison de ces autorisations et des utilisations de l'entreprise qui permettra de déterminer la marge de manœuvre dont elle dispose. Ce raisonnement concerne aussi bien les lignes à court terme que les lignes à moyen et long terme, quoi que chez ces dernières, autorisations et utilisations correspondent en général.

Prenons l'exemple d'une entreprise qui présente les autorisations et utilisations suivantes :

	Autorisations	Utilisations
Moyen terme	50 MF	45 MF
Court terme	70 MF	40 MF

La marge à moyen terme (5 MF) semble faible. Après avoir interrogé l'entreprise, il s'avère qu'il ne s'agit pas d'une autorisation de crédit à moyen terme sous forme de tirage de billet, mais du reliquat de l'utilisation d'un prêt de financement de matériel. Ce reliquat ne pourra donc être utilisé que sur présentation d'une dépense spécifique : il ne contribue pas à accroître l'autonomie financière de l'entreprise.

La marge à court terme est élevée (30 MF). Or l'entreprise n'a pas de cycle particulièrement saisonnier. L'examen des risques montre que les utilisations de l'année précédente n'ont jamais été supérieures de plus de 10 MF aux utilisations actuelles. La marge de manœuvre de l'entreprise à court terme est donc plutôt de l'ordre de 20 MF que de 30 MF. L'autonomie financière est déjà malgré tout significative.

Si l'on ne connaît le client que par ses comptes, alors il faudra se référer aux ratios usuellement retenus en la matière et aux analyses que l'on a pu mener soi-même. L'autonomie est alors appréciée à partir de l'**écart entre le niveau de l'endettement effectif et l'endettement maximum** que l'on pourrait tolérer sur l'affaire concernée. Cet endettement maximum est lui-même guidé par les contraintes de rentabilité (comparaison Résultat d'exploitation et Résultat financier, limite indicative de 3 % du chiffre d'affaires HT en intérêts et charges assimilées), et de structure (Endettement structurel/Ressources propres, limite indicative de 3 mois de CA HT d'endettement courant).

Il faut souligner que les affaires introduites en **bourse** possèdent d'office une autonomie financière supérieure à celle des affaires qui ne le sont pas, à rentabilité et structure financière égales, pour plusieurs raisons :

- leur situation financière est mieux connue des prêteurs et également plus fiable en raison des contrôles auxquels elle est soumise. Les prêteurs sont donc plus enclins à consentir leur concours ;
- leur notoriété et leur possibilité d'expansion sont supérieures à celle d'une affaire non cotée. Ils constituent des clients convoités et donc choyés ;
- enfin et surtout, leur capacité d'appel au marché financier est très vaste et le niveau actuel des fonds propres n'est jamais une contrainte absolue. Il est extrêmement fréquent de voir des entreprises cotées effectuer **d'abord** une opération de croissance externe, et recourir **dans un deuxième temps** au marché financier. La séquence des opérations répond au calcul suivant : le dirigeant connaît mieux ses besoins de capitaux après l'opération de croissance externe qu'à

l'avance, et surtout, le marché financier sera d'autant plus favorable à une recapitalisation que les tenants et les aboutissants de l'opération de croissance externe qu'il refinance lui seront parfaitement connus. Cette recapitalisation se fera donc au meilleur prix.

② Risque de change

Le risque de change recouvre deux réalités totalement distinctes : celle du risque de **position de change,** qui est un risque instantané de perte (ou de profit), et celle du risque de **modification durable des termes de l'échange** entre la France et un ou plusieurs pays étrangers, qui influe sur la compétitivité de l'entreprise.

■ Le risque de position de change

Les entreprises détiennent sur l'étranger des créances qui résultent des exportations qu'elles ont faites (et plus rarement des prêts qu'elles ont consentis). A l'inverse, elles peuvent être débitrices en devises vis-à-vis de leurs fournisseurs étrangers et de leurs prêteurs (banques, associés étrangers). Le solde des créances ou des dettes dans une monnaie donnée constitue la **position de change** dans cette monnaie. Les entreprises qui exportent plus qu'elles n'importent dans une monnaie donnée ont en principe plus de créances que de dettes dans cette monnaie : ils ont une position acheteuse, et toute dévaluation du franc par rapport à cette monnaie leur profite.

Par exemple, une entreprise C a exporté pour une valeur de 100 000 $, et n'a pas encore encaissé la créance sur son client. Lorsqu'elle a facturé, le dollar valait 6 F. A la date de recouvrement effectif de la créance, le franc s'est affaibli contre le dollar. Celui-ci vaut maintenant 6,50 F. L'entreprise va donc percevoir 650 000 F au lieu des 600 000 F prévus à l'origine. Le risque de change s'est réalisé au grand bénéfice de l'entreprise. Il aurait pû, il va de soi, se traduire au contraire par une perte pour l'entreprise, en cas de dévaluation du dollar par rapport au franc.

Comme les variations de change atteignent fréquemment 10 à 20 % du montant de la créance, même lorsque celle-ci est libellée en monnaies fortes, le risque de change peut absorber la totalité de la marge nette espérée sur le contrat et même bien plus. L'entreprise va donc chercher, opération par opération, à couvrir sa position de change, c'est-à-dire à conclure avec son banquier des opérations qui vont **annuler sa position de change.**

Position de change de l'entreprise C en dollars avant opération de couverture :

Créances		Dettes	
Prêt à une filiale aux USA	220	Dettes structurelles (banques)	220
Créances sur des clients	1 240	Dettes fournisseurs	15
Créances en devises	**1 460**	**Dettes en devises**	**235**

Position de change acheteuse (ou longue) 1 225

On constate que l'entreprise C n'a pas de fournisseurs qui la facturent en dollars : elle s'approvisionne essentiellement en France. On remarque aussi qu'elle a refinancé en dollars la créance sur sa filiale : elle évite ainsi de courir un risque de change sur cette opération. En revanche, l'essentiel de sa position de change provient de ses exportations. Pour la couvrir, elle va conclure une opération de **sens inverse de celui de sa position de change.** Elle va donc **vendre** 1 235 $ à la même échéance que celui de l'encaissement de ses créances. Le jour de l'échéance, elle recevra 1 235 $, qu'elle livrera à son acheteur à terme le même jour. La valeur de sa créance sera ainsi bloquée (couverte), quelle que soit l'évolution du cours de change, au prix de vente à terme du dollar contre franc.

Position de change de l'entreprise C en dollars après opération de couverture

Créances		Dettes	
Prêt à une filiale aux USA	220	Dettes structurelles (banques)	220
Créances sur des clients	1 240	Dettes fournisseurs	15
Créances en devises	**1 460**	**Dettes en devises**	**235**
Hors-bilan		**Vente à terme de devises**	**1 225**

Position de change acheteuse (ou longue) 0

Les techniques de couverture de position de change intègrent des variables bien plus nombreuses que celles qui sont exposées plus haut. En particulier, les options de change sont de plus en plus utilisées : elles permettent de couvrir (dans le cas d'une position de change longue) le seul risque de détérioration du cours de la devise, tout en conservant intact (au coût de l'option près) les potentialités d'appréciation de la devise par rapport au franc.

■ Le risque de modification des termes de l'échange

On vise ici une modification relativement **durable** de la parité de change entre la France et le pays d'exportation. Dans le cadre du système de change européen, où les cours ne sont flexibles qu'autour d'une parité pivot, la modification de cette parité pivot crée une cassure brutale et durable dans les termes de l'échange. Il en est de même pour les pays de la zone franc (parités fixes, avec possibilités de dévaluations). En revanche, pour les pays à monnaies fortes qui ne sont pas liées au mécanisme européen (dollar et yen pour l'essentiel) les modifications durables de parités ne se constatent qu'a posteriori puisqu'il n'existe aucun garde fou réglementaire qui garantisse a priori un taux de change donné.

La dévaluation des devises étrangères a deux effets contraires sur la compétitivité de l'entreprise :

- allégement du coût des approvisionnements en devises étrangères (effet favorable sur la rentabilité) ;
- renchérissement du prix exprimé en devises des exportations de l'entreprise (effet défavorable sur la rentabilité).

Les conséquences sur la rentabilité sont elles mêmes fonction de deux données **largement structurelles** pour l'entreprise :

– **libellé des exportations.** La monnaie dans laquelle est libellée l'exportation n'est pas nécessairement celle du pays de destination. Certaines entreprises, qui sont en position de force, arrivent à imposer le libellé en francs : la modification de parité n'a donc guère d'effet sur leur compétitivité. D'autres ont une part importante de leurs importations comme de leurs exportations dans la **même** monnaie, qui est souvent le dollar. Dans ce cas, les positions de change acheteuse et vendeuse se compensent en partie, atténuant ainsi l'effet de la dévaluation ;

– **position sur le marché.** La politique de prix de l'entreprise sur les marchés étrangers dépend de sa position concurrentielle. Si celle-ci est bonne, elle peut aller jusqu'à répercuter entièrement dans une hausse des prix en devises l'incidence de la dévaluation. Elle exportera dans le pays étranger une inflation correspondant à la dévaluation de la devise étrangère par rapport au franc.

③ Risque de taux

■ Quand l'entreprise court-elle un risque de taux ?

D'une façon générale, le risque de taux est celui qui résulte d'une **variation de marge** entre le rendement d'un actif et le coût de son financement. Cette définition s'applique bien aux prêts consentis par l'entreprise à ses filiales : si l'entreprise dispose d'un refinancement basé sur le même indice de taux, elle aura totalement couvert sa marge. Mais comment transposer cette définition aux opérations de nature purement industrielle ou commerciale ?

En effet, en dehors des prêts financiers, l'entreprise industrielle nourrit des actifs (immobilisés ou circulants) qui ne sont **pas porteurs d'intérêts.**

– L'actif **immobilisé** se caractérise par sa rentabilité anticipée. Lorsqu'il a été réalisé, l'investissement a fait l'objet d'un calcul de rentabilité qui prenait en compte un taux donné de refinancement . De ce point de vue, il est logique que l'entreprise finance son investissement au même taux. En d'autres termes, et en première analyse, l'entreprise n'est pas censée courir un risque de taux si ses dettes structurelles sont à taux fixes. Si ses dettes structurelles sont à taux variables, c'est qu'elle a misé sur une baisse des taux, et donc pris une position spéculative.

– L'actif **circulant** ne dégage aucune rentabilité (sauf les prêts à court terme identifiés comme tels). Il est par ailleurs d'une grande irrégularité. Pour ces raisons, le financement à taux variables est le seul qui soit concevable (1). Il n'y a d'ailleurs guère d'exemples contraires. De ce fait, l'entreprise est toujours en risque

(1) Ce peut être des taux ajustables, comme le taux de base bancaire, qui évolue de façon moins heurtée que les indices purement monétaires (TMP notamment).

de taux sur ce type d'actif, puisque le coût du financement n'est pas couvert par le rendement de l'actif financé. Dans cette hypothèse, le rôle de l'entreprise (et de son trésorier) est de choisir le type de financement le moins onéreux à court terme. En fonction de la conjoncture monétaire, le trésorier va opter pour un financement à taux variable s'il estime que les taux vont baisser, ou à taux fixes, s'il estime que les taux sont à la hausse. Comme ses besoins à **court terme** connaissent eux-mêmes de fortes variations, ces arbitrages seront toujours effectués à court terme de un à trois mois au maximum.

■ Comment maîtriser le risque de taux ?

On a employé le verbe « maîtriser », car il s'agit moins pour l'entreprise de couvrir le risque de taux que de choisir à quel risque de taux elle veut être exposée. Deux cas de base peuvent se présenter :

– l'entreprise doit réaliser un investissement basé sur un taux de refinancement donné, mais pour des raisons pratiques (délai d'acquisition, autorisations, etc.), l'investissement et son refinancement ne peuvent être mis en place avant quelque temps. Pour bloquer le taux de l'emprunt, l'entreprise vendra des contrats à moyen ou long terme (notionnel). Attention le contrat représente un emprunt à long terme, mais l'opération de couverture elle-même est à court terme (quelques mois) ;

– l'entreprise finance un investissement par un emprunt à taux variable, mais cherche à bloquer un taux fixe. Dans ce cas, elle conclura une opération de swap (c'est-à-dire d'échange de taux), par lequel elle va s'engager à verser un taux fixe sur un principal théorique égal au montant du financement, et son banquier s'engagera à lui verser un taux variable.

A partir de ces deux cas de base, il existe des variantes nombreuses : l'entreprise peut désirer bloquer le taux d'un placement qu'elle fera ultérieurement (dans ce cas, elle achètera des contrats à plus ou moins long terme). Elle peut désirer passer d'un emprunt taux fixe à un taux variable (notamment à court terme), et conclura alors un swap emprunteur à taux variable et prêteur à taux fixe etc.

Il faut souligner que ces opérations font intervenir des choix entre un grand nombre d'indices. Il existe plusieurs **indices** à taux variables, qui n'ont aucun rapport entre eux. Schématiquement, on oppose les indices « monétaires » (indicés sur les taux à court terme quotidiens : TMP, à un mois, à trois mois) et les indices obligataires (TMO et éventuellement TME). Les swaps les plus fréquents permettent de convertir les taux variables avec des taux fixes. Mais il est possible de chercher à convertir des taux obligataires en taux monétaires : c'est le cas des entreprises qui ont émis des obligations indexées sur le TMO, et souhaitent utiliser leurs fonds sur la base d'une indexation monétaire.

3 - LES CONTRAINTES DE STRUCTURE FINANCIERE

Après les contraintes d'endettement global, qui traitent de la capacité générale de l'entreprise à s'endetter, on examine ici les contraintes qui dictent telle ou telle structure de bilan. Par structure de bilan, on entend la façon dont sont réparties les grandes masses du bilan que synthétisent les notions de fonds de roulement, besoin en fonds de roulement et trésorerie nette.

On verra que les paramètres en jeu sont très nombreux : rentabilité bien sûr, mais aussi politique financière des dirigeants, nature de l'activité, prise de risques et recherche de flexibilité plus ou moins prononcées.

De ce fait, il serait tout à fait erroné d'affirmer dès l'abord que la meilleure structure est systématiquement la plus solide (minimum d'endettement, maximum de fonds propres). Le banquier préfèrera certes une structure solide mais il doit avoir conscience qu'elle est loin de toujours rimer avec **croissance et réponse aux défis du marché.** L'optique d'un banquier à court terme se différencie fondamentalement, de ce point de vue, de celle du prêteur à moyen ou long terme.

A - ACTIF IMMOBILISE : UN FINANCEMENT EN PRINCIPE ASSURE PAR LES RESSOURCES STRUCTURELLES

Ceci signifie que le fonds de roulement doit être positif ou nul : les fonds propres et les dettes structurelles doivent être supérieurs à l'actif immobilisé.

① Pourquoi cette règle ?

L'industriel n'est pas un banquier : la rentabilité interne de chaque investissement doit être basée autant que faire se peut sur une hypothèse de financement strictement définie, qui ne laisse aucune place aux **variations de taux.** Le meilleur moyen de se couvrir de ce risque c'est d'adosser l'investissement à un concours de même durée, et dont le profil d'amortissement financier corresponde d'aussi près que possible à l'amortissement économique du bien.

Cette règle se justifie en outre par le souci **d'indépendance** de l'entreprise vis-à-vis de ses bailleurs de fonds. Si l'actif immobilisé est financé par des ressources courtes, on peut craindre que la capacité de production de l'entreprise ne soit à la merci d'un mouvement de défiance subit des prêteurs à court terme.

② Qu'en est-il dans la pratique ?

Dans la pratique, l'actif immobilisé est financé par un " cocktail " de ressources structurelles, qui comprend à la fois des ressources non rémunérées et des ressources rémunérées. La couverture du risque de taux et la sauvegarde de l'indépendance financière de l'entreprise sont donc assurées, pour chaque investissement par une combinaison, en proportion variée, de ces deux catégories de ressources (1).

(1) Le cas des immobilisations acquises en crédit-bail peut tout de suite être mis de côté. L'immobilisation doit être considérée comme financée **en totalité** par un crédit bancaire à moyen ou long terme. Quelle que soit la comptabilisation retenue pour les besoins de l'analyse financière, la règle du financement de l'actif immobilisé par des ressources structurelles est donc respectée.

Dans certains cas, la règle du financement de l'actif immobilisé par des ressources propres peut sembler moins impérative, parce que l'une ou l'autre des motivations exposées ci-dessus ont disparu.

■ Premier cas : les investissements ont un taux de renouvellement très élevé

Dans ce cas, qui vise par exemple les télévisions en location, la capacité d'autofinancement de l'entreprise est structurellement élevée, afin d'assurer le renouvellement rapide des immobilisations. Dans une optique classique de continuité de l'exploitation cette capacité d'autofinancement est affectée au maintien de l'outil de travail, dont dépend **très strictement** la capacité de production de l'entreprise : à la diminution du nombre de téléviseurs en état de marche correspond une diminution parallèle du chiffre d'affaires qu'il est possible de réaliser.

Ce cas de figure se caractérise donc par deux éléments favorables :

- une trésorerie abondante, même si elle est en principe totalement réinvestie ;
- une capacité d'adaptation optimale des moyens de production. Si la demande vient à fléchir, il suffira à l'entreprise de ne plus renouveler ses investissements.

Mais encore faut-il que les investissements soient financés par des ressources elles-mêmes remboursables dans les mêmes délais moyens. Sinon, en cas de baisse de la demande et de diminution consécutive du parc de téléviseurs, il y aura **surfinancement :** une partie des emprunts à terme qui n'aurait pu être remboursée viendra gonfler la trésorerie active.

On voit donc que dans ce cas, le financement de l'actif immobilisé par des ressources longues rémunérées constitue un **handicap,** en ce qu'il contrarie la flexibilité de l'outil de production et fait courir à l'entreprise un risque de taux.

Pour certaines catégories d'entreprises répondant à cette situation (entreprise de location, de transport) la Banque de France a admis une insuffisance maximale du FR calculée en **mois d'autofinancement.**

■ Deuxième cas : la structure du BFR autorise une grande indépendance financière

Certaines entreprises bénéficient d'un besoin en fonds de roulement **négatif.** Les crédits fournisseurs (et bien souvent les acomptes clients) sont supérieurs aux stocks et aux créances clients : entreprises de transport, de commerce de détail, de bâtiment et travaux publics.

Dans ce cas, la trésorerie correspondante peut financer les immobilisations. L'entreprise n'a alors plus aucun problème d'indépendance vis-à-vis de son banquier puisque ses utilisations de concours bancaires deviennent très ponctuelles et de faible niveau. Elle n'a pas non plus de risque de taux puisque la quasi totalité de ses ressources sont gratuites.

UTILISATION, PAR UNE AFFAIRE DE COMMERCE DE DETAIL, DE SA TRESORERIE

Le BFR est très largement négatif.

Si l'entreprise avait recours au crédit bancaire à moyen ou long terme pour financer des investissements, son bilan reflèterait une trésorerie active importante. Son FR serait également largement positif.

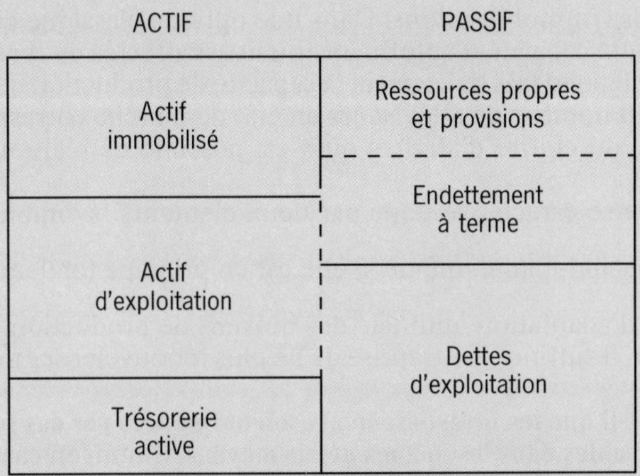

C'est pourquoi beaucoup d'entreprises préfèrent financer leurs immobilisations avec leur BFR négatif, comme le montre l'exemple suivant. Le FR est alors négatif.

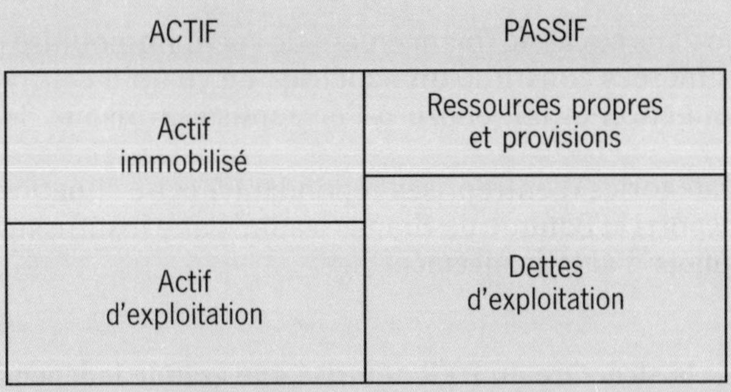

Le fait, pour une entreprise donnée, d'avoir des investissements à courte durée de vie et un BFR négatif sont entièrement indépendants l'un de l'autre. Ainsi, certains secteurs de l'économie (transport et bâtiment) **cumulent** les deux avantages. D'autres (commerce de détail et services) ne bénéficient que du dernier d'entre eux.

Les tableaux ci-dessous schématisant les bilans auxquels correspondent une capacité d'autofinancement structurellement élevée (cas I), un excédent des ressources d'exploitation sur les emplois de même nature (cas II), et enfin un cumul des deux cas (cas III).

I
BILAN D'UNE ENTREPRISE
BENEFICIANT D'UNE CAF STRUCTURELLEMENT
ELEVEE TOUT EN
POSSEDANT UN BFR POSITIF
(BATIMENT)

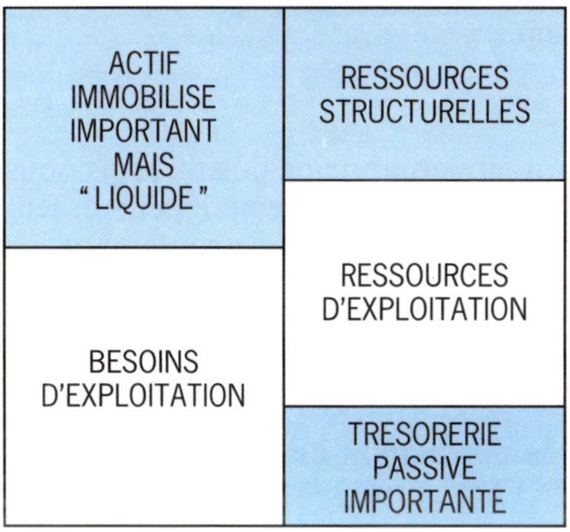

II
BILAN D'UNE ENTREPRISE
POSSEDANT UN EXCEDENT DES
RESSOURCES D'EXPLOITATION
SUR SES BESOINS D'EXPLOITATION
(BFR NEGATIF)

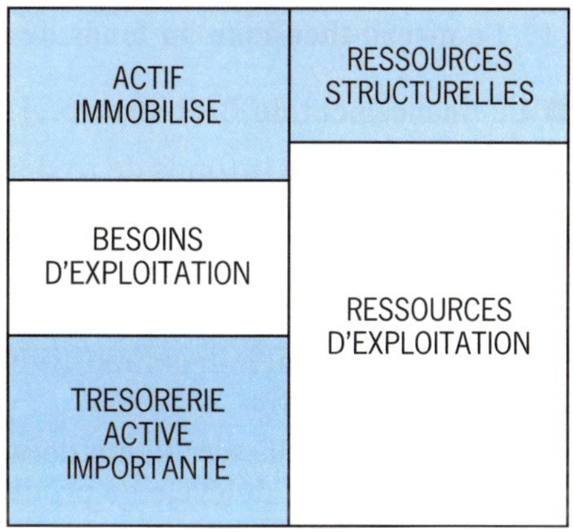

III
ENTREPRISE CUMULANT
LES DEUX SITUATIONS
(TRANSPORT)
(COMMERCE DE DETAIL)

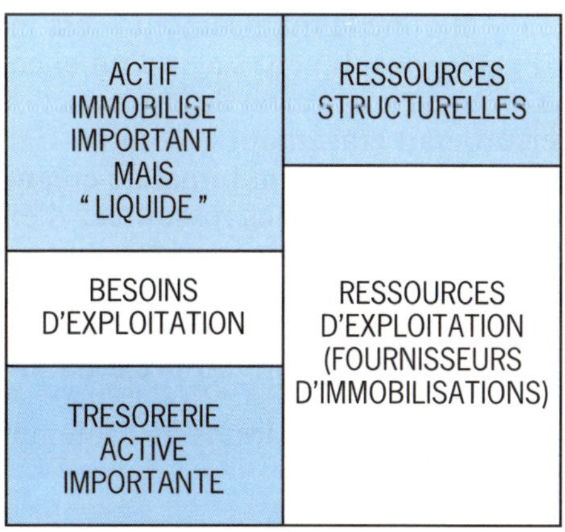

B - BESOIN EN FONDS DE ROULEMENT : UN ARBITRAGE ENTRE FONDS DE ROULEMENT ET TRESORERIE

Par définition, le besoin en fonds de roulement est financé par le fonds de roulement et la trésorerie. Quels sont les critères qui permettent à l'entreprise de déterminer la proportion des besoins qui doit être financée par le fonds de roulement, et celle qui doit l'être par la trésorerie nette ? On verra que l'un de ces critères est nettement prépondérant : c'est le niveau théorique du fonds de roulement. L'autre critère est plus accessoire : celui de l'adossement des financements à court terme aux besoins de même nature.

① Le niveau théorique du fonds de roulement

■ Le financement du BFR structurel

Nous avons vu que le fonds de roulement doit être en principe positif, mais nous n'avons pas encore examiné **à quel niveau** il doit l'être. Ce niveau dépend essentiellement du niveau et de la composition du besoin en fonds de roulement. La notion de BFR structurel ne correspond à aucun classement comptable, et ne peut donc être cerné qu'à partir d'informations extracomptables sur la durée de rotation des stocks et sur leur composition. Le BFR structurel répond à deux fonctionnalités bien distinctes :

– l'existence d'actifs circulants dont la durée de rotation est notablement plus longue que celle du cycle de production de l'entreprise : stockage de pièces de rechanges, emballages récupérables, stocks invendables non provisionnés, créances clients douteuses non provisionnées, créances à moyen terme (consentis notamment à l'export). On est ici en présence d'actifs circulants (lentement !) faisant partie du BFR, mais pratiquement insensibles à la variation du volume d'activité ;

– l'existence d'actifs circulants dont la rotation est éventuellement assez rapide, mais dont la présence – et donc le financement – est indispensable à la poursuite de l'activité de l'entreprise. Il peut s'agir d'un encours incompressible de stocks dont l'absence provoquerait l'arrêt de la production (matières premières, semi produits) ou perturberait gravement la commercialisation (produit finis). Il peut s'agir également d'un encours minimal de créances clients, etc. De ces besoins, il faut bien entendu déduire les ressources d'exploitation qui statistiquement constituent un financement incompressible (acomptes notamment). La notion de **flux tendus** maintenant largement appliquée dans l'industrie a considérablement réduit l'importance de ces actifs " incompressibles " en augmentant fortement le risque de rupture du cycle de production.

On considère que le besoin **structurel** de fonds de roulement doit être financé en totalité par le fonds de roulement.

■ La couverture du risque d'augmentation du BFR

Le financement du BFR structurel n'est pas le seul impératif du fonds de roulement. En effet, la partie " non structurelle " du BFR n'évolue pas toujours de façon parallèle aux ventes, et ne s'ajuste qu'avec retard à la baisse.

Dans le cas d'un ralentissement brutal de l'activité, les entreprises ayant un cycle de production long et une valeur ajoutée élevée continueront à alimenter leurs stocks dans l'attente de la reprise ou d'une restructuration en profondeur. Les stocks sont donc beaucoup plus **rigides** que, par exemple, dans les affaires de commerce : il n'y a dans ces dernières constitution de stocks que s'il y a certitude de vente à très brève échéance.

En résumé, le fonds de roulement doit être d'autant plus important que l'affaire nourrit un BFR structurel élevé et un cycle de production long ou une valeur ajoutée élevée.

Attention, les provisions sur actifs circulants s'imputent directement aux éléments d'actif concernés, et financent donc en partie le BFR structurel.

② L'autonomie financière

On a déjà rencontré cette notion à propos de l'endettement global rémunéré. L'autonomie financière était définie comme la capacité de l'entreprise de supporter les à-coups de financement, grâce à la marge de manœuvre qu'elle possède auprès de ses prêteurs.

En terme de structure, le souci d'autonomie correspond fréquemment à un matelas conséquent d'emprunts à moyen et long terme, et donc à un FR étoffé.

Supposons qu'un banquier -unique- désire plafonner à 70 jours de CA HT les crédits qu'il consent à une entreprise donnée. Si celle-ci fixe le niveau de son FR trop bas, et se trouve utiliser en permanence les 70 jours qui lui sont consentis, la moindre progression de BFR au-delà des autorisations se traduira par une crise de trésorerie. En revanche, si le FR est majoré (par l'émission d'un emprunt à terme) de 20 jours de CA HT, l'entreprise disposera d'une marge complémentaire de 20 j à court terme. Elle pourra alors sans problème supporter un gonflement momentané de son BFR.

Poussé à l'extrême, cet impératif d'indépendance financière amènerait à souhaiter que le FR couvre l'intégralité du BFR. Il n'en est évidemment rien : l'entreprise doit également s'efforcer d'adapter au moindre coût ses financements à ses emplois. Ceci l'amène donc à financer la partie **variable** de son BFR par des concours bancaires courants.

③ Qu'observe-t-on dans la pratique ?

La pratique confirme bien l'idée que le niveau du fonds de roulement est fixé en fonction du niveau absolu du BFR structurel et du niveau des stocks :

- dans l'industrie, hors biens d'équipement, le FR finance en général plus de 70 % des stocks ;
- dans les biens d'équipement, le niveau du FR est malgré la présence de BFR importants, plus faible – autour de 50 à 70 % – en raison de la présence de finan-

cements spécifiques (avances sur commandes, préfinancements à l'exportation), comme de la moindre sensibilité des stocks aux à-coups de commandes ;

– dans le commerce de gros, le financement des stocks par le FR se situe également dans la fourchette basse (autour de 60 %), et c'est encore plus vrai dans le commerce de détail (autour de 30 %).

C - MODES D'ENDETTEMENT ET STRUCTURE DE LA RENTABILITE

Les développements précédents ont défini des critères de structure bilantielle selon les grandes masses : fonds de roulement, besoin en fonds de roulement, trésorerie. L'endettement est une des composantes du fonds de roulement, et la composante principale de la trésorerie. On constate donc qu'une fois déterminée la structure générale de son bilan, l'entreprise dispose encore d'une marge de manœuvre importante pour arbitrer entre l'endettement et les autres ressources dont elle peut disposer.

① Endettement structurel

Au sein des ressources structurelles, on distingue d'une part les capitaux propres qui ne sont rémunérés qu'en présence d'un résultat bénéficiaire, d'autre part les provisions qui ne sont jamais rémunérées, et enfin les autres ressources (titres participatifs, avances conditionnées, quasi fonds propres, endettement à terme) qui sont **toujours** rémunérés (1). Le problème est de savoir quelle est la meilleure combinaison possible.

■ Les limites absolues à l'endettement structurel

a) **Certains investissements requièrent un financement par capitaux propres**

Comme on l'a vu dans les chapitres précédents, l'actif immobilisé – en dehors des non valeurs –, qui sont directement imputées en déduction des fonds propres n'est pas seulement composé d'investissements dont la rentabilié est immédiate. Il comprend aussi des investissements dont la rentabilité est soit différée ex : brevets) soit non extériorisée ou faible (ex : titres de participation). Un financement par fonds propres n'est pas alors indispensable mais il est certainement souhaitable, car l'effet de levier sera par construction négatif tant que la rentabilité ne se sera pas redressée. De façon générale, il est souhaitable d'obtenir un financement en fonds propres proportionné à l'insuffisance de rentabilité.

(1) On sait que dans la pratique, les clauses de participation ne jouent que dans des limites étroites.

Entreprise S : Financement partiel par fonds propres

L'entreprise investit dans une participation de 1000 dans une filiale F dont les bénéfices sont importants et récurrents. Mais S ne détient que 20 % de F et ne la consolide pas dans ses comptes. Les dividendes assurent un rendement de 3 %. Si S ne veut pas détériorer sa rentabilité, elle doit financer cette acquisition en partie par fonds propres. On suppose que les taux à long terme sont à 9 %. L'endettement ne doit pas excéder 3/9 de 1000, soit 333.

Rendement de l'investissement	30
Coût de financement additionnel	30

b) **La capacité de remboursement de l'entreprise doit être suffisante**

C'est le corollaire du financement par capitaux propres des investissements insuffisamment rentables. Si au contraire l'investissement est rentable, il doit être financé en partie au moins par un endettement structurel, dont les tombées correspondent sensiblement au retour sur investissement. Comme ce retour sur investissement correspond à la capacité d'autofinancement de l'entreprise, il y a donc un lien direct entre capacité d'autofinancement et endettement structurel.

La capacité de remboursement de l'entreprise est mesurée par le rapport :

$$\frac{\text{Endettement structurel}}{\text{Capacité d'autofinancement.}}$$

Il doit se situer entre 3 et 5. Cela signifie que le retour moyen sur investissement est proche de 3 à 5 années. Au-delà de cinq années, on considère que la rentabilité de l'entreprise est trop faible, compte tenu du risque économique qu'elle court. Un remboursement des emprunts reste toujours possible, mais l'aléa est trop important pour le banquier prêteur.

■ Les considérations de politique financière

Dans les limites évoquées ci-dessus pour l'endettement structurel, le dirigeant conserve une marge de manœuvre assez large pour organiser la répartition de son passif structurel comme il l'entend. A quelles considérations obéit-il alors ?

Les considérations qui dominent sont essentiellement des considérations stratégiques, qui correspondent à l'orientation à long terme (4/5 ans) que le dirigeant veut donner à l'entreprise. **En fonction de l'autofinancement dégagé, comment concilier croissance et contrôle capitalistique ?**

a) **Relation autofinancement et croissance**

L'autofinancement est défini comme la différence entre la capacité d'autofinancement et les dividendes, et représente ce qui subsiste après rémunération des associés :

– les **dividendes** permettent d'assurer aux associés ou actionnaires une rentabilité à leurs investissements. Cette rentabilité n'est pas toujours fixée à un niveau de marché. Les actionnaires anticipent de façon croissante sur les plus-values de cession qu'ils peuvent retirer de la vente de leurs participations, et tolèrent souvent dans la pratique une rémunération relativement faible par rapport au taux de marché sans risques (c'est-à-dire le taux des obligations d'Etat) ;

– la **capacité d'autofinancement** permet de financer au moins le renouvellement des immobilisations, et pour le surplus (matérialisé grosso modo par le résultat net) la croissance de l'entreprise. On a vu qu'une entreprise doit toujours tendre à gagner des parts de marché, sinon elle se condamne à la marginalisation face à des concurrents dont les séries de production seront plus longues, les frais commerciaux et publicitaires unitaires plus faibles, et l'effort de recherche et de développement plus important. La croissance est donc une nécessité vitale. Les affaires dont la capacité d'autofinancement assure tout juste le renouvellement des immobilisations peuvent survivre de longues années, mais finissent toujours par être absorbées par de plus dynamiques, ou par mourir.

La croissance de l'entreprise dépend dans ce contexte :

– de la **rentabilité** de l'investissement nouveau, qui se traduira par une capacité nouvelle d'investissements ;

– du **décalage** dans le temps entre le flux d'investissement et la rentabilité qu'il génère. Si le retour est très rapide, le résultat net dégagé par le nouvel investissement sera élevé, et permettra lui-même de nouveaux investissements. Si le retour est lent, le résultat additionnel sera faible, et la marge de croissance faible elle-aussi.

b) **Arbitrage entre autofinancement et endettement**

Si la rentabilité prévisionnelle des investissements est élevée, l'entreprise fera jouer l'effet de levier en s'endettant. Si cette rentabilité est faible ou aléatoire, elle aura préférence à autofinancer ses investissements. En effet, tout recours trop prononcé à l'endettement risque d'entraîner une diminution de la capacité d'autofinancement marginale. Par contrecoup, le rapport $\frac{\text{Capitaux propres}}{\text{Dettes rémunérées}}$ s'en trouvera altéré, interdisant progressivement tout endettement supplémentaire, comme le montre l'exemple page suivante.

Divers éléments peuvent motiver un recours plus élevé à l'endettement à terme que les besoins d'investissements et le niveau des ressources propres ne semblent le rendre nécessaire :

– l'entreprise peut avoir le souci d'alimenter un courant minimum de demande de crédits auprès de ses banquiers, afin de maintenir avec eux de bonnes relations d'affaires. En cas de crise, la société obtiendra plus facilement des concours de la part des prêteurs qui auront été auparavant ses partenaires réguliers ;

– l'entreprise peut chercher à profiter de taux d'intérêt attrayants qu'autorise sa situation financière actuelle. Elle fige ainsi la rémunération de son endettement à un niveau favorable, quelle que soit l'évolution future de sa rentabilité ;

COMBINAISON D'UNE RENTABILITE INSUFFISANTE ET D'UN AUTOFINANCEMENT ELEVE

(postes en pourcentage du bilan)

PHASE I ANNEE N

L'ENTREPRISE UTILISE SA CAPACITE D'ENDETTEMENT POUR FINANCER SES INVESTISSEMENTS (1)

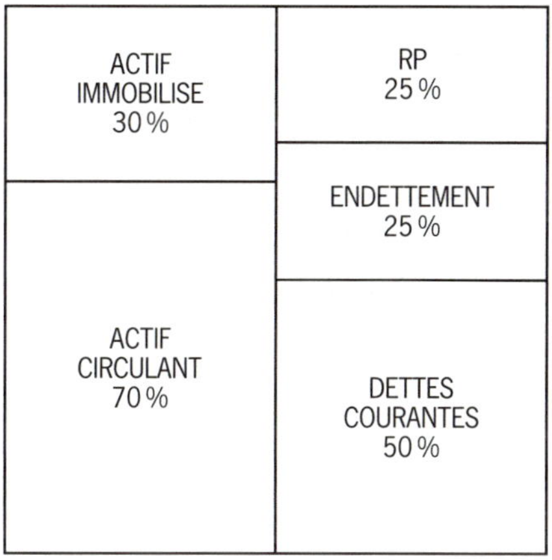

PHASE II

INCIDENCE SUR LA RENTABILITE

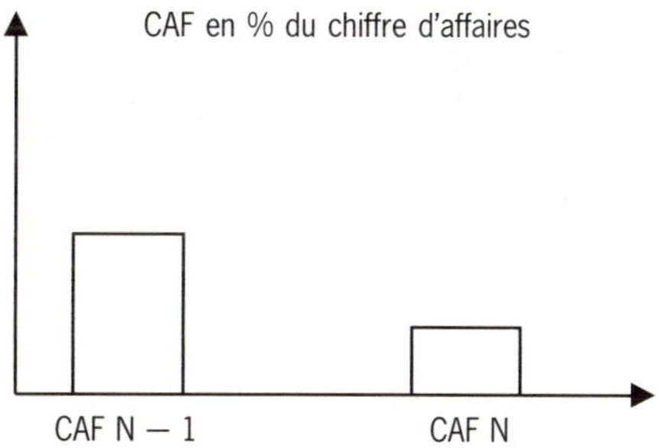

Baisse de la CAF due au surplus de charges financières en N par rapport à l'année N – 1 (on suppose que l'investissement additionnel ne génère qu'une rentabilité négligeable).

PHASE III ANNEE N + 1

MISE EN RESERVES DE RESULTATS EN BAISSE ET POURSUITE DU PROGRAMME NORMAL D'INVESTISSEMENT

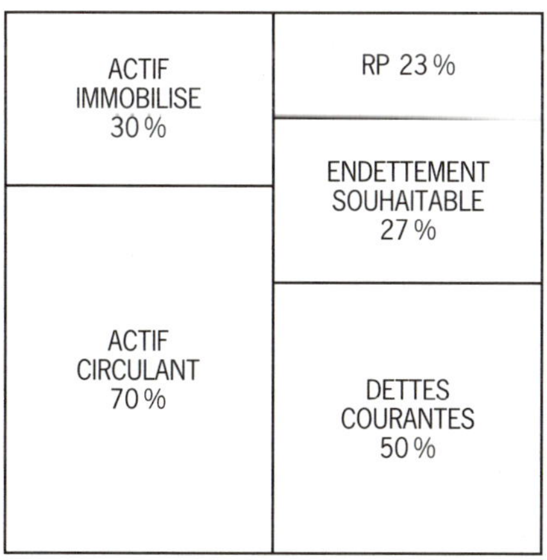

La capacité d'endettement est plus que saturée

La capacité d'autofinancement permet de financer les investissements courants à 50 %. Le programme lancé en année N, plus ambitieux, correspond à une baisse du taux d'autofinancement. Le résultat chute, et en année N + 1, le renouvellement courant des investissements nécessite alors un endettement plus important. Le déséquilibre ainsi créé fait "boule de neige".

(1) Par mesure de simplification, on considère que les ressources propres sont uniquement composées de capitaux propres.

– enfin, l'entreprise désire profiter des opportunités d'emprunts à taux privilégiés (sur ressources CODEVI notamment) qui lui sont offertes par le programme d'investissement qu'elle poursuit. Certains de ces prêts sont réservés aux affaires qui présentent une situation convenable et dépendent d'enveloppes budgétaires ou de procédures qui ne sont pas toujours renouvelées.

c) **Croissance et contrôle capitalistique**

La capacité d'autofinancement n'est pas toujours suffisante pour atteindre les objectifs de croissance voulus par le dirigeant. Or ceux-ci peuvent être ressentis comme particulièrement impératifs soit que l'on se trouve en période de concentration importante dans le secteur d'activité de l'entreprise, soit qu'une opportunité de croissance externe est à saisir (ex : concurrent en difficulté).

Le recours aux fonds propres extérieurs devient alors la seule solution, avec plusieurs variantes qui arbitrent de façon différente le couple rémunération et contrôle capitalistique : la rémunération **courante** servie est ici d'autant plus faible que le risque est élevé. En contrepartie, la perte de contrôle capitalistique est d'autant plus limitée que la rémunération courante est élevée. On voit qu'on est ici dans un problématique diamétralement opposée à la problématique bancaire traditionnelle. La rentabilité de l'opération, qui est liée au niveau de risque accepté, n'est pas la rémunération courante affichée (taux d'intérêt ou éventuellement dividende prioritaire). C'est la rémunération, beaucoup plus aléatoire, mais aussi beaucoup plus élevée, qui est indexée sur la rentabilité de l'entreprise : clause d'indexation sur les résultats ou gain en capital.

On distingue trois familles de fonds propres ou quasi-fonds propres :

- **Les fonds propres à caractère de prêt**

Les prêts participatifs sont des prêts qui comportent une clause d'intérêt particulière. Les intérêts comportent éventuellement une partie fixe (par exemple 6 %), et une partie variable indexée sur un indicateur de l'activité, qui peut être très large (capacité d'autofinancement ou résultat net le plus souvent). Institué en 1978, les prêts participatifs sont considérés légalement comme des fonds propres, en raison de ce que leur remboursement est subordonné à celui des autres emprunts.

La pratique a poussé la logique plus loin en institutant des prêts ou des obligations subordonnés (éventuellement non participatifs), assortis d'une clause de subordination prévoyant que leur remboursement serait soumis au remboursement des autres créanciers. Les " TSDI " (titres subordonnés à durée indéterminée), émis en bourse constituent encore une étape supplémentaire, puisqu'ils ne sont remboursables qu'à l'initiative de l'emprunteur. En raison de leur durée, ils sont presque toujours participatifs.

- **Les fonds assortis d'une augmentation de capital différée**

Les valeurs mobilières composées sont constituées par l'association d'un titre obligataire et d'une option de souscription au capital de l'entreprise (sachant que l'émission de BSA -bons de souscription d'actions autonomes- est possible). La rémunération de l'obligation est en général bien inférieure à celle du marché, tandis que la présence de l'option permet de procurer un gain en capital. Sont couramment utilisées :

- les ORA (obligations remboursables en actions), dans lesquelles le souscripteur se contente de différer une augmentation de capital certaine dans son principe ;
- les OBSA (obligations à bons de souscription d'actions) appellées OBSAR, si le bon est remboursable ;
- les OC (obligations convertibles) dans lequelles le souscripteur possède une option facultative de conversion de l'obligation en action.

Ces émissions obligataires ne sont pas forcément cotées, et sont très utilisées même pour des sociétés de faible importance.

Exemple d'obligation avec bon de souscription dans une PME non cotée. Hypothèses de base :

La société S a des besoins en fonds propres qu'elle cherche à satisfaire par une émission privée d'OBSA de 50 MF.

- Caractéristiques de l'OBSA
  - Montant 50 MF
  - Nombre d'obligations de 5 000 F : 10 000
  - Durée 8 ans
  - Remboursement : in fine (c'est-à-dire en une seule fois, à l'échéance)
  - Taux : 7 %, versé annuellement.
- Caractéristiques du bon
  - Nombre : 1 bon pour chaque obligation soucrite
  - Prix : gratuit
  - Durée : 5 ans, exerçable à tout moment
  - Droit conféré : option de souscription d'1 action pour 1 bon.
  - Prix d'exercice de l'option de souscription d'action : 1 000 F
  - L'exercice complet des bons permet de détenir 30 % de la société S.

Le niveau des taux de prêt à moyen terme pour une société comparable à S serait de 10 %. Par ailleurs, la valeur de la société S est estimée à 10 fois ses résultats nets. La prévision est la suivante :

– Année de l'émission N	3
– Année N+1 (prévisionnel)	3,5
– Année N+2 (prévisionnel)	4,2
– Année N+3 (prévisionnel)	4,9
– Année N+4 (prévisionnel)	5,9
– Année N+5 (prévisionnel)	7,5

Evaluation de l'émission

- Valeur de l'obligation et prix du bon.
  L'actualisation au taux de marché comparable (c'est-à-dire 10 %) de l'obligation (et des coupons annuels de 5 %) donne un prix de l'obligation de 42,0 MF. L'emprunt vaut moins (42,0 MF) que son nominal (50 MF), puisqu'elle a un rendement inférieur (7 %) au rendement accepté par les investisseurs (10 %) sur ce type de risque. La différence, c'est le prix implicite (" caché ") des bons, soit 8,0 MF.

– Evaluation du prix des bons
On ne s'intéresse à la valeur de la société que sur la durée effective pendant laquelle les bons peuvent être exercés, soit jusqu'à la fin de la 5e année. Cette valeur doit être comparée au prix de souscription de l'action, et au prix payé pour le bon.

	Résultat	Valeur de S (10 * résultats)	Gain théorique à 500F/action	Prix du bon (financé à 10 %)	Gain théorique global
Année de l'émission N	3	30	NS	8,0	NS
Année N+1 (prévisionnel)	3,5	35	3,5	8,8	– 5,3
Année N+2 (prévisionnel)	4,2	42	5,6	9,7	– 4,1
Année N+3 (prévisionnel)	4,9	49	7,7	10,7	– 3,0
Année N+4 (prévisionnel)	5,9	59	10,7	11,7	+ 1,0
Année N+5 (prévisionnel)	7,5	75	15,5	12,9	+ 2,6

Le prix de souscription à 1 000 F est de 10 MF. Il permet d'acquérir 30 % d'une société dont la valeur est 10 fois le résultat net + 10 MF.

On constate que la société S ne fait pas de " cadeaux " à ses souscripteurs. Le profit théorique est relativement éloigné dans le temps, et reste bien modeste par rapport aux sommes en jeu.

- **Les augmentations de capital**

Technique traditionnelle, l'augmentation de capital a profondément évolué ces dernières années. Les " acteurs " se sont en effet multipliés tandis que l'opération se banalisait du point de vue d'entrepreneur plus soucieux qu'auparavant de la croissance de leur entreprise que de son contrôle capitalistique.

Les pouvoirs publics ont joué le rôle de précurseurs en parrainant la création des Sociétés de Développement Régional et des organismes comme l'IDI (Institut de Développement Indutriel). Ils ont ensuite encouragé l'activité de développement par des cadres juridiques et fiscaux favorables (sociétés financière d'innovation, sociétés et fonds de capital-risque). Mais à côté de ces initiatives volontaristes, la conjonction de la baisse des taux et du succès du Second Marché (cf encadré " Pourquoi se faire introduire en bourse ? "), qui offrait enfin une perspective raisonnable de sortie aux petites affaires, a joué un rôle sans doute déterminant.

POURQUOI SE FAIRE INTRODUIRE EN BOURSE ?

AVANT TOUT, ACQUERIR UNE TAILLE NATIONALE

Au moment de leur introduction en Bourse, et notamment au second marché, les entreprises sont toutes de taille relativement modeste, même si leurs perspectives de croissance sont élevées. Dans cette optique, l'introduction correspond à un changement d'ordre de grandeur :

– l'appel de capitaux est, comparativement aux capacités financières de l'affaire, massif. Il permet d'asseoir la croissance interne de l'entreprise et surtout sa croissance **externe,** en absorbant des concurrents. La taille de l'entreprise n'est plus alors nationale seulement au plan boursier mais aussi au plan économique ;

— la multiplication du nombre d'actionnaires et surtout la publicité gratuite qui accompagne une telle opération permet à l'entreprise d'acquérir une grande notoriété, ce qui a dans la pratique une incidence immédiate sur le développement de son chiffre d'affaires ;
— à la notoriété dans le domaine commercial s'ajoute une certaine notoriété sur le plan financier : les procédures particulièrement sévères de contrôle des comptes, la possibilité de réunir rapidement et aisément des fonds propres supplémentaires importants en cas de difficulté, crédibilisent l'affaire vis-à-vis de ses banquiers d'où une diminution de la prime de risque.

PROFITER DE L'EFFET DE LEVIER DE L'ENDETTEMENT BOURSIER

Fondamentalement, la rémunération des actions est bien inférieure à celle des emprunts bancaires : 2 à 3 % actuellement en moyenne. Par conséquent, " l'endettement boursier " abaisse considérablement les seuils de rentabilité des investissements, et notamment des prises de participation. Dans ce contexte, le PER ($\frac{\text{Cours de l'action}}{\text{Bénéfice par action}}$) constitue un indicateur pivot pour le dirigeant :

— l'entreprise a intérêt à émettre **sur les places** où le PER est le plus élevé. Ceci explique notamment l'intérêt de se faire coter dans les pays les plus généreux en la matière : Japon, Grande-Bretagne, Suisse... ;
— l'entreprise a intérêt à émettre **au moment** où le PER est le plus élevé. C'est pourquoi les émissions en numéraires ont lieu bien souvent **après** que l'entreprise ait réussi un **" scoop ",** (prise de participation notamment...) quitte à recourir à des financements bancaires dans l'intervalle. Le scoop fait monter le cours de l'action et réduit le coût de " l'endettement boursier " supplémentaire de quelques points.

L'effet de levier motive également l'introduction en Bourse des filiales de grands groupes dont une partie minoritaire du capital se trouve ainsi cotée.

ASSURER LA CESSION DE L'ENTREPRISE AU MEILLEUR COUT...

Les personnes intéressées sont aussi bien les associés-dirigeants que les éventuels repreneurs. La cotation donne une valeur incontestable à une entreprise, selon un processus en deux temps :

— acclimatation au marché, soit par le hors cote, soit par le second marché (10 % du capital au moins). Une fraction modeste du capital est mise à la disposition du public à un prix assez bas, afin d'attirer les investisseurs ;
— reclassement du capital. Lorsque le cours de l'action s'est stabilisé — en hausse — il est procédé aux reclassements, projets entre investisseurs institutionnels, et éventuellement à une augmentation, beaucoup plus massive, en numéraire. La dilution du capital est donc minimale.

... SANS RISQUE REEL DE PERTE DU CONTROLE

La perte du contrôle d'une affaire introduite en Bourse n'est en général que progressive :

— la procédure d'attribution à titre réductible assure une dispersion maximale de l'actionnariat. Le fondateur peut donc rester assez longtemps principal actionnaire ;
— l'ouverture du capital est dans la pratique assez limitée : 10 à 20 % pour commencer ;
— diverses formules permettent de limiter la dilution du pouvoir, comme l'octroi d'un droit de vote double aux actionnaires détenteurs de l'action depuis plus de 2 ans (ou une durée éventuellement plus longue), ou l'émission d'actions sans droit de vote ;
— enfin et surtout, on ne change pas une équipe qui gagne, et les nouveaux actionnaires font confiance au dirigeant qui a su si bien prouver sa compétence.

② Endettement courant

L'endettement courant dépend notamment du niveau du fonds de roulement, dont la stabilité est plus grande. Son profil est donc plus heurté.

Mais là encore des règles de prudence dictent au dirigeant une conduite à suivre.

■ Profil de l'endettement courant

Une fois fixé le niveau du FR souhaitable, la trésorerie n'est plus que la résultante d'un BFR dont elle ne finance en principe que la partie variable. Comme on peut le voir sur le tableau ci-après, qui prend comme exemple une entreprise à activité saisonnière, la variation de la trésorerie est donc beaucoup plus importante, en valeur relative, que la variation du BFR lui-même.

ENTREPRISE DE CONSERVERIE

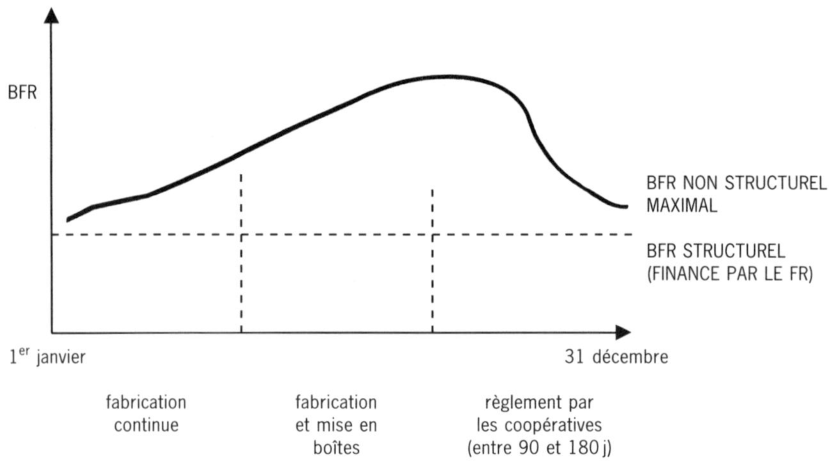

Dans cet exemple, les utilisations de trésorerie varient de presque zéro au premier janvier, à un plafond quatre ou cinq fois supérieur en octobre novembre, alors que le BFR global n'a lui "que" doublé.

La trésorerie finance également les variations du BFR dues à un **arbitrage** éventuel entre ressources d'exploitation et trésorerie, et qui n'ont donc pas de lien avec l'évolution de l'activité, mais avec l'évolution comparée des coûts de rémunération (ex : allongement des crédits fournisseurs au prix éventuellement de la suppression d'un escompte pour paiement comptant, souscription d'obligations cautionnées) (1).

(1) L'arbitrage entre les concours bancaires et les billets de trésorerie ne se reflète pas sur la trésorerie puisque ces derniers y sont inclus.

■ Les limites à l'endettement courant

On pourrait concevoir que la trésorerie, étant donné les critères posés plus haut, finance systématiquement et sans limites les éléments variables du BFR. Il n'en est rien, et la pratique bancaire, instruite par l'expérience, fixe un seuil maximal de 90 j de chiffre d'affaires à l'ensemble des concours de trésorerie de toute nature (1). Ce plafond, purement indicatif, peut être repoussé vers le haut en présence de besoins de financements particuliers. Mais en contrepartie, le banquier effectue sur ces financements un contrôle beaucoup plus serré : c'est la justification essentielle des concours objectifs à court terme, parmi lesquels on peut citer :

- les concours couvrant les besoins de stockage : warrants, préfinancements spécialisés à l'exportation ;
- les concours couvrant des créances clients spécifiques : mobilisation de créances nées sur l'étranger, mobilisation de marchés publics, avances sur marchés, (mais pas l'affacturage, qui n'est pas nécessairement un financement, cf. encadré) ;
- les crédits de campagne, visant à financer des besoins saisonniers.

Le plafond de 90 j peut à l'inverse, en fonction de considérations propres à l'affaire, parfaitement être ramené à un seuil bien inférieur. En ce sens, les autorisations accordées par les banquiers constituent un bon indicateur du seuil que les prêteurs se refusent à dépasser. A fortiori les **dépassements** d'autorisations sont révélateurs de l'écart existant entre les besoins effectifs de l'entreprise et ce que les banquiers sont disposés à accorder (2).

---

(1) Y compris cessions de créances, etc.

(2) Ces autorisations n'ont elles-mêmes rien d'intangible, et le dépassement traduit parfois seulement le retard mis par les banquiers à consacrer formellement l'augmentation de leurs concours à l'entreprise.

Section 4

Analyse dynamique des problèmes de financement

On verra en premier lieu comment interpréter l'évolution du financement, et on s'attachera ensuite aux prévisions de financement.

1 - COMMENT INTERPRETER L'EVOLUTION DU FINANCEMENT ?

L'analyse des problèmes de financement passe tout d'abord par une appréhension correcte des évolutions en la matière. C'est pourquoi on s'efforcera d'abord de cerner les **besoins réels** de l'exercice, au-delà des seules réalités de début et de fin d'exercice que nous procurent les bilans (A), pour analyser les **motivations** (B) qui ont conduit les dirigeants à la **structure actuelle** (C). Eventuellement, on déterminera les **mesures à prendre** pour rendre plus harmonieuse ou efficace cette structure (D).

A - QUELS ONT ETE LES BESOINS REELS AU COURS DE L'EXERCICE ?

Nous avons déjà vu qu'il convient de raisonner non pas sur le bilan fiscal, mais sur un bilan comptable "élargi" tenant compte des financements masqués dans le bilan ou le hors bilan. Ces retraitements nous ont permis d'obtenir un bilan fonctionnel qui constitue une photo plus rigoureuse de la structure de financement de l'entreprise.

Il s'agit donc dans une deuxième étape d'obtenir une vision meilleure des flux qui ont joué durant l'exercice.

① Le haut de bilan

Le tableau de financement et le TPFF saisissent **tous** les flux qui s'y rapportent. Le seul problème est donc celui de la **date** à laquelle ces flux ont été enregistrés.

L'AFFACTURAGE : TECHNIQUE DE GESTION OU TECHNIQUE DE FINANCEMENT ?

AFFACTURAGE ET MOBILISATION DE CREANCES

L'affacturage se définit comme le transfert des créances par l'entreprise **" adhérente "** sur ses clients à un **" factor "** qui se charge d'en opérer le recouvrement et d'en garantir la bonne fin, même en cas de défaillance du débiteur final.

Le factor ne règle pas, en général, l'adhérent par anticipation et, dans ce dernier cas, ne consent pas lui-même le financement. Il délivre à l'adhérent un billet à l'ordre que celui-ci mobilise auprès de son banquier selon ses besoins.

L'affacturage se distingue donc nettement de la mobilisation de créances classique :

— le cadre juridique retenu est celui de la subrogation conventionnelle et non pas la cession. Ce régime est beaucoup moins formaliste, tout en ouvrant au factor des recours comparables à ceux dont bénéficie le cessionnaire. Certains factors utilisent également, à côté de la subrogation, le mécanisme institué par la loi Dailly, qui permet de traiter le cas des créances non encore nées. Comptablement, la subrogation se concrétise par le transfert du prix d'achat de la créance au poste " autres créances (d'exploitation) " ; la créance reste donc enregistrée au bilan de l'adhérent ;

— le factor ne finance pas nécessairement, par l'opération de subrogation, les créances. Les fonds versés sont en effet enregistrés dans un compte **indisponible.** L'opération de financement par billet à ordre est complètement distincte, et est comptabilisée comme un crédit de trésorerie classique ;

— le factor ne prend généralement pas toutes les créances en affacturage. Etant garant de la bonne fin de celles-ci — contrairement à l'hypothèse de la mobilisation — il ne retiendra que les concours aux clients de son adhérent dont la situation financière n'inspire pas d'inquiétude. Pour le factor, le risque adhérent est devenu un risque client ;

— le recours au factor (et au banquier qui mobilise les billets à ordre de ce dernier) est exclusif. L'entreprise ne peut, comme dans l'hypothèse de l'escompte, diversifier ses sources de financement ;

— enfin et surtout, **le factor se charge matériellement de l'encaissement de la créance** (procédures judiciaires incluses) à partir des remises de factures effectuées par l'adhérent, et tient en général la comptabilité-clients de l'adhérent. Il ne se borne donc pas à effectuer le recouvrement d'effets de commerce, mais offre un service beaucoup plus complet.

L'AFFACTURAGE S'ADRESSE ESSENTIELLEMENT AUX PME

— Le coût de l'affacturage est élevé :

- les services rendus par le factor (gestion du portefeuille clients + garanties) sont très complets et justifient donc un prix supérieur à celui, comparable, de la commission d'endossement d'effets de commerce ;
- lorsque c'est le factor qui consent le financement — ce qui est peu fréquent — les taux d'intérêt sont souvent élevés, en raison du coût du refinancement lui-même assez lourd que supporte l'établissement en sa qualité de société financière ;
- le factor éprouve certaines difficultés à apprécier le risque client, puisqu'il n'est pas en relation d'affaires directe avec celui-ci, qui l'amène à estimer assez largement la prime de risque.

— Mais l'affacturage constitue un réel atout :

- dans les PME (CA HT de l'ordre de 50 MF), la croissance absorbe bien souvent les capacités matérielles et surtout humaines de l'entreprise. L'affacturage permet à l'équipe de direction, souvent très restreinte, d'être déchargée d'une bonne part des soucis administratifs ;
- le coût d'un service comptable peut s'avérer prohibitif pour des PME à clientèle diversifiée. L'affacturage s'analyse comme une location de moyens de gestion performants que les adhérents ne seraient pas à eux-seuls capables de financer ;
- dans le cas d'entreprises à situation financière fragile et incapables, pour les motifs techniques (absence de créances escomptables, délais de retour de l'acceptation...) de recourir à l'escompte, l'affacturage constitue un procédé permettant de mobiliser l'intégralité du compte clients ;
- la concentration de la clientèle, lorsque l'entreprise travaille en qualité de sous-traitante par exemple, fait courir un double risque d'insolvabilité et de retard de paiement, que résoud la technique de l'affacturage.

— En définitive, l'affacturage se présente comme une technique permettant d'accompagner temporairement le développement de l'entreprise, dans les premiers temps de sa croissance, ou lorsqu'elle aborde de nouveaux marchés dont elle apprécie mal la solvabilité.

— la capacité d'autofinancement n'est pas nécessairement dégagée de façon régulière dans l'année. Une entreprise de vente de foie gras n'engrangera ses recettes qu'aux mois de Novembre/Décembre : celles-ci n'auront donc soulagé la trésorerie qu'en fin d'exercice ;

— les investissements comme les emprunts entraînent des à-coups considérables dans la trésorerie. Il faut donc essayer d'obtenir la date exacte de leur mise en place. Il est d'ailleurs fréquent que les investissements soient mis en œuvre plusieurs mois avant que le crédit qui le finance soit effectivement débloqué.

② Le BFR et la trésorerie nette

Il n'est pas question de reconstituer l'ensemble des mouvements qui ont pu les affecter, ce qui n'aurait d'ailleurs aucun intérêt : il s'agit de déterminer les **niveaux moyens** qu'ils ont pu atteindre, éventuellement très différents des niveaux de fin d'exercice.

Pour se faire on procèdera en trois temps :

■ Détermination du coût de la trésorerie passive

Le compte de résultat fiscal distingue, au sein des " intérêts et charges assimilées ", les intérêts concernant les entreprises liées (il s'agira bien souvent des intérêts de comptes courants d'associés ou de prêts participatifs). La différence entre les deux éléments correspond donc à peu près (sauf réserve spéciale de participation productive d'intérêt, ou prêts à terme de sociétés d'assurance) aux charges financières sur les concours bancaires et assimilés.

Comme les intérêts sur dettes structurelles sont en général bien connus, il est alors aisé d'en déduire le coût de la rémunération de la trésorerie passive (bancaire et non bancaire) (1).

■ Détermination de l'encours moyen de trésorerie

Les déclarations au Service Central des Risques (SCR) constituent la référence en la matière. Il est possible d'en tirer un **montant moyen d'utilisation des concours bancaires** pour l'exercice écoulé, et de comparer cette moyenne avec le coût de rémunération calculé par ailleurs. On obtient alors un **taux estimé** qui permet de vérifier la cohérence des données.

Il faut cependant avoir conscience que les déclarations au SCR sont entachées d'un certain biais.

Elles sont en effet établies le soir du premier jour ouvrable après la fin du mois ou à la fin du mois si le dernier jour est ouvrable. Autrement dit, les échéances d'escompte sont **tombées,** ce qui a généralement pour effet de minorer l'encours global des utilisations de court terme (2). Un autre biais provient de ce que les échéances fournisseurs et clients peuvent se situer en majorité non pas à la fin du mois, mais au 10 ou 15. L'encours maximal des utilisations se situe donc à cette date et non pas à la date de déclaration.

EFFET DE LA COMPTABILISATION ECHEANCE TOMBEE

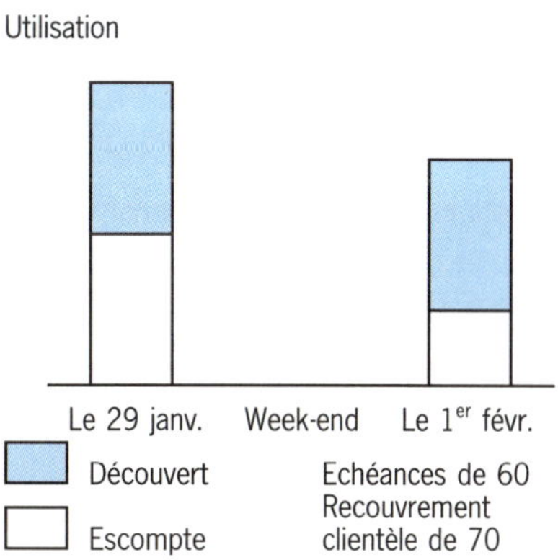

EFFET DE DATES D'ECHEANCES PLACEES ESSENTIELLEMENT EN COURS DE MOIS

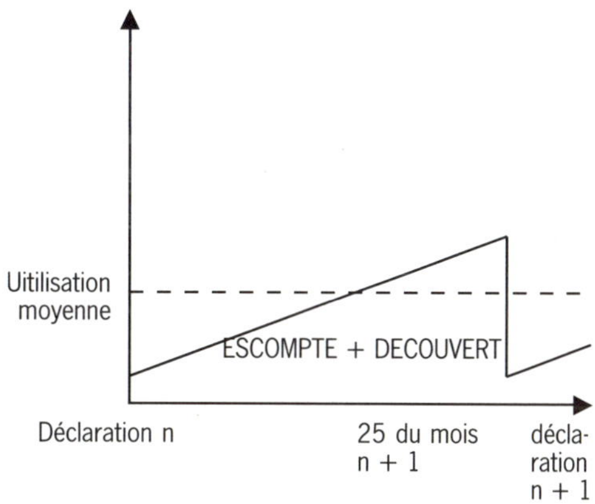

(1) Y compris, par conséquent, les obligations cautionnées et les billets de trésorerie.
(2) Le report en fin de mois **civil,** à partir de 1988, des dates d'arrêtés des situations remises à la Commission Bancaire par les établissements de crédit assujettis, devrait logiquement conduire à une modification de même nature dans les déclarations au Service Central des Risques. Les déclarations figuraient alors, selon les mois, soit échéances tombées (cas où le dernier jour du mois est ouvrable), soit échéances **non tombées** (cas où le dernier jour du mois est férié).

Enfin il faut tenir compte de ce que les crédits inférieurs au seuil de déclaration ne figurent pas sur l'état des risques, ce qui minore l'encours déclaré par rapport à l'encours effectif. Cet effet est particulièrement sensible pour les PME suffisamment importantes pour disposer d'un pool bancaire, mais trop petites pour que les déclarations individuelles de certains participants excèdent le seuil de déclaration.

Malgré ces inconvénients, les déclarations au Service Central des Risques représentent d'autant plus d'intérêt qu'elles signalent, en sus des concours bancaires (classiques et en crédit-bail), les concours “assimilables” que sont les obligations cautionnées et les arriérés de sécurité sociale. Ces derniers sont en outre, un précieux indicateur des **difficultés,** de trésorerie de l'affaire, puisqu'ils ne constituent pas un prêt librement consenti par les URSSAF, mais un retard de paiement pur et simple.

■ Estimation du BFR moyen

Le BFR moyen est calculé en tenant compte du FR **moyen** et de la trésorerie nette moyenne estimée par ailleurs, selon l'équation de base : BFR = FR – TN.

Pour contrôler la cohérence de ce calcul, on peut également se baser sur l'examen de situations provisoires (cf. encadré).

DETERMINATION GROSSIERE DES BFR MOYENS

Une entreprise Epsilon présente la situation financière suivante à fin 1993 :

— Ressources stables :	59 MF
dont · compte courant d'associé :	5 MF
· dettes structurelles :	12 MF
— FR (en augmentation de 2 MF sur l'exercice précédent) :	36 MF
— BFR :	175 MF
— Trésorerie nette :	139 MF

Ses performances sont les suivantes (l'exercice correspond à l'année civile) :

— CAF : 5 MF

— intérêts et charges assimilées : 15 MF dont 0,5 MF d'intérêts concernant les entreprises liées.

L'état de déclaration des risques fait apparaître que :

— l'entreprise a bénéficié d'un prêt bancaire à long terme de 2 MF mis en place le 1er juillet ;

— les concours bancaires courants – y compris escompte – s'élèvent en moyenne à 150 MF au cours de l'exercice.

On peut déduire de ces informations les données suivantes :

— le coût de la rémunération des concours bancaires courants s'élève à peu près à 13,08 MF

Intérêts et charges assimilées	15 MF
Intérêts concernant les entreprises liées (1)	– 0,5 MF
Intérêts sur emprunt à terme (2)	
$10 \text{ MF} \times 8\,\% + 2 \text{ MF} \times \dfrac{9\,\%}{2}$	– 0,89 MF
	= 13,61 MF

(1) Il s'agit sans doute du compte courant d'associé.

(2) Les emprunts anciens ont un taux moyen sans doute proche du taux moyen des obligations.

— le taux usuel des concours bancaires à court terme en 1993, autour de 8 % laisse penser que les utilisations moyennes de trésorerie s'élevaient à $\frac{13,08}{8\,\%} = 170$ MF.

Ce chiffre est à comparer avec les utilisations moyennes d'après le Service Centrale des Risques : 150 MF. La réalité se situe probablement entre les deux, elle est en tout cas nettement supérieure au montant qui apparaît au bilan (139 MF).

— le montant du FR, **à ce stade d'approximation,** n'a pratiquement pas évolué pendant l'exercice. Le BFR moyen peut donc être estimé par l'équation de base.
BFR moyen = 36 MF + 160 MF = 196 MF.

C'est là encore bien supérieur à ce qui apparaît au bilan (175 MF).

EXAMEN D'UNE SITUATION INTERMEDIAIRE

PRECAUTION A PRENDRE

La situation intermédiaire n'est pas un bilan :

— les écritures d'inventaire ne sont pas passées : évaluation des stocks, passation des comptes de régularisation, des amortissements, des provisions, etc. ;

— les résultats n'ont aucune signification, et sont assez fréquemment majorés par rapport à la réalité ;

— il y a lieu de s'assurer que les écritures concernant les immobilisations ont bien été toutes passées (cessions notamment) ;

— la certification par les commissaires aux comptes n'est pas obligatoire.

EXAMEN DU HAUT DE BILAN

La situation intermédiaire permet de contrôler les prévisions du tableau de financement prévisionnel remis lors du précédent dossier de crédit :

— augmentation du capital ou apport de compte courant d'associés ;

— mise en place des investissements et de leur financement.

EXAMEN DU BESOIN EN FONDS DE ROULEMENT ET DE LA TRESORERIE NETTE

S'agissant d'éléments d'actif et de passif à court terme, la situation intermédiaire n'est pas plus fiable que le bilan. Mais elle permet d'étayer certaines hypothèses :

— gonflement des stocks indiquant une mévente ;

— niveau du BFR beaucoup plus élevé qu'à la date d'arrêté annuel, confirmant l'idée d'une activité saisonnière ;

— mise en évidence d'un élément ayant influencé les besoins de financement de l'entreprise de façon exceptionnelle : gonflement anormal des stocks, décalage dans le versement des acomptes clients, etc.

— recoupement relativement fiable avec les utilisations de crédit déclarées au Service Central des Risques.

De façon générale, l'examen des situations intermédiaires apporte assez peu à l'analyse. Elle ne s'impose vraiment que lorsque l'entreprise est en difficulté. La demande de la situation intermédiaire témoigne du sérieux avec lequel le banquier assure le suivi de son risque. Elle le décharge de toute accusation de négligence de la part du juge, tout en constituant un moyen de pression vis-à-vis du dirigeant qui tarde à prendre les mesures nécessaires.

B - QUELLES POLITIQUES ONT ETE MISES EN ŒUVRE (LE TPFF) ?

Il va de soi que les explications qui suivent doivent se référer à plusieurs exercices de suite. De nombreuses variations, qui n'ont pas beaucoup de signification à l'échelle d'un seul exercice, prennent leur sens en se cumulant durant plusieurs années. Des variations de grande ampleur peuvent au contraire être annulées par une évolution de sens inverse l'exercice suivant.

Rappelons les grandes lignes du tableau pluriannuel de flux financiers qui se présente comme suit :

TABLEAU PLURIANNUEL DE FLUX FINANCIERS

	Excédent brut d'exploitation
—	Production immobilisée
—	Variation du besoin en fonds de roulement
+/—	Autres produits et charges
+/—	Résultat financier (hors mouvements/provisions)
—	Participations et impôts sur les sociétés
—	Remboursements sur emprunts structurels
=	**Solde de Trésorerie Opérationnelle**
	Cessions d'immobilisations
—	Investissements (hors prod. immobilisée)
—	Dividendes décidés au titre de l'exercice N
=	**Solde des Opérations Discrétionnaires**
	Augmentations de capital
+	Autres augmentations de fonds propres et de quasi-fonds propres
+	Augmentation des dettes structurelles
=	**Solde des Opérations Financières**
	Produits ou charges exceptionnels sur opérations de gestion
+/—	Autres produits ou charges en capital, hors plus ou moins-values et reprises de subventions d'investissement
=	**Solde des Opérations Exceptionnelles**
	Solde de Trésorerie Opérationnelle
+	**Solde des Opérations Discrétionnaires**
+	**Solde des Opérations Financières**
+	**Solde des Opérations Exceptionnelles**
=	**Variation théorique de la trésorerie nette**

Ce tableau décrit l'évolution de la trésorerie, des opérations les plus quotidiennes et les plus indispensables, aux opérations les plus ponctuelles.

A chaque stade du TPFF correspond une phase du raisonnement du dirigeant.

① Solde de Trésorerie Opérationnelle : “ Quelle est la trésorerie que mon entreprise dégage “ au jour le jour ”

Ce solde décrit comment l'entreprise fait face à ses échéances. Il comprend une composante “ résultats “ (excédent brut d'exploitation, résultat financier, participation et impôts sur les sociétés) et pour le reste des composantes purement bilantielles : (variation du BFR, remboursement des emprunts structurels).

Si le solde de Trésorerie Opérationnelle a été positif, c'est que l'entreprise n'a pas été confrontée à une crise de liquidité, et dispose au plan de la trésorerie pure d'une certaine marge de manœuvre. En revanche, cela ne signifie pas nécessairement qu'elle dégage une exploitation positive.

Dans ce solde il faut donc déceler ce qui ressort de l'exploitation de ce qui ressort du bilan. En effet, les entreprises en difficulté vont accélérer le recouvrement des créances clients et demander à leurs fournisseurs des délais ou leur faire supporter des retards de paiement. L'amélioration du Solde de Trésorerie Opérationnelle sera donc, de façon paradoxale, l'annonciateur de difficultés cruciales. On peut aisément détecter cette situation en mettant en évidence la **conjonction d'un résultat déficitaire et d'un Solde de Trésorerie Opérationnelle positif.**

Le commentaire de ce solde ne peut se faire sans avoir à l'esprit la rentabilité que dégage l'entreprise.

② Solde des Opérations Discrétionnaires : Quelle stratégie industrielle ?

L'entreprise va régler ses investissements en fonction du Solde de Trésorerie Opérationnelle, et de ses capacités de financement. Comme l'investissement répond à une logique de plus long terme que les problèmes de pure trésorerie, l'insuffisance de financement se traduira plutôt par une augmentation des emprunts structurels que par une augmentation des cessions (souvent difficilement réalisables) ou une diminution des investissements. Le Solde des Opérations Discrétionnaires est en tout cas la marque de la stratégie **industrielle** que poursuit l'entreprise.

③ Soldes des Opérations Financières : Quelle stratégie financière en face de cette stratégie industrielle ?

Les choix industriels se traduisent très rarement par une diminution des besoins de financement. L'expérience montre que les entreprises ont des besoins de capitaux **structurels.** Mais une fois cette option retenue, le dirigeant a encore une marge de manœuvre assez large : il peut encore choisir **comment** satisfaire les besoins.

On examinera donc non seulement comment ces besoins ont été satisfaits, mais aussi **ce qu'ils signifient en matière de stratégie financière.** Il n'est pas du tout indifférent que l'option soit celle du renforcement des fonds propres ou celle de l'endettement, et on a vu que chacune des hypothèses avait ses forces et ses faiblesses. L'apport de capitaux propres augmente la sécurité du prêteur, mais diminue la rentabilité des fonds propres et remet en cause le contrôle du capital ce qui peut par contrecoup déstabiliser l'entreprise. L'endettement par emprunts permet une croissance rapide, mais pèse sur la rentabilité et en tout cas la rend plus fragile.

④ Solde des Opérations Exceptionnelles : les bonnes ou mauvaises fortunes de l'entreprise

Ce solde a un caractère par définition très contingent, très aléatoire. On essaiera surtout de déceler dans quelle mesure ses composants sont réellement exceptionnels. Il faut éviter que ce solde "fourre tout" ne devienne une trop commode excuse.

C - LA SITUATION ACTUELLE EST-ELLE SATISFAISANTE (LE TABLEAU DE FINANCEMENT) ?

Le tableau de financement est l'aboutissement de l'évolution décrite dans le tableau de flux financiers. Il décrit brièvement l'évolution de la structure de l'entreprise :

TABLEAU DE FINANCEMENT

A - Ressources stables Capacité d'autofinancement (hors provisions d'exploitation) Cession ou réduction de l'actif immobilisé Cession de participations et immo financières Augmentation des ressources propres Augmentation des dettes structurelles **B - Emplois durables** Distribution décidée au titre de l'exercice Acquisition d'éléments de l'actif immobilisé Remboursement ou diminution des ressources propres Remboursement des dettes structurelles	
I - Variation du fonds de roulement	
Variation des actifs circulants (hors trésorerie) Variation des dettes courantes (hors trésorerie)	
II - Variation du besoin en fonds de roulement	
Variation de la trésorerie actif Variation de la trésorerie passif	
III - Variation de la trésorerie nette III = I — II	

L'analyse passe par deux étapes : examen des évolutions que le TPFF ne permet pas de saisir (1), puis respect des principes fondamentaux d'équilibre financier (2).

① Examen des évolutions que le TPFF ne permet pas de saisir

Heureusement, ces évolutions ne sont pas nombreuses : elles concernent le besoin en fonds de roulement et les écritures sans incidence en trésorerie.

■ Besoin en fonds de roulement

Le TPFF ne saisit que la variation du besoin en fonds de roulement. A titre complémentaire, il faut donc s'interroger sur les causes de cette variation : pour un BFR donné, on peut avoir des durées actives et passives très différentes. La présence d'une créance client courte et d'un crédit fournisseur court n'est pas du tout comparable à la présence d'une créance client longue compensée par un crédit-fournisseur long. Ce deuxième cas est révélateur d'une situation fragile dans laquelle l'entreprise tire sur les fournisseurs, tout en consentant des crédits-clients élevés à titre commercial.

■ Ecritures qui ne se traduisent pas par un flux de trésorerie

Les dotations aux provisions ont en principe été examinées lors de l'analyse du résultat, mais on peut avoir des reclassements de provisions, des opérations hors-bilan (crédit-bail, engagements nouveaux) que seul l'examen du tableau de financement peut révéler.

② Examen du respect des contraintes financières

Toutes ces règles ont été évoquées, on les rappellera donc seulement ici pour mémoire.

- Les contraintes d'endettement global :
  - un effet de levier positif ;
  - une autonomie financière satisfaisante ;
  - une bonne maîtrise des risques de taux et de change.
- Les contraintes de structure financière
  - la couverture de l'actif immobilisé par le fonds de roulement ;
  - la composition du BFR et la fixation du niveau du BFR ;
  - la compatibilité des utilisations de trésorerie avec la composition et le profil saisonnier du BFR ;
  - les contraintes d'endettement structurel ;
  - les contraintes d'endettement courant.

D - QUE PEUT-ON SUGGERER POUR AMELIORER CETTE SITUATION ?

Cette question constitue un aboutissement essentiel de l'analyse de la structure financière. De sa réponse dépend l'engagement complémentaire que le banquier exigera des tiers ou des associés, mais aussi le renouvellement ou l'accroissement de ses propres engagements vis-à-vis de l'entreprise.

① Apport de ressources propres

Cet apport se justifie dans trois cas :

- **limiter le recours à l'endettement global rémunéré.** On ne parle donc ici que des capitaux propres. On a vu que l'endettement global de l'entreprise est limité par sa capacité bénéficiaire, soit que l'effet de levier est insuffisant à l'origine, soit que l'évolution de la structure financière ou des taux d'intérêt aient brusquement mis en péril un équilibre jusqu'ici satisfaisant ;
- **financer certains actifs non rentables.** Certains actifs dont la rentabilité extériorisée est inexistante ou le risque trop élevé nécessitent un financement par capitaux propres ;
- **renforcer la solvabilité de l'entreprise.** On a vu (cf la section " Analyse de la solvabilité ") que la solvabilité de l'entreprise est sa capacité à faire face aux pertes. Le banquier estimera donc les besoins en capitaux en fonction des risques encourus (qualité des actifs financés, risques propres à l'activité, etc.). Très généralement, on exigera un rapport

$$\frac{\text{Ressources propres}}{\text{Total du bilan}} \text{ au moins égal à } 20\,\%.$$

Attention, en vue de renforcer la solvabilité, l'insuffisance de ressources propres peut aussi bien être comblée par un apport de capitaux propres que par un apport de fonds propres rémunérés. C'est en fonction de la capacité bénéficiaire de l'affaire et du niveau d'endettement global rémunéré qu'il faudra recommander l'une ou l'autre des solutions. En tant que banquier, il faut toujours préconiser la solution la plus facile à mettre en place (fonds propres rémunérés).

② Augmentation de dettes structurelles

Cette augmentation se justifie dans deux hypothèses qui se recouvrent partiellement :

- **renforcer le FR.** Il s'agit là d'estimer le niveau du FR souhaitable tant en fonction de la nature de l'activité, que de la composition du BFR (cf notion de BFR structurel). Un renforcement par des dettes structurelles est éventuellement nécessaire. Si un renforcement des capitaux propres a déjà été préconisé par ailleurs, le besoin en dettes structurelles nouvelles en est diminué d'autant ;

– **diminuer l'endettement courant.** Le renforcement du FR provoque une diminution de l'endettement courant. Mais en présence d'un BFR particulièrement élevé, il est possible que ce renforcement soit encore insuffisant au regard des critères d'autonomie financière (90 j de CA HT maximum en crédits à court terme de toute nature).

Il faut souligner que l'apport en dettes structurelles ou en fonds propres rémunérés n'a aucune incidence sur la rentabilité. Les charges financières économisées sur les concours bancaires courants sont compensées par les intérêts servis sur ces ressources structurelles.

MODALITES DE FINANCEMENT DE LA STRUCTURE FINANCIERE

L'entreprise Zeta réalise un chiffre d'affaires de 50 MF. Elle présente un ratio $\frac{\text{Charges financières}}{\text{Chiffre d'affaires}}$ de 4 %, avec un endettement global rémunéré de 16 MF.

Les dirigeants pensent qu'un ratio de 3 % serait souhaitable.

Ses ressources propres — soit 5 MF — ne représentent que 20 % du bilan, alors que le processus de production est particulièrement long, et qu'elle finance en outre à l'actif 1 MF de logiciel dont la rentabilité paraît douteuse. Son FR de 10 j de CA HT se compare à un BFR de 135 j et à une trésorerie de 125 j.

■ Apport souhaitable en ressources propres

En première analyse, le banquier juge nécessaire d'étoffer les ressources propres à hauteur de 25 % du total du bilan.

Le besoin est donc de $\frac{5}{25} \times 5 = 1{,}25$ MF.

Peut-on rémunérer ces ressources propres ?

L'endettement global rémunéré doit redescendre à $\frac{3\,\% \times 16}{4\,\%} = 12$ MF.

Un apport de capitaux propres (non rémunérés par conséquent) de 4 MF est de ce point de vue indispensable.

En définitive, c'est la plus élevée des deux contraintes qui est à retenir : le besoin de ressources propres de 4 MF doit être satisfait en totalité au moyen de capitaux propres.

■ Augmentation souhaitable de dettes structurelles

Le renforcement du FR devrait permettre de ramener la trésorerie à 90 j, ce qui représente une augmentation de FR de $\frac{35 \times 50}{360} = 4{,}9$ MF.

Comme un renforcement des capitaux propre de 4 MF a déjà été demandé, c'est seulement la différence, soit 0,9 MF, qui doit être financée par des dettes structurelles.

2 - QUE PEUT-ON EN CONCLURE SUR LES OPTIONS STRATEGIQUES DE L'ENTREPRISE ?

L'examen de la politique de financement suivie doit mener l'analyste à cerner les options stratégiques qui sous-tendent ces options.

La politique de haut de bilan est de ce point de vue la question centrale. En effet, c'est elle qui commande le type de croissance voulue par les dirigeants, et qui doit donc être, comme on le verra au chapitre qui suit, rapprochée des autres options stratégiques retenues par les dirigeants en matière de contrôle du capital, structure de production, etc.

Chapitre III

Diagnostic des options stratégiques : des options stratégiques aux prévisions concrètes

On a vu que la politique de financement de l'entreprise n'est pas neutre et reflète largement les options fondamentales en matière de croissance et d'investissement, de contrôle de la société, de risque encouru, etc. L'ensemble de ces aspects a un caractère clairement stratégique.

Il est peut-être un peu abusif de parler d'options stratégiques, alors que certains éléments sont plutôt des données de l'histoire (répartition du capital, faiblesse des fonds propres) que des situations voulues. Mais elles ont bien des options en ce sens que le dirigeant a toujours les moyens d'agir, même dans les plus petites entreprises.

Ce que l'on cherche ici en passant en revue les principales options stratégiques, c'est à répondre à deux questions :

– le diagnostic opérationnel et le diagnostic financier laissent supposer certaines options stratégiques. Sont-elles dans la pratique vérifiées ?

– en vue du diagnostic prévisionnel, dans quel sens les options stratégiques retenues vont-elles peser sur l'avenir, sont-elles souhaitables ou non ?

Pour chaque question traitée, un cadre récapitulatif signalera en " majeure " le point le plus important, porteur du risque principal et en " mineure " le (ou les) point(s) qui mérite(nt) réflexion, mais qui revêt(ent) un aspect plus secondaire. Attention, pour une entreprise donnée, une mineure peut correspondre à un problème vital.

Plan du chapitre

Section 1

Direction, détention du capital, contexte juridique et historique

Les trois aspects sont en relation étroite, particulièrement dans les PME : le dirigeant a souvent choisi la forme de l'entreprise pour des raisons strictement juridiques (limitation de la responsabilité) que fiscales ou familiales (succession). Il en est de même pour la dissociation progressive, au cours des générations, de la direction de l'entreprise et de sa détention, répartie entre des mains de plus en plus étrangères à la lignée du fondateur initial.

Majeures : La succession du dirigeant est-elle bien préparée ?
Les associés ont-ils les moyens de leurs ambitions ?

Mineures : Les dirigeants sont-ils compétents ?
Les actionnaires sont-ils capables de définir une stratégie commune ?
Le régime juridique de l'entreprise — ou sa forme — limite-il son champ d'activité, ou la confiance que l'on peut lui accorder ?

1 - DIRECTION ET DETENTION DU CAPITAL

Dans les PME comme dans les grandes entreprises, l'actionnariat et le dirigeant jouent un rôle de première importance et sont étroitement liés, bien qu'il s'agisse de deux réalités différentes.

A - DIRECTION

La **formation** et la **personnalité** du dirigeant, justifient, dans les PME, le plus souvent à elles seules l'existence de l'entreprise. C'est bien souvent sur une idée du dirigeant que l'entreprise a été fondée ou a trouvé le chemin de sa croissance. Le dirigeant de la PME est **presque toujours un bon technicien,** même s'il est parfois mauvais gestionnaire. A l'inverse, il n'existe pas en général dans les PME de structure administrative assez forte pour pouvoir lui survivre après sa retraite ou son décès.

C'est pourquoi à côté de la compétence technique du dirigeant (1), il y a lieu d'examiner dans quelle mesure sa **succession** est préparée, et ce, bien sûr, d'autant plus s'il est assez âgé. A-t-il des enfants ou des cadres capables de prendre la relève ? Est-il prévu une cession à un groupe " ami " ? L'actionnariat est-il susceptible de reprendre l'affaire ? Ces questions sont moins cruciales si des dispositions ont déjà été prises pour les résoudre, notamment par l'ouverture du capital en bourse (cf. infra).

B - DETENTION DU CAPITAL

La géographie du capital est un élément important du risque économique, car elle va déterminer en grande partie la capacité des associés à donner une **impulsion stratégique** à l'affaire et surtout à en fournir **les moyens financiers :**

– il peut y avoir coïncidence entre actionnariat (2) et dirigeant : la plupart des PME sont en effet des affaires familiales. Dans ce cas, au risque **successoral** déjà évoqué, s'ajoute le risque **financier :** le dirigeant a des idées, mais il n'en a pas nécessairement les moyens financiers et ne veut pas recourir aux capitaux extérieurs. L'entreprise est alors condamnée à végéter, ou à prendre des risques sur le dos des banquiers ;

– l'actionnariat peut comprendre outre les dirigeants, divers autres actionnaires éventuellement majoritaires, qui détiennent un pouvoir de contrôle sur l'affaire, mais ne la dirigent pas eux-mêmes :

- **l'entente** entre les actionnaires permet une unité de vue sur les grandes orientations de l'entreprise : développement de nouveaux produits, apports d'argent frais, acquisition de filiales, rapprochement avec d'autres sociétés, nomination du dirigeant. Le désaccord entre les associés peut mener à la cessation pure et simple de toute activité ;
- **la stratégie** des actionnaires majoritaires est, dans les phases difficiles de croissance ou de " passage à vide ", un élément d'appréciation important. Si l'on met à part le cas du " sleeping partner " (3), qui agit comme un simple investisseur, les actionnaires agissent en fonction de choix opérés au niveau du groupe dont ils font partie. Si l'entreprise n'occupe qu'un secteur d'intérêt marginal pour le groupe, il est peu probable que l'actionnaire y investira beaucoup. Il cherchera peut-être au contraire à en tirer le maximum de dividendes pour les replacer dans des activités jugées prioritaires, ou bien même à vendre l'entreprise, ce qui peut signifier pour elle une réorientation totale de son activité.

Pour conclure, s'il est important que les associés soient en mesure de donner une **impulsion stratégique** à l'affaire, encore faut-il que dans le cadre de la stratégie **du groupe** la stratégie **de l'affaire** ne soit pas laissée pour compte.

---

(1) En dehors de toute appréciation sur son honnêteté comme nous l'avons vu en première partie à propos de la fiabilité des documents sociaux.
(2) Au sens large : actionnaires ou porteurs de parts.
(3) Partenaire dormant : il ne cherche pas à créer de liens commerciaux ou industriels particuliers entre les sociétés qu'il contrôle et l'entreprise étudiée, et n'intervient pas dans sa gestion.

• il n'est pas toujours facile d'apprécier la détermination des actionnaires à suivre coûte que coûte, du point de vue financier, le développement de l'affaire. De ce point de vue, la **qualité** des actionnaires constitue parfois une garantie aussi valable pour le banquier qu'une sûreté réelle ou personnelle. Le contrôle, même minoritaire, par un grand groupe privé représente souvent à la fois l'assurance d'un courant d'affaires régulier et un " gage " financier. Certaines banques se font d'ailleurs délivrer par ces groupes des " lettres d'intention " qui engagent ces derniers à soutenir leur filiale quelle que soit l'évolution de sa situation financière (1).

– Le capital peut enfin être introduit en bourse (2). Deux cas de figure, peuvent alors se présenter :

• le capital est réparti pour une proportion importante dans le public (10 % au moins sur le second marché, 25 % au moins à la cote officielle) mais une part significative (au moins 20 % pour une PME) est détenue par la famille du fondateur, ou par un groupe qui détient alors la direction effective de l'affaire. Dans ce cas, celle-ci bénéficie de synergies et du soutien financier (sauf modification de stratégie) de ce groupe qui pour des motifs personnels peut avoir **intérêt à consentir des sacrifices financiers** supérieurs à ceux que consentiraient de fait, les actionnaires " de base ". En cas de problèmes, l'appel au marché financier se fera assez aisément, car le " noyau dur " (3) d'actionnaires aura en général assaini au préalable la situation de l'affaire (abandons de créances, etc.) afin de la rendre " présentable " ;

• le capital est réparti très largement dans le public. Il s'agit d'une situation assez dangereuse pour le banquier, dans la mesure où les soutiens apportés à l'entreprise ne peuvent en pratique provenir que d'une **augmentation de capital,** les apports en comptes courants, abandons de créances, apports d'activités commerciales ou industrielles étant par hypothèse impossibles (4).

Lorsqu'il s'agit de financer une croissance sans problème, les souscripteurs affluent. Lorsqu'il s'agit de faire face à des restructurations, la société se trouve dans l'impasse, l'augmentation de capital ayant de grandes chances d'échouer.

(1) La lettre d'intention est analysée juridiquement comme un engagement de **faire** beaucoup plus large mais aussi moins précis que le cautionnement qui est un engagement de **payer.**
(2) Nous mettons à part le cas du marché hors cote, pour lequel aucune diffusion minimale de titres dans le public n'est exigée.
(3) L'Etat a lui même tenu à ce que les entreprises industrielles ou financières privatisées soient dotées de ce " noyau dur " d'actionnaires, seul apte à définir une stratégie et à consentir, en tant que besoin, des sacrifices financiers exceptionnels en faveur de leur filiale.
(4) Ces cas restent relativement rares, dans la mesure où cette entreprise constitue alors une proie tentante pour un investisseur. Il est limité en général aux affaires de taille internationale.

DETENTION DU CAPITAL ET CONTROLE DANS LES SOCIETES PAR ACTIONS

En principe, c'est l'actionnaire majoritaire en capital qui détient le pouvoir effectif de contrôle d'une société. Cependant, il existe des moyens juridiques permettant d'assurer ce contrôle à un minoritaire.

La pratique des pouvoirs en blanc :

Dans les sociétés cotées en bourse, les actionnaires sont invités à renvoyer, s'ils ne désirent pas assister à l'Assemblée Générale, un pouvoir pour les représenter. Si ce pouvoir est en blanc, ce qui est fréquemment le cas, il profite au Président de la société.

Les droits de vote double :

Les sociétés peuvent stipuler dans leurs statuts que les actions inscrites depuis un délai déterminé disposent d'un droit de vote double ; ce délai peut aller en pratique jusqu'à 10 ans pour les sociétés non cotées, mais est rarissime pour les sociétés cotées. Cette clause avantage les actionnaires les plus anciens qui constituent souvent le noyau des dirigeants de la société.

La constitution d'un holding :

Dans ce schéma, un holding, détenu majoritairement par un noyau d'actionnaires A finance une participation elle-même majoritaire dans une filiale.

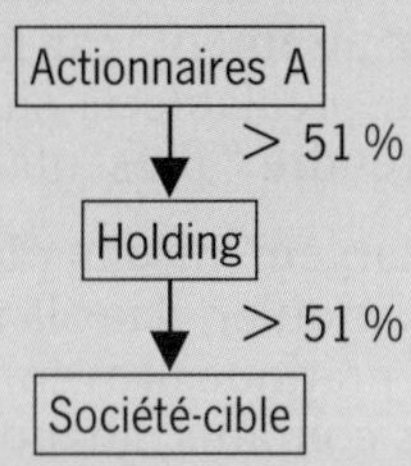

La conclusion d'un pacte d'actionnaires

Plusieurs actionnaires minoritaires mais disposant ensemble d'une majorité de fait ou de droit décident dans un acte contractuel de s'associer dans la définition de la politique de l'entreprise. Les pactes d'actionnaires des sociétés cotées doivent faire l'objet d'une publication.

2 - STATUT JURIDIQUE

Le statut juridique de l'entreprise est le cadre dans lequel le dirigeant a désiré se placer. L'examen des **statuts** des entreprises constituées sous forme de sociétés, lorsqu'ils sont disponibles, permet d'appréhender cette question en détail. Mais à l'exception du cas des sociétés dont l'activité dépend toute entière de la façon dont ils sont libellés (sociétés civiles immobilières, certains GIE, sociétés d'économie mixte, etc.) un tel examen n'est pas nécessaire à partir du moment où le banquier à une claire conscience **du régime juridique** (civil ou commercial) et de la **forme** de l'entreprise avec laquelle il traite (1).

(1) Cette observation d'ordre général ne vaut que pour l'analyse financière. Il va de soi que dans les opérations contractuelles (prise de garantie, pouvoirs donnés, actes de disposition...) l'examen des statuts peut s'avérer indispensable.

Le statut juridique va éventuellement limiter le champ d'activité et les moyens d'action de la société. Mais du point de vue du risque économique, il s'agit d'un inconvénient assez mineur, puisque l'entreprise peut toujours opter pour un régime juridique différent (1).

A - REGIME JURIDIQUE

Le régime juridique est civil ou commercial.

① Critère

– Sont soumises au droit commercial les personnes physiques ou morales qui font habituellement des actes de commerce : achat en vue de la vente de biens meubles ou immeubles, après transformation éventuelle, opérations d'intermédiaires, opérations de change, de banque et de courtage, etc.

  Par ailleurs, sont commerciales **par la forme,** certaines sociétés : sociétés anonymes, sociétés à responsabilité limitée, sociétés en commandite, sociétés en nom collectif.

De ce fait, la plupart des partenaires du banquier ont un statut commerçant.

– Sont soumises au droit civil les personnes qui n'exercent pas les activités ci-dessus (ou n'ont pas emprunté les formes de sociétés précitées), et notamment les exploitants agricoles, les membres des professions libérales, les artisans (moins de 5 employés), les coopératives (à l'exception des coopératives de commerçants) les professions de l'immobilier (sauf les marchands de biens) et enfin toutes les associations.

② Conséquence

Dans l'ensemble, les commerçants sont soumis à un régime juridique plus **avantageux pour le banquier** que celui des personnes civiles :

– le tribunal de commerce, composé de magistrats élus, est compétent pour les litiges entre commerçants ;

– la preuve des droits et obligations du débiteur peut se faire théoriquement **par tous les moyens** et pas nécessairement par écrit ;

– les contrats commerciaux sont souvent moins formalistes (ex : cession de créances sans signification obligatoire au débiteur cédé, cas de l'escompte et de la loi Dailly) ;

– les obligations se prescrivent par dix ans (au lieu de 30 ans en droit civil), sauf durée de prescription inférieure stipulée par les textes ;

– enfin, la solidarité des débiteurs (mais aussi **des associés**) est toujours présumée en matière commerciale.

---

(1) Le problème est plus grave pour les entreprises semi-publiques, dont les statuts sont fixés par des textes réglementaires très difficiles à modifier.

B - FORME DE L'ENTREPRISE

La loi a fixé tant pour les sociétés civiles que pour les sociétés commerciales un grand nombre de statuts-types qui constituent la **forme** de la société. L'examen de ces formes n'est pas du ressort de cet ouvrage, mais tout du moins peut-on, relever, pour l'analyse du risque économique, **trois distinctions fondamentales.**

① Entreprise à forme personnelle et entreprise sous forme de société

■ Risque économique

L'entreprise exploitée sous la forme personnelle représente ipso facto un risque plus important que si elle est exploitée sous forme de société, parce qu'elle n'est pas dotée des organes de conseil et de contrôle nécessaires, comme le montre l'expérience, à la bonne marche d'une affaire. S'il existe des Conseils d'Administration " croupions " surtout dans les entreprises familiales, la majorité des Conseils d'Administration sont des enceintes où le chef d'entreprise est effectivement conseillé, contrôlé et parfois contesté dans son action. On peut penser que ce système permet d'éviter les erreurs graves de gestion, ou l'aggravation irrémédiable et incontrôlée de certaines situations (1).

■ Risque bancaire

Les documents comptables d'une entreprise individuelle ne sont guère significatifs et ne peuvent raisonnablement servir de base aux décisions du banquier en matière d'octroi de crédit. Ainsi le compte " capital " ne représente que le solde des avances et retraits de l'exploitant individuel, sur le compte courant qu'il entretient auprès de son affaire. Par ailleurs, les actifs de l'entreprise ne représentent qu'une partie du patrimoine de l'exploitant, qui peut être grevé par ailleurs de dettes inconnues du banquier.

② Responsabilité illimitée ou limitée des associés

Dans la plupart des sociétés civiles, dans les sociétés de personnes (2) et les groupements d'intérêt économique, la responsabilité des associés est indéfinie. A l'inverse, dans les sociétés de capitaux (SARL et sociétés anonymes), la responsabilité des associés est limitée au montant des parts (cas des SARL) ou des actions (cas des sociétés anonymes) qu'ils ont souscrites. En cas de défaillance de la société on ne peut donc pas leur demander, pour dédommager les tiers, plus que ce qu'ils se sont engagés à verser (3).

---

(1) L'entreprise unipersonnelle à responsabilité limité (EURL), qui est juridiquement une catégorie particulière de SARL, doit être considérée, au point de vue du risque économique, comme une entreprise exploitée sous une forme personnelle, puisque les organes de direction et d'administration n'y ont plus qu'un rôle symbolique.

(2) Sociétés en commandite simple (pour les associés commandités), sociétés en nom collectif.

(3) On mettra de côté le cas, assez rare, des sociétés en commandite. Les associés commandités ont la qualité de commerçants et répondent indéfiniment et solidairement des dettes sociales, tandis que les associés commanditaires ne sont responsables qu'à concurrence de leurs apports (effectués sous forme de parts ou d'actions).

En conséquence, **lorsque la responsabilité des associés est illimitée,** on peut considérer que le banquier bénéficie, en sus de la solvabilité que l'on peut attribuer à l'entreprise d'après la lecture de ses comptes sociaux (cf. notamment la notion de **ressources propres) de la garantie offerte par ses associés.**

Ce tableau idyllique, qui semblerait – du point de vue du banquier – faire préférer systématiquement les sociétés de personnes aux sociétés de capitaux doit être **sévèrement nuancé :**

- au plan juridique, la mise en cause des associés n'est jamais automatique, et se heurte à un formalisme et à des délais qui rendent parfois illusoire leur responsabilité (1) ;
- au plan pratique, l'option pour la société de personne ou le GIE résulte précisément de ce que les associés ne désirent pas y transférer de fonds propres trop importants. Les ressources propres sont donc symboliques, et le banquier est **contraint** de s'appuyer sur la surface financière des associés, ce qui est souvent difficile et assez approximatif.

③ Capital représenté ou non par des titres négociables

Si l'on met de côté certains cas particuliers, l'écrasante majorité des sociétés dont le capital est représenté par des titres négociables sont des sociétés anonymes.

■ Risque économique

On a déjà vu l'intérêt qui s'attache à disposer d'un capital réparti dans le public. L'introduction en bourse en est fréquemment la contrepartie.

Mais en outre, il faut prendre conscience que les sociétés anonymes sont les seules, avec certains établissements publics, semi-publics ou coopératifs à pouvoir se procurer directement des ressources longues (titres participatifs, **obligations**) par appel à l'épargne publique. Ceci se traduit par une **atténuation sensible des contraintes d'endettement.** L'entreprise est moins sensible aux répercussions de la politique monétaire sur le comportement des banquiers, puisqu'elle peut, pour une part au moins de ses financements, recourir directement au public. Par ailleurs, elle n'est pas tenue de justifier l'emploi des fonds qu'elle emprunte : la confiance que lui font ses prêteurs est basée sur des critères totalement **subjectifs.** Sa situation est donc plus autonome que lorsqu'elle est obligée de recourir à des prêts bancaires, basés sur des critères **objectifs** assez étroits (montant et rentabilité de l'investissement financé).

---

(1) C'est particulièrement vrai dans le cas des **sociétés civiles.** Les associés ne sont pas responsables **solidairement,** et doivent donc faire chacun l'objet d'une procédure distincte. Par ailleurs, il faut que la société défaillante ait elle-même été dûment mise en demeure et que son incapacité de payer soit établie avant que ses associés puissent être poursuivis : c'est le bénéfice de “discussion”.

LA SOCIETE PAR ACTIONS SIMPLIFIEE (SAS)

La SAS a été créée par une loi du 4 janvier 1994. Elle obéit par défaut à l'ensemble des règles des sociétés anonymes, mais possède une souplesse beaucoup plus grande de fonctionnement.

Constitution

La SAS peut être constituée avec deux associés seulement, qui doivent être des sociétés ayant un capital minimum de 1,5 MF (ou éventuellement des établissements publics). Leur capital, de 250 000 F minimum, doit être libéré en totalité.

Direction et administration

Le président de la SAS peut être une personne morale. Ce sont les statuts, et donc les associés en toute liberté, qui déterminent la répartition des pouvoirs au sein de la direction générale et du conseil d'administration, ainsi qu'en assemblée générale. Seules certaines décisions (variation du capital, fusion, nomination des commissaires aux comptes, comptes annuels) en relèvent impérativement.

Régime des actions

Il est possible de prévoir l'inaliénabilité des actions pendant 10 ans, et un agrément de cession même entre associés. L'**exclusion** d'un associé est également possible, ce qui n'est le cas d'aucune autre catégorie de société commerciale.

En définitive, la SAS cumule la sécurité qui présente pour les tiers comme pour les associés la société anonyme classique, à la souplesse de fonctionnement des sociétés en nom. Elle devrait connaître un grand succès.

■ Risque bancaire

Parce que sa capacité juridique est plus large que celle des autres sociétés, la société anonyme est aussi plus contrôlée comme on l'a vu plus haut (commissariat aux comptes notamment), surtout quand elle fait appel à l'épargne publique. Les documents comptables sont donc moins sujets à caution, et les informations plus aisément disponibles.

En définitive, la société anonyme est sans doute la forme qui réduit le plus le risque économique de l'entreprise, comme le risque financier couru par le banquier.

3 - APERCU HISTORIQUE SUR L'ENTREPRISE

Si la répartition de l'actionnariat, la forme juridique de l'entreprise et l'orientation de l'activité de l'entreprise correspondent souvent à des circonstances historiques assez complexes (dévolution de la succession du fondateur, difficultés passagères de l'entreprise ayant motivé l'intervention d'un investisseur extérieur, guerres, etc.), on ne peut pratiquement pas en tirer argument pour l'avenir. De façon générale, **le risque futur n'est guère déterminé par le passé, même récent, de l'entreprise.**

Tout au plus ce passé peut-il fournir quelques **indices** :

– si les actionnaires ont toujours accompagné l'entreprise dans sa croissance en suivant les augmentations de capital et les appels de fonds, on peut penser qu'il en sera peut-être encore ainsi dans un futur proche ;

– de même si l'équipe de direction a su jusqu'ici négocier avec succès plusieurs “virages” technologiques dans les conditions de rentabilité convenables ;

– de même enfin si les associés ont toujours su trouver un terrain d'entente propre à satisfaire les impératifs de chacun.

L'ancienneté (1) ne constitue donc pas une garantie en elle-même, surtout dans des domaines où la technologie est évolutive. En revanche, **l'expérience** acquise peut être considérée comme un véritable atout dans les secteurs où chaque commande représente un pari technique et financier unitaire à la fois important et unique en son genre : livraison d'usines, chantier de travaux publics, machines-outil spécialisées. Il est en effet de règle en la matière, que les clients exigent de l'entreprise qu'elle puisse produire des **références** qui les assurent de son **savoir-faire.**

(1) Il ne faut pas confondre l'ancienneté de l'entreprise avec la notoriété de la **marque**, qui elle, est certainement un atout.

Section 2

La structure de production

La structure de production, c'est la façon dont les différents moyens de production (effectifs, immobilisations) sont combinés pour aboutir à un résultat donné. Le choix stratégique consiste à minorer le risque économique de la structure de production, c'est-à-dire concilier au mieux efficacité et capacité d'adapatation.

Majeures : L'activité autorise-t-elle une structure de production souple ?

Mineures : Les effectifs sont-ils particulièrement qualifiés ?
Les investissements sont-ils lourds ?
Y-a-t-il recours à la sous-traitance ?

1 - DEFINITION DE LA STRUCTURE DE PRODUCTION

A - QU'APPELLE-T-ON " STRUCTURE DE PRODUCTION " ?

La façon dont les différents moyens de production sont combinés dépend de deux facteurs distincts :

■ La longueur du cycle de production

Plus le cycle de production est long, plus les moyens de production requis pour fabriquer un même produit seront importants.
Prenons comme exemple la fabrication d'un magnétoscope : l'entreprise mettra en œuvre des moyens de production d'autant plus importants, qu'elle remontera en amont dans le processus de production.

– Si elle se contente d'assembler des pièces, elle aura :
  - des immobilisations réduites à une chaîne de montage, et des installations de stockage de pièces détachées et de produits finis ;
  - des stocks prenant en compte les seuls délais de montage (8 jours) et de commercialisation (15 à 45 jours) ;
  - une main d'œuvre réduite.

– Si elle désire fabriquer elle-même certains éléments (condensateurs, etc.), sa structure de production s'allourdira sensiblement :
  - des machines, voir même une usine, deviendront nécessaires ;
  - la durée de fabrication des condensateurs se reflètera sur les stocks ;
  - la main d'œuvre ouvrière prendra de l'importance;

... et tout ceci pour une **production finale et un chiffre d'affaires équivalent.**

Le prix des magnétoscopes restera le même (il est fixé par le marché), mais la **composition des charges sera très différente :** charges de personnel et amortissements prendront le pas sur les achats de marchandises ou de matières premières et les autres consommations intermédiaires.

■ La nature des produits

Certaines familles de produits imposent l'agencement des facteurs de production de façon particulièrement stricte. Dans le cas de l'hôtellerie ou de l'agriculture, les investissements nécessaires sont d'office très importants, la marge de manœuvre étant très réduite.

La marge de manœuvre est en revanche plus large au fur et à mesure que les biens et services entrant dans la fabrication du produit sont plus complexes. C'est d'ailleurs pourquoi, de ce point de vue, la latitude de l'entreprise augmente avec sa taille. Le tableau ci-après montre les grandes "familles" de structure de production.

NATURE DU PRODUIT	STRUCTURE DE PRODUCTION IMPOSEE PAR LE PRODUIT		CAPACITE D'ADAPTATION DE LA STRUCTURE DE PRODUCTION
	QUALIFICATION DU PERSONNEL	DUREE DE VIE DES INVESTISSEMENTS	
Négoce de détail	Limitée	Assez longue	Favorable, car les investissements, bien que durables, bénéficient d'un **marché de seconde main actif** (entrepôts, véhicules, ordinateurs, bureaux)
Services à consommation immédiate (restauration, location d'espaces)	Limitée	Assez longue	
Location d'équipements et assimilés (transport, location, banque de données)	Limitée	Longue	
Négoce de gros	Limitée	Longue	
Services d'études (informatique etc.)	Elevée	Faible	Assez faible
BTP Génie civil	Assez limitée	Moyenne	Assez satisfaisante
Biens d'équipement	Elevée	Longue	**Faible**
Biens intermédiaires	Assez élevée	Assez longue	Assez faible
Véhicules de transport terrestre	Assez élevée	Longue (mais forte robotisation)	Assez satisfaisante
Biens de consommation	Assez limitée	Moyenne	

B - COMMENT LA CARACTERISE-T-ON ?

Il est logique de s'attacher à l'importance des investissements et des stocks pour chercher à cerner la structure de production. Mais la valeur ajoutée reste une mesure plus précise, puisqu'elle reflète à la fois l'importance de la main d'œuvre (charges de personnel) et du capital (dotation aux amortissements) par rapport à la production.

La **valeur ajoutée** (= marge sur production + marge commerciale − consommations intermédiaires) est un solde intermédiaire de gestion qui introduit une césure entre :

- les consommations intermédiaires d'une part (achats stockés ou non et services extérieurs, sous-traitance, frais d'intérim, charges de crédit-bail et de location) ;
- les autres charges d'autre part.

Plus le taux de valeur ajoutée ($= \frac{\text{valeur ajoutée}}{\text{production + ventes de marchandises}}$) est élevé, et plus l'entreprise réalise par elle-même les opérations qui concourent à la fabrication et à la commercialisation du produit. **Attention,** un taux de valeur ajoutée élevée n'est pas nécessairement synonyme de sophistication technologique du processus de production. Par exemple, le secteur du bâtiment et des travaux publics, où la main d'œuvre est abondante, correspond à une valeur ajoutée élevée, bien que l'activité ne recourt pas spécialement aux technologies de pointe.

2 - STRUCTURE DE PRODUCTION ET RISQUE ECONOMIQUE

A - QUELLE EST LA PROBLEMATIQUE ?

Le dirigeant peut opérer, pour un produit donné, certains arbitrages entre :

- ce qu'il produit lui-même et ce qu'il fait produire ;
- ce qu'il produit avec ses propres facteurs de production (personnel salarié, investissements en pleine propriété) et ce qu'il produit avec les facteurs de production qu'il a **loués** (intérimaires, investissements en location).

Le compte de résultat simplifié montre que les choix ouverts à l'entreprise peuvent affecter tous les postes de charges.

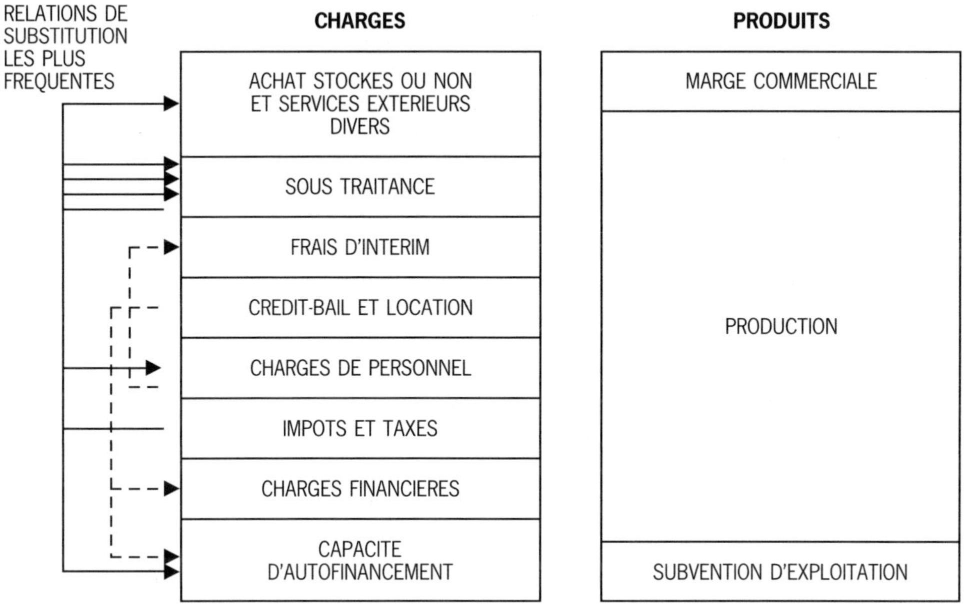

- substitution de la sous-traitance aux charges d'achats, de personnel, d'amortissement et éventuellement de crédit-bail ou de location (ex : sous-traitance d'un ensemble complexe) ;
- substitution des services extérieurs aux charges de personnel (ex : nettoyage industriel) ;
- substitution du crédit-bail ou de la location aux amortissements et aux charges financières (ex : location financière de l'immeuble du siège social) ;
- substitution de frais d'intérim (enregistrés en " autres services extérieurs ") aux charges de personnel (ex : pointe saisonnière de travail).

Le problème central du chef d'entreprise est de donner à sa structure de production à efficacité égale la flexibilité maximale qui lui permettra en cas de modification brutale du marché :

– de limiter les pertes ;

– de se réorienter le plus rapidement possible.

A ces motivations, il faut ajouter les motivations de type **conjoncturel,** qui peuvent entraîner une modification **momentanée** de la structure du compte de résultat d'exploitation :

– surcroît d'activité nécessitant le recours à la sous-traitance ou au travail temporaire ;

– difficultés financières entraînant la location de matériel plutôt que son acquisition dans la perspective d'un rachat en pleine propriété dès que possible.

On remarquera que dans ces hypothèses, il n'y a pas véritablement substitution d'un poste de charges à un autre, mais plutôt **modification temporaire** de leur part relative. Le recours massif à l'intérim n'est autorisé que de façon exceptionnelle et, si le surcroît d'activité se prolonge, l'entreprise sera contrainte, en raison des lois sociales en vigueur, à embaucher des salariés à titre définitif. En matière de crédit-bail, si les difficultés financières persistent, l'apport de ressources propres permettra le retour à un mode de financement plus traditionnel.

B - COMMENT S'ASSURER LA PLUS GRANDE FLEXIBILITE POSSIBLE ?

① Les effectifs : la souplesse ou la qualité

A première vue, la structure la plus souple est celle qui recourt le plus au travail intérimaire ou à durée déterminée – dans les limites assez strictes posées par la loi – et à la collaboration de travailleurs peu qualifiés.

Dans le premier cas, l'ajustement des effectifs aux besoins est presque instantané et d'un coût nul.

Dans le deuxième cas, l'ajustement des effectifs est commandé par le respect des procédures de licenciement, qui peuvent prendre plusieurs mois. Mais il est moins coûteux s'il s'agit de travailleurs peu qualifiés que de cadres, qui bénéficient de dispositions conventionnelles plus protectrices.

On pourrait penser que les entreprises s'alignent toutes sur ce schéma. En fait il n'en est rien, parce que cette **souplesse a pour contrepartie une baisse de la qualité** du personnel. Il n'est pas possible de former sérieusement ou d'investir dans la formation d'un personnel intérimaire. De même, la promotion interne d'agents peu qualifiés trouve rapidement ses limites. Or, dans bien des domaines, **l'impératif de qualité prime sur celui de la capacité d'adaptation,** si bien que ce dernier élément se situe souvent au deuxième plan des préoccupations du chef d'entreprise. C'est encore plus vrai si le marché de l'entreprise est porteur, et que le risque de chute ou de régression de la production est de toute façon très limité. C'est en revanche un élément d'appréciation important si l'entreprise est à la veille d'une restructuration ou sur un marché en déclin.

② L'outil de production
Le succès croissant des formules de location

La capacité d'adaptation de l'outil de production repose essentiellement sur deux éléments :

– **la durée de vie des investissements.** Plus celle-ci est courte, plus les renouvellements seront fréquents. L'adaptation en terme de capacité comme de productivité sera donc d'autant plus aisé : l'entreprise suivra sans peine le progrès technique et l'évolution de ses besoins. Si les investissements ont une durée de vie plus longue (sidérurgie, chimie lourde), le risque économique sera plus élevé car l'entreprise ne pourra procéder à aucun ajustement de production (sauf à imaginer une vente de hauts fourneaux d'occasion...).

Dans l'ensemble, la durée de vie des investissements a **tendance à se réduire.** Par ailleurs, la **robotisation** permet de disposer d'investissements à longue durée de vie mais très adaptables.

— **l'arbitrage entre la location et la pleine propriété.** Le recours à la location permet à l'entreprise d'adapter quasi-instantanément son immobilisation à ses besoins. Ceci n'est cependant vrai que pour la **location précaire,** et notamment la location de voiture. En revanche, les formules de location financière et de crédit-bail (cf. encadré les concernant) n'améliorent pas notamment la capacité d'adaptation de l'outil de production. Elles comprennent en général des clauses de garanties de loyer ou des pénalités qui limitent largement la souplesse d'utilisation des immobilisations concernées.

POURQUOI RECOURIR AU CREDIT-BAIL ?

LES DIFFERENTS CHOIX POSSIBLES

Un investissement (mobilier ou immobilier et éventuellement incorporel) peut être mis à la disposition de l'entreprise de plusieurs façons différentes :

— acquisition en pleine propriété ;

— location simple ;

— crédit-bail ;

— location financière simple. Dans ce dernier cas, la rentabilité est calculée moins en fonction du taux du marché de la location que de celui du marché financier. Le loyer, qui est en général fortement indexé, est soumis à la réglementation sur les baux commerciaux (1) et n'est donc pas supérieur à 9 ans. L'intérêt pour l'entreprise réside en ce qu'elle peut facilement se défaire de son immobilisation si elle le juge utile.

LE CREDIT-BAIL PEUT ETRE IMPOSE A L'ENTREPRISE DE L'EXTERIEUR

Les banquiers ou les fournisseurs peuvent avoir intérêt à proposer à l'entreprise un crédit-bail, à l'exclusion des autres modes de financement.

■ Intérêt pour le banquier

Si la situation financière de l'entreprise inspire quelques inquiétudes, le crédit-bail permet de limiter les risques beaucoup mieux que le ferait un crédit classique.

— le banquier se décharge dans le cadre du contrat de toutes les contraintes du propriétaire (risque sur la chose et risque causé par la chose) au moyen d'assurances très étendues — et onéreuses —, et de celles du bailleur : obligation de livraison du bien (la réception du bien est effectuée par le locataire) et de garantie (suppression contractuelle du recours du locataire pour vice sur la chose) ;

(1) Certains montages juridiques, notamment la création d'une SCI permettent de s'affranchir de cette réglementation.

— en revanche il demeure **propriétaire du bien** tant que l'option finale n'est pas levée, et peut le revendiquer dès le premier incident de paiement. C'est donc une sécurité beaucoup plus forte que celle d'un simple gage, où le banquier n'a que le droit de récupérer le montant restant dû sur la valeur vénale du bien ;

— les risques qui restent à la charge du banquier sont plus limités (mais pas inexistants) : escroquerie entraînant la nullité du contrat de vente du bien par le fournisseur au banquier, destruction du bien **non assuré,** dépréciation du matériel supérieure à son amortissement financier (ex : obsolescence du matériel informatique), immobilisation du bien entre les mains du détenteur (ex : cas où la publicité du contrat n'a pas été bien faite, et où le bien a été revendu à un tiers).

■ Intérêt pour le fournisseur

Le montage de crédits-bails consentis par un banquier sur la demande d'un fournisseur permet à celui-ci **d'élargir considérablement sa clientèle potentielle.** Elle suppose que celui-ci accorde des garanties spécifiques :

— engagement de versement des loyers à la place de l'entreprise ;

— engagement ferme de reprise du bien dans le cas où l'entreprise n'exerce pas son option.

LE CREDIT-BAIL POSSEDE DES AVANTAGES CERTAINS POUR L'ENTREPRISE

■ Extension de l'objet du financement

— Comme les crédits à moyen terme, les crédits-bails sont en général assis sur l'acquisition d'immobilisations corporelles, sur lesquelles les garanties prises sont les plus sûres et les plus simples à évaluer. Mais ils peuvent également concerner des fonds de commerce.

— La cession-bail (lease-back) consiste, pour l'entreprise, à céder un bien (en général en grande partie amorti, ex : siège social) à l'établissement de crédit, qui le lui rétrocède en crédit-bail. L'opération — outre les plus-values qu'elle dégage au compte de résultat — permet de mettre à la disposition de l'entreprise un financement qu'elle utilise à sa guise. Elle s'analyse donc comme une " déspécialisation " du concours à terme.

■ Diminution des exigences en fonds propres

— Le crédit-bail suppose — surtout en matière de biens mobiliers où une division de la propriété est difficilement concevable — un financement du bien à 100 % par le banquier sans apport de l'entreprise. Mais en revanche l'investissement doit lui-même dégager une capacité d'autofinancement suffisante.

— Il convient donc particulièrement bien aux entreprises qui ont une insuffisance marquée de fonds propres mais dont les perspectives de croissance sont prometteuses. Il est également fréquent dans le cas de franchises, le franchiseur garantissant la bonne fin du crédit-bail et apportant par son soutien logistique et commercial sa " caution de réussite " au franchisé bénéficiaire du crédit-bail. Le franchisé fait lui-même, outre son apport en industrie, un apport financier correspondant à l'aménagement du bien pris en crédit-bail.

■ Souplesse d'utilisation et de rémunération

— Le crédit-bail reste une location (bien que les pénalités en cas d'interruption des versements avant le terme soient élevées), et permet donc à l'entreprise de se séparer du bien si elle ne l'estime plus rentable. Ceci est d'autant plus valable que la valeur résiduelle est plus élevée : le loyer n'intègre alors plus à la limite que des charges d'intérêt, et le crédit-bail est proche d'une location simple, avec l'option d'achat en plus.

- Les loyers sont en général indexés selon des formules beaucoup plus souples que les crédits classiques, qui correspondent parfois très étroitement aux possibilités de contribution de l'entreprise (croissance de la capacité d'autofinancement ou de l'activité). Une attitude aussi libérale de la part du banquier s'explique par le fait que le risque qu'il court en capital est plus limité.

■ **Amélioration de la rentabilité de l'entreprise**

- Les annuités de crédit-bail — sauf exception pour les voitures de tourisme au-delà de 100 000 F — sont intégralement déductibles, et permettent d'anticiper de façon parfois très significative (en matière immobilière) les amortissements qui auraient été comptabilisés dans le cas d'une acquisition classique.
- En matière de droits d'enregistrements, l'acquisition du bien en fin de contrat (où à l'occasion de la levée de l'option) donne lieu au paiement d'un impôt calculé sur le prix de cession (souvent symbolique) et non pas sur la valeur vénale du bien. Dans le cas des SICOMI, ces droits bénéficient d'une réfaction de 12 points.
- La cession du bien — en général non entièrement amorti économiquement — est opérée pour sa valeur résiduelle, souvent symbolique. Pour le crédit-bail mobilier, aucune plus-value de cession n'est fiscalement constatée. Pour le crédit-bail immobilier SICOMI de plus de 15 ans de durée, la plus-value est limitée à la différence entre le coût du terrain (par hypothèse non amortissable) et la valeur résiduelle, ce qui a pour effet de rendre définitif le suramortissement opéré par l'entreprise durant le contrat. Ce n'est pas le cas pour ce qui concerne les biens loués par des non-SICOMI.

③ La sous-traitance : une solution globale

La sous-traitance est explicitée plus en détail en encadré. Elle correspond au report de la totalité d'une phase du processus de production sur une autre entreprise, qui, en quelque sorte, “loue” ses services, aussi bien humains que matériels. La diminution du risque qui en résulte, — mais également les inconvénients — est donc une combinaison dcs cas de figure exposés en matière de personnel d'une part et d'immobilisations d'autre part.

ATTRAITS ET INCONVENIENTS DE LA SOUS-TRAITANCE

DOMAINE D'APPLICATION

- Dans son acceptation la plus large, la sous-traitance est l'opération par laquelle une entreprise confie à un partenaire l'exécution de travaux qui lui sont indispensables mais qu'elle ne désire pas effectuer elle-même.
- Le plan comptable général s'en tient à une définition plus restrictive, puisqu'il distingue :
  - les **“ achats de sous-traitance ”,** qui regroupent la sous-traitance industrielle, dont les produits entrent dans le coût direct du produit et la sous-traitance de services destinés à être refacturés aux tiers ;
  - la **“ sous-traitance générale ”** qui regroupe les autres opérations de sous-traitance **à l'exclusion** des travaux d'ordre administratif (tenue de comptabilité, nettoyage, gardiennage) qui sont considérés comme des **services extérieurs.** Ces derniers travaux représentent il est vrai une proportion en général assez limitée des charges de l'entreprise.

MOTIVATIONS DU DONNEUR D'ORDRE

■ Technicité du produit

La sophistication croissante du processus de production entraîne un certain morcellement des tâches. La sous-traitance en est l'une des manifestations. Elle se différencie de la simple relation de fournisseur à client, en ce que le client impose ici au sous-traitant le cadre dans lequel il doit travailler : caractéristique générale de la fabrication, quantité, délais, contraintes de qualité, de stockage, etc. Les industries de biens d'équipement sont le lieu d'élection de ce type de sous-traitance.

■ Besoin de capacité de production

Face à une demande élevée, l'entreprise dont les capacités de production sont saturées peut trouver intérêt à satisfaire sa clientèle par le biais de sous-traitants, plutôt que d'augmenter ses prix et risquer ainsi de perdre définitivement une part de marché. Ce type de sous-traitance est momentané (ou périodique) : si la demande se maintient, l'entreprise a en effet intérêt, en général, à augmenter ses propres capacités de production.

■ Faiblesse des coûts de production

Le sous-traitant réalise parfois à moindre coût certaines opérations que le donneur d'ordre serait techniquement parfaitement capable de réaliser (nettoyage, gardiennage, transports, travaux de traitement manuel de masse, recours aux pays à faible coût de main d'œuvre). Il s'agit souvent de travaux de main d'œuvre peu qualifiée, soumise à un régime social moins avantageux que celui dont bénéficient les salariés du donneur d'ordre. Les industries de bien de consommation et d'électronique ont largement recours à ce type de sous-traitance.

■ Option stratégique

Le recours à la sous-traitance peut faire l'objet d'une recherche systématique visant à :

- pallier — surtout pour une entreprise qui débute — le manque de capitaux. C'est en effet le sous-traitant qui supportera l'endettement destiné à financer les investissements et le cycle de production du produit. Le banquier montera plus facilement des financements sur un sous-traitant honorablement connu que sur une entreprise en création ;
- pallier le manque de personnel compétent. Dans les affaires en forte expansion, les dirigeants ne sont pas toujours en mesure de s'occuper du recrutement et surtout de la formation d'une équipe complète de salariés affectés à la production, quand eux-mêmes sont absorbés par le développement du produit et la prospection du marché. Il est d'ailleurs fréquent qu'il y ait dans ce cas plusieurs sous-traitants mis en concurrence sur un seul produit ;
- bénéficier d'une souplesse et d'une capacité d'adaptation optimale des facteurs de production. Les contrats de sous-traitance ne couvrent pas en général plus d'une année, ce qui laisse donc le donneur d'ordre beaucoup plus libre que s'il avait lui-même procédé aux investissements nécessaires en homme et en matériel.

RISQUES ENCOURUS PAR LE DONNEUR D'ORDRE

■ Qualité insuffisante de la production

La sous-traitance " technique " suppose un système très fiable de contrôle de la production du sous-traitant. Une défectuosité peut en effet se répercuter non seulement sur la pièce sous-traitée, mais sur l'ensemble de la fabrication du donneur d'ordre, et nuire gravement à son image de marque auprès de la clientèle (lanceurs spaciaux, centrales nucléaires).

■ **Défaillance du sous-traitant**

— Dans le domaine de la sous-traitance " technique ", le sous-traitant est souvent le seul à maîtriser la fabrication de la pièce sous-traitée. Sa défaillance est donc plus grave que celle d'un simple fournisseur. De ce fait, il est fréquent que ce soient les donneurs d'ordre — et non les associés — qui viennent apporter leur soutien aux sous-traitants en difficulté.

— De façon générale, il peut arriver que le donneur d'ordre consente au sous-traitant des avances et acomptes, particulièrement élevés dans le secteur des biens d'équipement, qui seront gelés en cas de défaillance.

■ **Allongement du cycle de production**

Si la sous-traitance a pour effet de transférer une grande partie des besoins de financement chez le sous-traitant, il n'en est pas moins vrai que le délai **effectif** de production a tendance à augmenter en raison du délai de transmission puis de prise en compte des commandes du donneur d'ordre au sous-traitant. Pour se prémunir contre cet aléa, le donneur d'ordre fixe au sous-traitant des contraintes de stockage ou des délais de livraison minimaux.

■ **Hausse des coûts de production**

La sous-traitance " de capacité " ne suppose pas de lien de subordination technique et commercial aussi strict que la sous-traitance " technique ". Au contraire, le sous-traitant, pour qui la demande du donneur d'ordre représente un apport marginal et temporaire, est en position de force. Se trouvant de surcroît servir la même clientèle que le donneur d'ordre, il va souvent bénéficier en même temps que lui de la progression de la demande. De ce fait, le donneur d'ordre peut très bien enregistrer des **pertes** sur la partie du chiffre d'affaires qu'il a été contraint de sous-traiter, en raison des prix prohibitifs que lui a facturés le sous-traitant, plus intéressé à satisfaire en priorité sa propre clientèle plutôt que celle du donneur d'ordre.

■ **Substitution du sous-traitant au donneur d'ordre**

La notoriété et la surface financière du sous-traitant peuvent lui permettre de développer un réseau commercial autonome directement concurrent de celui du donneur d'ordre non seulement pour la production sous-traitée, mais pour tout ou partie des fabrications situées en aval (processus d'intégration verticale du sous-traitant). C'est notamment le cas lorsque le sous-traitant fabrique un produit fini (chaussure, poupée) dont le donneur d'ordre n'assure que la conception sans effectuer aucun montage ou aucun assemblage.

RISQUES ENCOURUS PAR LE SOUS-TRAITANT

— Dans le cas de la sous-traitance " technique ", les contrats sont conclus pour une durée assez longue (1 an). Les **marges sont en général limitées.** — du moins dans certains secteurs (automobile) — avec en contrepartie la certitude d'une activité assez régulière (fabrication de produits " sans marque " pour les hypermarchés).

— La sous-traitance technique maintient le sous-traitant dans un état de **dépendance technologique et commerciale** qui rend hasardeuse une diversification dans d'autres domaines.

— La défaillance du donneur d'ordre est tout aussi grave pour le sous-traitant, dont les moyens de production et la qualification du personnel sont axés sur un type de fabrication donné. Une reconversion nécessite alors un certain délai, qui peut être fatal à l'entreprise. Ce risque est d'autant plus accusé que le donneur d'ordre se trouve souvent, dans ces domaines, en position dominante sur son marché (matériel ferroviaire, matériel médical).

– Le risque bilantiel est enfin particulièrement accusé, sauf dans le cas où les acomptes du donneur d'ordre couvrent la commande. Une loi du 31 Décembre 1975 a cherché à limiter ce risque. Elle ne s'applique qu'aux contrats de sous-traitance passés dans le cadre d'un marché public et aux contrats privés d'entreprise, et se limite donc pour l'essentiel à la sous-traitance de technicité. Elle institue :

- dans le cas des marchés publics, **le paiement direct** du maître d'ouvrage public au sous-traitant pour la part qui lui revient. Ce dernier ne court donc plus de risque du fait de la défaillance du donneur d'ordre ;
- dans le cas des contrats privés d'entreprise, l'obligation — sous quelques réserves — faite au donneur d'ordre de souscrire une **garantie bancaire** en faveur du sous-traitant pour les sommes qui resteraient impayées. La loi ouvre également au sous-traitant une **action directe** contre le maître de l'ouvrage si le donneur d'ordre ne l'a pas payé un mois après mise en demeure.

SURVEILLANCE PARTICULIERE INCOMBANT AU BANQUIER

– Qu'il soit banquier du donneur d'ordre ou du sous-traitant, le banquier doit s'efforcer de recueillir sur le partenaire de son client tous renseignements utiles sur sa situation financière, dans la mesure où le couple donneur d'ordre — sous-traitant est étroitement lié dans la bonne comme dans la mauvaise fortune.

– Si le chiffre d'affaires du donneur d'ordre est réalisé en grande partie en sous-traitance, il y a lieu d'isoler l'activité propre du donneur d'ordre qui résulte des facteurs de production qu'il met en jeu lui-même, de l'activité sous-traitée et refacturée, qui se matérialise par une simple marge en terme de résultats. De la même façon, les besoins de financement du donneur d'ordre peuvent dans certains cas paraître disproportionnés à sa situation financière et à son activité réelle. Le banquier doit alors distinguer les concours destinés à couvrir le cycle d'exploitation propre au donneur d'ordre, de ceux qui financent directement, par le biais des acomptes, la part de marché sous-traitée. Dans ce dernier cas, il y a lieu de fixer l'enveloppe globale des ouvertures de crédit **en accord avec les banquiers des sous-traitants.**

– Si le banquier se situe dans le cadre de la loi de 1975, il a intérêt à financer la totalité du marché (contre cession Dailly) quitte à accorder des cautions bancaires aux sous-traitants, seul ou en pool. Il doit alors s'assurer, pour que la cession Dailly soit valable, que tous les sous-traitants concernés ont bien été couverts par une caution bancaire (problème de la sous-traitance occulte).

Section 3

Le mode de commercialisation

Il ne suffit pas de produire des biens ou services ou de stocker convenablement des marchandises, encore faut-il les **vendre.**

Le chef d'entreprise ne dispose que d'une latitude assez restreinte dans le choix du mode de commercialisation, ce qui renforce son importance stratégique et le risque économique correspondant.

1 - L'ENTREPRISE N'A QU'UNE LATITUDE RESTREINTE DANS LE CHOIX DU MODE DE COMMERCIALISATION

A - LE CHOIX DU MODE DE COMMERCIALISATION DEPEND SURTOUT DU PRODUIT ET DE SES MARCHES

On n'analysera pas ici le cas des entreprises de négoce dont l'objet est précisément de commercialiser des biens ou services créés par d'autres. Ces entreprises peuvent elles-mêmes recourir à certains des procédés qui sont décrits plus bas (notamment la représentation),ou à des modes de commercialisation qui leur sont propres. Le commerce du détail offre une multiplicité de solutions allant des grandes surfaces aux petits détaillants, en passant par des moyens plus sophistiqués : vente par correspondance (VPC), par MINITEL, etc.

Le tableau qui suit présente schématiquement les principaux modes de commercialisation, avec leurs caractéristiques, qui sont assez étroitement liées à la nature du produit. Ceci dit, comme on l'a vu, un produit donné peut être vendu sur plusieurs marchés à la fois, ce qui peut correspondre à plusieurs modes de commercialisations différents.

MODES DE COMMERCIALISATION		
MODE	**DEFINITION**	**CARACTERISTIQUES**
VENTE DIRECTE	La force de vente est constituée de salariés de l'entreprise.	Solution assurant une **qualité** optimale à la vente, et se justifie donc pour des produits dont la vente est assortie de services annexes étoffés (montage, formation, maintenance), ou qui sont taillés sur mesure : biens d'équipement, services d'étude. Par ailleurs, cette solution s'impose dans le cas des services non stockables : transports, restauration, banques.
VENTE PAR COMMISSIONNAIRES	Le commissionnaire est un simple **mandataire**-qui permet aux vendeurs et acheteurs de faire affaire, sans pour autant nouer contact directement.	Terrain d'élection de ce mode de commercialisation : **produits standardisés,** pour lesquels existe un marché mondial (matières premières surtout).
REPRESENTATION	Le représentant est un mandataire — éventuellement salarié — qui met en contact l'entreprise avec des clients dénommés et dispose d'un droit sur le portefeuille de clientèle qu'il constitue.	Solution presque universelle, à la fois efficace et souple. On peut lui reprocher son coût (intéressement important) et son manque de fiabilité (turn over élevé, et qualification parfois médiocre des vendeurs).
GERANCE LIBRE	Le gérant libre est un commerçant qui fait fructifier un fonds de commerce appartenant à l'entreprise et que celle-ci lui loue.	Solution traditionnelle dans nombre de secteurs (station-service notamment). On lui reproche une motivation insuffisante du gérant, face à l'importance des moyens mis en œuvre (murs, stocks, droit au bail, etc.)
CONCESSION	Le concessionnaire — qui est une société distincte et indépendante — est lié à l'entreprise vendeuse par un contrat d'exclusivité, en contrepartie duquel il bénéficie des services proposés par le vendeur (formation...) et de sa publicité.	Solution permettant à un tiers à l'entreprise d'engager des frais de commercialisation importants en étant assuré d'une certaine permanence dans l'effort de promotion : automobiles, ordinateurs, importateurs.
FRANCHISE	Exploitation exclusive, en fonction de facteurs précis et objectifs fixés par le franchiseur, par un franchisé d'un fonds de commerce qu'il a créé et dont il assure le financement.	Convient aux biens ou services peu élaborés. Le risque financier incombe essentiellement au franchisé, qui est très motivé.

B - LES MOYENS D'ACTION SUR LE RESEAU DE COMMERCIALISATION SONT ASSEZ LIMITES

Le réseau de commercialisation est – sauf dans le cas où ce sont des salariés attachés à l'entreprise qui constituent la force de vente – constitué par des personnes ou des sociétés qui sont relativement indépendantes à la fois juridiquement et pratiquement. Alors que le dirigeant avait une assez grande liberté pour déterminer les caractéristiques de la structure de production de l'affaire, il a les coudées beaucoup moins franches en ce qui concerne le mode de commercialisation :

– il est très délicat de **modifier** la structure du réseau de commercialisation. Lorsque l'entreprise désire se séparer d'un représentant, elle doit, soit lui racheter sa clientèle, soit se résoudre à la **perdre.** Dans bien des cas ces deux inconvénients s'additionnent partiellement. C'est pourquoi certaines entreprises sont en quelque sorte "prisonnières" de leur réseau de commercialisation ;

– il n'est pas facile non plus de **motiver** le réseau de commercialisation, surtout s'il ne travaille pas en exclusivité pour l'entreprise, ce qui est souvent le cas à la grande exportation, ou lorsque l'entreprise est d'une taille modeste (représentants "multicartes", concessionnaires multimarques).

2 - MODE DE COMMERCIALISATION ET RISQUE ECONOMIQUE

Le mode de commercialisation est un facteur essentiel de **rigidité** de l'entreprise face à l'évolution du marché.

Cette relative rigidité du mode de commercialisation définit le risque économique qui lui correspond :

A - LE RISQUE DE DECALAGE ENTRE L'EVOLUTION DES MARCHES ET L'EVOLUTION DES RESEAUX

Le cas classique est celui d'une entreprise de salaisons, dont le réseau était essentiellement tourné vers les charcutiers détaillants, avec une évolution très timide vers la charcuterie de grande surface. Bien que son produit soit bon, et le marché globalement assez porteur (+ 1 % à + 2 % l'an), l'entreprise n'a connu qu'une croissance nulle ou même négative certaines années. Pourquoi ? Parce que l'orientation préférentielle du réseau a positionné par force l'entreprise dans le segment du marché **le moins porteur,** et ceci en dehors de toute considération sur l'efficacité de sa publicité de marque. Cet exemple peut aussi être extrapolé à tous les produits disposant déjà d'un réseau commercial performant, et qui voient s'ouvrir un marché nouveau exigeant un mode de commercialisation différent : mini-ordinateurs professionnels/ordinateurs familiaux, marché de première monte/marché de rechange, pays occidentaux/pays à commerce d'Etat, etc.

B - LE RISQUE DE DISPARITION BRUTALE DU RESEAU

Il s'agit du cas où la filiale de commercialisation fait faillite, le concessionnaire ne renouvelle pas son contrat et où les représentants passent à la concurrence. Relativement rare, il ne peut être négligé lorsque l'entreprise est de petite taille ou bien ne représente pas une activité essentielle pour le concessionnaire ou le représentant.

Section 4

Les perspectives de croissance à long terme

Jusqu'ici, nous n'avons envisagé les choix stratégiques que sur un horizon relativement limité : quatre à cinq ans au grand maximum. Mais dans la pratique, les interventions du banquier s'étalent sur une durée de plus en plus considérable, que l'on fasse référence aux opérations de financement traditionnel (crédit-bail notamment) ou aux interventions en fonds propres (prises de participation, conseils en transmission, LMBO, etc.).

Aussi au-delà du risque économique immédiat, le banquier peut-il être amené à esquisser une réflexion sur les potentialités de croissance de l'affaire.

Par ailleurs, au plan de l'entreprise, il faut être conscient que la croissance représente un **impératif de survie,** quelque soit la tendance, plus ou moins porteuse du marché. En effet, **l'amélioration constante de la productivité** dans un contexte de **concurrence pure et parfaite** a pour corollaire, à volume de production égal, une diminution régulière de l'activité et des profits de l'entreprise.

Celle-ci se marginalise peu à peu, même si elle conserve intacte sa part de marché (1).

Majeure : Le chef d'entreprise a-t-il un projet de développement à long terme ?

Mineures : L'entreprise a-t-elle des perspectives de croissance sur son propre marché ?
Son produit se prête-t-il à des utilisations sur d'autres marchés ?
Son expérience industrielle ou commerciale lui permettrait-elle d'aborder des produits ou des marchés différents ?

(1) Elle ne pourra d'ailleurs probablement pas conserver, à long terme, sa part de marché. Les concurrents qui ont réussi à accroître leurs parts respectives, bénéficieront en effet de gains d'échelle de plus en plus déterminants.

1 - QUELLE CROISSANCE PROBABLE ?

A - LE SCHEMA DU BOSTON CONSULTING GROUP

Le Boston Consulting Group (BCG) distingue, dans une théorie maintenant célèbre, deux paramètres essentiels pour situer les performances de chacune des **activités** de l'entreprise :

• La **part de marché relative,** appréciée par le rapport :

$$\frac{\text{part de marché de l'entreprise}}{\text{part de marché de son principal concurrent}}$$

Plus la part de marché relative est importante, et plus la production cumulée de l'entreprise depuis la création du produit (appelée aussi " courbe d'expérience ") est importante. A un niveau de prix donné, elle pourra donc réaliser des gains d'échelle par rapport aux concurrents qui sont moins bien placés qu'elle, et dégagera des profits supérieurs.

• **Le type de marché**

Au plan financier, la phase **d'expansion** correspond à un intense besoin de financement, nécessaire pour assurer les gains de part de marché aussi bien que pour développer ex nihilo l'outil industriel et commercial. Dans la phase de **maturité,** les petits concurrents ont été éliminés, et la rentabilité s'élève tandis que les investissements stagnent : l'activité dégage une trésorerie abondante.

Le schéma du BCG n'envisage pas la phase de **déclin,** qui est évidemment, du point de vue stratégique, à proscrire.

Chaque activité peut donc être caractérisée selon ces deux critères, dans le tableau à double entrée suivant :

Part de marché relative		Marché en pleine croissance	Marché mûr
	> 1	I. " Etoiles " Rentable Trésorerie peu abondante	III. " Vaches à lait " Très rentable Trésorerie abondante
	< 1	II. " Dilemmes " Peu rentable Trésorerie peu abondante	IV. " Poids morts " Peu rentable Trésorerie peu abondante

Il y a lieu de nuancer ce schéma en invoquant, par exemple, la compétitivité de l'entreprise, qui peut compenser une part de marché plutôt faible.

Aucun des quatre types d'activité n'est stable :

– I évolue vers III : arrivée du marché à maturité ;

– II évolue vers I ou vers IV, selon le prix que consent à y mettre l'entreprise ;

– III évolue vers une situation comparable à celle de IV : les profits baissent sur un marché en déclin, même si la part relative est importante ;

– IV est condamnée à disparaître, sauf bouleversements technologiques.

B - QUELS ENSEIGNEMENTS POUR LE BANQUIER ?

Cette analyse stratégique est aussi valable pour la PME spécialisée dans une seule activité que pour les entreprises plus diversifiées.

Elle permet de déterminer l'évolution probable de l'activité, des besoins de financement et du risque économique de l'affaire.

① Evolution probable de l'activité

Il s'agit là d'une évolution à moyen terme, qui peut être appréciée soit directement par référence au schéma du BCG, soit en pondérant le **portefeuille** d'activités de l'entreprise – si elle en exerce plusieurs – par l'importance relative de chacune d'entre elles. Très grossièrement, on peut ainsi caractériser le portefeuille d'une entreprise, et en prévoir l'évolution générale ainsi que le montrent les exemples suivants, qui se réfèrent à quelques grandes entreprises. La flèche indique le sens probable de l'évolution.

Haute technologie

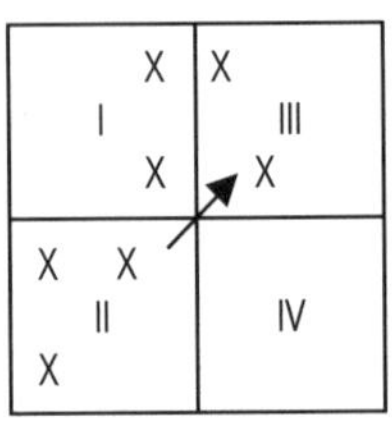

Automobile

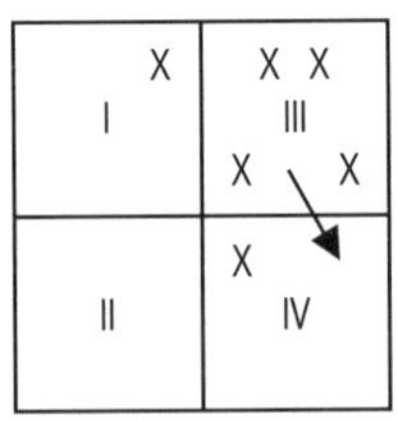

Electronique professionnelle et grand public

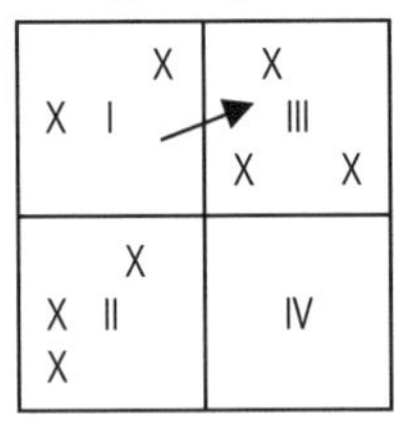

② Evolution des besoins de financement et du risque

– Le financement des activités est plus ou moins **risqué** selon le type considéré : l'effort financier à consentir pour passer de II vers I, peut se traduire par un grave échec. Quant aux concours accordés pour maintenir une activité en IV, ils sont pratiquement distribués à fonds perdus. En revanche, le financement d'investissements permettant de passer de I à III est assez sûr.

– En fonction de l'activité ou du portefeuille d'activités, la trésorerie dégagée par l'affaire peut être plus ou moins abondante et avoir tendance à augmenter ou à décroître. Par exemple, lorsque l'entreprise possède un portefeuille bien équilibré, les "vaches à lait" permettent de financer les "étoiles". Le recours au financement bancaire est ainsi relativement limité. En revanche, lorsque le portefeuille est moins diversifié, l'importance des besoins et leur évolution peut être beaucoup plus prononcée. Chez les grands constructeurs informatiques coexistent ainsi des "vaches à lait" (les architectes propriétaires) et des "étoiles" qui sont parfois des "dilemmes" (l'architecture UNIX).

2 - QUELLES STRATEGIES POSSIBLES ?

Face aux perspectives de croissance de l'affaire, le chef d'entreprise va réagir en accompagnant la croissance ou bien au contraire en recherchant une issue de secours face à un avenir compromis.

La palette des possibilités dépend moins du produit fabriqué par l'entreprise, que de la façon dont celle-ci désire se placer vis-à-vis du **marché principal** du produit : veut-elle **rester** sur ce marché, **étendre** ses activités à la filière de production, ou enfin **changer** d'activité ? Il va de soi que dans la pratique ces distinctions ne sont pas aussi tranchées, et que la croissance se conçoit, par exemple, aussi bien par gains de part de marché que par intégration verticale.

A - ACCROITRE SA PART DE MARCHE

Deux voies peuvent être combinées :

① La croissance interne

Bénéficiant d'une bonne rentabilité, l'entreprise développe ses capacités de production et baisse par là-même ses coûts. Cette option offensive suppose un niveau technologique supérieur à celui de la concurrence, et une agressivité commerciale particulièrement efficace.

En fait, elle n'est guère applicable dans le cas où l'entreprise fait jeu égal avec ses concurrents sans les dominer nettement dans un seul domaine.

② La croissance externe

Ne bénéficiant pas nécessairement de fonds propres exceptionnels, l'entreprise procède par **rachat** d'affaires concurrentes qui se trouvent en difficulté, ou dont la valorisation (boursière) est particulièrement faible par rapport à sa valeur intrinsèque. Cette façon de procéder permet d'aller vite en besogne, et de profiter assez rapidement de gains d'échelle. Elle n'est pourtant pas exempte de risque : l'organisation interne de l'affaire reprise peut s'avérer très délicate à harmoniser avec celle de l'entreprise repreneuse, son équipe dirigeante peut refuser de collaborer, et enfin, il est fréquent de retrouver d'imprévisibles "cadavres dans les placards" (marchés passés à perte, détournements, etc.).

L'accroissement des parts de marché trouve ses limites quand l'entreprise a acquis une situation dominante sur le marché, ou bien ne le partage plus qu'avec un ou deux concurrents de poids comparable.

B - ETENDRE SES ACTIVITES A L'ENSEMBLE DE LA FILIERE DE PRODUCTION

① Intégration verticale

L'entreprise étend son activité en amont (activité des fournisseurs) ou en aval (activité des clients). Elle recherche ce faisant une **meilleure maîtrise de sa production** (régularité de l'approvisionnement, qualité des produits, stabilité des débouchés), mais également, par la suppression des intermédiaires, et la rationalisation du processus de fabrication, la baisse des coûts. On constate que ce schéma, très prisé lors de la deuxième révolution industrielle (exemple : détention par une affaire de pneumatiques de plantations d'hévéas) a plutôt tendance à disparaître : les industriels considèrent généralement que ce schéma les rend captifs d'un certain type d'approvisionnement, et les empêche de profiter pleinement du progrès technique.

② Intégration horizontale

En raison des limites de l'intégration verticale, de nombreuses affaires préfèrent pénétrer progressivement des **marchés voisins** du marché initial, dont les contraintes et les habitudes soient suffisamment proches. Les investissements industriels, humains et commerciaux sont ainsi beaucoup plus limités que dans le cas de l'intégration verticale. Par exemple, les rasoirs jetables et stylos billes bien que très différents dans leur objet, obéissent tous deux au même processus de production (très longues séries), utilisent les mêmes réseaux commerciaux (grandes surfaces) et font appel au même type de publicité.

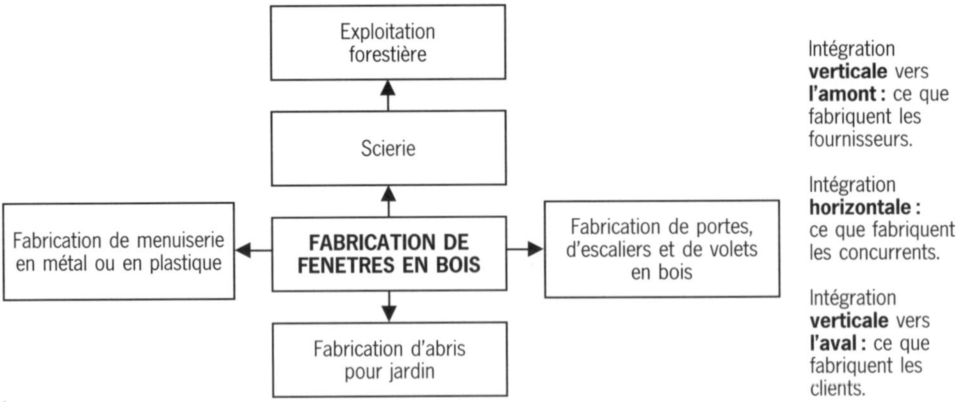

POURQUOI CREER OU ACQUERIR DES FILIALES ?

DANS LE CADRE D'UNE CROISSANCE EXTERNE

La société existe déjà, et sa prise de contrôle correspond à une augmentation du chiffre d'affaires du groupe.

■ Motif financier

L'affaire semble sous évaluée (notamment en Bourse) ou sa situation financière difficile semble pouvoir être redressée, dégageant ainsi à la revente une plus-value intéressante.

■ Motifs techniques et commerciaux

- La société reprise est dans le même secteur que le groupe et lui permet d'accroître sa part de marché et donc d'abaisser ses coûts.
- La société dispose d'un savoir-faire intéressant dans un domaine déterminé, qui pourrait être utile au développement des produits conçus par le groupe, ou dont le groupe pourrait favoriser au contraire le développement grâce à ses moyens financiers et son réseau commercial.
- La société fabrique des produits complémentaires à ceux du groupe. La société est implantée dans des marchés sectoriels ou géographiques complémentaires de ceux du groupe.

DANS LE CADRE D'UNE NOUVELLE ACTIVITE

L'activité se crée, ou existe déjà au sein du groupe mais est "filialisée".

■ Motifs financiers

- La société dispose d'un potentiel de croissance important, mais la structure financière de la société-mère ne permet pas de satisfaire aux besoins. La filialisation à 50 % permet de faire appel à des capitaux extérieurs privés, notamment dans le cadre d'une introduction en bourse, sans perte de contrôle.
- L'activité ne concorde plus avec la stratégie du groupe et doit être cédée. Avant même de connaître le repreneur, la filialisation permet de mieux cerner la valeur de l'activité, et de simplifier les modalités de la cession.
- La société-mère dispose d'importantes plus-values latentes sur immobilisations corporelles, ou cherche à extérioriser le fonds de commerce créé sur une activité donnée. La filiale acquerra les actifs immobilisés dont il s'agit, ce qui permettra d'améliorer la situation apparente de la société-mère, au prix d'une imposition des plus-values de cession, souvent assez limitée (régime de l'agrément fiscal).

■ Motifs techniques et commerciaux

- La rentabilité de l'activité n'est pas bien connue et assez aléatoire ; la création d'une filiale permet de limiter les pertes en cas d'évolution trop défavorable.
- L'activité constitue une complète diversification pour le groupe, ou ne se situe pas dans le créneau de notoriété des autres produits du groupe. Aussi est-il préférable, pour ne pas nuire à l'image de marque des différentes activités, qu'elle paraisse strictement distincte ou même concurrente.
- L'activité nouvellement créée nécessite la combinaison de plusieurs techniques maîtrisées par des groupes différents, ou concerne une unité de production de taille très importante, destinée à alimenter les marchés de plusieurs concurrents à la fois (ex : mise en commun d'usines d'engrais).

■ **Motifs de gestion**

– La gestion du groupe n'est pas jugée suffisamment souple. La filialisation permet une meilleure déconcentration des décisions et une plus grande motivation de l'équipe dirigeante.

– Le personnel du groupe dispose d'un statut protecteur, qui fait échec au recrutement extérieur. Par ailleurs, la nouvelle activité nécessite la mise sur pied d'une structure très spécifique qui ne trouverait pas sa place dans l'organigramme de la société-mère.

– La filiale est un sous-holding détenu à parité avec un ou plusieurs actionnaires. Ceci permet au dirigeant du sous-holding de parler d'une seule voix dans les sous-filiales qu'il détient.

■ **Motifs juridiques**

– L'activité ne peut être exercée que dans un cadre juridique très précis et limitatif, permettant de bénéficier de divers avantages fiscaux (ex : SICOMI, Sociétés financières d'innovation, sociétés d'économie mixte...).

– La filiale est sous une forme juridique qui lui permet de réaliser des opérations que la maison-mère n'a pas le droit d'effectuer (ex : filiales des banques mutualistes ou coopératives pour les émissions d'emprunts obligataires, établissements de crédits filiales de groupes industriels).

– Le code des investissements du pays étranger exige l'exercice de l'activité sous forme de filiale majoritaire ou minoritaire (extrêmement courant en dehors de l'OCDE).

C - ABORDER UNE ACTIVITE TOTALEMENT DIFFERENTE

Jusqu'ici, les deux stratégies passées sous revue impliqueraient un changement assez **progressif** de l'activité. Mais certaines affaires, rentables mais situées sur un marché en déclin ou trop concurrencé, peuvent opter pour une diversification de l'activité dans un secteur entièrement nouveau. **Les risques sont alors maximaux,** ce qui ne veut pas dire qu'ils soient déraisonnables. L'histoire récente est jalonnée d'exemples de diversifications aussi radicales que réussies : des tissages aux hypermarchés, de la production verrière aux produits alimentaires et des travaux publics à la télévision...

Mais l'expérience montre que les diversifications dans des domaines fondamentalement nouveaux sont d'autant plus risqués que l'entreprise est de taille moyenne ou petite. Bien faire le métier **que l'on connaît** reste dans bien des cas la règle d'or pour la PME. La politique du **conglomérat** reste l'apanage des géants de l'industrie.

Le risque de diversification n'est pas d'une nature différente de celui né d'investissements visant un accroissement de parts de marché. Mais il est sensiblement plus élevé pour deux raisons majeures :

– la mise initiale est en général comparativement plus importante, la synergie avec la structure de production existante étant plus faible ;

– la connaissance du marché est moins approfondie est donc les risques d'erreur d'appréciation plus élevés.

La maîtrise du risque de diversification passera donc par :

– **Une bonne connaissance préalable du marché :**
  - préparation de la diversification par des investissements limités de reconnaissance (participations minoritaires dans des sociétés maîtrisant le produit, appel à des études de marché etc.) ;
  - démarrage de l'activité à partir du rachat de sociétés préexistantes, et non pas ex-nihilo ;
  - recours à des dirigeants ou animateurs issus du secteur, et non pas à des personnalités de l'entreprise même.

– **La limitation des investissements initiaux au strict minimum :**
  - sous-traitance maximale de la phase de préparation de la diversification auprès de l'entreprise qui se diversifie, ou auprès de cabinets de conseils, de façon à limiter les frais de structure de l'activité à la seule période opérationnelle ;
  - association avec un autre industriel (ex : Peugeot et Renault dans le recyclage industriel) ;
  - transfert du risque d'investissement sur d'autres entités (création de filiale associant des investisseurs extérieurs, mais laissant le leadership industriel : ex : Eurodisneyland, capital-risque etc) ;
  - préférence donnée au processus industriel favorisant la synergie avec l'activité ancienne (ex : commercialisation de progiciels informatiques déjà développés en interne).

3 - AVEC QUELS MOYENS FINANCIERS ?

Les stratégies de croissance se traduisent nécessairement par des flux de capitaux propres (augmentation de capital, etc.) qui constituent des événements majeurs dans la vie de l'entreprise. C'est à cette occasion que le banquier peut mettre en valeur son savoir-faire en terme " d'ingénierie financière " (en anglais M & A : mergers and acquisitions, ou Corporate Finance).

A - RENFORCER SES FONDS PROPRES

Le renforcement des fonds propres peut se faire par mise en place de concours subordonnés. C'est le cas des TSDI (titres subordonnés remboursables par l'émetteur selon une durée indéterminée) ou des TSR (titres subordonnés remboursables). Mais le moyen le plus courant est l'augmentation de capital en numéraire, c'est-à-dire avec versement " d'argent frais ".

① Procédure d'autorisation

L'augmentation de capital est toujours décidée à la majorité qualifiée des associés, voire à l'unanimité. Dans le cas des sociétés anonymes, cette décision est du ressort de l'Assemblée Générale Extraordinaire, et nécessite une majorité des 2/3 des actionnaires présents ou représentés, pourvu qu'au moins 50 % des actionnaires aient effectivement participé au vote (quorum). C'est la raison pour laquelle une participation de plus d'1/3 est appellée **minorité de blocage.**

② Incidence sur le contrôle de la société

Le contrôle de la société est déterminé en fonction de la répartition du capital social entre les mains des actionnaires. Mais la valeur de l'action dépend de la valeur attribuée à la société, qui est rarement égale, et le plus souvent supérieure, à celle du capital social. La différence entre la valeur nominale de l'action et son prix de souscription s'appelle une **prime d'émission.**

Exemple : les capitaux propres de la société A sont répartis comme suit :

Capital	10 000 000 F divisé en 100 000 actions de 100 F.
Réserves	5 000 000 F
Total	15 000000 F

La valeur de l'action est, d'après les comptes, de : $\frac{15\,000\,000\text{ F}}{100\,000} = 150$ F par action.

En fait, la valeur **de marché** de l'action est estimée à 250 F, après prise en compte des réserves latentes et de la capacité bénéficiaire de l'affaire. Si l'entreprise A désire lever 20 000 000 F de capitaux propres auprès d'un investisseur, elle procède donc à l'émission de $\frac{20\,000\,000}{250} = 80\,000$ actions.

Les capitaux propres se présentent après augmentation de capital, comme suit :

Capital	18 000 000 F
Prime d'émission	12 000 000 F
Réserves	5 000 000 F
Total	35 000 000 F

Cet investisseur aura donc pris une participation de $\frac{8\,000}{18\,000} = 44\,\%$. Mais l'argent frais apporté représentera $\frac{20\,000\,000\text{ F}}{35\,000\,000\text{ F}} = 57\,\%$ des capitaux propres. La différence – soit 13 % – représente le prix payé aux anciens actionnaires pour prendre pied dans la société.

③ Aperçu de quelques techniques spécifiques

L'entrée dans le capital ne s'opère pas toujours directement par apport d'argent frais.

■ La conversion de créances

Le créancier, qui est souvent un fournisseur important de l'entreprise, convertit sa créance en capital (+ prime d'émission, éventuellement). Cette opération ne fait pas rentrer d'argent frais, mais se traduit par la substitution de capitaux propres à une dette commerciale voire financière (banquier).

■ Le coup d'accordéon

L'idée du " coup d'accordéon " est de permettre à une société en difficulté de repartir sur une base saine, en offrant aux nouveaux investisseurs la perspective d'une distribution de dividendes qui ne soit pas handicapée par l'existence d'un report à nouveau débiteur trop important. Dans une première phase, les pertes de la société sont imputées sur le capital, qui est réduit à une valeur symbolique (quelques milliers de francs) par réduction du nominal des actions. Au cours de la même Assemblée Générale Extraordinaire, les nouveaux actionnaires rentrent massivement dans le capital, au pair (sans prime d'émission).

■ Les augmentations de capital conditionnelles

Afin de procurer à des prêteurs une certaine sécurité tout en leur permettant d'être associés à la croissance de l'entreprise, de nombreux produits " hybrides " ont vu le jour, tel les obligations convertibles et surtout les obligations assorties de bons de souscription d'actions. Dans tous les cas, il est consenti à l'investisseur une faculté de souscription à un prix déterminé. Si le cours de l'action (ou sa valeur de marché) vient à dépasser ce prix, alors l'investisseur souscrit puis revend éventuellement à des tiers ses actions en réalisant une plus-value qui améliore le taux effectif de rendement de son placement initial.

Il existe également des émissions de bons de souscription autonomes.

B - S'ASSOCIER

① Procédure

Autorisées par l'Assemblée Générale des actionnaires de chacune des sociétés (absorbante et absorbée, bénéficiaire ou apporteuse), ces opérations se traduisent par la création d'entités plus importantes (fusion) ou de groupement d'intérêts (apports). En rémunération des actifs absorbés ou apportés, les actionnaires reçoivent des titres de la société absorbante ou bénéficiaire de l'apport. La fixation d'un **rapport d'échange,** c'est-à-dire de la valeur respective des actions des deux sociétés concernées, constitue un élément essentiel de la négociation. Plus la valeur de l'action de la société absorbante ou bénéficiaire de l'apport est élevée, plus réduite sera la participation des actionnaires de l'absorbée (ou de l'apporteuse) dans le capital de la nouvelle entité.

② Incidences comptables

La fixation du rapport d'échange n'a aucune incidence sur la façon dont les actifs et passifs absorbés ou apportés sont comptabilisés. Pour éviter une imposition de la plus-value latente, c'est d'ailleurs bien souvent **la valeur comptable d'origine** qui est retenue.

Dans ce cas, si l'on prend l'exemple de la fusion, on peut dire que :

- les ressources propres de la nouvelle entité sont égales à la somme des ressources propres des deux sociétés absorbantes et absorbées ;
- le fonds de roulement, le besoin en fonds de roulement et la trésorerie nette de la nouvelle entité sont la somme des mêmes agrégats des sociétés absorbées et absorbantes.

Mais **si c'est une valeur réévaluée** qui est retenue, alors :

- les ressources propres bénéficient de cette réévaluation ;
- le fonds de roulement est augmenté à concurrence de la réévaluation des actifs circulants (essentiellement les stocks).

③ Risque économique attaché à ce genre d'opérations

A terme, ce genre d'opérations est en général bénéfique, ne serait-ce que grâce aux économies d'échelles qu'il permet. Mais dans l'immédiat (12 à 18 mois), la fusion des équipes créée souvent des problèmes d'ordre interne, tandis que le regroupement des gammes de produits désoriente la clientèle. Un certain passage à vide est donc fréquent.

Chapitre IV

Diagnostic prévisionnel

C'est beaucoup plus la **situation financière future** de l'entreprise qui importe au banquier que sa situation financière **actuelle**. Lorsqu'il consent un crédit, c'est en effet la capacité de remboursement de l'affaire à l'**échéance** qui est déterminante et non pas celle qui ressort des derniers comptes sociaux.

Or dans la plupart des cas, le banquier ne dispose que de comptes parfois assez anciens (de 6 mois à plus d'un an) par rapport à la date où le dossier de crédit est instruit. Il est donc amené à demander des prévisions.

Contrairement aux arrêtés de fin d'exercice qui ne prêtent guère à contestation s'ils sont certifiés, les données prévisionnelles sont les plus indispensables et les moins fiables. Le travail de **critique** est donc ici aussi important que le travail d'**analyse** proprement dit. Après avoir présenté quelques techniques simples de prévisions (1), on abordera le diagnostic prévisionnel sous l'angle opérationnel (2) et sous l'angle financier (3).

Cette importance de la critique et de la validation des données justifie que les questions s'y rapportant soient considérées comme " majeures ".

Majeures : Les données sont-elles plausibles ?
Les données sont-elles cohérentes ?
La CAF prévisionnelle correspond-elle aux besoins de l'entreprise ?

Mineures : La liquidité prévisionnelle de l'entreprise est-elle assurée ?

Plan du chapitre

Section 1

Techniques d'élaboration des documents prévisionnels

1 - TECHNIQUES SIMPLES D'ELABORATION DES RESULTATS PREVISIONNELS

A - LA DECOMPOSITION DES EVOLUTIONS

Les techniques les plus simples sont basées sur une étude de l'évolution générale de l'entreprise à partir de celle de ses ventes et de ses facteurs de production.

① Effet volume et effet prix

La plupart des variables (sauf les dotations aux amortissements et provisions ou les impôts) sont le fruit d'une évolution en volume et en prix : chiffre d'affaires, bien sûr, mais aussi charges de personnel, ou même charges d'intérêts. Dans ce dernier cas, le “ volume ” est représenté par les capitaux moyens, et le “ prix ” par le niveau des taux.

Connaissant les réalisations des exercices passés, on peut en déduire les réalisations à venir. Prenons l'exemple d'une entreprise dans laquelle le salaire moyen était de 250 KF en année N, avec 500 salariés. Les prévisions portent sur 450 salariés en N+1. On peut imaginer un coût salarial de l'ordre de :

$$450 \times 250 \text{ kF} = 112\,500 \text{ kF}$$

② Proportionnalité

Dans le prolongement de la première idée, on peut appliquer à de nombreux phénomènes une “ règle de trois ” des plus simples. Les charges sociales représentent ainsi une proportion très stable des salaires dans une entreprise donnée. De la même façon, les coûts de stockage sont très stables par rapport aux stocks (de 2 à 3 % en général) en fin d'exercice, si le niveau des stocks est significatif de la moyenne des stocks, on peut estimer le coût annuel du stockage sur cette base.

Une meilleure connaissance de l'entreprise peut permettre de déterminer des règles de proportionnalité spécifique. Par exemple :

– frais salariaux de production/production vendue ;
– taux de recyclage des déchets/production totale ;

- dotation aux provisions des créances clients/chiffre d'affaires réalisé ;
- frais de recherche/chiffre d'affaires ;
- ventes de machines " A "/ventes de pièces accessoires machines " A " ;
- produits financiers/BFR (grandes surfaces) ;
- etc.

③ Stabilité

D'autres paramètres répondent plutôt à une règle de stabilité.

Les **remboursements d'emprunts** sont souvent par amortissements constants. Plus rarement, il sont par annuité constante. Dans ce cas, il faut savoir que pour un taux de l'emprunt de i, l'amortissement de l'année N et de l'année N+1 obéissent à la relation suivante :

$$\text{Amortissement N+1} = \text{Amortissement N} \times (1+i)$$

Les remboursements d'emprunts " in fine " (en une seule fois à l'échéance) sont plutôt limités au domaine obligataire.

Les **dividendes** sont aussi souvent assez stables. Les résultats distribuables n'étant pas maîtrisables à volonté, les entreprises sont contraintes dans la pratique d'adopter une politique de lissage de distribution des dividendes pour pouvoir distribuer même en temps de vaches maigres.

④ Prise en compte d'éléments particuliers

Quelques événements exceptionnels dans la vie de l'entreprise méritent un commentaire à part.

Les **cessions d'immobilisations** se traduisent par des plus ou moins-values, qui peuvent avoir une forte incidence sur l'évolution à la hausse comme à la baisse de la pression fiscale.

Les projets de **licenciements** ne se traduisent pas seulement par une diminution mécanique de l'effectif. Ils engendrent également des frais de licenciements que l'on peut en moyenne évaluer à six mois de salaire (durée de la procédure comprise).

Les nouveaux **investissements** se traduisent par des charges d'amortissement nouvelles, qui sont souvent calculées sur le mode dégressif.

B - LA RETROPOLATION

C'est une technique qui consiste à reconstituer à partir des soldes intermédiaires de gestion connus les soldes inconnus, à calculer en quelque sorte " à l'envers " le compte de résultat.

RECONSTITUTION DE L'EXCEDENT BRUT D'EXPLOITATION

Au cours de l'année N, l'entreprise S a réalisé un chiffre d'affaires de 100 MF et dégagé un excédent brut d'exploitation de 25 % (soit 25 MF). Elle a versé 5 MF d'intérêts en rémunération de ses concours bancaires courants qui financent un important besoin en fonds de roulement, et 0,5 MF sur une dette à terme dont la moitié est à échoir au 1er janvier de l'année N+1.

Pour l'année N+1, l'entreprise espère réaliser un chiffre d'affaire de 125 MF, grâce à un nouvel investissement financé par un prêt de 10 MF à 9 % (mis en place le premier janvier). La capacité d'autofinancement se compose de 18 MF de dotation aux amortissements et d'un résultat de 1,16 MF. Le BFR devrait rester inchangé (comme les intérêts).

On peut donc reconstituer l'excédent brut d'exploitation de la façon suivante :

Résultat net	1,16
Impôts sur les sociétés	2,32
Charges financières	
— Sur concours bancaires courants : $\frac{125 \times 5}{100}$	6,25
— Sur anciens concours à terme : $0,5 \times 0,5$	0,25
— Sur nouveaux concours à long terme : $10 \times 9\%$	0,90
Amortissements	18,00
Excédent brut d'exploitation	28,88

soit 23,1 % du chiffre d'affaires prévisionnel à comparer avec 25 % en N.

La prévision de l'entreprise ne semble donc pas pêcher par excès d'optimisme. La baisse relative de l'EBE semble même assez plausible, dans la mesure où il s'agit de la première année de la mise en œuvre d'un investissement important.

On peut bien sûr faire des exercices comparables avec n'importe quel solde intermédiaire de gestion. Il s'agit là d'un des principaux moyens de s'assurer de la cohérence des données prévisionnelles.

C - RESULTATS PREVISIONNELS ET PLAN DE TRESORERIE

Les dirigeants de PME ont leur attention et leur raisonnement particulièrement centrés sur l'évolution de leur trésorerie au jour le jour. C'est pourquoi nous avons retenu par ailleurs, le tableau pluriannuel des flux comme un outil bien approprié à ce type d'affaires. Pour cette raison également, les prévisions des PME sont souvent plus fiables en terme de trésorerie que de résultats comptables. Dès lors, le recoupement du plan de trésorerie prévisionnel et des résultats prévisionnels revêt une importance particulière.

① Le plan de trésorerie prévisionnel

Ce plan se présente comme une comparaison de décaissements et d'encaissements, comme le montre le tableau ci-après :

PLAN DE TRESORERIE PREVISIONNEL

Du .... au ....

En ....de francs

MOIS DE											
A. SITUATION DE TRESORERIE EN FIN DE MOIS PRECEDENT											
B. TOTAL DECAISSEMENTS											
Achats marchandises + matières premières											
Sous-traitance											
Services extérieur											
Salaires											
Diverses charges											
TVA à régler											
Impôts et taxes + IS											
Investissements											
Remboursement emprunts + Crédit bail											
Agios CT + LMT											
Dividendes											
C. TOTAL ENCAISSEMENTS											
Ventes France production											
Ventes export production											
Ventes France négoce											
Vente export négoce											
Apports fonds propres											
Variation C/C + Subventions d'investissement											
Divers produits + Subventions d'exploitation											
Emprunts contractés											
D. VARIATION MENSUELLE DE LA TRESORERIE (C-B)											
E. TRESORERIE EN FIN DE MOIS (A-D)											

② Comparaison avec les résultats prévisionnels

Les décalages du plan de trésorerie avec les résultats prévisionnels proviennent avant tout de ce que les dépenses et les recettes sont uniquement celles qui sont encaissées ou décaissées dans l'année. En d'autres termes, il s'agit des dépenses et recettes sous déduction de la variation du BFR.

On retrouve là une notion bien connue : un solde de trésorerie du plan de trésorerie doit donc pouvoir se recouper avec l'ETE. Mais ce recoupement ne fait pas l'objet d'une lecture directe : il est égal à la différence des postes C (quatre première rubriques) et B (5 premières rubriques).

On a donc ici :

Encaissements d'exploitation − Décaissements d'exploitation = ETE

Cette égalité est toujours vraie, et doit pouvoir être vérifiée dans toutes circonstances.

2 - TECHNIQUES D'ELABORATION DES TABLEAUX DE FINANCEMENT PREVISIONNELS

On ne reprendra pas les données générales exposées à l'occasion de l'examen de la rentabilité prévisionnelle, et on se limitera aux aspects spécifiques des prévisions de financement.

A - FAUT-IL BATIR UN TPFF OU UN TABLEAU DE FINANCEMENT ?

On ne prendra pas de position ferme sur le sujet, et on peut parfaitement bâtir les deux types de tableaux. Mais en principe, la construction d'un tableau de financement semble plus adaptée au problème que la construction d'un TPFF, pour deux raisons :

— le souci du banquier est celui de la structure prévisionnelle, qui est donnée “ en lecture directe ”, par le tableau de financement. Le TPFF, qui a l'avantage de mieux cerner le comportement de l'entreprise, est ici moins pertinent puisqu'il s'agit de données purement prévisionnelles. Par ailleurs, cette présentation risque de maintenir le dirigeant et l'entreprise dans une vision trop exclusivement tournée vers la trésorerie au détriment des préoccupations de structure, qui sont des préoccupations de long terme ;

— la construction du tableau de financement est plus simple que celle du TPFF. Le tableau de financement requiert des informations moins nombreuses et plus synthétiques que celles du TPFF. La capacité d'autofinancement prévisionnelle est d'ailleurs le plus souvent strictement égale au résultat brut d'exploitation, en l'absence, par définition, d'éléments exceptionnels.

En définitive, on s'efforcera ici de bâtir et de raisonner sur un tableau de financement prévisionnel, assorti d'un excédent de trésorerie d'exploitation (ETE) prévisionnel. La CAF sera par simplification assimilée à l'ETE sauf informations particulières.

B - CONSTRUCTION DU FONDS DE ROULEMENT PREVISIONNEL

Il s'agit très simplement de retrouver dans des données souvent éparses les éléments essentiels de l'évolution du FR, en essayant d'estimer en fonction de ce que l'on sait des années précédentes, les informations manquantes.

CONSTRUCTION D'UN FR PREVISIONNEL

① Compte rendu de visite

L'entreprise L a réalisé un chiffre d'affaires de 410,8 MF en N. A la fin de l'exercice N, elle présentait la structure financière suivante :

	En kF	En jours de CA HT
Fonds de roulement N	60 210	53
Besoin en fonds de roulement	27 670	24
Trésorerie	32 540	29

Elle détient une filiale, la SAM, qu'elle finance intégralement. La société L n'a pas distribué de dividendes depuis plusieurs années. Elle a pratiqué 9 MF d'amortissements.

Pour l'entreprise L, la conjoncture du bâtiment est restée très soutenue en N, et semble devoir le demeurer. L'entreprise dispose à fin N de 13 mois de carnets de commandes, ce qui est jugé satisfaisant. L'exercice N a bénéficié en outre d'éléments exceptionnels : plus-values de cession pour plus de F 8 millions, et indemnité d'éviction de baux commerciaux pour un montant comparable.

L'objectif est d'apurer un déficit fiscal de F 20 millions sur les quatre prochaines années, ce qui correspondrait à un bénéfice de F 8 millions dès N + 1, pour un chiffre d'affaires en progression de 20 % sans progression des frais généraux. Dans ce domaine, on compte faire un appel croissant à la sous-traitance.

Les besoins de financement ne devraient pas croître trop sensiblement : le développement de la promotion immobilière est en effet délocalisé dans des filiales. Des investissements de l'ordre de F 5 millions sont donc prévus. Il faut leur ajouter F 12 millions prévus dans la SAM.

Le redressement des résultats (5 MF) sur L, devrait y aider. Par ailleurs, un emprunt de 3 MF serait contracté auprès du CEPME, pour compenser en grande partie les tombées (F 2,1 millions). La SAM continuera à se refinancer de son coté à 50 % par comptes-courants de la société-mère et à 50 % par emprunts bancaires.

L'endettement de L, SAM comprise, risque peut être d'augmenter encore. Mais on a le sentiment que la société espère surtout faire un “ gros coup ” immobilier, qui la tirerait définitivement d'affaires.

Le besoin en fonds de roulement devrait augmenter de 10 % seulement en valeur absolue, du fait du recours accru à la sous traitance, à laquelle est transférée une partie de la charge de financement.

② Construction du fonds de roulement prévisionnel

On s'efforce de construire ici le fonds de roulement prévisionnel de L **seule.** Les données ne sont pas suffisantes pour construire un fonds de roulement prévisionnel consolidé.

- **Capacité d'autofinancement.** Le résultat net est disponible (5 MF), mais pas la CAF. On considèrera schématiquement, que la CAF est égale à la somme des résultats et des dotations aux amortissements. En N, les dotations se sont élevées à 9 MF. Elles laissent penser qu'en tendance longue les investissements ont été de l'ordre de 9 MF au moins. Les investissements de N+1 se montant à 5 MF, on devrait donc assister à une diminution progressive de la dotation aux amortissements en N + 1 : par exemple 8 MF. On a donc :
  CAF N + 1 = 5 + 8 = 13 MF.
- **Cession ou réduction d'éléments d'actifs immobilisés.** Aucune cession n'est a priori prévue. Les plus-values mentionnées sont celles de l'exercice N.
- **Distribution de dividendes.** Les comportements sont en général assez stables dans ce domaine. On supposera donc que, comme en N, aucune distribution de dividendes ne sera servie.
- **Comptes-courants chez la SAM.** On considère ici que ces comptes-courants sont à moyen terme, puisqu'ils financent des immobilisations stables chez la filiale. Ils figurent donc sur la ligne " augmentation d'immobilisations financières, en emplois, pour 6 MF.

EVOLUTION DU FONDS DE ROULEMENT DURANT L'EXERCICE N+1

A - Ressources stables	**16 000**
Capacité d'autofinancement	13 000
Cession ou réduction de l'actif immobilisé	0
Augmentation des dettes structurelles	3 000
B - Emplois durables	**13 100**
Distribution décidée au titre de l'exercice	0
Acquisition d'éléments d'actifs	5 000
Augmentation d'immobilisations financières	6 000
Remboursement de dettes structurelles	2 100
Variation du fonds de roulement	**2 900**

	En kF	En jours de CA HT
Fonds de roulement N+1	63 110	45

C - CONSTRUCTION DU BESOIN EN FONDS DE ROULEMENT PREVISIONNEL

L'entreprise peut avoir donné clairement l'information : tant de millions de francs, ou progression de X % par rapport à la fin de l'exercice passé.

En l'absence de renseignements fournis par l'entreprise, deux voies sont possibles.

① Estimation (grossière) par l'évolution du chiffre d'affaires

Si l'on fait l'hypothèse que ni le cycle d'exploitation ni les habitudes de règlement des fournisseurs et des clients n'ont changé, alors on peut écrire :

BFR en fin de l'exercice précédent
× (1 + taux de croissance prévisible du chiffre d'affaires)
= BFR prévisionnel

② Estimation à partir de l'évolution des composantes du BFR

Ce calcul nécessite des investigations un peu plus poussées :

- Croissance prévisible du chiffre d'affaires ?
- Evolution prévisible des stocks et en cours (stockage ou déstockage, notamment en fonction du renouvellement ou de l'arrêt de certaines productions, de la modification de la structure de production, etc.) en jours de chiffre d'affaires ?
- Evolution prévisible des habitudes de paiement (en cas de développement de l'exportation ou de changement de fournisseurs) ?

Il est en général difficile dévaluer les achats prévisionnels, aussi prend on ici comme point de repère le chiffre d'affaire de l'exercice N + 1, en supposant le rapport $\frac{\text{Achats TTC de N}}{\text{CA TTC de N}}$ constant.

Le BFR prévisionnel résulte alors d'une série de " règles de trois " appliquées aux principaux éléments du BFR :

EXTRAPOLATION DU BESOIN EN FONDS DE ROULEMENT

BFR DE N	BFR PREVISIONNEL DE L'EXERCICE N+1
Stocks	CA prévisionnel HT × $\frac{\text{durée de stockage (en jours)}}{360}$
+ Créances clients	CA prévisionnel TTC × $\frac{\text{durée des créances clients (en jours)}}{360}$
− Crédits fournisseurs	CA prévisionnel TTC × $\frac{\text{durée des crédits fournisseurs (en jours)}}{360}$ × $\frac{\text{Achats TTC}}{\text{CA de N TTC}}$
− Divers	− Divers × (1 + croissance du CA HT)
= BFR de N	= BFR prévisionnel en fin d'exercice N + 1

Ces deux méthodes sont approximatives, mais donnent des résultats intéressants. En effet :

- les éléments aléatoires ont en général tendance à se compenser si bien que les prévisions concernant les mouvements de stocks et les habitudes de paiement constituent finalement les seules variables significatives ;
- le BFR prévisionnel n'a pour ambition que de donner une physionomie des besoins moyens de financement. Or seuls ceux-ci sont utiles pour l'analyse prévisionnelle.

D - QUAND LES DONNEES SONT INCOMPATIBLES ENTRE-ELLES, COMMENT PROCEDER ?

Il arrive souvent que les données dont on dispose soient incompatibles entre elles. Par exemple, on ne peut annoncer une forte croissance du chiffre d'affaires à l'export, et simultanément une réduction des délais clients : en effet, l'export est générateur de délais beaucoup plus longs que ceux du chiffre d'affaires " France ". De la même façon, il est peu plausible de soutenir que, toutes choses égales par ailleurs, les dotations aux amortissements seront stables d'une année sur l'autre, alors que l'entreprise se propose de réaliser un ambitieux plan de développement.

Cette incompatibilité se reflète parfois de façon algébrique dans le plan de financement prévisionnel lui-même : par exemple, la capacité d'autofinancement estimée comprend en fait une plus-value de cession, alors que le produit brut de la cession est considéré comme une ressource par ailleurs.

Les cas de figure sont donc multiples, et si l'on a pas pu éclaircir le point avec les dirigeants, on se fixera les règles suivantes :

- **règle analytique :** on préfèrera les données analytiques aux données globales (cf exemple ci-après) ;
- **règle de prudence bancaire :** on prendra en cas de doute l'hypothèse qui se justifie le mieux d'après les " fondamentaux " de l'entreprise (croissance observée du chiffre d'affaires, réalisations passées, état du marché, nature du produit).

Choix des données prévisionnelles

L'entreprise **Psi** pense réaliser au cours du prochain exercice, pour un chiffre d'affaires de 150 MF, une capacité d'autofinancement de 16 MF, dont 4 MF de résultat net. Ses investissements s'élèveraient à 15 MF : 2 MF d'activation de frais de recherche et 13 MF de matériel financé par un crédit à long terme de 10 MF. Les échéances de dettes structurelles s'élèveraient à 2,5 MF, les dividendes à 0,8 MF.

Les dirigeants estiment que le BFR, qui devrait être stabilisé en francs courants, doit être couvert par un FR atteignant 35 jours de CA HT, afin de limiter la trésorerie à 95 J.

Le bilan en fin d'exercice présentait la structure suivante :

	En MF
Fonds de roulement N	12
Besoin en fonds de roulement	58
Trésorerie	– 46

La variation prévisionnelle du FR se présente comme suit :

EVOLUTION DU FONDS DE ROULEMENT DURANT L'EXERCICE N+1

A - Ressources stables	**26,0**
Capacité d'autofinancement	16,0
Augmentation des dettes structurelles	10,0
B - Emplois durables	**18,3**
Distribution décidée au titre de l'exercice	0,8
Acquisition d'éléments d'actifs	15,0
Remboursement de dettes structurelles	2,5
Variation du fonds de roulement	**+ 7,7**

Le FR s'établit donc à 12 + 7,7 = 19,7 MF, soit 48 J de CA HT.
C'est ce chiffre qui sera retenu par préférence au chiffre annoncé par les dirigeants (35 J), puisque les hypothèses sur lesquelles il repose sont parfaitement bien cernées.

Si l'on prend comme objectif un BFR stable, celui-ci se montera donc à :

$$\frac{58}{150} \times 360 = 139 \text{ J}$$

La trésorerie passive se montera donc, par déduction à : 139 – 48 = 91 J de CA HT.
Son montant sera donc un peu inférieur aux prévisions des dirigeants (95 J).

Section 2

Aspect opérationnel

1 - CRITIQUE DES RESULTATS PREVISIONNELS

A - LE MONTANT DU CHIFFRE D'AFFAIRES PREVISIONNEL EST-IL PLAUSIBLE ?

Le banquier peut retenir trois critères d'appréciation :

① Les résultats d'activité des premiers mois de l'exercice

Le dirigeant est normalement parfaitement au courant – ne serait-ce que pour des raisons fiscales (déclaration au titre de la TVA) – du chiffre d'affaires déjà réalisé durant les premiers mois de l'exercice en cours, une dizaine de jours au maximum après la fin du dernier mois. Il peut donc comparer ses performances avec ses prévisions en tenant compte évidemment de la saisonnalité du chiffre d'affaires. De son côté, le banquier peut faire un contrôle de vraisemblance en examinant les remises déposées sur le compte bancaire.

② Le chiffre d'affaires du dernier exercice

Une progression qui s'inscrit dans la lancée des exercices précédents semble – a priori – plausible. Cependant, on pourra la corriger de l'effet de **gamme** dont bénéficie éventuellement l'exercice en cours. Il y a "effet de gamme" lorsqu'un nouveau produit ou une nouvelle gamme de produits sont lancés. En raison de sa nouveauté et de ses atouts techniques, ses ventes connaîtront une croissance supérieure à celle du marché (cf. la vie du produit).

③ La conjoncture

Si le produit n'est pas trop "pointu", la lecture des journaux économiques permet de se faire une idée de l'évolution en cours. De la même façon, le banquier peut recouper ces informations avec celles d'autres clients situés dans la même branche. Il est en effet fréquent que les concurrents soient géographiquement proches et se trouvent donc en relation avec les mêmes banquiers : mécanique de précision à Grenoble, recherche à Sophia Antipolis, construction navale de loisirs en Vendée, parfumerie à Grasse.

B - LE NIVEAU DE LA CAPACITE D'AUTOFINANCEMENT PREVISIONNELLE EST-IL COHERENT ?

Elément plus complexe que le chiffre d'affaires, la capacité d'autofinancement doit faire l'objet d'une approche par le biais de ses facteurs (1).

① Capacité d'autofinancement et chiffres d'affaires

Cette approche est basée sur la notion de "point mort".

■ Le point mort

Le point mort est le niveau de chiffre d'affaires nécessaire pour absorber les charges fixes de l'affaire, et dégager ainsi un résultat d'exploitation au moins nul, et éventuellement positif.

Soit les données suivantes :

- F = Charges fixes globales (amortissements ou loyers de crédit-bail, charges de personnel du siège, frais non imputables à un produit déterminé comme la recherche et le développement ou la publicité de marque).
- V = Charges variables unitaires (consommations intermédiaires et charges de personnel directement imputables au produit).
- P = Prix de vente.
- Q = Quantité vendue.

Le résultat sera équilibré si :

$$PQ = F + VQ, \text{ et donc } Q_0 = \frac{F}{P - V}$$

Q_0 est le **volume** minimal de ventes permettant de prendre en charge le coût de la structure.

PQ_0 est le **chiffre d'affaires** minimal qui répond à cette condition.

(1) On remarquera que l'on ne cherche pas à établir une comparaison entre la capacité d'autofinancement prévisionnelle et l'ETE prévisionnel. En effet l'intérêt majeur de l'ETE est justement de mettre en lumière certains comportements **a posteriori** de l'entreprise face à **l'imprévu** (activation de charges etc.). Un ETE prévisionnel ne donnera donc en général pas beaucoup plus d'informations que la CAF prévisionnelle.

Cette notion est évidemment assez grossière, puisque la répartition entre charges fixes et charges variables n'est pas toujours aussi tranchée. On trouve dans les charges variables, des charges de personnel qui en réalité ne peuvent être ajustées qu'avec un certain retard sur la production. Par ailleurs, en **dessous** d'un certain seuil, la proportion des charges **fixes** de personnel croît de façon importante : on ne peut "couper en deux" un comptable ou un chef d'atelier.

Enfin, l'introduction d'un nouvel investissement peut modifier catégoriquement d'une année sur l'autre la notion de point mort, dans la mesure où sa productivité mais aussi son coût sont bien supérieurs à ceux de l'investissement qu'il remplace.

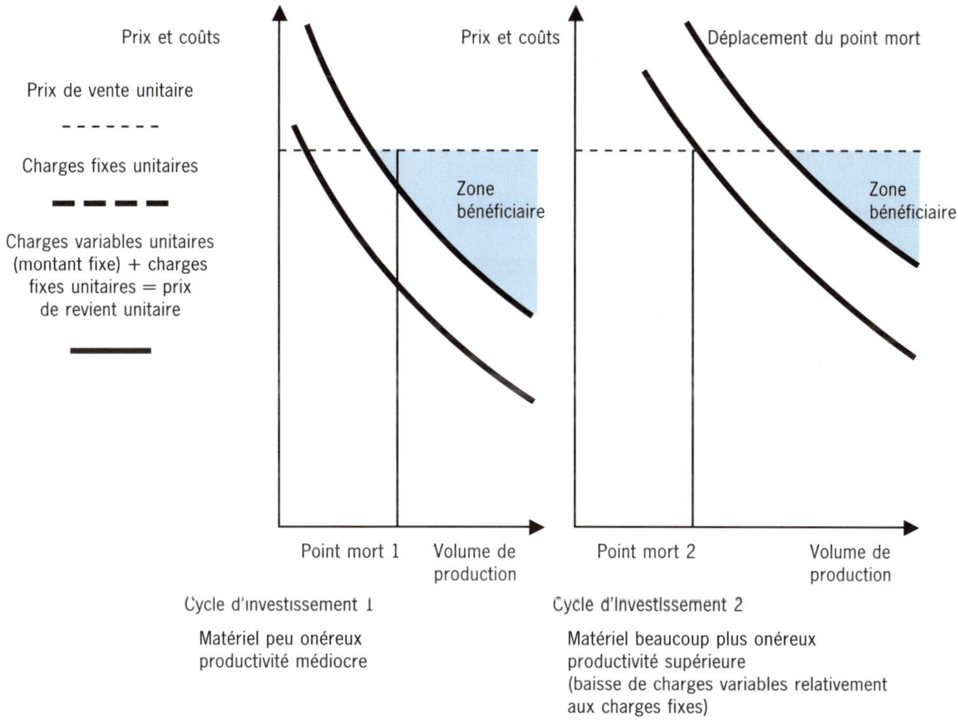

Le deuxième investissement a repoussé le point mort vers la droite : l'entreprise est contrainte de vendre plus que dans la première hypothèse.

■ Qu'en déduire ?

Le banquier ne peut pas effectuer, en possession des seuls comptes sociaux, de tels calculs mais il doit tirer certains enseignements de cette approche.

– Le simple maintien du chiffre d'affaires **en valeur** au niveau de l'année précédente ne peut pas correspondre à un maintien proportionnel de la capacité d'autofinancement. Les charges de structure progressent en effet à un rythme proche de l'inflation, et poussent le point mort – **en terme de valeur** (volume x prix) – vers la droite.

Supposons par exemple qu'une entreprise fabrique et commercialise un bien B dans les conditions suivantes :

Charges fixes unitaires	5 FRF (pour 500 000 articles)
Charges variables unitaires	17,5 FRF
Coût de revient	22,5 FRF

Prix de vente unitaire 29,5 FRF (soit un chiffre d'affaires de 14,75 MF).

Si elle pense maintenir son chiffre d'affaires **en valeur** d'une année sur l'autre, avec une inflation de 5 %, il faut en déduire, si elle augmente ses prix de façon parallèle, que :

— sa production physique sera de $\frac{14\,750\,000}{29{,}5 \times 1{,}05} = 476\,190$ articles

— ses charges fixes unitaires — elles-mêmes augmentées de l'inflation — passeront à :

$$\frac{500\,000 \times 5 \times 1{,}05}{476\,190} = 5{,}51 \text{ FRF}$$

— son coût de revient sera alors de :

Charges fixes unitaires	5,51 FRF
Charges variables unitaires 1,05 x 17,5	18,37 FRF
Coût de revient	23,88 FRF

— sa capacité d'autofinancement (avant impôts) passera donc de :

(29,5 — 22,5) x 500 000 = 3,5 MF durant l'année N
à (30, 97 — 23,88) x 476 190 = 3,38 MF durant l'année N + 1.

On assiste bien, malgré le maintien du chiffre d'affaires, à une baisse de la rentabilité.

— Une baisse du chiffre d'affaires entraîne une baisse **plus que proportionnelle** de la capacité d'autofinancement. Cette baisse est d'autant plus brutale que la part de la valeur ajoutée est élevée dans la production : en effet, les charges de personnel sont, parmi les charges variables, celles qui peuvent être ajustées avec le plus de retard (1).

— A l'inverse, des prévisions optimistes de capacité d'autofinancement (+ 30 %) peuvent être justifiées avec une progression du chiffre d'affaires plus modeste (+ 15 % par exemple) bien que supérieure à l'inflation.

(1) Ce raisonnement suppose il va de soi que la répartition du chiffre d'affaires ne soit pas trop sensiblement modifiée d'une année sur l'autre. Si la baisse de l'activité est due à la cession de secteurs déficitaires, il est bien évident que la capacité d'autofinancement peut au contraire enregistrer une progression d'une année sur l'autre.

② Capacité d'autofinancement et résultat financier

Le niveau prévisionnel de la capacité d'autofinancement dépend par ailleurs également de **l'évolution de la structure financière** qui, nous le verrons, n'est pas nécessairement parallèle au chiffre d'affaires. Au contraire, l'expansion de l'entreprise peut se traduire par des besoins financiers **plus que proportionnels** en raison du manque de fonds propres de l'affaire :

- le niveau des charges financières de l'an passé fournit une bonne base de travail. Il y a lieu de leur imputer en sus la rémunération des nouveaux financements sollicités, nets des tombées. On connaît bien en général les caractéristiques des nouveaux prêts à terme mis en place en faveur de l'entreprise. Pour les crédits bancaires courants, on se fondera sur la progression estimée du besoin en fonds de roulement ;
- le niveau des taux a pu varier d'une année sur l'autre. Si les taux ont, par exemple, baissé entre les deux périodes, on appliquera cette baisse sur les concours bancaires courants prévus, à l'exclusion donc des concours à long terme, puisque – sauf crédits ou obligations à taux variable, ce qui est rare – leur rémunération est fixée une fois pour toutes.

Une estimation de charges financières bien supérieure à celle de l'an passé, malgré, par exemple, une capacité d'autofinancement prévisionnelle annoncée par l'entreprise stable ou en hausse devra amener le banquier à demander des explications complémentaires sur le mode de calcul de cette prévision.

ESTIMATION DES CHARGES FINANCIERES PREVISIONNELLES

L'entreprise T fait état des réalisations et prévisions suivantes :

	Exercice n	Exercice n + 1
Chiffre d'affaires	250 MF	290 MF
FR	15 j soit 10,4 MF	inchangé en valeur. Pas de remboursement de dettes
BFR	90 j	105 j (développement des exportations)
Trésorerie Passive	– 75 j	NC
Endettement global	70 MF	NC
Charges financières	7 MF	NC

Le FR étant inchangé à 140, MF, il ne représente plus que 13 j de CA HT. La trésorerie prévisionnelle s'élève donc à 197 – 105 = 92 j. Ceci représente un endettement supplémentaire de 17 j ou 22,1 MF.

Les charges financières, à taux d'intérêt constants, passent donc à 10 % × 92 = 9,2 MF. Ils représentent alors 9,2 = 3,2 % du CA HT contre 2,8 % l'an passé.

La forte progression de l'activité et des besoins n'entraîne donc pas ici de progression significative des charges financières.

③ Capacité d'autofinancement prévisionnelle et cohérence du dossier de financement

On examinera plus bas en détail le plan de financement prévisionnel. Il y a lieu d'ores et déjà de souligner que la capacité d'autofinancement en constitue la pièce maîtresse, et que c'est donc bien le même élément, avec la même acception, que l'on doit y retrouver.

Par ailleurs, il est possible d'établir un contrôle de vraisemblance entre la capacité d'autofinancement prévisionnelle et les **investissements prévisionnels.** Ces derniers, s'ils sont particulièrement importants, se traduisent de deux façons sur la capacité d'autofinancement :

- le chiffre d'affaires supplémentaire induit par le nouvel investissement améliore le niveau de l'excédent brut d'exploitation ;

- l'augmentation brutale des annuités d'amortissements a un effet négatif sur le résultat imposable. L'impôt sur les bénéfices baisse donc sensiblement.

On assiste donc souvent à une **augmentation de la capacité d'autofinancement accompagnée d'une baisse du résultat de l'exercice.**

EFFET D'UN NOUVEL INVESTISSEMENT SUR LA CAPACITE D'AUTOFINANCEMENT

L'entreprise Iota dégage une capacité d'autofinancement qui représente 6 % du chiffre d'affaires, et se monte à 15 MF dont 10 MF de dotations aux amortissements et 5 MF de résultat, après un impôt à 33 % de 2,5 MF.

En sus de ses investissements courants, elle désire acquérir un matériel de 20 MF, permettant d'augmenter dès la première année le chiffre d'affaires de 10 %. Ce matériel est amortissable linéairement sur 8 ans (soit 2,5 MF par an).

Incidence sur les résultats, à inflation nulle :

- Augmentation due au supplément d'activité de la C.A.F. **avant** impôt :
  10 % × (15 + 2) = 1,75 MF.
  Celle-ci s'établit donc à 19,25 MF.

- Evolution du résultat imposable.

La charge d'amortissement supplémentaire est de 2,5 MF. Le résultat imposable passe donc à 19,25 — 10 MF — 2,5 MF = 6,75 MF.

Le résultat après impôts à 33 % est donc de 4,5 MF.

On constate que la CAF va passer de 15 à 17,62 MF (+ 14,5 %) alors que l'activité ne progressera que de 10 %. En revanche, le résultat de l'exercice régressera de 5 MF à 4,5 MF (— 10 %). La distorsion aurait été encore plus forte si les amortissements du nouvel investissement avaient suivi non pas un profil linéaire, mais un profil **dégressif.**

Cette relation CAF/fiscalité est la plus typique, mais on pourra s'interroger de façon plus large au sujet des incidences de la fiscalité sur les résultats prévisionnels :

- les plus-values de cession d'actif sont enregistrées dans le tableau de financement pour leur valeur brute, et la capacité d'autofinancement tient compte de l'imposition globlale, **y compris l'imposition sur les plus-values.** A une forte plus-value peut donc correspondre, à la limite, une CAF négative. Il faut donc toujours se faire préciser la façon dont l'imposition sur les plus-values a été prise en compte au plan prévisionnel ;
- les réintégrations de provisions réglementées n'auront aucune incidence sur les **facteurs fondamentaux** de la capacité d'autofinancement. En revanche, elles pourraient se traduire par un surcroît d'imposition qui va lourdement grever la CAF.

C - LES RESULTATS SONT-ILS COMPATIBLES AVEC CE QUE L'ON SAIT DE LA TRESORERIE PREVISIONNELLE ?

Résumons ici simplement comment s'assurer de cette compatibilité :

① Plan de trésorerie prévisionnelle

On a vu que l'on doit pouvoir recouper ce plan de la façon suivante :

Ventes encaissées
− Charges d'exploitation décaissées

= Excédent de Trésorerie d'Exploitation

② Résultats financiers prévisionnels

Endettement prévisionnel moyen
× Taux d'endettement prévisionnel

= Charges financières prévisionnelles

Prenons l'exemple d'une société S dont les caractéristiques sont les suivantes :

BILAN FIN EXERCICE N

ACTIF		PASSIF	
Immobilisations	145	Capitaux propres N-1	100
Stocks	70	Résultats	10
Créances clients	30	Dettes structurelles	40
Autres créances	30	Fournisseurs	85
		Trésorerie passive	40
TOTAL ACTIF	**275**	**TOTAL PASSIF**	**275**

COMPTE DE RESULTAT DE L'EXERCICE N

Ventes	235
Achats	– 120
Charges de personnel	– 65
Amortissements	– 30
Charges financières	– 10
RESULTAT	**10**

L'entreprise prévoit pour l'exercice N+1 un développement de ses investissements et un renforcement de ses fonds propres :

TABLEAU DE FINANCEMENT DE L'EXERCICE N+1	
A. Ressources stables	**220**
Capacité d'autofinancement	50
Cession ou réduction de l'actif immobilisé	120
Augmentation de capital	50
B. Emplois durables	**250**
Distribution décidée au titre de l'exercice	0
Acquisition d'éléments d'actifs	240
Remboursement d'emprunts	10
I. Variation du fonds de roulement	**– 30**
Variation des actifs circulants	45
Variations des dettes courantes	– 30
II. Variation du besoin en fonds de roulement	**15**
Variation de la trésorerie active	0
Variation de la trésorerie passive	– 45
III. Variation de la trésorerie nette	**– 45**

La rentabilité se redressera sur la base d'une progression de 5 % du chiffre d'affaires, et de la réduction de 10 de ses charges financières, grâce à l'augmentation de capital, réalisée vers la fin de l'exercice N + 1.

PLAN DE TRESORERIE PREVISIONNEL

Du 1er janvier N + 1 au 31 décembre N + 1

En millions de francs

MOIS DE	J	F	M	A	M	J	J	A	S	O	N	D	T
A. SITUATION DE TRESORERIE EN FIN DE MOIS PRECEDENT	– 40	– 45	– 50	– 55	– 50	– 90	– 90	– 105	– 115	– 120	– 110	+ 25	
B. TOTAL DECAISSEM.													450
Achats marchandises + matières premières	14	14	14	14	20	20	24	19	14	9	14	14	190
Sous-traitance													
Services extérieurs													
Salaires													
Diverses charges													
TVA à régler													
Impôts et taxes + IS													
Investissements					40							200	240
Remboursement emprunts + Crédit bail							10						10
Agios CT + LMT	1	0	1	1	1	0	1	1	1	1	1	1	10
Dividendes													
C. TOTAL ENCAISSEM.													390
Ventes France production	10	10	10	20	20	20	20	10	10	20	30	40	220
Ventes export production													
Ventes France négoce													
Vente export négoce													
Apports fonds propres												50	50
Variation C/C + Subventions d'investissem.													
Divers produits + Subventions d'exploitation											120		120
Emprunts contractés													
D. VARIATION MENSUELLE DE LA TRESORERIE (C-B)	– 5	– 5	– 5	+ 5	– 40	0	– 15	– 10	– 5	+ 10	+ 135	+ 125	60
E. TRESORERIE EN FIN DE MOIS (A-D)	– 45	– 50	– 55	– 50	– 90	– 90	– 105	– 115	– 120	– 110	+ 25	– 100	

Comment interpréter ces prévisions en terme de trésorerie prévisionnelle ?

■ Charges financières et endettement

Calculons en premier lieu l'endettement global rémunéré prévisionnel :

Endettement global rémunéré en fin d'exercice N	**80**
Augmentation des dettes structurelles	0
Remboursement des dettes structurelles	– 10
Augmentation de la trésorerie passive	45
Endettement global rémunéré en fin d'exercice N+1	**115**

Comme l'essentiel de l'" argent frais " apporté à la société (augmentation de capital) se situe en fin d'exercice N + 1, l'endettement global rémunéré en fin d'exercice est très inférieur à l'augmentation moyenne effective. On peut supposer grossièrement que l'endettement global rémunéré **moyen** a donc augmenté de 42,5[0], soit +53 %. On peut en déduire, à taux d'intérêt constants, une progression des charges d'intérêts de 10 à 15 (+ 53 %). La réduction des charges financières espérée est donc peu probable. La capacité d'autofinancement prévisionnelle (+ 50) est donc probablement surestimée.

■ Trésorerie en fin d'exercice

Examinons en premier lieu les grands postes du plan de trésorerie avec ceux du tableau de financement. Il y a bien conformité entre les décaissements prévus en matière de cession d'actif, augmentation de capital et remboursement d'emprunts.

Le tableau de financement donne une variation de BFR prévisionnelle de + 15. Dans le plan de trésorerie, les achats et charges externes ne comprennent pas les charges financières. A l'inverse, dans le tableau de financement, la capacité d'autofinancement ne comprend aucune charge exceptionnelle prévisible. Donc on peut comparer :

Plan de trésorerie		Tableau de financement		Ecart
Ventes TTC	220	Capacité d'autofinancement	50	–
Achats TTC	– 190	BFR	– 15	–
		Charges financières	– 10	
Trésorerie d'exploitation	**– 30**	**ETE estimé**	**+ 25**	**55**

(0) Soit :
– endettement moyen = (80 + 115 + 50)/2 = 122,5.
– augmentation de l'endettement moyen : 122,5 – 80 = 42,5 (+ 53 %).

Il existe un décalage flagrant entre les deux prévisions, qui ne sont pas **cohérentes**. Il faut donc déterminer les raisons d'un tel décalage. On a vu que la CAF était surestimée d'à peu près 14 en raison de charges financières minorées. On peut imaginer d'autres divergences inclusion dans la CAF d'un élément exceptionnel qui n'a pas été intégré dans le plan de trésorerie, divergence dans l'évolution du BFR, etc.

2 - ANALYSE DES RESULTATS PREVISIONNELS

A - LA CAPACITE D'AUTOFINANCEMENT EST-ELLE SUFFISANTE PAR RAPPORT AUX BESOINS DE L'ENTREPRISE ?

Cette question a été largement débattue en section 4 du chapitre III, à laquelle vous voudrez bien vous reporter.

B - QUELLES SONT LES CONSEQUENCES EN TERME DE LIQUIDITE ?

On rappellera là aussi que la question centrale est de tester à l'aide du tableau de financement prévisionnel et du TPFF prévisionnel les réactions de l'entreprise (et de l'entrepreneur) face à son environnement.

Ces points seront traités plus en détail ci-après.

Section 3

Aspect financier

Comme dans le cas des résultats prévisionnels, on procèdera en deux étapes pour s'assurer que les prévisions sont fiables (1) et ensuite qu'elles sont financièrement satisfaisantes (2).

1 - LES DONNEES SONT-ELLES PLAUSIBLES ?

Une fois le tableau construit, se pose la question de son degré de vraisemblance. Un recoupement peut également être fait avec le tableau de trésorerie.

① Vraisemblance du tableau de financement

On passera ici en revue les principaux postes concernés.

■ **Capacité d'autofinancement** (cf analyse du résultat prévisionnel).

■ **Les investissements et leurs financements**

Il est toujours délicat de critiquer un plan d'investissement, dont les aspects techniques dépassent souvent les capacités d'appréciation du banquier.

On peut cependant s'interroger sur certains points :

— le montant des investissements prévus est-il au moins égal au renouvellement courant des immobilisations, nécessaire à la poursuite de l'activité ?

— qu'en pensent les organismes de financement spécialisés ?

— les entreprises du même secteur procèdent-elles aussi à des investissements de la même importance qui pourraient engorger le marché ? Les buts que s'assignent les dirigeants en terme de gain de parts de marché semblent-ils réalistes ?

— les emprunts prévus ont-ils des chances d'être mis en place étant donné la situation financière de l'entreprise ?

— les apports en compte-courant sont-ils plausibles étant donné la surface financière des associés ?

— les valeurs retenues pour les cessions d'actif sont-elles purement estimatives, ou basées sur des éléments plus fiables (expertise, existence d'un marché organisé de l'occasion).

② **Recoupement avec le plan de trésorerie** (cf analyse du résultat prévisionnel)

2 - LES PREVISIONS DE FINANCEMENT REPONDENT-ELLES AUX BESOINS DE L'ENTREPRISE ?

On se rapportera à la première partie de la présente section. Il va de soi que la réponse à cette question conditionne très étroitement les suggestions de renforcement de fonds propres ou de consolidation de l'endettement que peut faire le banquier.

Chapitre V

Prise de position sur l'affaire

On ne peut concevoir de prendre position sur une entreprise donnée si l'on a pas une vision claire de l'objectif final que l'on se donne. En tout état de cause, il est peu de métiers de la banque où il ne soit nécessaire de procéder à une analyse financière du partenaire auquel on a à faire (section 1). Cependant, les opérations de crédit sont sans nul doute les plus représentatives (section 2).

Plan du chapitre

Section 1

Une analyse financière, plusieurs sensibilités

Au terme de la démarche, une **vue d'ensemble** de l'entreprise retrace en quelques lignes les facteurs les plus importants de la rentabilité passée, l'état actuel de la structure financière, et l'évolution que l'on peut prévoir dans ces deux domaines.

Mais selon les relations qu'il entretient avec l'entreprise (intervention en fonds propres, octroi de crédits, etc.), l'analyse accordera une pondération plus ou moins importante aux éléments clefs de la situation financière. On peut ainsi distinguer trois types de préoccupations bien distinctes en la matière, comme le montre le schéma suivant :

ANALYSE FINANCIERE : METIERS ET PREOCCUPATIONS DOMINANTES

METIERS	Garanties de placement de valeurs mobilières Opérations à terme, swaps de taux, options	Financements à court ou moyen terme Garanties de remboursement Garanties de financement	Intervention en fonds propres Opérations de Bourse Conseil en fusion/acquisitions Financements à long terme
OBJECTIF PRINCIPAL	Détermination du risque de contrepartie	Détermination de la capacité de remboursement	Détermination de la valeur de l'entreprise
PREOCCUPATION PREDOMINANTE EN MATIERE D'ANALYSE	Solvabilité apparente	Résultats et structure financière prévisionnels à brève échéance	Perspectives de croissance à long terme

Section 2

Prise de position du banquier dispensateur de crédit

1 - L'IMPERATIF DE COMPETITIVITE

Tout comme n'importe quelle entreprise industrielle ou commerciale, le banquier se trouve confronté à une concurrence omniprésente, aiguisée tout récemment par la désintermédiation massive de l'économie au profit des marchés financiers.

Face à cette évolution le banquier ne peut « faire la différence » que si ses crédits sont compétitifs.

Ceci signifie que, pour une entreprise donnée :

– ils satisfont aux demandes de l'entreprise ;

– ils sont consentis au taux le moins élevé possible ;

– ils sont assortis des garanties les plus modérées.

On voit donc qu'on ne peut se borner, devant une demande de crédit, à demander systématiquement des apports en fonds propres, augmenter la prime de risque en cas d'inquiétude et requérir de nouvelles garanties. Une telle politique permettrait certes à l'établissement de crédit de nourrir un portefeuille d'excellente qualité... mais **aboutirait surtout à voir passer l'essentiel de sa clientèle à la concurrence.**

A - SATISFAIRE AUX DEMANDES DE L'ENTREPRISE

Le problème est ici de savoir si les demandes de l'entreprise correspondent à des besoins solvables, ou qui pourraient être mieux satisfaits par d'autres ressources, plus adaptées (apports en fonds propres, obligations...).

B - CONSENTIR LE TAUX LE PLUS BAS

C'est le coût des ressources de l'établissement de crédit, qui détermine pour l'essentiel, après prise en compte des frais de gestion, le niveau des taux d'intérêt débiteurs. Mais le chargé d'affaires a comme nous l'avons vu, la possibilité de moduler ce taux en fonction de la **prime de risque** qu'il applique à l'entreprise.

Les études ont montré que la dispersion de la prime de risque en fonction des entreprises est très forte. La grande majorité des entreprises bénéficie soit d'une prime de risque faible, soit d'une prime de risque élevée : en revanche, peu d'entreprises se voient imposer une prime de risque " moyenne ".

C - LIMITER AU MIEUX LES GARANTIES

C'est en fait une préoccupation proche de la précédente. En effet, les garanties sont en général rémunérées et peuvent à bien des égards s'assimiler à un supplément de la prime de risque payée par l'emprunteur. On distingue :

- les garanties **intrinsèques,** qui sont liées à l'objet ou à la forme elle-même du crédit : mobilisation de créances, garantie intrinsèque des constructeurs de logement, crédit-bail, etc. ;
- les garanties **extrinsèques** qui viennent se greffer sur l'opération de crédit ;
  - les garanties **réelles** sont celles qui résultent de l'affectation d'un bien en hypothèque (pour les immeubles) ou en gage (pour les biens meubles et notamment les valeurs mobilières) ;
  - les garanties **personnelles** sont celles qui sont délivrées par des tiers : cautions ou avals.

2 - LES CRITERES DE DECISIONS

La position du banquier va prendre en considération trois variables : les caractéristiques du crédit, la situation financière de l'affaire – qui fait l'objet du présent ouvrage –, et enfin sa situation propre **dans** l'affaire.

A - LES CARACTERISTIQUES DU CREDIT

① Aspect volume

Si le concours est un crédit dit " objectif", c'est-à-dire assis sur un besoin parfaitement déterminé (ex : investissement industriel), le banquier a au moins la certitude que la demande est fondée **en volume** (1).

Si en revanche, le crédit est de type " subjectif", alors seule la situation financière de l'affaire peut constituer un critère véritable d'appréciation, sauf à essayer **d'estimer** le niveau des besoins justifiés (notion de BFR " normatif").

(1) Mais elle peut bien sûr pêcher par ailleurs : absence de rentabilité de l'investissement, etc.

② Aspect garantie

Le crédit peut porter en lui-même sa garantie comme on l'a vu plus haut. Par ailleurs il peut être mobilisable, diminuant ainsi le risque de liquidité encouru par la banque (créances commerciales, crédits mobilisables auprès de l'Institut d'émission ou d'un organisme mobilisateur, crédits éligibles au marché hypothécaire, etc.).

Il ne faut cependant pas exagérer l'intérêt pour les banques du caractère mobilisable des crédits. En effet, la mobilisation est dans la pratique assez théorique et en tout état de cause n'exonère pas, par elle-même, le cédant du risque de non remboursement du débiteur.

B - LA SITUATION FINANCIERE DE L'AFFAIRE

C'est évidemment le critère clé.

① Aspect volume

Nous avons vu comment poser des limites à l'endettement, qu'il s'agisse de l'endettement global comme de l'endettement structurel ou des concours bancaires courants.

② Aspect prime de risque

C'est ici **la solvabilité** qui sera l'élément déterminant, comme l'appréciation du **risque économique** plus ou moins prononcée couru par l'affaire, et des **perspectives d'évolution.**

③ Aspect garantie

Le niveau de garantie requis dépend également de la solvabilité de l'affaire, du risque économique encouru et des perspectives d'évolution.

C - LA SITUATION DU BANQUIER DANS L'AFFAIRE

Ici les aspects volume/prime de risque/garantie sont simultanément concernés.

① Le banquier n'est pas encore " dans l'affaire "

Il s'apprête à entrer en relation avec elle, ou a été sollicité par elle. Comme la plupart des entreprises disposent de banquiers ne serait-ce que pour l'encaissement de leurs remises et la domiciliation de leurs paiements, c'est en général à ceux-ci qu'elles s'adressent en priorité lorsqu'elles ont besoin de concours.

De ce fait, l'entrée en relation avec un nouveau client qui a démarché de lui même le banquier, représente souvent un risque plus élevé que l'octroi de crédits à une affaire déjà connue, car, à l'exception des affaires en pleine croissance qui ont besoin d'élargir leurs financements, c'est fréquemment sa mauvaise situation financière ou un malentendu avec le banquier habituel qui pousse l'entreprise à solliciter un interlocuteur différent de celui dont elle a l'habitude.

Le banquier va donc dans un premier temps examiner soigneusement si ce type de motivations, beaucoup plus que la recherche d'un financement plus diversifié, n'a pas été l'origine de la démarche de l'entreprise.

A la suite de son enquête, et après avoir évalué les besoins, il peut donc décider :

– de rester à l'écart ;

– de consentir des concours mais en fixant un plafond très bas « pour voir » ;

– de commencer tout de suite par une ouverture de crédit importante.

Bien sûr, il sera libre de fixer la prime de risque et les garanties au niveau qu'il désire.

② Le banquier est déjà « dans l'affaire »

C'est le cas le plus courant. Son attitude dépend du type de concours accordé.

■ Concours à moyen ou long terme

Le banquier n'a pas de décision à prendre tant que les engagements sur les anciens concours sont régulièrement honorés. Dans le cas contraire, il doit déterminer s'il est préférable pour lui de consentir des délais de paiement pour le règlement des premières échéances impayées, ou s'il doit adopter une attitude beaucoup plus ferme (procédure judiciaire), l'affaire n'ayant aucune chance de se redresser. Il faut noter que dans bien des cas une attitude souple est préférable, les prêteurs – même créanciers gagistes – récupérant rarement plus de 50 % de leur mise en cas de liquidation de l'entreprise.

Si le banquier est sollicité pour des concours à long ou moyen terme, il appliquera les normes en vigueur pour fixer sa position, en tenant compte également des facteurs qui peuvent nuancer ce que ces normes ont de trop rigide.

■ Concours bancaires courants

– Le banquier est en général sollicité beaucoup plus directement.

- Il lui est très difficile de diminuer ses concours ou même de **se retirer,** le retrait étant considéré, à juste titre, comme une marque de défiance par les confrères, et la suspension étant pratiquement limitée à l'hypothèse des affaires en quasi cessation de paiement, ou dont la solvabilité est très faible. Dans bien des cas, le banquier qui désire adopter une attitude restrictive se contentera de limiter ses concours à un plafond constant, ou posera au maintien de ses engagements des conditions précises destinées à redresser la situation de l'affaire (apports de fonds propres, liquidation d'actifs non rentables, etc.). Mais surtout, il pourra relever la prime de risque et demander des garanties supplémentaires en contrepartie du maintien de ses lignes.

- Lorsque l'entreprise présente une situation satisfaisante, le banquier peut jouer à plein son rôle en l'accompagnant dans sa croissance avec plus ou moins d'empressement. L'analyse des besoins de financement prend alors le pas sur l'examen de la solvabilité, et permettra de déterminer dans quelle mesure suivre l'entreprise.

– Lorsque l'ampleur des problèmes posés par l'entreprise dépasse le cadre du financement bancaire traditionnel, le banquier peut et doit proposer des solutions qui dépassent elles aussi le raisonnement strictement financier, et constituent parfois une modification radicale de l'environnement de l'entreprise (rapprochement avec un confrère, fusion, introduction en bourse, émission obligataire, etc.).

Chapitre VI

Analyse financière des comptes consolidés

On a vu plus haut comment traiter comptablement les comptes consolidés, et quelles particularités ils recélaient. On soulignera simplement ici l'originalité de l'**analyse** de comptes consolidés.

La consolidation ne se **justifie** pas toujours, même en présence de groupe (1). A l'inverse, la consolidation donne une **image économique** de l'entreprise, parfois très différente de l'image financière (2). En fait, c'est surtout en raison de sa **taille** qu'un groupe mérite une approche différente (3).

1 - L'ANALYSE SUR LA BASE DE COMPTES CONSOLIDES DOIT ETRE JUSTIFIEE PAR LES FAITS

Il est nécessaire avant toute analyse de porter un regard critique sur la notion même de consolidation. En effet, celle-ci a pour objectif de présenter la réalité économique du groupe. La présomption d'influence notable dans une filiale autorise à consolider dès 20 % de participation : mais cette influence notable suffit-elle dans tous les cas pour mettre effectivement à la disposition de la société-mère les actifs de la société mise en équivalence ?

A - LA VISION ECONOMIQUE DECRITE PAR LES COMPTES CONSOLIDES EST TOUJOURS PLUS VASTE QUE LA REALITE SOCIALE

La consolidation a presque toujours pour effet d'augmenter les fonds propres et le chiffre d'affaires de la maison mère.

① Fonds propres

Le traitement comptable de survaleurs est souvent dissymétrique, les différences positives de première consolidation (badwill) (1) de la filiale étant ramenés dans les résultats sur une durée plus courte que les différences négatives (goodwill).

Par ailleurs, l'inflation favorise l'accumulation de réserves chez les filiales détenues depuis longtemps, pour un montant supérieur à la valeur des titres retenus.

② Chiffre d'affaires

Seules la méthode de consolidation par intégration proportionnelle ou globale se traduisent par une augmentation du chiffre d'affaires, d'autant plus grande que le pourcentage de détention effective de la filiale est bas, et le chiffre d'affaires réalisé à l'extérieur du groupe élevé.

B - CETTE REALITE ECONOMIQUE PEUT ETRE EN FORT DECALAGE PAR RAPPORT A LA REALITE DES POUVOIRS OU DES STRATEGIES

Si la réalité économique reflétée par les comptes consolidés ne correspond pas à la réalité des pouvoirs ou de la stratégie, alors il ne faut pas se baser sur les comptes consolidés. Il faut au contraire considérer que la maison-mère est une simple société de portefeuille, qui gère des actifs financiers (les titres) et non pas des actifs industriels (les activités développées dans chacune de ses filiales). Dans ce cas les fonds propres, la structure financière et les résultats sont ceux de la société-mère et d'elle seule.

La décision de choisir les comptes sociaux de préférence aux comptes consolidés peut se justifier parfaitement si la réalité économique ne correspond pas à l'image fidèle du groupe. Deux cas sont fréquents :

– **le pouvoir juridique l'emporte sur la présence capitalistique.** La maison-mère a 20 % de la filiale G : elle n'a donc aucun droit d'intervention, ni de nomination au conseil d'administration. Elle ne bénéficie juridiquement que des actions ouvertes aux minoritaires. Si les actionnaires majoritaires de G sont effectivement en position d'interpréter le droit restrictivement, la notion d'influence notable n'est pas applicable (malgré la présomption). En intégration globale, la participation minimale est de 51 %, ce qui ne donne pas la possibilité d'intervenir sans contrainte en Assemblée Générale Extraordinaire (celle qui décide notamment des augmentations de capital et de toutes modifications statutaires). Si la filiale en question souffre précisément d'un problème qui ne peut être

---

(1) Précision terminologique. Le badwill est lié à une dépréciation latente du fonds de commerce (ex : résultats déficitaires prévisionnels) ou des actifs (moins-value sur immeubles, risque sur contrats en cours) de la filiale achetée. Cette dépréciation latente justifie donc qu'on acquiert cette filiale à un prix **inférieur** à sa valeur d'actif net. Le badwill n'est donc susceptible de constituer un profit dans les comptes de la société-mère que parce qu'il est compensé par une minoration effective ou potentielle des résultats de la filiale.

réglé qu'en ayant recours à l'Assemblée Générale Extraordinaire, et qu'il y a effectivement opposition d'un minoritaire à plus de 33 %, le contrôle est là encore un peu illusoire ;

– **la stratégie de la maison-mère n'est pas de constituer un groupe économique.** Tout en étant majoritaire, la maison-mère peut jouer le rôle de " sleeping partner " à coté d'un opérateur industriel différent dans chaque filiale, et sur lequel elle se repose. Surtout, la maison-mère peut avoir décidé de se séparer de l'ensemble de ses participations. Cette stratégie ramène directement à l'examen des comptes de la maison-mère, et de la valeur de ses actifs. La notion de groupe économique n'a plus de sens. On doit avoir la même approche quand le groupe est en difficulté, et que son salut passe à l'évidence par une vente " par appartement ".

2 - IL EXISTE DES DECALAGES ENTRE LA REALITE FINANCIERE ET LA REALITE ECONOMIQUE

Ces décalages ne sont pas en eux-mêmes bons ou mauvais. Il faut simplement en avoir conscience dans l'analyse.

A - LES FLUX REELS DE TRESORERIE SONT DIFFERENTS DES FLUX CONSOLIDES

Les flux consolidés comportent certaines opérations qui ne se traduisent pas par des flux réels. Les retraitements d'amortissements et de provisions et les retraitements de résultats sur stocks, les amortissements de survaleurs modifient le résultat net et modifient en contrepartie les dotations aux amortissements. L'incidence sur la capacité d'autofinancement est donc nulle : la somme des capacités d'autofinancement est égale à la capacité d'autofinancement consolidée.

En revanche, ces mêmes retraitements vont modifier le montant net des immobilisations et des actifs circulants, et en contrepartie les fonds propres. En revanche, l'endettement ne sera jamais modifié (sauf cas du crédit-bail). Le TPFF comme le tableau de financement vont donc refléter une **structure financière** et des besoins éventuellement sensiblement différents des besoins d'origine.

On peut ajouter, pour reprendre la remarque du paragraphe précédent, que le pouvoir dont disposent les dirigeants pour agir sur ces flux n'est pas total en fonction de la qualité de la position majoritaire détenue. Dans telle filiale, la maison-mère dispose effectivement du pouvoir et peut imposer sa politique commerciale ou financière. Dans telle autre filiale, elle n'est que spectatrice. On voit ici que l'**analyse comportementale du TPFF trouve ses limites :** en fait c'est un TPFF qui ne reflète pas le comportement d'une équipe dirigeante donnée, mais le résultat des comportements d'équipes nombreuses et pas toujours pleinement coordonnées.

Là encore, l'analyse doit être menée avec prudence particulièrement dans les groupes peu centralisés.

B - LA VALEUR DU GROUPE EST FREQUEMMENT DIFFERENTE DE CELLE DE LA SOMME DE SES PARTIES

En la matière on peut trouver les deux cas de figure :

– **les groupes qui valent plus que la somme de leur parties** sont ceux qui sont constitués autour d'une idée force claire. Les filiales contribuent chacune dans leur domaine d'activité à assurer la production finale, même si elles disposent d'une autonomie réelle (clients hors groupe notamment). Ces filiales dans bien des cas pourraient être de simples départements de la maison-mère. La structure de groupe a essentiellement pour fonction de permettre une gestion plus souple et d'ancrer une relation client/fournisseur, jugée plus saine qu'une relation donneur d'ordre/exécutant. La croissance du chiffre d'affaires et les gains de parts de marchés, alliés à la croissance des résultats opérationnels est l'objectif essentiel du groupe ;

– **les groupes qui valent moins que la somme de leurs parties** sont ceux qui ont un profil de conglomérats. Les différentes entités sont très indépendantes, tant par leur gestion que par leurs produits ou leurs marchés. La maison-mère a un rôle d'animation et de contrôle de gestion, avec une optique d'arbitrages plus fréquents que dans le cas précédent. Le type de résultats recherché est surtout assis sur les plus-values dégagées à la cession.

Ces deux typologies sont bien entendu assez grossières. Mais elles sont importantes à retenir, dans la mesure où la politique des maison-mères vis-à-vis de leurs filiales sera assez radicalement différente dans un cas et dans l'autre.

3 - LA SPECIFICITE DE L'ANALYSE PROVIENT ESSENTIELLEMENT DE LA TAILLE DES GROUPES

Jusqu'ici, on a évoqué des précautions à prendre ou des schémas à avoir à l'esprit en présence de comptes consolidés. Mais on n'a pas évoqué de cas dans lesquels les **notions** de base de l'analyse sont transformées en raison de la consolidation des comptes. Ceci parce qu'en réalité c'est la **grande taille** de certains groupes plus que la consolidation qui invite à une remise en cause de nos raisonnements. Pour donner une idée, on peut considérer que les deux cents plus grands groupes cotés sur le règlement mensuel sont des groupes de "grande taille".

A - UNE INFORMATION CONDITIONNEE

L'information sur ces groupes est totalement fiable, tant en raison de la qualité de certifications, que de la surveillance opérée par la Commission des Opérations de Bourses. Mais en raison même de la cotation, c'est une information qui n'est diffusée que de façon totalement publique : elle est donc souvent tardive et diffusée de façon stéréotypée.

Par ailleurs, la complexité de ces groupes est telle qu'il est illusoire de pouvoir reconstituer à compter des sources externes traditionnelles (Registre du Commerce, Service Central des Risques etc.) sa propre vérité. De même, les contacts directs et personnels avec les dirigeants sont exclus.

L'information est donc totalement dépendante de l'entreprise. Le banquier suit, sans pouvoir opérer de vérifications.

B - UN RISQUE REDUIT

① Equipe dirigeante

La qualité de l'équipe dirigeante et le haut niveau de qualification du personnel évitent plus qu'ailleurs les dérapages de gestion.

② Actionnariat

L'importance de la capitalisation boursière confère une liquidité permanente aux titres de la société, qui a à tous moments toujours une valeur de marché. Ceci signifie qu'elle peut toujours trouver -à cette valeur- des financements par capitaux propres. Le groupe peut continuer à recourir au marché financier, même s'il se trouve en perte ou si sa situation est vraiment très inquiétante.

Le capital est très rarement contrôlé par un actionnaire majoritaire. Il a en général un noyau dur ou un actionnaire de référence, qui ne détient pas plus de 10 % ou 20 % du capital. L'impécuniosité des actionnaires ou la mésentente entre les actionnaires n'ont donc aucune incidence sur le devenir du groupe dont le noyau dur est en perpétuelle recomposition.

③ Produits et marchés

Les parts de marché acquises par ces groupes sont d'une telle dimension que même en présence d'une gestion déficiente, elles conservent une valeur importante, tout en protégeant efficacement l'entreprise contre une chute d'activité. Le groupe raisonne beaucoup plus en terme de métiers qu'en terme de produits. L'aspect conjoncturel s'efface en grande partie devant la perspective stratégique. La rapidité et la qualité de la croissance externe sont donc un critère fondamental.

④ Structure de production et réseau de commercialisation

Ces deux éléments du risque économique ne sont importants qu'au niveau des sociétés qui composent le groupe. Ils sont relativement accessoires pour le groupe lui-même.

C - UNE DECONNEXION ENTRE TRESORERIE D'UNE PART, ET RENTABILITE ET FINANCEMENT, D'AUTRE PART

① Structure du compte de résultat

Du fait de l'importance des sociétés composant le groupe (tant en France qu'à l'étranger), le compte de résultat ne reflète pas une structure de production donnée, mais plusieurs. Les extrapolations sur le recours à la sous-traitance ou au crédit-bail, par exemple, n'ont pas beaucoup de sens. Un agrégat comme la valeur ajoutée, toujours importante dans des groupes de ce type, n'a pas de valeur en soi. En fait, seules les **évolutions** d'un exercice sur l'autre ont un sens.

② Capacité d'autofinancement et résultat net

Le calcul de l'ETE est un peu superflu pour des sociétés qui là encore ont des contraintes de paiement individualisées sociétés par sociétés (et pays par pays). En outre, toute variation imprévue de l'ETE se résoud par un appel aux financements extérieurs (billets de trésorerie ou équivalents). L'importance du solde de trésorerie opérationnel n'a aucune influence sur le comportement d'investissement du groupe.

En revanche, la capacité d'autofinancement reste un indicateur fiable de la capacité de croissance du groupe.

La profitabilité reste un critère très important. Mais le critère essentiel est celui de la capacité d'assurer une croissance (externe) compatible avec les objectifs stratégiques poursuivis. Il s'agit donc plutôt d'apprécier la force de frappe financière du groupe (cf capacité d'autofinancement) que sa seule rentabilité.

③ Structure financière

Les trois agrégats de structure (FR, BFR et Trésorerie) perdent leur importance parce que la société a des capacités de financement (notamment sur le marché financier) hors du commun, et également parce que le FR est en général très solide et rend caduc toute analyse approfondie.

En fait l'analyse est beaucoup centrée sur l'importance et les limites de l'**endettement global rémunéré.** N'est-il pas excessif par rapport aux capitaux propres ? Son coût ne pèse-t-il pas trop sur la rentabilité ?

ANNEXES

A LA TROISIEME PARTIE

Plan des annexes

Annexe 1

Analyse des affaires en difficulté

L'analyse de sociétés en difficulté appelle quelques nuances par rapport à celle d'affaires encore relativement saines, dont la poursuite de l'exploitation n'est pas a priori en cause.

1 - DEFINITION DE L'ENTREPRISE EN DIFFICULTE

Il est délicat de donner de ce terme une définition trop précise. Cependant, on peut considérer qu'une affaire est " en difficulté " quand la poursuite de son exploitation est mise en cause à la suite d'événements objectifs, ou de faiblesses mises en évidence par l'analyse financière.

① Les événements objectifs

A la suite de la loi du 1er mars 1984 qui organise une procédure d'alerte mise en œuvre par les associés minoritaires, le comité d'entreprise, ou certains tiers (Président du Tribunal de Commerce et Commissaires aux comptes) lorsque la poursuite de l'exploitation semble menacée, ont été répertoriés certains indices de cette situation dégradée :

■ Direction, effectifs, moyens ;

- dissensions graves entre associés, bloquant toute décision ;
- décès du dirigeant (dans les petites affaires) ;
- grève importante ;
- sinistre sur le matériel.

■ Produit et marché

- obsolescence du produit ;
- brusque modification du marché (sur une décision de l'autorité publique par exemple ou d'un client très important) ;
- perte de franchise ou de licence.

■ Procédure judiciaire susceptible de conduire à des charges auxquelles l'entreprise ne pourra faire face

■ Activité

- défaillance ou perte d'un client ou d'un fournisseur important ;
- chute prononcée du chiffre d'affaires.

■ Résultat

– pertes d'exploitation répétées ;
– capacité d'autofinancement faible par rapport aux besoins.

■ Structure et trésorerie

– capitaux propres négatifs ;
– incidents de trésorerie et difficultés à obtenir les financements à terme nécessaires ;
– suspension des crédits fournisseurs.

② Les faiblesses mises en évidence par l'analyse financière de l'entreprise

Nous avons vu au cours de l'ouvrage quels étaient les critères d'une bonne situation financière. Si ces critères ne sont pas respectés, l'entreprise suit une évolution malsaine qu'il convient de corriger. Il serait toutefois excessif d'affirmer que l'entreprise est “en difficulté”.

Plusieurs recherches ont été menées afin de déterminer la **probabilité de défaillance** finale d'entreprises ne respectant pas tel ou tel de ces critères. Elles sont souvent basées sur la méthode des “scores”, qui consiste à attribuer un indicateur synthétique chiffré à chaque entreprise, en fonction du niveau de ses ratios d'activité, de rentabilité et de structure les plus importants, et à déterminer à partir de quel seuil le risque est “insupportable”.

La Centrale des Bilans de la Banque de France a construit un tel système, qui procède d'une analyse en deux temps.

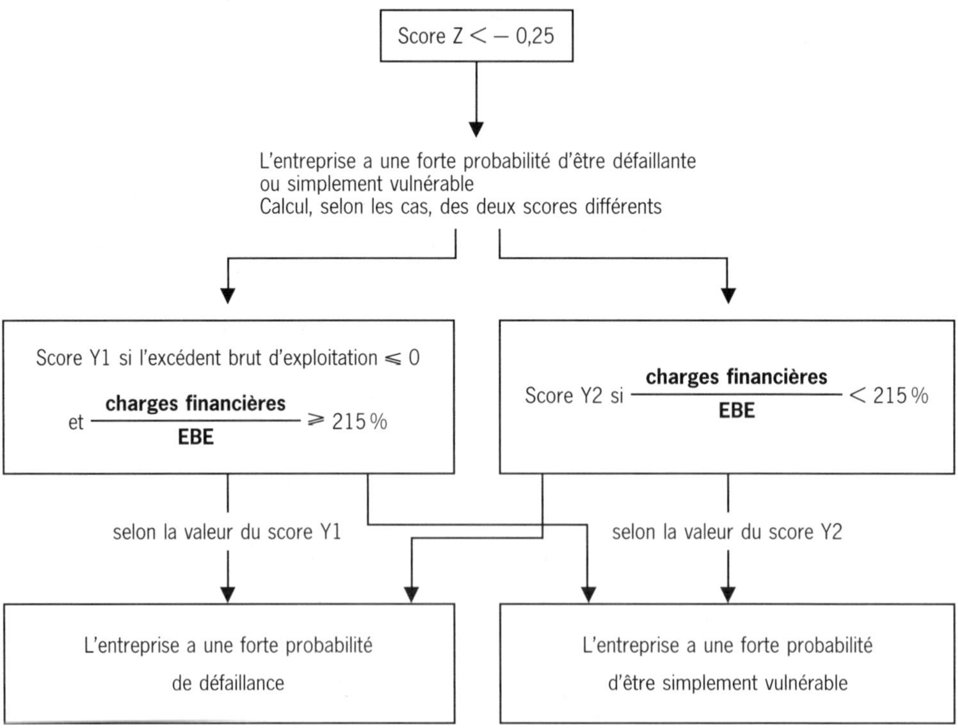

Il est très intéressant de noter que :

– le terme le plus discriminant du score Z est le ratio $\frac{\textbf{Charges financières}}{\textbf{EBE}}$ d'autant plus favorable qu'il est faible ;

– **le terme le plus discriminant du score Y1 est le ratio** $\frac{\textbf{Excédent brut d'exploitation (1)}}{\textbf{CA HT}}$, d'autant plus favorable qu'il est plus élevé ;

– plusieurs termes entrent en jeu dans le ratio Y2. On retiendra notamment comme élément favorable, outre un rapport $\frac{\textbf{charges financières}}{\textbf{EBE}}$ faible, une importante couverture des capitaux investis par les fonds propres.

2 - ANALYSE BANCAIRE

A - L'INCIDENCE DES DIFFICULTES D'EXPLOITATION SUR L'ANALYSE BANCAIRE

L'incidence essentielle des difficultés de l'entreprise résulte de ce que le principe comptable général de la **continuité de l'exploitation** n'est plus valable. A l'étude traditionnelle de la **solvabilité** de l'affaire se substitue l'examen de son **risque liquidatif,** qui tient compte de la valeur " à la casse " des différents éléments d'actifs, mais aussi de la position du banquier parmi les créanciers. Le banquier va raisonner " comme si " il avait à faire à une entreprise en liquidation virtuelle.

■ La valeur à la casse

Chaque élément d'actif ne doit pas être estimé à sa valeur d'usage, mais au prix que pourra en tirer le liquidateur amiable ou judiciaire. Par hypothèse, la valeur des créances clients et diverses créances sur l'Etat est, sauf difficulté causée justement par la défaillance d'un client, proche de son appréciation comptable. En revanche, la commercialisation du stock et des immeubles est beaucoup plus aléatoire. De façon générale les stocks les moins élaborés (ex : matières premières de base) et les immeubles les plus banalisés (bureaux par opposition aux installations techniques) se vendront le plus facilement.

■ La position du banquier vis-à-vis des autres créanciers

– si le banquier est créancier privilégié (cas de paiement d'obligations cautionnées par subrogation), il primera une bonne partie des autres créances et aura une chance assez élevée de remboursement ;

– si le banquier est créancier nanti ou hypothécaire, le risque qu'il supporte dépend du rang de sa sûreté mais aussi de la valeur du bien. Les nantissements sur matériels de travaux publics ne sont pas toujours aisés à réaliser, d'autant que ces derniers sont en général en médiocre état ;

---

(1) En fait $\frac{\textbf{Excédent brut d'exploitation + annuités de crédit-bail}}{\textbf{CA HT}}$.

- si le banquier est " **chirographaire** " (c'est-à-dire sans privilège ni sûreté réelle) le remboursement dépend du risque liquidatif global, sous déduction des paiements qui auront été imputés sur l'actif net en faveur des créanciers privilégiés (salariés, prêteurs postérieurs au jugement de redressement judiciaire, Etat) ou munis de sûreté réelle. La présence d'une garantie extérieure solide peut évidemment, malgré un risque liquidatif élevé de l'affaire, donner tous apaisements (ex : caution de la maison-mère).

Mais l'analyse de la position du banquier ne se réduit pas à l'analyse du rang de ses créances. Il dispose vis-à-vis de l'administrateur judiciaire d'une certaine marge de négociation, en fonction de la suite donnée à la mise en redressement après le plan d'observation : continuation de l'activité, cession d'actifs à des repreneurs, ou bien liquidation ;

- il est fréquemment nommé représentant des créanciers et peut faire valoir directement son point de vue au juge-commissaire quel que soit le pourcentage de créances détenues sur l'entreprise. Dans le cadre d'un plan de continuation, son accord est indispensable, comme l'est celui des autres créanciers ;
- il peut surtout obtenir des conditions plus favorables en échange d'un engagement plus important dans le plan de redressement : continuation des concours en faveur de la structure issue du plan de redressement, éventuellement participation dans le capital ;
- il se trouve enfin, du fait des garanties qu'il a souvent prises sur les biens de la société, en position de discussion plus favorable que les simples créanciers chirographaires : l'abandon par le banquier de ses garanties, dont la mise en jeu est souvent illusoire, est dans certains cas monnayable.

B - PARTICULARITES COMPTABLES DES PROCEDURES DE REDRESSEMENT JUDICIAIRE

En cas de continuation de l'entreprise, les créanciers exercent librement leur choix , et leur accord est nécessaire pour la bonne fin du plan. Deux procédures sont possibles :

- homologation par le Tribunal des abandons de créances consentis par les créanciers. Cette homologation se traduit par un profit instantané pour l'entreprise en redressement ;
- choix par les créanciers d'un paiement différé de leur créance, assorti éventuellement d'une réfaction. Dans ce cas, le profit pour la société n'est pas immédiat car il est suspendu au paiement des échéances prévues par le plan.

Dans le cas d'un règlement amiable, l'accord des créanciers sur l'abandon d'une partie des créances se traduit par un profit immédiat.

APPENDICE – LE REDRESSEMENT JUDICIAIRE

LOI N° 95-98 du 25 JANVIER 1985
DECRET N° 85-1387 ET N° 85-1388 du 17 DECEMBRE 1985
DECRET N° 88-430 du 21 AVRIL 1988
LOI N° 94-475 du 10 JUIN 1994

CHAMP D'APPLICATION

La procédure s'applique à toute personne morale de droit privé (civile éventuellement), à tous les commerçants personnes physiques ainsi qu'à tous les artisans et les personnes physiques de droit privé ayant bénéficié d'un règlement amiable (loi du 1er mars 1984).

PROCEDURE SIMPLIFIEE

Cette procédure est applicable aux entreprises qui emploient 50 salariés au plus et dont le chiffre d'affaires HT est inférieur à 20 MF. Elle est ouverte par un jugement ordonnant soit une **liquidation** immédiate, soit l'ouverture d'une période d'enquête d'un mois, renouvelable une fois. A l'issue de ce délai, le Tribunal peut soit prononcer la liquidation de la société, soit ouvrir une période d'observation de quatre mois (prorogeable de deux mois) qui peut éventuellement déboucher sur un **plan de redressement** de l'entreprise.

PROCEDURE NORMALE

Applicable aux entreprises de plus grande taille, la procédure est ouverte par un jugement du Tribunal ordonnant soit la liquidation immédiate, soit l'ouverture d'une période d'observation de six mois. A l'issue de ce délai, le Tribunal peut décider trois solutions différentes, mais qui ne sont pas exclusives les unes des autres : la liquidation, la cession ou la continuation de l'entreprise ou de certaines de ses activités.

PHASE D'OBSERVATION

Durant cette phase, l'activité de l'entreprise reste placée sous l'autorité du chef d'entreprise, qui est assisté d'un **administrateur judiciaire** qui défend les intérêts de l'entreprise. Par ailleurs, sont nommés entre deux et cinq **représentants des créanciers,** dont un au moins représente les créanciers munis de sûretés. Au cours de cette phase, le Tribunal peut faire appel à un **expert en diagnostic d'entreprise.**

Les dettes antérieures au jugement sont gelées. L'administrateur judiciaire peut demander la poursuite de l'exécution des contrats conclus avant le dépôt de bilan. Cependant, il doit alors régler ceux-ci comptant. A défaut de continuation, les contrats sont résiliés de plein droit, avec les pénalités y attachées.

PLAN DE REDRESSEMENT LIQUIDATION

Les plans de redressement sont limités à une durée de dix ans, et assortis éventuellement d'engagements précis en matière d'investissements et de sauvegarde d'emplois. Un projet des cessions d'actifs sur une durée de deux ans est établi par le repreneur.

Dans le cadre d'un plan de continuation, les créances munies de sûretés disposent d'un rang meilleur que celui des créances nées pendant la période d'observation (dites " de l'article 40 "). Le privilège de l'article 40 est maintenu dans les autres cas.

La liquidation des activités ou d'une partie de celles-ci, est assurée par le liquidateur, distinct du mandataire, qui a en charge la défense des intérêts des créanciers de l'affaire.

Annexe 2

Evaluation boursière de l'entreprise

L'évaluation boursière des entreprises est une discipline qui, au sein de l'analyse financière, prend une place croissante en raison du mouvement général de diversification de l'épargne en faveur des valeurs mobilières.

Cette annexe ne traite que de l'évaluation d'une société prise individuellement : elle ne concerne donc pas les **portefeuilles** d'actions.

1 - OBJECTIFS SPECIFIQUES

Les entreprises dont les valeurs sont négociées en Bourse, malgré leur apparente diversité, ont un point qui influe beaucoup sur les objectifs poursuivis par l'analyste : elles sont cotées. Cette cotation suppose en effet une "surface" financière minimale (le total des capitaux propres ne peut guère être inférieur en pratique à plusieurs dizaines de millions de francs sur le second marché), et correspond le plus souvent à des affaires dont la taille écarte en grande partie le risque de défaillance finale. Les pertes répétées de PEUGEOT SA n'ont finalement pas entraîné une dévalorisation du cours de l'action proportionnelle à celles-ci : l'investisseur estime en effet, qu'en dehors du résultat le fonds de commerce a une valeur intrinsèque importante.

Par conséquent, la continuité de l'exploitation, même menacée, ne peut être réellement mise en doute que dans des cas tout à fait exceptionnels (ex : AMREP).

En définitive, l'objectif est de déterminer dans quelle mesure l'entreprise pourra rémunérer ses actionnaires, soit par un dividende en croissance régulière, soit par une revalorisation progressive du cours de l'action et la décision finale porte sur l'opportunité d'acheter le titre, de le conserver ou de le céder.

Les investisseurs donneront à chacun des deux termes de l'alternatives revenu/plus-value, plus ou moins d'importance selon qu'ils ont une optique de court terme (cas des "raiders") ou de long terme (cas des investisseurs institutionnels) et selon leur mode d'imposition (les plus-values à long terme sont taxées moins fortement que les dividendes et les plus-values à court terme).

2 - FACTEURS DE BASE DE L'EVALUATION

Les facteurs de base sont les éléments qui sont le plus étroitement attachés aux performances de l'entreprise, et intéressent surtout le détenteur à long terme (actions formant le "fonds de portefeuille"). Leur pondération dans le jugement final porté par l'analyste varie selon l'activité de la société dont il s'agit, et de la composition du capital.

A - LES OUTILS D'APPRECIATION

Comme le banquier, l'investisseur va s'attacher à analyser l'entreprise pour elle-même : activité, résultats, perspectives, afin d'établir une comparaison entre ses conclusions et le jugement porté par le marché sur l'action.

L'appréciation portée par la Bourse est synthétisée par un nombre restreint d'indicateurs étant donné le nombre limité de variables objectives : cours de l'action, dividende versé. Les informations relatives à l'affaire sont en général tirées des comptes consolidés, ceux-ci étant seuls représentatifs de la rentabilité réelle et de la situation financière réelle du groupe (existence fréquente de réserves latentes, rétention des résultats chez les filiales). Les comptes de la société-mère, souvent peu significatifs, sont en outre, fréquemment " lissés " afin d'éviter des réactions trop brutales du marché en cas de variations soudaines du résultat.

Les principaux indicateurs sont les suivants :

- Sous ou surévaluation de l'action
  Le rapport $\frac{\textbf{fonds propres (part du groupe)}}{\textbf{cours de l'action}}$ permet d'estimer comment se place le cours de l'action par rapport à sa valeur comptable au bilan. Plus il est faible, plus grandes sont les chances d'OPA sur le titre, et donc de valorisation rapide.

- Rendement de l'action
  Le rapport $\frac{\textbf{dividende}}{\textbf{cours de l'action}}$ (brut, c.a.d. y compris avoir fiscal) permet de comparer le taux de rendement de l'action par rapport au rendement moyen du marché (et éventuellement du marché d'autres titres : titres participatifs, obligations).

- Rentabilité intrinsèque
  La price earning ratio (PER) mesure la rentabilité des fonds propres obtenue par l'investisseur $\frac{\textbf{cours de l'action}}{\textbf{bénéfice (part du groupe)}}$, avant distribution du dividende.
  C'est un indicateur plus intéressant que le rendement puisqu'il prend en compte la possibilité de valorisation du cours de l'action aussi bien que les potentialités de distribution d'un dividende. C'est d'ailleurs pourquoi le PER est un indicateur retenu de façon assez universelle.

  Dans la pratique, le PER varie beaucoup en fonction de la nature de la société, et se situe à un niveau d'autant plus élevé que les résultats actuels mais aussi les **anticipations** de résultats sont favorables. Situé aux alentours de 8 à 10 pour les secteurs traditionnels (bâtiment, mécanique...), il peut atteindre 15 à 20 pour des domaines en pleine expansion (médias, électronique, cosmétiques), et plus de 40 sur le second marché.

  Le PER dépendant notamment du taux de croissance espéré des résultats, une série de modèles mathématiques a été développée pour expliquer ou prendre en compte le niveau du PER : duration, délai de recouvrement, etc.

- Répartition du rendement intrinsèque entre revenu et plus-value.
  Le " pay out ratio " $\frac{\textbf{dividende}}{\textbf{résultat}}$ mesure la part des résultats distribués. S'il est important, il laisse peu de chance à une hausse des cours de l'action, et peut même laisser penser que les résultats conservés dans l'affaire risquent d'être insuffisants par rapport aux besoins de croissance de l'entreprise.

- **Le délai de recouvrement.** Le délai de recouvrement est le nombre d'années nécessaires à la récupération du prix de l'action par le seul moyen des bénéfices dégagés par l'action. Cette durée dépend de la progression estimée des bénéfices, et d'un taux d'actualisation en général égal au taux de rendement des obligations à long terme.

B - L'INCIDENCE DE L'ACTIVITE ET DES PERSPECTIVES DE L'ENTREPRISE

En fonction de ces deux éléments, les différents indicateurs mentionnés ci-avant, vont avoir une pondération plus ou moins marquée.

① L'activité de la société

- **La société de portefeuille** possède des participations diversifiées souvent importantes, mais pas toujours majoritaires, dans des groupes qui mènent chacun une gestion indépendante de celles de la société cotée. Celle-ci a donc essentiellement pour but de valoriser au mieux son portefeuille, sans possibilité d'intervention directe sur la politique industrielle ou financière de ses participations, ni sur les remontées de dividendes. La valeur des fonds propres joue ici le rôle essentiel bien que les performances en Bourse de celles des filiales qui y sont cotées puissent également se répercuter sur l'appréciation de la valeur du titre. En général, le cours d'une société de portefeuille enregistre une décote assez nette par rapport à la valeur comptable des fonds propres. Le dividende et le résultat jouent un rôle secondaire dans les anticipations, dans la mesure où ce type de société dégage une rentabilité des fonds propres souvent très régulière, en raison des " lissages " successifs qu'opèrent les remontées de dividendes.

- **La société de patrimoine** détient en général des immeubles qu'elle fait fructifier dans le cadre de divers statuts fiscaux particuliers (SICOMI pour le crédit-bail et la location professionnelle, sociétés immobilières d'investissements – SII pour la location d'immeubles d'habitation). Là encore, la valeur d'actif de l'action constitue le point de repère essentiel, d'autant que les sociétés de ce type sont contraintes de distribuer la plus grande part de leurs résultats (y compris les plus-values), et ne peuvent de ce fait constituer durablement des réserves.

- **Les autres sociétés** exerçant directement une activité bancaire, industrielle ou commerciale. Par " directement " il faut entendre également sous la forme de filiales contrôlées exclusivement et dont, en tant que holding, elles maîtrisent la gestion. Le risque d'entreprise étant nettement plus important dans ce type d'affaires, la valeur d'actif perd de son importance au profit de la rentabilité, et notamment de la rentabilité globale (PER).

② La situation financière de la société

Très schématiquement, on distingue deux situations type :

- **Affaires en voie de redressement** (ou " recovery "). Il s'agit d'affaires qui ont une mauvaise situation financière, et dégagent des pertes, mais dont la restructuration est achevée, et laisse prévoir une forte progression des résultats. Nous avons vu que sauf exception, les affaires cotées en Bourse ont un taux de défaillance finale très faible : l'ampleur de leurs " fonds de commerce " ne les rend pas aussi sensibles que les entreprises de plus petite taille à un effondrement de marché, tandis que leur notoriété les met à l'abri pour une large part, de mesures de défiance soudaine de leurs prêteurs (1). Le jugement de l'analyste sera donc moins fondé, dans ce type de situation, sur le montant de l'actif net de la société, que sur l'estimation de retour plus ou moins éloigné de l'ère bénéficiaire.

---

(1) Les sommes en jeu sont d'ailleurs tellement importantes, que les prêteurs, sauf à se trouver eux-mêmes en position intenable, préfèrent poursuivre leur concours, que prendre à l'égard de la société des mesures qui seraient aussi dommageables pour eux que pour elle.

Le PER n'a par hypothèse aucune signification et c'est donc plutôt la capacité d'autofinancement (comparée à la valeur de l'action) qui est alors retenue comme indicateur.

– **Affaires saines :** dans ce cas, les critères classiques retrouvent leur intérêt.

③ La géographie du capital et la nature de titre

– Plusieurs **formes de fonds propres** sont cotées en Bourse. Il est essentiel de distinguer les actions ordinaires d'une part, et d'autre part les titres qui ne donnent pas de droit de vote dans les assemblées générales : actions sans droit de vote, certificats d'investissement, titres participatifs. Seules en effet les actions ordinaires sont intéressantes pour un investisseur désirant s'assurer le **contrôle** de la société, et seules (1) elles sont donc susceptibles d'offres publiques d'achats (2) et de batailles boursières favorables au détenteur du titre. Ceci explique que le cours des actions ordinaires soit toujours supérieur à ceux des titres sans droit de vote de la même société, même si ces derniers bénéficient d'une priorité sur les dividendes.

– **La géographie du capital** peut être "verrouillée" par quelques investisseurs qui en détiennent l'essentiel (c'est le cas, notamment, des sociétés situées au hors-cote et dans une large mesure au second marché), ce qui élimine en grande partie toute chance d'OPA ou opération de ramassage similaire. Elle peut être au contraire largement répartie, ce qui la met dans la position inverse. Il est d'ailleurs assez rare qu'il n'y ait pas un investisseur prépondérant (10 à 15 % du capital) qui assure de fait la gestion de la société, en l'absence d'actionnariat minoritaire structuré. Dans ce cas, il est important de s'interroger sur la stratégie de cet investisseur, même si celui-ci est très loin d'être majoritaire.

3 - FACTEURS TECHNIQUES ET EXTERIEURS D'APPRECIATION

Ces facteurs ne dépendent pas de la situation financière elle-même, et ont un caractère assez contingent, qu'il faut cependant intégrer dans sa réflexion.

A - LES FACTEURS TECHNIQUES

① La liquidité du marché

Plus le marché est liquide, et plus le cours sera conforme aux tendances de fond de l'affaire, l'offre et la demande de titre étant relativement constante et bien équilibrée. La liquidité varie en fonction de la taille de la société, mais aussi de son actionnariat : un certain nombre d'investisseurs peuvent à eux seuls "geler" une bonne partie du marché de l'action en adoptant une politique de détention passive. A l'inverse, la liquidité peut être améliorée par l'institution de contreparties organisées (contrats d'animation, sociétés de contrepartie).

---

(1) Les OPA ne sont pas interdites sur les autres titres, mais sans intérêt financier.
(2) Sauf, évidemment, dans le cas de sociétés en commandite par actions.

② Le rythme des coupons

A l'approche du détachement, l'action se comporte un peu comme une obligation : son cours a tendance à progresser, et à l'inverse, il peut chuter assez brusquement après le détachement. Il faut tenir compte du fait que certaines très grosses sociétés paient, et de plus en plus, des acomptes sur dividendes, si bien que le phénomène peut se reproduire plusieurs fois dans l'année.

③ Les informations ponctuelles

Le marché fonctionnant essentiellement sur des anticipations, il est naturel que le cours de l'action soit très sensible aux informations qui peuvent les modifier, même si elles n'ont sur les comptes de la société qu'une incidence assez modeste (ex : découverte de champ de pétrole dans le bassin parisien, évolution des ventes de voitures négative un mois donné).

C'est pourquoi la politique **d'information financière et des relations publiques** d'une société est aussi importante. Présenter une information claire et fiable est un minimum indispensable pour séduire les investissements institutionnels. Mettre en valeur par une publicité judicieuse les succès au jour le jour de l'affaire (acquisition d'une filiale, découverte scientifique, etc.) peut être aussi profitable au cours de l'action en touchant d'autres catégories d'investissements plus sensibles à cet aspect des choses (petits épargnants notamment).

B - LES FACTEURS EXTERIEURS GENERAUX

Il n'y a pas lieu ici de détailler l'ensemble des facteurs qui peuvent influencer, de façon générale, les cours de la Bourse et donc peser sur l'appréciation particulière au cours d'une action. On retiendra cependant quelques éléments.

① Les fluctuations de taux

Comme pour le marché obligataire, mais de façon beaucoup moins automatique, la baisse des taux favorise le cours des actions dont le rendement extériorisé ($\frac{\textbf{dividende}}{\textbf{cours}}$) est plus élevé, et de façon générale le cours de toutes les actions.

② Les flux de capitaux

Certaines décisions de politique générale peuvent entraîner des flux macroéconomiques dépressifs ou au contraire expansifs sur le marché boursier : mesures fiscales en faveur de l'épargne financière longue, ouverture aux capitaux étrangers, modification de la politique financière visant une certaine " détransformation " des structures de financement, ou remboursements massifs sur le revenu disponible des ménages, qui sont la source d'épargne essentielle du pays, privatisations.

C - L'ANALYSE CHARTISTE

Aux facteurs techniques ci-dessus s'ajoutent d'autres éléments, tels que le volume des transactions, le type des ordres donnés sur la valeur, etc. Les chartistes procèdent à une analyse purement statistique de toutes ces données à l'aide de moyennes mobiles, de pourcentages de progression, ou d'instruments plus sophistiqués qui déclenchent des signaux d'achat ou de vente quand certains critères sont réunis. Ce type d'analyse – non fondamentale – est très répandue chez les intermédiaires financiers.

Annexe 3

Caractéristiques des entreprises de négoce

Au cours de l'ouvrage, il a souvent été question des particularités des entreprises de négoce, dont nous faisons ici la synthèse.

1 - DIAGNOSTIC OPERATIONNEL

A - CHIFFRE D'AFFAIRES ET MARGE COMMERCIALE

Le chiffre d'affaires est composé des **ventes de marchandises.** Il s'agit de biens auxquels l'entreprise ne fait subir aucune transformation, ou une transformation limitée à très peu de choses.

La **marge commerciale** est la différence entre les ventes de marchandises et les achats correspondants. Les achats qui correspondent au stockage temporaire d'une partie des approvisionnements en marchandises viennent gonfler les stocks. Une croissance de la marge commerciale ne peut donc pas être due à un mouvement de restockage.

C'est la marge commerciale qui est choisie comme agrégat de référence pour l'analyse du compte de résultat des entreprises de négoce.

B - CAPACITE D'AUTOFINANCEMENT

En raison de l'importance souvent limitée des investissements en matière de négoce, la capacité d'autofinancement peut rester à un niveau assez bas (autour de 4 à 5 % du chiffre d'affaires).

C - RESULTAT DE L'EXERCICE

Le résultat de l'exercice après impôt se situe souvent autour **de 1 à 2 % du chiffre d'affaires,** ce qui est modeste. En revanche, il est souvent d'une plus grande régularité que dans le cas des entreprises industrielles. En effet, les charges de production comme les besoins de financement s'adaptent beaucoup plus souplement aux à-coups de la demande.

2 - DIAGNOSTIC FINANCIER

A - SOLVABILITE

En raison de la souplesse de la structure de production, les risques de pertes en cas de chute brutale de l'activité sont moins élevés que pour une affaire industrielle. En outre, les locaux de l'entreprise, qui forme parfois sa seule garantie vis-à-vis des créanciers, sont assez facilement "banalisables" et conservent leur valeur même en cas de liquidation. C'est pourquoi un rapport Ressources propres/Bilan de **20 % seulement** peut être toléré.

B - FINANCEMENT

Le **besoin en fonds de roulement** des entreprises de négoce de **détail** (secteur qui ne regroupe pas toutes les entreprises de négoce) est le plus souvent **négatif.** En effet, les stocks tournent rapidement et les clients paient pour la plupart comptant.

Ce besoin en fonds de roulement négatif fourni une trésorerie abondante qui finance en partie les investissements relativement légers de l'entreprise.

En corrolaire, **l'excédent de trésorerie d'exploitation** a tendance à croître proportionnellement à l'activité. Il ne joue donc plus son rôle de détection des difficultés de l'entreprise.

3 - DIAGNOSTIC STRATEGIQUE

A - GEOGRAPHIE DU CAPITAL

La surface financière des associés dans une entreprise de commerce joue un rôle moins crucial que dans le cas d'une entreprise industrielle. Le développement de l'affaire nécessite en effet des capitaux assez limités.

L'incompétence des dirigeants ou le risque successoral représentent en revanche des éléments toujours prépondérants.

B - STRUCTURE DE PRODUCTION ET MODE DE COMMERCIALISATION

Par structure de production il faut ici entendre l'organisation des prises de commandes, des approvisionnements, du stockage et de la livraison. Ces éléments présentent un risque en principe très limité, du fait de leur souplesse, pour l'entreprise.

En revanche, l'examen du réseau de commercialisation revêt ici une importance essentielle, surtout dans le domaine du commerce de détail. Le négoce peut y devenir une industrie lourde (cas du réseau de magasins de proximité détenu en pleine propriété par la maison-mère).

C - PERSPECTIVE A LONG TERME

Il n'y a dans ce domaine de risque particulier que si l'entreprise est liée à un fournisseur par un contrat d'exclusivité qui la place en position de dépendance totale. Cette dépendance se traduit alors par la suppression de toute stratégie à long terme propre.

Annexe 4

Analyse de cas particuliers

Chaque secteur d'activité présente une particularité qui retient l'attention, ne serait-ce que par les méthodes comptables qu'il emploie, ou en raison de la saisonnalité ou des facteurs spécifiques auxquels il est sensible. La présente annexe ne vise qu'à présenter quelques catégories bien typées qui peuvent former une part importante de la clientèle de certains établissements de crédit.

1 - LE BATIMENT ET LES TRAVAUX PUBLICS

A - ORGANISATION DE LA PRODUCTION

① Les sociétés auxiliaires de matériel (SAM)

Afin de mieux suivre le coût du matériel – roulant en général – la plupart des entreprises crée une ou plusieurs SAM, qu'elles détiennent à 100 %, et qui ont pour objet de le gérer et de le **louer** à la société-mère. Les sociétés apparaissent au bilan par le biais de titres de participation (pour une valeur souvent symbolique) et surtout des comptes courants d'associés.

La plupart du temps, ce sont les comptes de l'entreprise-mère **consolidés avec ceux des ses SAM,** plus significatifs que les comptes individuels de celle-ci, qui sont communiqués au banquier.

② Les sociétés d'enrobage, de concassage et les carrières exploitées en commun

Comme les graviers et les enrobés sont des pondéreux dont le transport est très onéreux, et qu'il serait par ailleurs coûteux pour une seule entreprise d'entretenir un réseau de carrières ou d'usines couvrant tout le territoire, il est d'usage de créer des sociétés détenus conjointement par plusieurs affaires indépendantes de travaux publics et couvrant un rayon d'action déterminé.

A la différence des SAM, ces affaires se comportent comme des partenaires extérieurs qui **vendent** leurs productions à la maison-mère, mais ne louent pas en général leurs services. Elles apparaissent au bilan par le biais de titres de participation ou de comptes courants d'associés.

③ Les sociétés en participation

La taille des chantiers, et les disponibilités dans une région donnée, de telle ou telle entreprise de travaux publics, incitent les plus importantes d'entre elles à travailler en commun. Pour ce faire, une société en participation sans personnalité morale et en général occulte vis-à-vis des tiers, est créée entre les différents partenaires. Au plan comptable, le gérant de la société en participation reprend dans ses propres comptes de bilan ou de résultat l'ensemble des opérations qu'il a traitées : par exemple, les immobilisations acquises dans le cadre de ce chantier apparaissent en totalité à l'actif, de même que les facturations figurent en totalité dans les comptes de résultat. Les avances de trésorerie des associés, qui financent les valeurs d'actifs, figurent au bilan dans les dettes d'exploitation. A la date d'arrêté, le gérant rétrocède aux associés leur part de résultat dans la société, qui vient donc minorer du même montant le résultat global. Cette rétrocession figure au débit, dans le poste " opérations faites en commun – bénéfices transférés ". Chez l'associé, la rétrocession figure au crédit dans le poste " opérations faites en commun – bénéfices attribués ".

Le mode de comptabilisation préconisé par le plan comptable général est très contestable, puisqu'il aboutit à faire figurer en totalité dans les comptes sociaux du gérant des opérations dans lesquelles, ses droits et les moyens qu'il a mis en œuvre à titre personnel ne comptent que pour une fraction. A l'inverse, les associés non gérants ne font figurer que les rétrocessions de résultat et éventuellement les avances de trésorerie. C'est pourquoi de nombreuses entreprises comptabilisent les opérations faites en commun **à proportion de leurs parts, dans la société en participation,** qu'elles soient ou non gérantes.

④ La sous-traitance

La complexité des chantiers amène fréquemment les entreprises maître d'œuvre à recourir aux services de sous-traitants, spécialisés dans une partie donnée de l'ouvrage (ex : génie électrique, second œuvre, etc.).

La sous-traitance apparait en clair dans les documents fiscaux. Etant donné son importance, il peut être intéressant de la soustraire du chiffre de la production total pour connaître le volume d'activité réalisé **en propre** par le maître d'œuvre, d'autant que la proportion d'opérations sous-traitées peut fortement varier d'une année sur l'autre. Cette variation peut d'ailleurs, au plan de la gestion, refléter l'abandon de certains secteurs jugés moins rentables, ou simplement une surcharge temporaire de travail.

B - COMPTABILISATION DE LA PRODUCTION

Les encours de production enregistrent le montant des travaux effectués mais n'ayant pas encore donné droit à une créance sur le client. Ils sont en général, financés, en grande partie, par des acomptes des clients versés au fur et à mesure de la progression des travaux.

Le schéma général connaît cependant **d'importantes variations d'une entreprise à l'autre.** Certaines estiment que les paiements effectués par les clients, sur la foi des " situations " ou des " attachements " qui leur sont remis, sont assimilables à des ventes. De ce fait, ces travaux en cours et les acomptes qui leur correspondent sont périodiquement soldés, et leur montant au bilan reste assez limité (1).

D'autres en revanche, n'estiment les créances définitivement acquises qu'au moment où la réception des travaux a eu lieu, c'est-à-dire où le client, s'étant assurés de la qualité des travaux effectués et de leur conformité avec le cahier des charges, règle le solde dû. Dans ce cas, les encours de production et les acomptes qui les financent représentent une masse importante au bilan et au compte de résultat.

---

(1) Ce mode de comptabilisation, qui porte le nom de " méthode de l'avancement " (par opposition à la méthode dite " de l'achèvement ") devrait rester limité, en raison des conditions strictes qui sont nécessaires à son application.

Afin d'éviter toutefois un report à des échéances trop lointaines de l'enregistrement des résultats, le plan comptable général prévoit la possibilité de faire apparaître dans le compte " bénéfice – ou perte – net(te) sur opération à long terme ", la fraction du bénéfice qui peut être considérée comme pratiquement assurée même si la facturation définitive n'a pas encore eu lieu. Ce résultat est logé sur une ligne distincte du bilan (1).

C - LES RISQUES SPECIFIQUES

Les chantiers de travaux publics donnent lieu de la part de la clientèle à un suivi particulièrement strict, qui peut générer un contentieux dont dépendra la rentabilité finale de l'opération. Par ailleurs, les dispositions légales ou contractuelles mettent à la charge du maître d'œuvre une série d'obligations de toute nature après la fin du chantier. Pour toutes ces raisons, les entreprises sont amenées à doter des provisions qui peuvent atteindre un montant comparable à celui des travaux en cours. Les principales d'entre elles sont les suivantes :

- provisions pour réclamations ou pour litiges. Les malfaçons ou exécutions imparfaites du cahier des charges donnent lieu de la part des clients à des demandes complémentaires après la fin du contrat ;
- provisions pour garantie de bonne fin des chantiers. La responsabilité de l'entreprise est fréquemment engagée pendant une période de plusieurs années après la fin du chantier. Cette provision est souvent constituée forfaitairement ;
- provisions pour fin de chantiers et remise en état des sites : il peut s'agir d'indemnités de licenciement, de pertes prévisibles sur mise au rebut du matériel (surtout s'il s'agit de chantiers à l'étranger) et enfin de terrassement et de reboisement des sites endommagés par les travaux.

2 - L'AGRICULTURE

A - ORGANISATION DE LA PRODUCTION

En raison de la taille unitaire croissante des exploitations, et dans un souci de rationaliser l'utilisation du matériel et de répartir les contraintes de l'exploitation (gardiennage et traite du bétail notamment), des formes d'organisation proches de celles qui existent déjà dans le monde de l'industrie tendent à se généraliser progressivement dans l'agriculture.

① L'entreprise agricole à responsabilité limitée (EARL)

La loi du 11 Juillet 1985 a donné la possibilité aux agriculteurs **d'affecter** leur patrimoine à une société **civile,** baptisée EARL, dans laquelle leur responsabilité est **limitée** aux apports. Des associés non exploitants peuvent participer à la société, mais ne peuvent détenir ensemble la majorité du capital.

La société peut, selon les cas, être imposée à l'impôt sur les sociétés, ou au titre de l'impôt sur le revenu. Il n'existe pour le moment **aucune procédure de redressement collective.** Mais la limitation des pertes au montant des apports faits à la société modifie déjà considérablement la nature du risque pris par le banquier.

(1) Pour le bilan fiscal, il s'agit d'un extrait de la ligne " autres produits ".

② Le groupement agricole d'exploitation en commun (GAEC)

Beaucoup plus fréquent que l'EARL parce que plus ancien, le GAEC est une société civile qui associe un nombre restreint **d'exploitants agricoles,** dont la responsabilité est limitée à deux fois leurs apports. Chaque associé est imposable pour sa part au titre de l'impôt sur les revenus.

Comme dans le cas de l'EARL, il n'existe aucune procédure collective de redressement.

③ Les coopératives d'utilisation de matériel agricole (CUMA)

Le matériel agricole est souvent utilisé sur une courte période du cycle annuel de production (semeuses-moissonneuses, etc.), aussi les agriculteurs peuvent-ils regrouper leurs moyens au sein de CUMA, dont ils détiennent les parts sociales. Les immobilisations et les amortissements qui leur correspondent sont alors supportés par cette entité, qui loue le matériel aux exploitants. Il faut donc majorer du montant des locations versées la capacité d'autofinancement de ces exploitations pour la comparer avec la situation financière des affaires du même type.

Il peut se faire également que l'achat de l'immobilisation soit effectué par un seul exploitant pour le compte de plusieurs utilisateurs, dans le cadre très informel d'une société en participation de “fait”.

B - COMPTABILISATION DE LA PRODUCTION

Le plan comptable général agricole – dérivé du plan comptable général – a pris position sur les particularités des opérations de l'espèce.

① Distinction des actifs “immobilisés” et “stockés”

- les travaux qui bénéficient à plusieurs exercices (dépierrage, drainage, etc.) sont immobilisés ;
- les animaux reproducteurs destinés à mettre bas ou à produire du lait, de la laine, etc. sont considérés comme des immobilisations, à la différence des animaux destinés à être revendus (embouche et animaux de réforme) ;
- seules les cultures pérennes (ex : arbres fruitiers) sont considérées comme immobilisées.

② Valorisation des biens

- la norme est celle du coût d'achat ou de production. Lorsqu'il s'agit d'actifs immobilisés vivants, le **croît** est pris en compte soit en activant le coût par le crédit du compte “production immobilisée”, soit en mouvementant le compte d'immobilisation concerné par le crédit d'un compte spécifique de production stockée appelé “variation d'inventaire”.

Le coût des travaux de mise en culture (engrais, semences) est enregistré dans un compte de stock spécifique “avances aux cultures” qui n'est transféré au compte de stock de produits finis que lorsque la récolte est moissonnée.

- les biens immobilisés vivants peuvent être amortis, et faire également l'objet de provisions en tant que de besoin (chute des cours, sinistres, etc.).

③ Particularités du compte de résultat

– les ventes d'animaux immobilisés figurent dans le **chiffre d'affaires ;**

– l'auto-consommation figure dans la production immobilisée ;

– la fréquence des sinistres amène à considérer les indemnités (d'assurance ou d'organismes parapublics) comme des éléments **ordinaires** de l'activité, lorsqu'elles se substituent à des produits normaux ou compensent des charges normales de l'exercice. Elles figurent alors dans le poste “ indemnités et subventions d'exploitation ” ;

– les remboursements forfaitaires de TVA (de 2 à 5 % du chiffre d'affaires) dont bénéficient la plus grande partie des agriculteurs sont enregistrés dans ce même poste “ indemnités et subventions d'exploitation ”.

C - LES RISQUES SPECIFIQUES

L'agriculture aboutit pour l'essentiel à la production de **matières premières,** dont les cours sont, malgré la protection apportée par les mécanismes communautaires, d'autant plus fluctuants que l'exploitation est plus dynamique : si sa production excède la norme jugée souhaitable, l'excédent est alors indexé sur les cours mondiaux (cas du sucre) ou soumis à de fortes pénalités (cas du lait).

Le cycle agricole est dans nos contrées, **annuel.** Une mauvaise récolte ne peut donc être compensée par une récolte plus satisfaisante **qu'un an après.** Le banquier est donc contraint d'accorder des crédits d'exploitation en moyenne beaucoup plus longs que dans le secteur industriel, bien qu'ils soient aussi risqués.

Les garanties hypothécaires fournies par les emprunteurs sont en général assez larges, étant donné l'importance du patrimoine immobilier (terrains agricoles dont ils disposent). Mais le banquier doit avoir conscience que leur mise en jeu prive l'exploitant de son outil de travail, et correspond donc en pratique à une cessation totale d'activité, peut-être encore plus dommageable pour le prêteur que le maintien des crédits.

Annexe 5

La prime de risque

Il est souvent délicat d'interpréter l'évolution des charges financières d'une entreprise telles qu'elles apparaissent au compte de résultat.

Le taux d'intérêt apparent qui ressort du rapport charges financières/endettement reste approximatif, car on appréhende mal le **volume moyen** de cet endettement. Mais l'examen des risques permet en général de franchir ce cap, et se pose alors deux questions fondamentales :

- dans quelle mesure l'entreprise a-t-elle profité (ou pâti) de la baisse (ou de la hausse) des taux d'intérêt durant l'exercice ?
- dans quelle mesure le banquier lui a-t-il consenti, en raison de sa situation financière des conditions meilleures qu'auparavant ?

Ces deux questions sont très liées, et se déduisent l'une de l'autre. On peut retenir, à la suite du rapport du Conseil National du Crédit de Juin 1988 sur "le coût du crédit aux entreprises selon leur taille" quelques points forts.

1 - L'APPLICATION D'UNE PRIME DE RISQUE EST UNE REALITE, SURTOUT EN CE QUI CONCERNE LES PME

Comme le montre le tableau ci-après en ce qui concerne le découvert, la prime de risque joue de façon considérable quand l'entreprise est encore de taille modeste (courbe 1 du graphique). L'écart-type est de 2,1 %. Pour un taux moyen de l'ordre de 11 %, le banquier se donne donc en moyenne une plage de + ou – 2,1 %. Mais les extrêmes sont encore beaucoup plus élevés, puisque l'on observe un nombre encore important d'entreprises subissant une prime de 4 ou 5 % par rapport à la moyenne de 11 %.

DISPERSION DU COUT DU DECOUVERT SELON LA TAILLE DE L'EMPRUNTEUR – ENQUETE INSEE DECEMBRE 1987

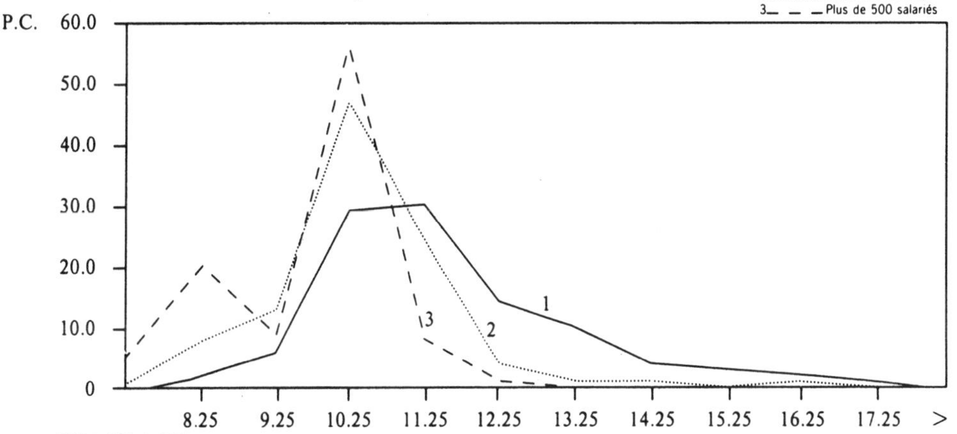

B.D.F. le 3 Février 1988

2 - LE MONTANT DE CETTE PRIME DE RISQUE EST ETROITEMENT LIE A LA TAILLE DES ENTREPRISES

Sur une longue durée, il est constant que les taux des crédits aux petites entreprises sont nettement plus élevés que les taux des crédits aux grandes entreprises. Pour fixer une idée, l'écart entre les deux extrêmes est de l'ordre de 1,5 à 2 points. Mais il s'agit là d'un écart global qui est beaucoup plus accentué pour les crédits à court terme (escompte ou découvert) que pour les crédits à moyen terme. En effet, ces derniers sont souvent, sinon bonifiés du moins "dirigés" (cas des CODEVI, des articles 8 CEPME et des concours du Crédit National).

La montée en puissance du "nouveau marché monétaire" a nettement renforcé le décalage entre les petites et les grandes entreprises. Si ces dernières ont peu eu recours aux billets de trésorerie (à peine plus de cent émetteurs après huit ans d'existence), la faculté de recourir à ces derniers représente un moyen de pression permettant d'obtenir facilement des crédits à bas prix. Dans le même ordre d'idée, la proportion des crédits indexés sur le marché monétaire représente maintenant plus de la moitié des utilisations chez les grandes entreprises (plus de 500 salariés), alors que les petites entreprises (moins de 100 salariés) ont des crédits liés au taux de base bancaire.

3 - LE NIVEAU DE L'ENDETTEMENT DE L'ENTREPRISE EST AUSSI UNE RAISON MAJEURE DE RELEVEMENT DE LA PRIME DE RISQUE

Dans la pratique, et ce n'est pas surprenant, le niveau des taux augmente régulièrement avec la part de l'endettement dans le financement des entreprises. Mais, de façon apparemment curieuse cette augmentation n'est pas linéaire : les entreprises très endettées, et où donc les risques de défaillance sont les plus élevés, ne souffrent pas en moyenne d'une prime de risque beaucoup plus forte que les entreprises lourdement endettées, mais dont la situation financière ne paraît pas pour autant compromise.

Ce paradoxe s'explique par l'effet d'"**éviction**". Lorsque la situation paraît compromise, le banquier ne relève pas la prime de risque, qui est déjà par hypothèse substantielle. Il **refuse** simplement d'accorder des financements supplémentaires (et en particuliers des financements longs).

Annexe 6

Données macroéconomiques

	1991	1992	1993	1994 (p)
Croissance du Produit Intérieur Brut	0,6	1,2	– 1,0	2,0
Inflation	4,8	4,0	3,0	1,72 (1)
Taux d'intérêt à 1 mois, moyenne de décembre	10,1	9,5	6,5	5,5 (2)
Taux des emprunts d'Etat, moyenne de décembre	8,8	6,1	5,8	8,1 (2)
Cours du dollar au 31 décembre	5,18	5,50	6,10	5,3 (2)

(1) Juillet 1994, en rythme annuel.
(2) Au 14.9.94.

Quatrième partie

Cas pratique

Plan de la 4e partie

Cas pratique

GASTROL

Enoncé

1 - L'HISTORIQUE

Les laboratoires GASTROL ont été créés après guerre par Monsieur MARTIN, le père du dirigeant actuel, et un associé . La production est restée relativement diversifiée sur des spécialités assez étroites jusqu'à l'invention du " Gastrimol " qui a fait décoller la société dans les années 60, et lui a permis d'investir dans des programmes de recherches plus lourds.

En 1985, Monsieur MARTIN a racheté la participation de son associé. En 1987, l'ensemble des actions composant le capital de GASTROL a fait l'objet d'une donation-partage au profit des deux fils de Monsieur MARTIN : l'un assure la Présidence de la société, l'autre, pharmacien de formation, assure la Direction technique.

2 - LES HOMMES

En raison de l'importance de l'effort de recherche, la société comporte trois types d'effectifs bien distincts :

– une équipe d'ingénieurs et de techniciens chargée de la recherche (43 personnes). Leur formation initiale est particulièrement longue, et leur turn-over n'est pas très élevé. Leur spécialisation entraîne une certaine illiquidité du marché du travail dans leur domaine ;

– une équipe de commerciaux (avec la direction générale : 43 personnes) qui n'est pas appelée à se développer pour les médicaments remboursés, mais devrait augmenter en liaison avec le " déremboursement " du " Glibuton " ;

– une équipe de production (203 personnes), d'une qualification en général élevée. Mais ces effectifs comportent également des emplois peu qualifiés comme les conditionneurs, les personnes chargées de l'entretien ou les laborantins. Le turn-over est plus élevé que dans les autres secteurs de l'entreprise et la pression à la réduction des emplois également plus forte.

3 - L'ACTIVITE

La société fabrique et distribue les médicaments suivants :

– le Gastrimol, grand " classique " de la régénération de la flore intestinale (65 % du chiffre d'affaires) ;

– le Glibuton, produit antiasthmatique, " déremboursé " par la Sécurité Sociale depuis 1991. Le prix de ce produit est donc redevenu totalement libre (25 % du chiffre d'affaires) ;

– l'Optimax, produit antidépresseur, remboursé par la Sécurité Sociale.

La société exporte plus de 37 % de son chiffre d'affaires dans chacun des trois produits concernés. L'Europe est la principale destination (70 % des exportations).

4 - LES MARCHES

Les paramètres d'évaluation des marchés sont pour chacun des produits les suivants :

– le fait que la Sécurité Sociale rembourse ou non le produit, sachant que ce remboursement a pour contrepartie la fixation d'un prix relativement faible. Les prix à l'exportation sont de ce point de vue nettement plus élevés (+ 20 % à + 50 %) qu'en France même ;

– la durée du brevet. Cette durée est de 20 ans, et le Gastrimol court actuellement ses dernières années de protection. Un brevet complémentaire de protection de 20 ans est actuellement discuté par les instances européennes et pourrait être mis en place dans les années à venir ;

– la spécificité du produit lui-même par rapport à ce que la concurrence peut présenter.

Le marché est assez concurrentiel et en l'absence d'éléments exceptionnels (morbidité importante), les perspectives de la société sont assez conservatrices.

5 - LES MOYENS D'EXPLOITATION ET LA STRUCTURE DE PRODUCTION

La recherche pèse d'un poids très lourd dans la structure de production : la découverte d'une molécule active suppose l'élimination de plusieurs milliers de solutions alternatives. L'expérimentation et l'agrément du médicament dure de cinq à dix ans, et doit être répétée dans chacun des pays consommateurs. De ce fait la recherche pure ne concerne qu'une petite dizaine de personnes, mais des investissements de 40 à 50 millions de francs par an. La société bénéficie d'un crédit d'impôt recherche.

Le groupe possède l'ensemble des immeubles sauf celui du siège à Paris. Les équipements de recherche comme de production sont localisés en banlieue parisienne. Ils sont relativement modernes (trois ans) et ne demandent pas de nouveaux investissements massifs. Le cycle de production lui-même est assez court. Depuis 1991, la société a mis au point un système de fabrication de molécule lui permettant de ne plus recourir aux achats à l'extérieur (Japon) pour ce type d'approvisionnement.

6 - LES CONCOURS BANCAIRES

La société ne dispose pas de lignes formalisées. Ses utilisations sont ponctuelles et justifiées soit par des décalages temporaires de trésorerie, soit par la gestion de sa trésorerie active.

7 - L'EVOLUTION RECENTE ET LES PERSPECTIVES

Les trois dernières années ont connu une évolution satisfaisante jusqu'en 1990. Mais cette évolution résultait à chaque fois de facteurs différents : augmentation des prix en 1988, augmentation des exportations en 1989, forte morbidité en 1990. L'année 1991 a été moins favorable . Notamment, le " déremboursement " a eu des effets négatifs.

Les ventes des médicaments remboursés devraient se situer en très légère progression en 1992, et au total , le chiffre d'affaire pourrait diminuer de 1 %, avec une croissance des exportations de 10 %. Dans ces conditions la capacité d'autofinancement devrait stagner en francs.

Les axes de recherche ne devraient pas déboucher avant plusieurs années , sauf pour un produit dont l'agrément est en phase terminale. Les dirigeants seraient intéressés par une petite opération de croissance externe leur permettant de bénéficier de recherches dans les secteurs qu'ils maîtrisent déjà bien.

Les investissements seraient encore très importants dans le secteur de la recherche, mais passés totalement en charge. Les investissements corporels, totalement autofinancés, se monteraient à F 11 millions, et concerneraient essentiellement la ligne de production . Le besoin en fonds de roulement croîtrait d'une dizaine de jours, en liaison avec la progression des exportations. La distribution serait la même que celle de l'an passé et l'annuité des dettes structurelles est fixée à 1,3 MF.

cerfa N° 30-1747
Formulaire obligatoire (article 53 A du Code général des impôts)

①

BILAN - ACTIF

D.G.I. N° 2050-N

Désignation de l'entreprise GASTROL
Durée de l'exercice exprimé en nombre de mois 1 2
Adresse de l'entreprise
Durée de l'exercice précédent
Numéro SIRET
Code activité

		Exercice clos le : 3 1 1 2 8 9					Exercice clos le : 3 1 1 2 9 0					Exercice clos le : 3 1 1 2 9 1			
		Brut 1		Amortis^ts, provisions 2	Net 3		Brut 1		Amortis^ts, provisions 2	Net 3		Brut 1		Amortis^ts, provisions 2	Net 3
Capital souscrit non appelé (0)	AA	–			–	AA	–			–		–	AA		–
ACTIF IMMOBILISÉ* – I. INCORPORELLES – Frais d'établissement	AB	–	AC		–	AB	–	AC		–	AB	–	AC		–
Frais de recherche et développement	AD	–	AE		–	AD	–	AE	–	–	AD	–	AE	–	–
Concessions, brevets et droits similaires	AF	2 670	AG	160	2 510	AF	2 680	AG	180	2 500	AF	2 680	AG	190	2 490
Fonds commercial (1)	AH	–	AI		–	AH	–	AI		–	AH	–	AI		–
Autres immobilisations incorporelles	AJ	–	AK		–	AJ	–	AK		–	AJ	–	AK		–
Avances et acomptes sur immobilisations incorporelles	AL	–	AM		–	AL	–	AM		–	AL	–	AM		–
I. CORPORELLES – Terrains	AN	–	AO		–	AN	–	AO		–	AN	–	AO		–
Constructions	AP	21 930	AQ	3 230	18 700	AP	23 440	AQ	4 770	18 670	AP	25 430	AQ	6 490	18 940
Installation techn., matériel et outillage industriels	AR	24 910	AS	15 560	9 350	AR	33 730	AS	20 790	12 940	AR	41 020	AS	27 920	13 100
Autres immobilisations corporelles	AT	7 220	AU	3 290	3 930	AT	9 850	AU	4 240	5 610	AT	11 260	AU	5 510	5 750
Immobilisations en cours	AV	–	AW		–	AV	660	AW		660	AV	100	AW		100
Avances et acomptes	AX	420	AY		420	AX	1 180	AY		1 180	AX	–	AY		–
I. FINANCIÈRES (2) – Participations mises en équivalence	AZ	–	BA	–	–	AZ	–	BA	–	–	AZ	–	BA	–	–
Autres participations		1 210		–	1 210		1 210		–	1 210		1 240		–	1 240
Créances rattachées (2.1)	BB	160	BC		160	BB	150	BC		150	BB	–	BC		–
Autres titres immobilisés	BD	80	BE		80	BD	80	BE		80	BD	80	BE		80
Prêts (2.2)	BF	–	BG		–	BF	–	BG		–	BF	–	BG		–
Autres immobilisations financières (2.2)	BH	120	BI	–	120	BH	100	BI		100	BH	100	BI		100
TOTAL (I)	BJ	58 720	BK	22 240	36 480	BJ	73 080	BK	29 980	43 100	BJ	81 910	BK	40 110	41 800
ACTIF CIRCULANT – STOCKS* – Matières premières, approvisionnements	BL	12 530	BM	200	12 330	BL	15 250	BM	210	15 040	BL	12 500	BM	230	12 270
En-cours de production de biens	BN	–	BO		–	BN	–	BO		–	BN	–	BO		–
En-cours de production de services	BP	–	BQ		–	BP	–	BQ		–	BP	–	BQ		–
Produits intermédiaires et finis	BR	5 170	BS	600	4 570	BR	8 770	BS	420	8 350	BR	8 510	BS	310	8 200
Marchandises	BT	–	BU		–	BT	–	BU		–	BT	–	BU		–
Avances et acomptes sur commandes	BV	–	BW		–	BV	–	BW		–	BV	–	BW		–
CRÉANCES – Clients, comptes rattachés (3.1)	BX	52 780	BY	–	52 780	BX	53 940	BY	620	53 320	BX	52 810	BY	1 050	51 760
Autres créances (3.2) (4)	BZ	19 110	CA	660	18 450	BZ	10 910	CA		10 910	BZ	9 960	CA		9 960
Capital souscrit et appelé non versé	CB	–	CC		–	CB	–	CC		–	CB	–	CC		–
DIVERS – Valeurs mobilières de placement ....)	CD	–	CE		–	CD	–	CE		–	CD	10 530	CE		10 530
Disponibilités	CF	6 970	CG		6 970	CF	11 040	CG		11 040	CF	8 580	CG		8 580
Charges constatées d'avance	CH	210	CI		210	CH	50	CI		50	CH	100	CI		100
TOTAL (II)	CJ	96 770	CK	1 460	95 310	CJ	99 960	CK	1 250	98 710	CJ	102 990	CK	1 590	101 400
Comptes de régularisation – Charges à répartir (III)	CL	–			–	CL	–			–	CL	–			–
Primes de remboursement (IV)	CM	–			–	CM	–			–	CM	–			–
Ecarts de conversion actif (V)	CN	–			–	CN	40			40	CN	60			60
TOTAL GENERAL (I à V)	CO	155 490	1A	23 700	131 790	CO	173 080	1A	31 230	141 850	CO	184 960	1A	41 700	143 260

	31.12.89	31.12.90	31.12.91
(1) dont droit au bail			
(2.1) dont à moins d'un an			
(2.2) dont à moins d'un an			
(3.1) dont à plus d'un an	120	690	340
(3.2) dont à plus d'un an			

cerfa N° 30-2514
Formulaire obligatoire (article 53 A du Code général des impôts)

② **BILAN - PASSIF** avant répartition

D.G.I. N° 2051 [0]
(Janvier 1994)

Désignation de l'entreprise GASTROL

			Exercice clos le : 31/12/89	Exercice clos le : 31/12/90	Exercice clos le : 31/12/91
			1	2	2
CAPITAUX PROPRES	Capital social ou individuel (1)	DA	9 070	9 070	9 070
	Primes d'émission, de fusion, d'apport,...	DB	–	–	–
	Ecarts de réévaluation dont écart d'équivalence (2)	DC	–	–	–
	Réserve légale (3)	DD	910	910	910
	Réserves statutaires ou contractuelles	DE	–	–	–
	Réserves réglementées (3) (4)	DF	3 940	14 170	14 170
	Autres réserves	DG	5 690	5 690	5 690
	Report à nouveau	DH	14 940	26 320	33 610
	RESULTAT DE L'EXERCICE (bénéfice ou perte)	DI	23 880	9 560	12 720
	Subventions d'investissement	DJ	–	–	–
	Provisions réglementées	DK	–	–	–
	TOTAL (I)	DL	58 430	65 720	76 170
Autres fonds propres	Produits des émissions de titres participatifs	DM	–	–	–
	Avances conditionnées	DN	–	–	–
	TOTAL (II)	DO	0	0	0
Provisions pour risques et charges	Provisions pour risques	DP	12 670	9 470	7 390
	Provisions pour charges	DQ	4 800	4 560	2 400
	TOTAL (III) (a)	DR	17 470	14 030	9 790
DETTES (5)	Emprunts obligataires convertibles	DS	–	–	–
	Autres emprunts obligataires	DT	–	–	–
	Emprunts et dettes auprès des établis. de crédit (6)	DU	5 390	7 580	8 370
	Emprunts et dettes financières divers (7) (b) (d)	DV	3 530	4 720	5 970
	Avances et acomptes reçus sur commandes en cours	DW	–	–	–
	Dettes fournisseurs et comptes rattachés	DX	29 160	33 660	26 900
	Dettes fiscales et sociales (c)	DY	11 750	12 590	13 280
	Dettes sur immobilisations et comptes rattachés	DZ	2 060	1 180	–
	Autres dettes (b) (d)	EA	3 920	2 210	2 630
Compte régul.	Produits constatés d'avance	EB	40	30	110
	TOTAL (IV) (5)	EC	55 850	61 970	57 260
	Ecarts de conversion passif **(V)**	EC	40	130	40
	TOTAL GENERAL (I à V)	EE	131 790	141 850	143 260

RENVOIS	(1)	Ecart de réévaluation incorporé au capital	1B	–	–	–
	(2)	Dont Réserve spéciale de réévaluation (1959)	1C	–	–	–
		Dont Ecart de réévaluation libre	1D	–	–	–
		Dont Réserve de réévaluation (1976)	1E	–	–	–
	(3)	Dont réserve réglementée des plus-values à long terme*	EF	3 940	14 170	14 170
	(4)	Dont rés. relative à l'achat d'œuvres origin. d'artistes vivants	1F	–	–	–
	(5)	Dettes et produits constatés d'avance à moins d'un an	EG	48 850	54 670	45 620
	(6)	Dont concours banc. cour. & soldes créd. de banque & CCP	EH	0	3 500	0
	(7)	Dont emprunts participatifs	EI	–	–	–

(a) dont provisions à caractère de réserve			
dont provisions sur écart de conversion actif	0	0	0
(b) dont billets de trésorerie	–	–	–
(c) dont hors exploitation	–	–	–
(d) dont comptes courants d'associés	–	–	–
dont hors exploitation	–	–	–

ANNEXE AU BILAN

D.G.I. N° 2051 [0]
(Janvier 1994)

Désignation de l'entreprise GASTROL

	Exercice clos le : 31/12/89	Exercice clos le : 31/12/90	Exercice clos le : 31/12/91
Augmentation des ressources propres		90	
Remboursement ou diminution des ressources propres		40	110
Investissements comptables de l'exercice			
Frais d'établissement			
Autres immobilisations incorporelles		10	
Terrain			
Constructions	14 080	1 510	250
Matériel & outillage	5 810	9 210	7 580
Autres	3 030	3 310	1 690
Immobilisations en cours, Avances & Acomptes	420	1 420	
Immobilisations financières	70	70	30
Charges à répartir			
TOTAL	**23 410**	**15 530**	**9 550**
Subventions d'investissement accordées			
Cession d'éléments d'actif			
Valeur nette comptable de cession	90	60	110
Prix de cession	18 990	80	200
Plus ou moins-value de cession	18 900	20	90
Emprunts à terme			
Emprunts contractés dans l'exercice	**80**	**0**	**6 880**
Emprunts obligataires convertibles			
Emprunts participatifs			
Emprunts conventionnels	*80*	*0*	*6 880*
dont prime de remboursement			
Remboursements de l'exercice	**0**	**120**	**1 340**
Emprunts obligataires convertibles			
Emprunts participatifs			
Emprunts conventionnels	*0*	*120*	*1 340*
Remboursement sur prêts consentis		**30**	**150**
Prêts consentis			
Effets escomptés ou Dailly non échus	**0**	**0**	**0**

cerfa N° 30-1515
Formulaire obligatoire (article 53 A du Code général des impôts)

③

COMPTE DE RESULTAT DE L'EXERCICE (En liste)

D.G.I. N° 2052-N

Désignation de l'entreprise GASTROL

		France 1		Exportation 2		Exercice N clos le : 31/12/89 Total 3	Ex. précédent (N – 1) clos le : 31/12/90 4	Ex. précédent (N – 2) clos le : 31/12/91 4
PRODUITS D'EXPLOITATION	Ventes de marchandises (a)	FA	FB		FC	–	–	–
	Production vendue biens	FD	FE		FF	228 050	249 720	241 250
	Production vendue services*	FG	FH		FI	940	690	590
	Chiffre d'affaires nets*	FJ	FK		FL	228 990	250 410	241 840
	Production stockée				FM	120	3 600	–270
	Production immobilisée				FN	–	–	–
	Subventions d'exploitation				FO	–	280	310
	Reprises sur amortis., provisions, transfert de charges (8) (b)				FP	1 550	1 110	750
	Autres produits (1)				FQ	470	230	280
	Total des produits d'exploitation (2) **(I)**				FR	231 130	255 630	242 910
CHARGES D'EXPLOITATION	Achats de marchandises (y compris droits de douane)				FS	–	–	–
	Variation de stocks (marchandises)				FT	–	–	–
	Achats de matières premières et autres approvisionnements				FU	48 490	57 230	39 370
	Variation de stocks (matières premières et approv.)				FV	– 1 030	– 2 720	2 740
	Autres achats et charges externes (3)				FW	95 100	111 860	105 060
	Impôts, taxes et versements assimilés				FX	4 060	5 970	6 430
	Salaires et traitements				FY	40 570	41 100	42 820
	Charges sociales				FZ	16 420	16 790	17 280
	DOTATIONS D'EXPLOITATION – Sur immobilisations – dotations aux amortissements				GA	4 970	8 460	10 590
	DOTATIONS D'EXPLOITATION – Sur immobilisations – dotations aux provisions				GB	–	–	–
	DOTATIONS D'EXPLOITATION – Sur actif circulant : dotations aux provisions				GC	990	600	470
	DOTATIONS D'EXPLOITATION – Pour risques et charges : dotations aux provisions				GD	60	150	30
	Autres charges				GE	2 380	2 370	2 290
	Total des charges d'exploitation (4) (II)				GF	212 010	241 810	227 080
1 - RESULTAT D'EXPLOITATION (I - II)					GG	19 120	13 820	15 830
Opérations en commun	Bénéfice attribué ou perte transférée **(III)**				GH	–	–	–
	Perte supportée ou bénéfice transféré **(IV)**				GI	–	–	–
PRODUITS FINANCIERS	Produits financiers de participations (5)				GJ	50	40	–
	Produits des autres valeurs mobilières et créances de l'actif immobilisé (5)				GK	–	–	–
	Autres intérêts et produits assimilés (5)				GL	390	190	430
	Reprises sur provisions et transferts de charges				GM	–	–	50
	Différences positives de change				GN	70	70	250
	Produits nets sur cessions de valeurs mobilières de placement				GO	–	–	–
	Total des produits financiers (V)				GP	510	300	730
CHARGES FINANCIÈRES	Dotations financières aux amortissements et aux provisions				GQ	–	40	60
	Intérêts et charges assimilées (6) GR				GR	790	1 060	1 350
	Différences négatives de change				GS	180	170	50
	Charges nettes sur cessions de valeurs mob. de placement				GT	–	–	–
	Total des charges financières (VI)				GU	970	1 270	1 460
2 - RESULTAT FINANCIER (V - VI)					GV	–460	–970	–730
3 - RESULTAT COURANT AVANT IMPOTS (I – II + III – IV + V – VI)					GW	18 660	12 850	15 100

	Total 3	N – 1	N – 2
(a) dont exportations	75 380	88 020	90 610
(b) dont transferts de charges	0	300	620

(RENVOIS : voir tableau n° 2053) * Des explications concernant cette rubrique sont données dans la notice n° 2032-N.

cerfa N° 30-1546
Formulaire obligatoire (article 53 A du Code général des impôts)

④

COMPTE DE RESULTAT DE L'EXERCICE (Suite)

D.G.I. N° 2053-N

Désignation de l'entreprise GASTROL

			Exercice N clos le : 31/12/89 (1)	Exercice N – 1 clos le : 31/12/90 (2)	Exercice N – 2 clos le : 31/12/91 (2)
PRODUITS EXCEPTIONNELS	Produits exceptionnels sur opérations de gestion	HA	2 550	330	220
	Produits exceptionnels sur opérations en capital	HB	18 990	360	200
	Reprises sur provisions et transferts de charges	HC	1 550	5 310	6 170
	Total des produits exceptionnels (7) **(VII)**	HD	23 090	6 000	6 590
CHARGES EXCEPTIONNELLES	Charges exceptionnelles sur opérations de gestion	HE	4 470	170	3 130
	Charges exceptionnelles sur opérations en capital	HF	90	60	110
	Dotations exceptionnelles aux amort. et aux provisions	HG	4 360	2 040	1 890
	Total des charges exceptionnelles (7) **(VIII)**	HH	8 920	2 270	5 130
3 - RESULTAT EXCEPTIONNEL (VII - VIII)		HI	14 170	3 730	1 460
Participation des salariés aux fruits de l'expansion	(IX)	HJ	1 860	1 760	1 070
Impôts sur les sociétés	(X)	HK	7 090	5 260	2 770
TOTAL DES PRODUITS (I + III + V + VII)		HL	254 730	261 930	250 230
TOTAL DES CHARGES (II + IV + VI + VIII + IX + X)		HM	230 850	252 370	237 510
4 - BENEFICE OU PERTE (total des produits – total des charges)		HN	23 880	9 560	12 720

RENVOIS					
(1)	Dont produits nets partiels sur opérations à long terme	HO	–	–	–
(2)	Dont prod. d'expl. afférents à des exerc. antér.	1G			
(3) Dont	– Crédit-bail mobilier	HP	660	1 190	1 220
	– Crédit-bail immobilier	HQ	–	–	–
(4)	Dont charges d'expl. affér. à des exerc. antér.	1H			
(5)	Dont produits concernant les entreprises liées	1J	–	–	–
(6)	Dont intérêts concernant les entreprises liées	1K	–	–	–
(7)	Détail des produits et charges exceptionnels				
	Indemnités de licenciement		2 780		
	Frais de déménagement		800		
	Indemnité d'expropriation		18 870		
	Reprise provision Griffon			5 310	
(8)	Détail des produits et charges sur excercices antérieurs				
	Reprises sur provisions pour hausse des prix				
	Reprises sur provisions pour risques				
	Reprises sur provisions sur stocks				
	Reprises sur provisions sur créances douteuses				
	Reprises sur provisions sur charges sociales sur congés payés				

ANNEXE AU COMPTE DE RESULTAT **Taxes sur la Valeur Ajoutée**			
TVA sur le chiffre d'affaires	8 660	3 690	4 000
TVA sur les achats	17 820	20 830	222 760
Achats de sous-traitance	33 100	39 650	40 660
Personnel extérieur à l'entreprise	180	640	590
Subventions d'investissement virées au compte de résultat			
Dividendes au titre de l'exercice	2 270	2 270	2 270
Effectif moyen	318	301	289

RISQUES ENREGISTRES EN MILLIONS DE FRANCS AVEC DEUX DECIMALES														
SIREN :	.888345000 DENOMINATION : *GASTROL*													
ACTIVITE : 28 230	ADRESSE : *92999 BANLIEUE*													
COTE G 57 DE 12 92 BILAN 91														
	RUBRIQUES	Sep-91	Oct-91	Nov-91	Déc-91	Jan-92	Fév-92	Mar-92	Avr-92	Mai-92	Jun-92	Jul-92	Août-92	MOY
CO	Ct ordin. débiteurs	0,64	0,32	1,72	0,55	0,85	0,64	1,55	0,99	0,75	0,66	0,63	3,40	1,06
CA	Autres court terme													0,00
CC	dont court terme/créances	0,64	0,32	1,72	0,55	0,85	0,64	1,55	0,99	0,75	0,66	0,63	3,40	1,06
CD	dont court terme en devises													0,00
TCT	TOTAL COURT TERME	0,64	0,32	1,72	0,55	0,85	0,64	1,55	0,99	0,75	0,66	0,63	3,40	1,06
TE	Terme export													0,00
TA	Autres terme	7,59	7,52	7,30	7,19	7,12	6,89	6,78	6,71	6,48	6,37	6,30	6,06	6,86
TO	Terme en devises													0,00
TML	TOTAL CREDITS A TERME	7,59	7,52	7,30	7,19	7,12	6,89	6,78	6,71	6,48	6,37	6,30	6,06	6,86
AC	Avals et cautions	0,02	0,02	0,02	0,02	0,02	0,02	0,01	0,01					0,01
OD	Crédits documentaires													0,00
OC	Disp/Conf													0,00
THB	TOTAL HORS BILAN	0,02	0,02	0,02	0,02	0,02	0,02	0,01	0,01	0,00	0,00	0,00	0,00	0,01
XE	Billets de trésorerie													0,00
XT	Créances titrisées													0,00
BM	Crédit-bail mobilier													0,00
BI	Crédit-bail immobilier	1,13			0,88									0,17
TCB	TOTAL CREDITS XE/BI	1,13	0,00	0,00	0,88	0,00	0,00	0,00	0,00	0,00	0,00	0,00	0,00	0,17
TGN	TOTAL GENERAL	9,38	7,86	9,04	8,64	7,99	7,55	8,34	7,71	7,23	7,03	6,93	9,46	8,10
SR	Sécurité sociale (arriérés)													

BANQUE DU CENTRE	COMPARAISON AVEC LES DONNEES COURT TERME DE LA CENTRALE DES RISQUES - SEPTEMBRE 1991 - AOUT 1992			
RUBRIQUES	CO Comptes ordinaires débiteurs	CA Autres court terme	CC dont court terme sur créances	CD dont court terme en devises
I. BANQUE DU CENTRE				
Autorisations	0,00	0,00	0,00	0,00
Utilisations moyennes	0,30	0,00	0,25	0,00
Taux d'utilisation	NS	NS	NS	0
II. TOTALITE DES BANQUES				
Utilisations BANQUE DU CENTRE / Utilisations toutes banques	28,35 %	NS	23,62 %	0

ENTREPRISE : GASTROL

BILAN reclassé (après répartition)

en milliers de francs

ACTIF	31.12.89	31.12.90	31.12.91
1. **Immobilisations incorporelles**	2 510	2 500	2 490
Frais de recherche et développement	0	0	0
Autres immobilisations incorporelles	2 670	2 680	2 680
— *Amortissements*	(160)	(180)	(190)
2. **Immobilisations corporelles**	32 400 14 %	39 060 16 %	37 890 16 %
Terrains	0	0	0
Constructions	21 930	23 440	25 430
Installations matériel et outillage	24 910	33 730	41 020
Autres immobilisations et avances	7 640	11 690	11 360
— *Amortissements*	(22 080)	(29 800)	(39 920)
3. **Immobilisations financières**	1 570	1 540	1 420
Participations et comptes rattachés	1 370	1 360	1 240
Autres	200	180	180
— *Provisions*	(0)	(0)	(0)
I - ACTIF IMMOBILISE	36 480	43 100	41 800
4. **Actif d'exploitation**	88 340	87 670	82 290
Stocks et Encours	17 700	24 020	21 010
· MP et Approvisionnements	12 530	15 250	12 500
· En cours de production	0	0	0
· Produits intermédiaires et finis	5 170	8 770	8 510
· Marchandises	0	0	0
— *Provisions*	(800)	(630)	(540)
Avances et acomptes versés	0	0	0
Créances clients (dont escpte. & Dailly)	52 780	53 940	52 810
— *Provisions*	(0)	(620)	(1 050)
Autres créances, Charges constatées d'avance	18 660	10 960	10 060
Capital appelé non versé	0	0	0
5. **Trésorerie active**	6 970	11 040	19 110
Valeurs mobilières de placement & groupe	0	0	10 530
Disponibilités	6 970	11 040	8 580
II - ACTIF CIRCULANT	95 310	98 710	101 400
TOTAL DE L'ACTIF	131 790	141 810	143 200
POUR MEMOIRE			
Clients cédés à un factor			
Immobilisations en Crédit bail (évaluation)			
ENGAGEMENTS REÇUS			
Cautions			
Gages			

PASSIF	31.12.89	31.12.90	31.12.91
1. **Ressources propres**	56 200 43 %	63 540 45 %	73 880 52 %
Capital, réserves, résultats conservés	56 160	63 450	73 900
Subventions d'investissement	0	0	0
Provisions réglementées	0	0	0
Autres fonds propres	0	0	0
Provisions à c. de réserve	0	0	0
Actif sans valeur	0	−40	−60
Ecart de conversion Passif	40	130	40
Quasi Fonds propres	0	0	0
· Obligations convertibles	0	0	0
· Emprunts participatifs	0	0	0
· Comptes courants d'associés stables	0	0	0
2. **Provisions**	17 470	14 030	9 790
Provisions pour risques et charges	17 470	14 030	9 790
3. **Dettes structurelles**	8 920	8 800	14 340
Dont auprès des établissements de crédit	5 390	4 080	8 370
I - RESSOURCES STRUCTURELLES	82 590	86 370	98 010
4. **Dettes d'exploitation**	49 200	51 940	45 190
Avances et acomptes reçus	0	0	0
Dettes fournisseurs	29 160	33 660	26 900
Dettes fiscales et sociales	11 750	12 590	13 280
Dettes sur immobilisations	2 060	1 180	0
Autres dettes (dont dividendes décidés)	6 230	4 510	5 010
5. **Trésorerie passive**	0	3 500	0
Concours bancaires (dont escompte et Dailly)	0	3 500	0
Billets de trésorerie et groupe	0	0	0
II - DETTES COURANTES	49 200	55 440	45 190
TOTAL DU PASSIF	131 790	141 810	143 200
POUR MEMOIRE			
Affacturage sur créances France			
Affacturage sur créances Etranger			
Dividendes versés au titre de l'exercice précédent		2 270	2 270
ENGAGEMENTS DONNES			
Engagements de crédit-bail mobilier			
Engagement de crédit-bail immobilier			
Effets portés à l'escompte & non échus et Mobilisations de créances "Dailly" non échues	0	0	0

COMPTE DE RESULTAT (en millions de francs)

ENTREPRISE :
GASTROL

	31.12.89	31.12.90	Var en %	31.12.91	Var en %	
Ventes de marchandises	0	0		0		239422
Production vendue	228 990	290 410		241 840		99671
dont exportations	75 380	88 020		90 610		
Chiffre d'affaires (CA HT)	228 990	250 410	9,4	241 840	– 3,4	239422
Production vendue	228 990	250 410		241 840		
Production stockée	120	3 600		–270		
Production immobilisée	0	0		0		
Production de l'exercice	229 110	254 010	10,9	241 570	– 4,9	
Ventes de marchandises	0	0		0		
– coût d'achat des marchandises vendues	0	0		0		
· achat de marchandises	0	0		0		
· variation des stocks de marchandises	0	0		0		
Marge commerciale	0	0		0		
Marge commerciale/Vente de marchandises	%	%		%		
Production	229 110	254 010		241 570		
+ marge commerciale	0	0		0		
– consommations de l'exercice en prov. des tiers	142 560	166 370		147 170		
· achats stocks MP et autres approvisionn.	48 490	57 230		39 370		
· variation de stocks de matières prem. et autres	– 1 030	– 2 720		2 740		
· autres achats et charges externes	95 100	111 860		105 060		
dont sous-traitance	33 100	39 650		40 660		
crédit-bail	660	1 190		1 220		
personnel extérieur à l'entreprise	180	640		590		
Valeur ajoutée (VA)	86 550	87 640	1,3	94 400	7,7	
Valeur ajoutée/Prod. de l'ex. + ventes de march. (en %)	37,8 %	34,5 %		39,1 %		
Valeur ajoutée	86 550	87 640		94 400		
+ subventions d'exploitation	0	280		310		
– impôts, taxes et versements assimilés	4 060	5 970		6 430		
– charges de personnel	56 990	57 890		60 100		
Excédent brut d'exploitation (EBE)	25 500	24 060	– 5,6	28 180	17,1	
Excédent Brut d'Exploitation/Chiffre d'affaires (en %)	11,1 %	9,6 %		11,7 %		
Excédent brut d'exploitation	25 500	24 060		28 180		
– dotations aux amortissements et provisions d'exploitation	6 020	9 210		11 090		
+ reprises d'amortissements et provisions d'exploitation	1 550	810		130		
+ transfert de charges d'exploitation	0	300		620		
+ ou – autres produits et charges	– 1 910	– 2 140		– 2 010		
Résultat d'exploitation (REX)	19 120	13 820	–27,7	15 830	14,5	
Résultat d'exploitation/Chiffre d'affaires HT (en %)	8,3 %	5,5 %		6,5 %		
REX + Opérations faites en commun	19 120	13 820		15 830		
+ produits financiers	510	300		730		
– charges financières	970	1 270		1 460		
Résultat courant	18 660	12 850	– 31,1	15 100	17,5	
Excédent Brut d'Expl./Charges Financières (en %)	2 628,9 %	1 894,5 %		1 930,1 %		
Résultat courant	18 660	12 850		15 100		
+ ou – résultat exceptionnel	14 170	3 730		1 460		
– participation des salariés aux fruits de l'expansion	1 860	1 760		1 070		
– impôts sur les sociétés	7 090	5 260		2 770		
Résultat de l'exercice	23 880	9 560	–60,0	12 720	33,1	
Résultat de l'exercice/Capitaux Propres (en %)	42,5 %	15,0 %		17,2 %		
Résultat de l'exercice/Chiffre d'Affaires HT (en %)	10,4 %	3,8 %		5,3 %		

	31.12.89	31.12.90	Var en %	31.12.91	Var en %	
Formation de la capacité d'autofinancement						
Excédent brut d'exploitation	25 500	24 060		28 180		
+ Transferts de charges (d'exploitation)	0	300		620		
+ ou – Autres produits ou charges	– 1 910	– 2 140		– 2 010		
+ ou – Quotes-parts de résultat sur opérations en commun	0	0		0		
+ Produits financiers (a)	510	300		680		
– Charges financières (b)	970	1 230		1 400		
+ Produits exceptionnels (c)	2 550	610		220		
– Charges exceptionnelles (d)	4 470	170		3 130		
– Participation des salariés & impôts sur les bénéfices	8 950	7 020		3 840		
Capacité d'autofinacement (CAF)	12 260	14 710	20,0	19 320	31,3	
Capacité d'autofinancement/Chiffre d'affaires HT	5,4 %	5,9 %		8,0 %		
Pour mémoire : Capacité d'autofinancement financière (CAF + Crédit-bail)	12 700	15 503	22,1	20 133	29,9	
Dotations nettes aux amortissements et provisions	7 280	5 170		6 690		
+ ou – Plus ou moins values d'éléments d'actifs cédés	– 18 900	– 20		– 90		
– Subventions d'investissement virées au compte de résultat	0	0		0		
+ Résultat de l'exercice	23 880	9 560		12 720		
Affectation de la capacité d'autofinancement	12 260	14 710		19 320		

COUT ET PRODUCTIVITE DU PERSONNEL						
Effectif moyen	318 p	301 p	– 5,3	289 p	– 4,0	
Charges de personnel/ Effectif moyen (en milliers de F)	179	192	– 7,3	208	8,1	
Chiffre d'affaires/Effectif moyen	720	832	15,5	837	0,6	

(a) Sauf reprises sur provisions
(b) Sauf dotations aux amortissements et aux provisions
(c) Sauf produits des cessions d'éléments d'actif, reprises de subventions et reprises sur provisions
(d) Sauf VNCEAC et DAP

ENTREPRISE : GASTROL

I - EVOLUTION DE LA STRUCTURE FINANCIERE

en milliers de francs

TABLEAU DE FINANCEMENT	31.12.89	31.12.90	31.12.91	31.12.92
A. Ressources stables	–	15 120	26 210	18880
· Capacité d'autofinancement (hors provisions d'exploitation)	–	14 920	18 980	18980
· Cession ou réduction de l'actif immobilisé	–	80	200	
· Augmentation des ressources propres	–	90	0	
· Augmentation des dettes structurelles	–	0	6 880	
· Cession de participations et d'immobilisations financières	–	30	150	
B. Emplois durables	–	17 960	12 270	14570
· Distribution décidée au titre de l'exercice	–	2 270	2 270	2270
· Acquisition d'éléments de l'actif immobilisé	–	15 530	9 550	11000
· Remboursement ou diminution des ressources propres	–	40	110	
· Remboursement des dettes structurelles	–	120	1 340	1300
· Prêts aux filiales	–	0	0	
I. Variation du fonds de roulement	–	– 2 840	12 940	4410
· Variation des actifs circulants (hors trésorerie)	–	– 670	– 5 380	
· Variation des dettes courantes (hors trésorerie)	–	2 740	– 6 750	
II. Variation du besoin en fonds de roulement	**–**	**– 3 410**	**1 370**	6129
· Variation de la trésorerie active	–	4 070	8 070	
· Variation de la trésorerie passive	–	3 500	– 3 500	
III. Variation de la trésorerie nette III = I – II	–	570	11 570	-1719
Fonds de roulement en fin de période	46 110	43 270	56 210	60620
Besoin en fonds de roulement en fin de période	39 140	35 730	37 100	43229
Trésorerie nette en fin de période	6 970	7 540	19 110	17391
Fonds de roulement en jours de CA HT	72	62	84	91
Besoin en fonds de roulement en jours de CA HT	62	51	55	65
Trésorerie nette en jours de CA HT	11	11	28	26

II - TABLEAU PLURIANNUEL DES FLUX FINANCIERS

en milliers de francs

Excédent brut d'exploitation	25 500	24 060	28 180	
– Production immobilisée	0	0	0	
+ Transfert de charges	0	300	620	
– Variation du besoin en fonds de roulement (brut de provisions)	4 550	– 3 620	1 710	
EXCEDENT DE TRESORERIE D'EXPLOITATION (ETE)	20 950	27 980	27 090	
Charges financières nettes/ETE	4,6 %	4,5 %	5,4 %	
Excédent de trésorerie d'exploitation	20 950	27 980	27 090	
+ ou – autres produits ou charges	– 1 910	– 2 140	– 2 010	
+ ou – opérations faites en commun	0	0	0	
+ ou – résultat financier (1)	– 460	– 930	– 720	
– Participation des salariés et impôts sur les bénéfices	– 8 950	– 7 020	– 3 840	
– Remboursement des emprunts structurels	0	– 120	– 1 340	
= 1. SOLDE DE TRESORERIE OPERATIONNELLE (STO)	9 630	17 770	19 180	
– Investissements (hors production immobilisée)	23 410	15 530	9 550	
+ Cession d'immobilisations	18 990	110	350	
– Dividendes décidés au titre de l'exercice	2 270	2 270	2 270	
= 2. SOLDE DES OPERATIONS DISCRETIONNAIRES	– 6 690	– 17 690	– 11 470	
Augmentation de capital	0	0	0	
+ Autres augmentations des fonds propres et quasi fonds propres	0	50	– 110	
+ augmentation de dettes structurelles	80	0	6 880	
= 3. SOLDE DES OPERATIONS FINANCIERES	80	50	6 770	
+ ou – résultat exceptionnel sur opérations de gestion (2)	– 1 920	160	– 2 910	
= ou – résultat exceptionnel sur opérations en capital (3)	0	280	0	
= 4. SOLDE DES OPERATIONS EXCEPTIONNELLES	– 1 920	440	– 2 910	
1 + 2 + 3 + 4 = VARIATION DE LA TRESORERIE NETTE	1 100	570	11 570	

(1) Sauf dotations et reprises sur amortissements et provisions.
(2) Sauf mise au rebut ou annulation d'immobilisations.
(3) Sauf produits des cessions d'éléments d'actif, reprises de subventions d'investissement et reprises sur provisions.

ENTREPRISE : GASTROL

III - RATIOS DE STRUCTURE ET D'ENDETTEMENT

DELAI MOYEN DES ELEMENTS DU BFR	31.12.89	31.12.90	31.12.91	
Marchandises/Achats de marchandises	NS	NS	NS	
Mat. premières, appro./Achats de mat. prem., appro.	93	96	114	
Encours prod. brut/Prod. vendue-Résultat d'expl.	0	0	0	
Prod. interm. & finis bruts/Prod. vendue-Rés. d'expl.	9	13	14	
Créances clients/Chiffre d'affaires TTC	80	76	77	
Dettes fournisseurs/Achats + charges externes TTC	65	64	26	

ENDETTEMENT				
Dettes structurelles + OC & participatifs/CAF	0,7	0,6	0,7	
Ressources propres/Dettes structurelles	630,0 %	722,0 %	515,2 %	
Montant de l'endettement rémunéré global	8 920	12 300	14 340	
Intérêts et charges assimilées/Endettement rémunéré global	8,9 %	8,6 %	9,4 %	
Intérêts et charges assimilées/Chiffre d'affaires HT	0,3 %	0,4 %	0,6 %	

GASTROL

Analyse

On suivra pas à pas la démarche de l'analyste financier, dans le but de rédiger une **synthèse.**

1 - DEPOUILLEMENT DES DONNEES COMPTABLES

Rien à signaler de particulier.

2 - DETECTION DES PARTICULARITES DE L'ENTREPRISE

Comment évolue la rentabilité et pourquoi ?	La rentabilité est élevée, mais plutôt en baisse.
Quelles trésorerie potentielle a-t-elle dégagée ?	L'excédent brut d'exploitation est stable sur trois ans.
L'entreprise est-elle solvable ?	Le rapport de solvabilité est très élevé.
A quels financements a-t-elle recours ?	L'entreprise recourt très peu aux crédits à court terme.
Son financement est-il adapté ?	Le fonds de roulement semble convenable.

La structure financière de l'entreprise comme sa rentabilité sont solides.

3 - ANALYSE

A - DIAGNOSTIC OPERATIONNEL

① Critique du compte de résultat

A noter : les frais de recherche ne sont pas immobilisés , mais directement passés en charges.

② Analyse

Les produits commercialisés se situent dans la gamme " basse " des produits médicamenteux : les affections soignées sont relativement courantes et les produits de substitution nombreux :

- pour le Gastrimol, il s'agit un peu d'un produit "éternel" dont l'usage se fait toujours sentir. Par ailleurs, le Gastrimol (65 % du CAHT) ne sera plus prochainement sous la protection du brevet initial. Il pourra alors être fabriqué comme produit "générique" par n'importe quel autre compétiteur ;
- le " déremboursement " du Glibuton (25 % du CAHT) n'est pas nécessairement une mauvaise nouvelle à court terme. En effet, la libéralisation de son prix aura une incidence très forte à court terme sur la marge : il s'agit donc de savoir si l'effet volume (diminution) sera compensé par l'effet prix. A court terme, il est probable que ce sera le cas. En revanche à moyen terme, la modification des habitudes de prescription médicale risque d'entraîner une chute plus accusée des volumes.

Le marché est en pleine croissance . Mais c'est beaucoup moins vrai dans le secteur concerné, qui fait l'objet de mesures de contrôle de dépenses de plus en plus drastiques. Dans ces conditions, seule l'exportation reste dynamique.

Après une croissance satisfaisante en 1990, due autant à l'augmentation des exportations (+ 17 %) qu'à une progression de la morbidité en France, l'année 1991 a connu un retournement, la stabilisation des exportations se conjuguant avec un retrait très prononcé du marché intérieur. Cette stabilisation des exportations n'est pas due à une réaction de prudence des dirigeants : il n'y a eu pendant cette période ni augmentation des délais de recouvrement ni montée des impayés, si l'on en juge par le niveau des dotations aux provisions.

La progression de la valeur ajoutée en 1990 est particulièrement faible (+ 1,3 %) et nettement inférieure à celle de la production (+ 10,9 %). Deux postes de charges ont crû de façon importante : les achats stockés de matières premières (+ 18 %) et la sous-traitance (+ 20 %). Ces progressions reflètent à la fois :

- les dépassements de prix qui ont dû être consentis sur les achats (dépassements de contrats annuels d'approvisionnement) ;
- le coût d'un recours anormalement élevé à la sous-traitance, ou une politique volontariste de modification de la structure de production.

Toutefois , cette analyse doit être relativisée dans la mesure où une partie des variations de charges peut être également due à une variation de l'effort de recherche.

Le redressement de la valeur ajoutée en 1991 résulte d'une modification de la structure de production (fabrication en interne d'une molécule auparavant achetée à l'extérieur). Mais on remarque que les dirigeants , malgré la baisse sensible du chiffre d'affaires augmentent leur recours à la sous-traitance : cette évolution, jointe à la diminution encore très sensible des charges de personnel confirme bien l'idée que l'entreprise cherche aussi à alléger sa structure de production

La progression des charges de personnel est assez limitée : la société a clairement choisi en période de progression de l'activité de ne pas se charger en effectifs. Au contraire, ceux-ci ont décru en raison de licenciements dont le coût a été largement supporté par l'exercice 1990. Ce souci, conjugué avec le recours croissant à la sous-traitance, entraîne une forte amélioration de la productivité apparente, même en 1991, période de baisse du chiffre d'affaires.

D'où, en définitive, après un passage difficile en 1990, une amélioration sensible de l'excédent brut d'exploitation en 1991 (+ 17 %) .

Les charges financières apparentes ont un taux de rémunération (8,9 % ; 8,6 % et 9,4 %) qui paraît un peu faible par rapport au taux du marché sans que l'endettement bancaire moyen (cf état des risques) soit inférieur aux encours de fin d'exercice : les dettes structurelles non bancaires sont peut-être composées de prêts à taux préférentiels.

Les charges financières connaissent une progression très soutenue, qui peut sembler surprenante si l'on tient compte de la stagnation de l'activité et du maintien de résultats globalement satisfaisants. En fait, l'augmentation de l'endettement a pour contrepartie, comme on le verra plus bas, l'augmentation très sensible de la trésorerie active. La société s'est progressivement constituée une " force de frappe financière " qui n'est peut être pas étrangère à son souhait de procéder prochainement à une acquisition de société.

Le résultat financier (produits financiers – charges financières) , après être passé de -460 kF en 1989 à -930 kF en 1990 se stabilise à ce niveau en 1991.

La capacité d'autofinancement apparaît en progression constante sur trois ans : c'est la baisse de la pression fiscale qui a renforcé la tendance favorable qui se dessinait au niveau de l'excédent brut d'exploitation.

Ceci amène à s'interroger sur les déterminants usuels de la pression fiscale, en dehors de l'excédent brut d'exploitation que sont les provisions et amortissements. Il apparaît que les amortissements ont progressé de façon extrêmement rapide, et que les reprises de provisions n'ont pas compensé leur croissance. Il faudra examiner ce point infra.

B - DIAGNOSTIC FINANCIER

① Critique du bilan

Rien à signaler.

② Solvabilité

Le rapport de solvabilité est très élevé, avec 52 %. De fait les risques bilantiels de la société sont très limités au regard de ses fonds propres. La nécessité de fonds propres importants n'est pourtant pas contestable , si l'on considère que le risque essentiel se situe dans les frais de recherche , éventuellement infructueux. Il est intéressant de comparer les frais de recherche annuels, soit F 40 à F 50 millions , aux fonds propres : F 74 millions. On voit que ceux-ci ne permettent pas la répétition d'erreurs en matière de stratégie de recherche.

③ Financement

Au cours des années 1991 et 1992, la société a toujours disposé d'une trésorerie abondante. Si l'on ne tient pas compte de la baisse des besoins en fonds de roulement en 1990, sans doute justifiée par le règlement effectif de l'indemnité d'expropriation, les besoins en fonds de roulement ont cru régulièrement sur les trois années, essentiellement en raison de la progression des stocks. Celle-ci touche les produits intermédiaires et finis, ce qui correspond bien au recours croissant à la sous-traitance.

La société a pû financer sans aucune difficulté ses investissements et assurer une distribution de dividendes relativement généreuse. Le TPFF met en lumière le décalage entre le solde de trésorerie d'exploitation, et le solde des opérations discrétionnaires. La politique de l'entreprise semble à première vue frileuse par rapport à ses possibilités financières.

Dans ce contexte, la mise en place d'un emprunt à terme, apparemment totalement superflu, peut surprendre.

Ce type de décision n'est probablement pas motivée par des anticipations de taux : en effet , les taux étaient élevés à cette époque, et leur baisse fort probable. Il faut sans doute penser que la société a cherché :

- soit à se constituer un " trésor de guerre " pour saisir toute opportunité de croissance externe ;
- soit à alléger sa charge fiscale par la biais de la capitalisation d'intérêts sur OPCVM. Cette thèse, qui n'exige pas que l'endettement supplémentaire soit nécessairement conclu à moyen ou long terme, est plausible dans la mesure où les valeurs mobilières de placement représentent une part importante de la trésorerie active (F 10 millions).

C - DIAGNOSTIC STRATEGIQUE

La structure familiale de GASTROL est un inconvénient certain à l'heure où l'intensité capitalistique de l'activité pharmaceutique ne cesse de se confirmer. Si la situation financière actuelle, saine, ne semble pas requérir de financements extérieurs, la société reste néanmoins fragile en cas d'erreur sur le choix des axes de recherche au cours des prochaines années.

La composition, la qualité et la pérennité de la Direction Générale ne sont pas en cause.

La structure de production n'est pas particulièrement lourde en elle-même. Mais l'infrastructure de recherche représente F 40 à 50 millions par an. Elle est constituée de frais en équipement ou de frais de personnel de qualification élevée, d'autant moins flexibles que les chercheurs sont chacun affectés à des thèmes de recherche très précis et s'étalant sur une longue durée. En définitive, la structure de production au sens large n'est pas du tout flexible, sauf à arrêter tout effort de recherche.

En terme de stratégie, le groupe est à la croisée des chemins :

- il est de taille insuffisante pour supporter des efforts de recherche trop lourds, qui seuls peuvent garantir le caractère innovant des médicaments, et peuvent permettre une division des risques de recherche suffisants ;
- les médicaments actuellement vendus ont encore une durée de vie probablement assez longue étant donné le secteur auquel ils s'adressent, mais leur niveau de prix s'inscrira tendanciellement à la baisse.

En définitive , le risque économique à court terme n'est pas élevé en raison de la prépondérance des paramètres “sécurisants” (tenue convenable des marchés, remboursement par la Sécurité Sociale, satisfaction de besoins primaires). Mais à terme, l'indépendance du laboratoire dans sa forme actuelle est problématique.

D - DIAGNOSTIC PREVISIONNEL

Le chiffre d'affaires prévisionnel se situerait en baisse de 1 %. La tendance est effectivement à la baisse pour les médicaments usuels remboursés. Mais elle pourrait être également en fort retrait pour le Glibuton, dont ce sera le premier exercice plein après son “déremboursement”. Une baisse plus prononcée est donc à craindre. Cependant, l'hypothèse de progression de 10 % des exportations paraît plausible. En définitive , la baisse globale de l'activité (-1 %) semble crédible.

La stagnation de la capacité d'autofinancement prévisionnelle sera une performance délicate à réaliser. Il est vrai que la société semble avoir presque achevé sa restructuration interne, et que les investissements prévus ne sont pas particulièrement lourds. Enfin , les charges financières prévisionnelles devraient se stabiliser en raison du plafonnement de l'endettement. En définitive, les prévisions sont plausibles.

Au terme de 1991, la structure financière paraît tout à fait saine, voire même surcapitalisée.

Cette situation favorable devrait se prolonger en 1992, grâce au renforcement du fonds de roulement, la société investissant toujours nettement moins que sa capacité d'autofinancement.

La progression du besoin en fonds de roulement (F 6,1 MF) due à l'augmentation du chiffre d'affaires à l'exportation reste parfaitement maîtrisée, mais sera un peu supérieure à la progression du fonds de roulement.

E - CONCLUSION

① Vue d'ensemble

La société GASTROL est un laboratoire pharmaceutique de petite taille. Il dégage une rentabilité élevée, mais a des perspectives de développement incertaines.

② Prise de position

Pour une entrée en relation, l'affaire est intéressante car saine.

Le banquier "dans l'affaire" pourra suivre des demandes additionnelles. Les financements à long terme ne sont pas particulièrement risqués dans la mesure où les difficultés se traduiraient a priori surtout par une perte d'indépendance.

ENTREPRISE : GASTROL

I - EVOLUTION DE LA STRUCTURE FINANCIERE

en milliers de francs

TABLEAU DE FINANCEMENT	31.12.89	31.12.90	31.12.91	31.12.92
A. Ressources stables	–	15 120	26 210	18 980
· Capacité d'autofinancement (hors provisions d'exploitation) . .	–	14 920	18 980	18 980
· Cession ou réduction de l'actif immobilisé	–	80	200	
· Augmentation des ressources propres	–	90	0	
· Augmentation des dettes structurelles	–	0	6 880	
· Cession de participations et d'immobilisations financières . . .	–	30	150	
B. Emplois durables	–	17 960	13 270	14 570
· Distribution décidée au titre de l'exercice	–	2 270	2 270	2 270
· Acquisition d'éléments de l'actif immobilisé	–	15 530	9 550	11 000
· Remboursement ou diminution des ressources propres	–	40	110	
· Remboursement des dettes structurelles	–	120	1 340	1 300
· Prêts aux filiales	–	0	0	
I. Variation du fonds de roulement	–	– 2 840	12 940	4 410
· Variation des actifs circulants (hors trésorerie)	–	– 670	– 5 380	
· Variation des dettes courantes (hors trésorerie)	–	2 740	– 6 750	
II. Variation du besoin en fonds de roulement	**–**	**– 3 410**	**1 370**	**6 129**
· Variation de la trésorerie active	–	4 070	8 070	
· Variation de la trésorerie passive	–	3 500	– 3 500	
III. Variation de la trésorerie nette III = I – II	–	570	11 570	– 1 719
Fonds de roulement en fin de période	46 110	43 270	56 210	60 620
Besoin en fonds de roulement en fin de période	39 140	35 730	37 100	43 229
Trésorerie nette en fin de période	6 970	7 540	19 110	17 391
Fonds de roulement en jours de CA HT	72	62	84	91
Besoin en fonds de roulement en jours de CA HT	62	51	55	65
Trésorerie nette en jours de CA HT	11	11	28	26

II - TABLEAU PLURIANNUEL DES FLUX FINANCIERS

en milliers de francs

Excédent brut d'exploitation	25 500	24 060	28 180	
– Production immobilisée	0	0	0	
+ Transfert de charges	0	300	620	
– Variation du besoin en fonds de roulement (brut de provisions)	4 550	– 3 620	1 710	
EXCEDENT DE TRESORERIE D'EXPLOITATION (ETE)	20 950	27 980	27 090	
Charges financières nettes/ETE	4,6 %	4,5 %	5,4 %	
Excédent de trésorerie d'exploitation	20 950	27 980	27 090	
+ ou – autres produits ou charges	– 1 910	– 2 140	– 2 010	
+ ou – opérations faites en commun	0	0	0	
+ ou – résultat financier (1)	– 460	– 930	– 720	
– Participation des salariés et impôts sur les bénéfices	– 8 950	– 7 020	– 3 840	
– Remboursement des emprunts structurels	0	– 120	– 1 340	
= 1. SOLDE DE TRESORERIE OPERATIONNELLE (STO)	9 630	17 770	19 180	
– Investissements (hors production immobilisée)	23 410	15 530	9 550	
+ Cession d'immobilisations	18 990	110	350	
– Dividendes décidés au titre de l'exercice	2 270	2 270	2 270	
= 2. SOLDE DES OPERATIONS DISCRETIONNAIRES	– 6 690	– 17 690	– 11 470	
Augmentation de capital	0	0	0	
+ Autres augmentations des fonds propres et quasi fonds propres	0	50	– 110	
+ augmentation de dettes structurelles	80	0	6 880	
= 3. SOLDE DES OPERATIONS FINANCIERES	80	50	6 770	
+ ou – résultat exceptionnel sur opérations de gestion (2)	– 1 920	160	– 2 910	
= ou – résultat exceptionnel sur opérations en capital (3)	0	280	0	
= 4. SOLDE DES OPERATIONS EXCEPTIONNELLES	– 1 920	440	– 2 910	
1 + 2 + 3 + 4 = VARIATION DE LA TRESORERIE NETTE	1 100	570	11 570	

(1) Sauf dotations et reprises sur amortissements et provisions.
(2) Sauf mise au rebut ou annulation d'immobilisations.
(3) Sauf produits des cessions d'éléments d'actif, reprises de subventions d'investissement et reprises sur provisions.

ENTREPRISE : GASTROL

III - RATIOS DE STRUCTURE ET D'ENDETTEMENT

DELAI MOYEN DES ELEMENTS DU BFR	31.12.89	31.12.90	31.12.91	
Marchandises/Achats de marchandises	NS	NS	NS	
Mat. premières, appro./Achats de mat. prem., appro.	93	96	114	
Encours prod. brut/Prod. vendue-Résultat d'expl.	0	0	0	
Prod. interm. & finis bruts/Prod. vendue-Rés. d'expl.	9	13	14	
Créances clients/Chiffre d'affaires TTC	80	76	77	
Dettes fournisseurs/Achats + charges externes TTC	65	64	26	

ENDETTEMENT				
Dettes structurelles + OC & participatifs/CAF	0,7	0,6	0,7	
Ressources propres/Dettes structurelles	630,0 %	722,0 %	515,2 %	
Montant de l'endettement rémunéré global	8 920	12 300	14 340	
Intérêts et charges assimilées/Endettement rémunéré global	8,9 %	8,6 %	9,4 %	
Intérêts et charges assimilées/Chiffre d'affaires HT	0,3 %	0,4 %	0,6 %	

PETIT GLOSSAIRE

Autofinancement

Revenu dégagé par l'entreprise après distribution des dividendes aux associés.

Besoin en fonds de roulement

Solde des actifs circulants (hors trésorerie) et des dettes courantes (hors trésorerie). Le plus souvent débiteur, il constitue pour l'entreprise un besoin de financement satisfait en partie par le fonds de roulement et en partie par la trésorerie.

Capacité d'autofinancement

Revenu dégagé par l'entreprise à l'occasion de ses opérations de gestion, après rémunération de l'ensemble de ses partenaires (autres entreprises, personnel, établissements de crédit et autres prêteurs, administrations publiques). Ne se confond en aucune façon avec la **trésorerie** dégagée par l'entreprise.

Chiffre d'affaires

Montant des affaires réalisées avec des tiers dans l'exercice de l'activité professionnelle normale et courante de l'entreprise. Dans la pratique, cette notion ne regroupe que des ventes.

Comptes annuels

Les comptes annuels comprennent :

- le bilan, qui est une photographie, à la date d'arrêté, des actifs (immobilisations et créances) et des passifs (dettes envers les associés ou les tiers) de l'entreprise ;
- le compte de résultat, qui enregistre les produits et les charges de l'entreprise au cours de l'exercice ;
- l'annexe, qui donne les précisions chiffrées ou littéraires permettant d'expliciter le bilan et le compte de résultat, dans le but de donner une image fidèle de l'entreprise.

Excédent de trésorerie d'exploitation

Trésorerie dégagée par l'entreprise durant l'exercice du seul fait de son exploitation courante.

Fonds de roulement

Différence entre les actifs immobilisés et les ressources destinées à les financer : ressources conservées dans l'entreprise (capitaux propres et comptes de prévoyance) et ressources stables en provenance des tiers.

Production

Valeur des biens et services fabriqués par l'entreprise, qu'ils aient été stockés, immobilisés ou vendus.

Provisions

Mise en réserve du revenu de l'entreprise avant calcul du résultat comptable, justifiée par la dépréciation subie sur des actifs, ou par des sinistres ou des charges probables.

Ressources propres

Ensemble des fonds mis à la disposition de l'entreprise par ses associés ou certains prêteurs de dernier rang, sur lesquels peuvent s'imputer les pertes sans remettre en cause le remboursement des créances détenues par les prêteurs ordinaires (fournisseurs, banquiers, etc.).

Risque économique

Risque de défaillance de l'entreprise résultant :
- de ses blocages institutionnels ou financiers ;
- de l'insuffisante compétitivité de ses produits et services ;
- des aléas touchant des marchés sur lesquels elle intervient ;
- de structures de production ou de commercialisation inadaptées ;
- d'une absence de vision à long terme.

Solvabilité

Capacité de l'entreprise à supporter des pertes. Le risque d'insolvabilité ne doit pas être confondue avec le risque d'illiquidité qui est celui de ne pas pouvoir faire face **en trésorerie** à ses dettes exigibles.

Structure de production

Façon dont les éléments de production sont combinés entre eux. La connaissance de cette structure, différente pour chaque entreprise, est un préalable indispensable à l'analyse des comptes sociaux.

Tableau de financement

Tableau retraçant les mouvements d'actif et de passif permettant d'expliquer l'évolution de la structure financière du bilan du début à la fin de l'exercice.

Tableau pluriannuel de flux financier (TPFF)

Tableau retraçant les mouvements d'actif et de passif en fonction de leur nature (exploitation, discrétionnaire, financier, exceptionnel) et permettant d'expliquer le comportement de l'entreprise au cours de l'exercice face à ses contraintes économiques ou financière.

Trésorerie nette

Solde de la trésorerie passive – prise avec un signe négatif – et de la trésorerie active – prise avec un signe passif –.

Valeur ajoutée

Création ou accroissement de la valeur apportée par l'entreprise dans l'exercice de ses activités professionnelles courantes aux biens et services en provenance des tiers.

INDEX ALPHABETIQUE

C

D

E

E

F

H

I

I

L

M

N

O

P

P

Q

R

S

S

T

V

Chez le même éditeur

HATEM F.
La prospective - Pratiques et méthodes
HEC (Professeurs du Groupe)
L'école des managers de demain
HERMEL P. (sous la direction de)
Management européen et international
HOESLI M.
Investissement immobilier et diversification de portefeuille
JABES J. (sous la direction de)
Gestion stratégique internationale
JACQUEMOT P.
La firme multinationale : une introduction économique
JOFFRE P. (sous la direction de)
L'exportation dans la turbulence mondiale
JOFFRE P. et KŒNIG G. (coordonné par)
L'euro-entreprise
JOFFRE P. et KŒNIG G.
Stratégie d'entreprise. Antimanuel
KALIKA M.
Structures d'entreprises
KAST R.
Rationalité et marchés financiers
KAST R. et LAPIED A.
Fondements microéconomiques de la théorie des marchés financiers
LA BRUSLERIE H. (de)
Gestion obligataire internationale
LA BRUSLERIE H. (de) et alii
Ethique, déontologie et gestion de l'entreprise
LABOURDETTE A. (éd.)
Mélanges en l'honneur de Jean-Guy Mérigot
LEBAN R.
Politique de l'emploi dans l'entreprise en termes de contrôle optimal
LEVASSEUR M. et QUINTART A.
Finance, *(2e édition)*
LEVITT Th.
L'imagination au service du marketing
LILIEN G.L.
Analyse des décisions marketing
McCARTHY E.J. et PERREAULT W.D., Jr.
Le marketing. Une approche managériale, *(8e édition)*
MARIET F.
La télévision américaine, *(2e édition)*
MARION A. (sous la direction de)
Le diagnostic d'entreprise
MARMUSE C.
Politique générale
MARQUET Y.
Les marchés d'options négociables sur contrat à terme
MARTINET A.C. (coordonné par)
Epistémologies et sciences de gestion
MONTMORILLON B. (de)
Les groupes industriels
MORVAN Y.
Fondements d'économie industrielle, *(2e édition)*
MOURGUES N.
Financement et coût du capital de l'entreprise
NOEL A. (sous la direction de)
Perspectives en management stratégique
NTAMATUNGIRO J.
Stabilisation des recettes d'exportation : stock régulateur, marchés à terme et options
PENE D.
Evaluation et prise de contrôle de l'entreprise, *(2e édition)*
PORTER M.E.
Choix stratégiques et concurrence
QUITTARD-PINON F.
Marchés des capitaux et théorie financière
RAIMBOURG P.
Les agences de rating
RICHARD J., SIMONS P. et BAILLY J.M.
Comptabilité et analyse financière des groupes
ROURE F.
Stratégies financières sur le MATIF et le MONEP
ROY B.
Méthodologie multicritère d'aide à la décision
ROY B. et BOUYSSOU D.
Aide multicritère à la décision : méthodes et cas
SAVALL H.
Enrichir le travail humain : l'évaluation économique
SAVALL H. et ZARDET V.
Maîtriser les coûts et les performances cachés, *(2e édition)*
SIMON H.A.
Administration et processus de décision
SIMON Y.
Techniques financières internationales, *(5e édition)*
TRESARRIEU J.P. (sous la direction de)
Réflexions sur la comptabilité - Hommage à Bertrand d'Illiers
USUNIER J.C., EASTERBY-SMITH M. et THORPE R.
Introduction à la recherche en gestion
VAN HORNE J.C.
Principes de gestion financière
VATTEVILLE E.
Mesure des ressources humaines et gestion de l'entreprise
WOOT P. (de)
Les entreprises de haute technologie et l'Europe
WOOT P. (de) et DESCLEE de MAREDSOUS X.
Le management stratégique des groupes industriels

ACHEVÉ D'IMPRIMER LE 29 SEPTEMBRE 1994
SUR LES PRESSES DE
FOI
14140 LIVAROT